“十三五”江苏省高等学校重点教材

编号：2016-1-112

高等教育审计专业核心课程教材
财 政 部 规 划 教 材
江苏省高校重点教材建设项目

现代企业财务审计

（第四版）

王会金 主编

中国财经出版传媒集团
中国财政经济出版社

图书在版编目（CIP）数据

现代企业财务审计/王会金主编．—4版．—北京：中国财政经济出版社，2018.5
ISBN 978－7－5095－8235－0

Ⅰ．①现…　Ⅱ．①王…　Ⅲ．①企业管理－财务审计－研究　Ⅳ．①F239.6

中国版本图书馆CIP数据核字（2018）第095181号

责任编辑：陆宗祥　　责任校对：徐艳丽
封面设计：孙俪铭　　版式设计：汤广才

中国财政经济出版社 出版
URL：http：//www.cfeph.cn
E－mail：cfeph@cfeph.cn

社址：北京市海淀区阜成路甲28号　邮政编码：100142
营销中心电话：010－88191537
北京中兴印刷有限公司印刷　各地新华书店经销
787×1092毫米　16开　26.75印张　558 000字
2018年6月第4版　2021年9月北京第4次印刷
定价：49.00元
ISBN 978－7－5095－8235－0
（图书出现印装问题，本社负责调换）
本社质量投诉电话：010－88190744
打击盗版举报热线：010－88191661　QQ：2242791300

前　言

随着我国对外开放和经济体制改革的不断深入，市场经济体制的逐步建立和完善，特别是经济全球化时代的到来，作为我国审计重要组成部分的现代企业财务审计日趋重要。

近十多年，企业商业模式及经济行为不断变革，为了更好地参与国际竞争，解决新生事物的会计核算问题，我国企业会计准则于2007年与国际准则全面趋同，并不断完善及全面推行。其中继财政部2006年2月15日颁布实施新《企业会计准则》后，2014年财政部新增《企业会计准则第39号——公允价值计量》等三项新准则，修订《企业会计准则第2号——长期股权投资》等五项具体准则，发布了《金融负债与权益工具的区分及相关会计处理规定》补充规定，并修改了《企业会计准则——基本准则》中关于公允价值计量的表述。紧接着，2017年财政部又新增《企业会计准则第42号——持有待售的非流动资产、处置组和终止经营》，陆续修订了《企业会计准则第22号——金融工具确认和计量》等六项企业会计准则，继续发布了四项企业会计准则解释。并于2017年11月4日第十二届全国人民代表大会常务委员会第三十次会议修正了《中华人民共和国会计法》。

同时期，为了规范注册会计师的执业行为，提高执业质量，维护社会公众利益，促进社会主义市场经济的健康发展，中国注册会计师协会修订了《中国注册会计师审计准则第1101号——注册会计师的总体目标和审计工作的基本要求》等38项准则并由财政部印发。2016年12月23日为了进一步提高注册会计师审计报告的信息含量，满足资本市场改革与发展对高质量会计信息的需求，保持我国审计准则与国际准则的持续全面趋同，中国注册会计师协会拟订了《中国注册会计师审计准则第1504号——在审计报告中沟通关键审计事项》等12项准则并由财政部印发。

《中华人民共和国会计法》的修正、《企业会计准则》及《中国注册会计师审计准则》的频繁修订，标志着我国与国际惯例趋同的企业会计准则体系和注册会计师审计准则体系不断完善，也标志着我国会计审计准则再一次向更高水平迈进的质的飞跃。这是适应经济体制改革的一项重大举措，必将推动我国经济体制改革，尤其是企业改革的深入发展。会计改革的浪潮必将波及社会经济生活的各个方面，也必将对企业审计工作产生巨大影响。企业会计核算内容、核算方法、会计账簿体系和报表体系的变化，以及整个财务会计制度的完善和发展，使企业财务审计的基础理论、基本方法和基本内容等多方面都面临着前所未有的机遇和挑战，亟须我们重新研究、探索。

《现代企业财务审计》（第四版）适应市场经济发展和会计改革的客观需求，根据《中华人民共和国会计法》（2017年最新修正）、最新43项企业会计准则和52项注册会计师审计准则的内容和要求，充分借鉴国际审计惯例，反映了我国企业财务审计理论和实践发展的现状，总结其基本经验，在王会金同志主编的2002年1月第一版《新编企业财务审计》

（中国审计出版社）、2006年8月第二版《企业财务审计》（中国财政经济出版社）、2010年3月第三版《现代企业财务审计》（中国财政经济出版社）的基础上，重新构架现代企业财务审计的理论、内容和方法，并修改、补充、完善而成，以一种全新的面貌呈现于读者面前。

《现代企业财务审计》（第三版）由王会金同志担任主编，拟定写作提纲，撰写了第一章、第二章、第三章、第五章、第六章、第七章、第十一章、第十二章、第十三章、第十四章、第十五章等十一章内容，并完成最后的总纂、修改和定稿。参加本书其余第四章、第八章、第九章、第十章四章内容撰稿的还有王素梅、顾正娣、包见玲、鄢志娟、赵璐、王璨等。本书是在第三版的基础上，由王会金同志担任主编，并完成全书的修订完善工作。本次修订新增的第三章“高级审计技术方法及其应用”，由张文秀独立完成。

本书在撰写和出版过程中，得到了诸多领导、专家、学者的支持和帮助，在此谨向他们致以诚挚的谢意！尤其要感谢南京审计大学党委书记晏维龙教授、校长刘旺洪教授、原副校长尹平教授等在本书撰写、修订过程中给予我的指导、关怀和大力支持，并提出许多富有见地的思路和观点；感谢南京审计大学政府审计学院、会计学院的各位领导、老师提出了宝贵的意见和建议；感谢全国知名的CPA培训专家路国平老师在百忙中对本书稿进行了审阅，并提出了许多建设性的修改意见。中国财政经济出版社陆宗祥副编审等编校人员也对本书的出版做了大量专业、细致工作，在此一并表示感谢。

由于能力和水平所限，书中不足之处在所难免，敬请审计界同仁与各位读者不吝赐教。

王会金

2018年4月于南京

主编简介

王会金，男，1962年10月出生，浙江东阳人。管理学博士、审计学教授、博士生导师。南京审计大学党委副书记、副校长。

长期坚持在教学一线工作，先后给本科生和研究生主讲审计学原理、审计技术方法、企业财务审计、经济效益审计、审计理论专题等课程，曾被毕业生评选为“我最喜爱的老师”。主要从事审计理论与实务的研究，在《会计研究》《审计研究》《中国行政管理》《审计与经济研究》等全国公开发行的权威、核心刊物上发表论文一百余篇，其中收入人大复印资料二十多篇，撰写《审计心理学》《风险导向审计》《政府审计协同治理研究》《知识经济与现代审计》等著作，主编《审计学原理》《高级审计技术方法》《企业财务审计》《经济效益审计》等教材二十余部，其中与李凤鸣教授主编的《审计学原理》先后成为审计署审定教材、教育部推荐使用教材、“十二五”国家级规划教材，并获教育部国家级优秀教材二等奖。主持或参与国家与省部级科研课题二十余项，多项研究成果处于国内同领域研究的前沿。获国家审计署、江苏省人民政府等省部级政府科研奖一等、二等、三等奖十余项，其他教学、科研获奖二十多项。期间曾被国家审计署、国务院法制办聘为《审计法》修订专家组成员，参与《审计法》修订工作。

江苏省“333高层次人才培养工程”第二层次中青年科技领军人才、江苏省高校“青蓝工程”中青年学术带头人、江苏省优势学科“现代审计科学”学科带头人、南京审计大学审计学学科带头人。审计学国家级教学团队和江苏省优秀学科梯队、江苏省优秀教学团队、江苏省科技创新团队主要成员，同时兼任审计署高级审计师评审委员会委员、中国审计学会会计教育分会副会长兼秘书长、江苏省审计厅高级审计师评审委员会副主任委员、江苏省内审协会会长、中国内部审计协会学术委员等职务。曾获得国家人事部、审计署授予的“全国审计机关先进工作者”荣誉称号及江苏省“优秀教育工作者”、江苏省高校“优秀青年骨干教师”、江苏省“三育人”先进个人等荣誉称号。

目录

第一章　现代企业财务审计总论

内容提要

现代企业财务审计是现代社会经济发展的必然产物。财务审计是审计学科的重要组成部分，也是审计实务的基础，财务审计在审计学科中具有十分重要的地位。什么是现代企业财务审计？社会经济特征对企业财务审计有何影响？企业财务审计具有什么基本特征、意义？这是本章首先要阐述的问题。我国现代企业财务审计特点与任务是什么？这是本章阐述的第二个问题。现代企业财务审计的内容包括哪些？资产、负债、所有者权益、收入、费用、利润和财务报表审计的具体内容各是什么？这是本章阐述的最后一个问题。

第一节　现代企业财务审计的涵义、特征及作用

一、现代企业财务审计涵义

什么是现代企业财务审计？这是我们首先必须要解决的核心问题。而要了解现代企业财务审计的含义，有必要对审计的涵义作一历史回顾。

我国审计学界对我国社会主义审计的定义曾有多种表述。1989 年 3 月，中国审计学会在贵州省安顺市召开审计基本理论讨论会，经讨论后一致认为我国社会主义审计的定义如下：是由专职机构和人员，依法对被审计单位的财政、财务收支及其有关经济活动的真实性、合法性和效益性进行审查，评价经济责任，用以维护财经法纪，改善经营管理，提高经济效益，促进宏观调控的独立性经济监督活动。这一定义就我国社会主义审计的主体、客体、职能、依据和目的做出了高度概括。

财务审计是审计的重要基础和分支，根据以上审计的涵义，我们可以把现代企业财务审计概括为：

现代企业财务审计是现代企业环境和现代审计环境下，由国家审计机关、社会审计组织和内部审计机构及其专职审计人员，依照审计准则和相关法律、法规，并采用现代审计技术依法独立地对企业的资产、负债、所有者权益和损益等会计信息的真实性，财务收支业务和相关经济活动的合法性、合理性、效

益性，以及对企业经营管理者应承担的经济责任进行审查、监督、鉴证与评价，借以揭示错弊，维护财经法纪，提高企业经济效益并促进宏观调控的审查监督体系。

这个概念包括以下几个基本涵义：

第一，现代企业财务审计是现代企业环境和现代审计环境相结合的产物，提出了现代企业财务审计是一个发展的概念。

第二，审计主体不仅是社会审计组织，而且包括国家审计机关和企业内部审计机构，以及这些专门审计组织的专职审计人员。

第三，审计对象不仅是企业的会计信息，按照现代审计发展的要求，它的审计对象还应包括企业的财务收支业务、相关经济活动和评价内部控制制度，评价厂长、经理应承担的经济责任等。

第四，职能不仅包括传统财务审计的监督、鉴证，而且包括评价职能，评价职能是现代经济环境对企业财务审计的客观需要。

第五，由于国家审计和企业内部审计工作的客观需要，审计目标必须在传统企业财务审计目标的基础上增加合理性目标。合理性是评价现代企业财务活动与相关经济活动的一项十分突出的内容，比如投资、融资的决策，“应收账款”和“存货”对资金的滞留积压，内部控制制度的设计等，在企业中大都严重存在不合理的现象。因此应有针对性地突出该项目标，而不应将其模糊在广义的效益性概念中。

第六，依法审计是现代企业财务审计的重要特征，“依法”不仅是对审计对象的要求，而且也是对审计组织和审计人员自身的要求，因此在概念中突出审计准则和相关的法律法规是十分必要的。

第七，现代审计技术是相对传统的企业财务审计手工操作技术而言的，比如运用计算机审计技术乃是现代审计工作的一项突出要求。

第八，审计的最终目的是为了提高企业经济效益和促进宏观调控服务，企业财务审计也必须服从这一最终目的。这一指导思想应该旗帜鲜明，大张旗鼓地宣传，再不能把审计误解为单一的查找错弊、专门“挑刺”的行当。

第九，独立性是审计区别于其他专业监督的根本特征，依法独立监督是宪法赋予审计的特别权力，也是国际审计惯例的基本要求。不能独立行使审计监督，企业财务审计也就无须存在。

第十，应该指出，现代企业财务审计，明确地将其范围界定在国有企业及国有控股企业和其他企业的财务审计范畴之中，而不是泛指对社会所有财务活动的审计，比如不包括对社会捐赠资金、社会保障资金、境外援助资金、境外贷款资金和国家对基本建设项目的固定资产投资等方面的审计。

二、社会经济特征对企业财务审计的影响

现代企业财务审计是现代社会经济发展的必然产物。要研究现代企业财务审计的基本特征，就必须研究现代社会经济特征及其对企业财务审计的影响。

审计是社会经济发展到一定阶段的必然产物，审计产生和发展的社会基础

是两权（所有权和经营管理权）分离所形成的经济责任关系。不同的社会经济时期，两权分离的形式和内容是不同的，由此产生的经济责任关系也不同，这就决定了不同社会经济时期的审计特征也不一样。现代企业财务审计作为现代审计的重要分支，其基本特征主要是由现代的社会经济制度和经济管理体制所决定的。

比如财政审计与财务审计，历来是泾渭分明的两条审计分支，这主要是根据审计对象的性质不同来分类的。一般来说，财政审计依存的经济责任关系是纵向分权的结果，具有明显的行政隶属关系，从而使财政审计具有明显的强制性特征；财务审计在公营企业尚未诞生的漫长岁月里，所依存的经济责任关系则是横向分权的结果，是以经济利益为纽带建立的责任关系，通常不可能具备审计的强制性。再如政府审计、内部审计和民间审计，作为审计组织体系的三大分支从表面上看是审计主体的分工不同，实质上则是由所有者权力的主体不同与分权方式不同，以及由此产生的经济责任关系不同所决定的。这就说明：一种审计概念及其特征，主要取决于两权分离的性质和由此形成的经济责任关系的性质。而这种“分权”与“责任关系”，则完全体现了一定社会经济阶段的经济制度特征，体现了这一阶段的生产力和生产关系所构成的生产方式的特征。

对财务审计的历史演进过程，人们通常把它划分为三个阶段，即查错防弊审计阶段、资产负债表审计阶段和以损益表为核心的财务报表审计阶段。这种划分的依据，正好体现了一定社会经济阶段的基本特征对财务审计特征的决定性影响。

查错防弊审计又称为账簿审计、交易基础审计或详细审计，是早期的财务审计。这一阶段的财务审计，从内容上看体现了以查错防弊为主要目标的特点；从方法上看又体现了按经济业务逐项详细查账的特点。这一阶段延续的时间很长，是由这段历史时期经济发展缓慢，生产力水平低下，经济业务比较简单，两权分离的形式及其经济责任关系比较单纯的社会经济特征所决定的。

从18世纪产业革命到20世纪初叶，是财务审计进入到资产负债表审计阶段的历史时期。这是近代资本主义商品经济特别是股份制经济得以迅速发展的时期，也是资本相对高度集聚与集中的时期，为了满足生产经营规模急骤发展的需要，筹措资金成为企业的当务之急，产业资本家不仅要求助于银行，而且还要通过发行股票与债券，通过贴现、透支、押汇与拆借等方式筹措资金，于是，债权人成为企业的头号利害关系人，通过资产负债表审计以评价企业偿债能力就成为这一阶段财务审计的核心内容与基本特征。在审计方法上，由于这一阶段经济业务的错综复杂，逐项详细审计客观上已是不可能，于是产生了制度基础审计，这种方法一直沿用到今天。

随着资本主义商品经济的快速发展，市场经济也迅速形成。一方面，市场的价格机制、供求机制、竞争机制和风险机制的作用，迅速取代了资本主义初期单纯依靠资金的实力可以开拓和占领市场份额并获取暴利的局面；另一方面，由于资本主义生产社会化和生产资料私有制的矛盾，使市场的资源配置功能、经济调节功能和信息导向功能只能自发地发挥作用，这就不可避免地产生剧烈的经济竞争并导致广泛的经济危机。20 世纪 30 年代那场源于美国的世界性经济危机，使大批企业破产倒闭，广大投资者蒙受了极大损失。美国政府为了维护投资者的利益，分别于 1933 年和 1934 年先后颁布了《证券法》和《证券交易法》，规定了凡有股票和债券上市的公司，必须公布由注册会计师鉴证的资产负债表和损益表，以便于投资人和债权人对企业财务状况，财务成果和经营情况做全面了解。至此，财务审计进入了以损益表为核心的财务报表审计阶段。这一演进过程再一次证明了经济特征对企业财务审计特征的决定性作用。

三、现代企业财务审计的基本特征

从 20 世纪中叶到现在，世界资本主义经济发展处于鼎盛时期，审计特别是企业财务审计作为独立的监控体系也得到了极大的发展。这段时期，资本主义世界社会经济的基本特征是垄断。表现为：

首先，私人垄断组织在一些发达国家从萌芽阶段转向世界范围内的广泛发展。

其次，国家垄断资本主义的形成。所谓国家垄断资本主义，列宁的解释是“国家同拥有莫大实力的资本家同盟日益密切地触合在一起”，包括国家对私人垄断企业的投资、参股、联合、并购；也包括国家向私人垄断企业订货、购买军需物资，国家向私人垄断企业提供各种补贴，提供科研经费和科研成果等优惠条件；还包括国家直接向航天、核能、电子等高尖技术工业的庞大投资，以及兴办所谓“社会保障”、“社会福利”事业。从第二次世界大战后到 20 世纪 60 年代，国家垄断资本得到了迅速发展并掀起了所谓国有化热潮，国家控制了大量私人垄断资本的经营活动，这大大有利于国家进行宏观上的经济调节和部门结构的调整。当然，国家垄断资本主义毕竟是代表垄断资本家的利益，不可能改变资本主义私有制基础的性质，更不可能从根本上改变资本主义社会经济运行的无政府状态和克服日益加剧的经济危机。但是，这种“国有化”、“经济计划化”和“福利国家制度”在一定程度上缓解了资本主义经济矛盾，代表着资本主义世界对宏观调控的愿望和需要。

最后，国际垄断的形成。国内垄断的高速发展，必然使生产高度社会化与国内市场相对狭小的矛盾日趋尖锐，也必然造成资本输出与商品产品输出并驾齐驱的新局面，于是，垄断资本主义国家在争夺世界投资市场、原料产地市场和商品市场的激烈斗争中逐渐组成了国际垄断同盟：一方面是垄断性跨国公司，如卡特尔、辛迪加、托拉斯、康采恩的迅速形成与发展，到 20 世纪 90 年代，这种垄断性跨国公司已达到 2 万多家，他们的“子公司”、分公司、“孙公司”都遍布世界各国。另一方面是国际性经济组织，如国际货币基金组织、世界银行、关贸总协定和国际区域性经济一体化集团，以及欧洲经济共同体、欧洲自由贸易联盟、北美自由贸易协定等不断涌现。垄断组织的迅速发展，在各主要资本主义国家的经济领域里占据了统治地位，成了这些国家全部经济生活的基础。

以垄断为特征的现代资本主义没有，也不可能从根本上解决生产资料私人占有和生产社会化程度极大发展之间的矛盾，而是沿着个人资本股份化、私人资本国家化乃至国际化的轨迹，使资本向更大规模、更高程度集聚与集中。这不仅极大地改变了现代企业的所有制结构，而且也极大地改变了“两权分离”的单一模式。在一个庞大的跨国公司和国际经营组织中，以原始形态表现的个人所有权、国家所有权以及不同部门、行业、地区以国际性、区域性经济组织形式出现的集体所有权或外资所有权，按照企业经营管理的需要，统统都转化为法人所有权。这种原始所有权向法人所有权的转化构成了“两权分离”的第一层次分离；然后是法人所有权向经营管理权让渡，构成了“两权分离”的第二层次分离；再后是“母公司”向“子公司”、分公司乃至“孙公司”进行内部管理分权，构成了“两权分离”的第三层次、第四层次的分离。这种纵横交错的所有制结构和多层次的分权模式，势必形成比以往任何经济时代更为错综复杂的经济责任关系，也势必铸成了传统企业财务审计向现代财务审计的发展转化的内在条件。而且，垄断在取代资本主义自由竞争的同时，还衍生了更为复杂、更加剧烈、更大规模和更高层次的垄断组织之间、国家与国家之间的经济、政治、军事、文化和科学技术的竞争。这些竞争最终都体现为经济实力的竞争。在竞争的强烈压力下，无论是企业集团、各种经济垄断组织，还是发达或不发达的资本主义国家，都必须通过强化内部的经营管理或加强国民经济的宏观调控以达到提高经济实力，求得生存发展的目的。于是现代企业财务审计又获得了进一步发展的外部动力。

现代企业财务审计正是在现代资本主义经济环境中，具备了内在发展条件和外部发展动力，从传统的企业财务审计中脱颖而出。比较传统的企业财务审计，现代企业财务审计具有下述基本特征。

（一）审计范围国际化

传统的企业财务审计，由于企业规模较小、业务空间不大，一般都局限在国内市场中。随着跨国公司和国际经济垄断组织的涌现，企业生产经营活动的空间越来越大，彻底打破了行业、部门、地区、国界的限制，形成全球经济一体化格局，从而也促进了现代企业财务审计业务范围的国际化。

（二）审计领域扩大化

随着企业财务审计职能的扩展，审计领域也日益扩大。传统的企业财务审计，一般只针对会计信息的审查鉴证，而现代企业财务审计则逐渐将审计领域延伸到经营管理、绩效与经济责任的审查与评价等方面，并进而衍生出经营审计、管理审计、绩效审计、“五 E”审计和经济责任审计等一系列崭新的审计领域。

（三）审计层次立体化

这是从被审计对象经济责任关系的层次复杂化来分析现代企业财务审计的特征。现代企业规模的急骤扩大与所有制形式结构的日益复杂，必然导致权力让渡及其形成的经济责任关系复杂化，这是现代企业财务审计的又一特征。

（四）审计内容复杂化

现代企业财务审计范围的国际化，审计领域的扩大化和审计层次的立体化，都从不同方面影响到审计内容的复杂化，这里还要从审计目标的多角度化来进一步分析审计内容的复杂化。审计目标是审计人员根据审计对象特征拟定的审计要求。现代企业的审计对象大体上可分为两大体系：一是市场体系的主体结构，包括所有权、占有权和支配权的让渡。这些让渡直接表现为企业权益的变异，按照优胜劣汰的竞争原则，更意味着企业本身全部权益或部分权益的联合、兼并、分立、改制、重组、破产、倒闭、清算、拍卖。二是市场体系的客体结构及其再生产过程，包括商品、劳务、资金、技术、信息等的生产与消费，以及交换与分配。从价值的角度考察，现代企业财务审计就是审计资金的周而复始，这里既有资金的筹集、运用、消耗、增值、收回、退出和分配价值信息的真实、正确，又有物资运动的合法、合理与效益；既有事前的预测、决策与计划，又有事中的管理与控制，还有事后的考核与评价。对这两大体系的审查、监督、鉴证与评价，大致上构成了现代企业财务审计对象的基本内容和目标。

（五）审计主体多元化

在早期资本主义和近代资本主义的经济活动中，企业的财务审计工作主要由注册会计师承担，审计主体比较单一。随着国家资本向企业的渗透和公营企业的产生与发展，国家或政府审计机关的审计业务也迅速扩大到企业财务审计领域；又由于20世纪40年代，内部审计的异军突起使得企业财务审计主体中又增加了内部审计机构，形成了国家或政府审计、内部审计和民间审计三足鼎立的多元化审计主体。

（六）审计行为规范化和审计技术科学化

竞争的剧烈性愈高，审计的风险愈大，对审计人员的素质和行为规范的要求也就愈严格。发生在20世纪30年代的世界性“诉讼爆炸”，使审计界人士受到极大震撼，随后各国的审计组织都制定了各自的审计准则的体系。到20世纪末叶，国际审计实务委员会颁布了国际审计标准，同时，最高审计机关国际组织还先后公布了著名的《悉尼总声明》和《利马宣言》，这些经典性文告都对世界各国审计人员素质的提高和行为规范发生了极大的影响。最后需要强调的是，现代科学技术的高速发展，会计信息的电算化、网络化、数码化进程的加快，也极大地鼓舞和要求着现代企业财务审计技术的相应发展。

四、现代企业财务审计的作用

企业财务审计的作用主要体现在以下几个方面：

（一）通过企业财务审计，及时了解和掌握审计信息，便于国家调整和控制重要经济领域，满足国家宏观经济管理和调控的需要

企业是国家经济的细胞和支柱，其运转状况直接影响到国民经济的发展，也关系到社会稳定。随着经济体制改革的深入和政府职能的转变，国家对企业控制主要是通过间接方式进行的。对企业的了解也是通过有关统计资料、财务

报告及其他资料的逐级上报来实现的。这些数量庞大，又经多道程序加工、演绎、汇总的资料：一方面会由于对各项数据的处理方法、处理工具、处理政策的不同而产生差异；另一方面也存在各种人为因素的影响，如指导思想、个人观点、技术能力以及各种人为调节等，所以，这些经过多道程序而形成的信息的真实性、可靠性、合法性需要有一专门的监督机构来验证。对企业进行财务审计及时解决了各种间接信息的可靠性、真实性和合法性，为国家全面掌握企业的生产经营运转状况提供了可信的依据，从而保证依据该信息所做出的各种决策具有可行性和有效性，保证国家宏观调控落于实处。

尽管这些年来的经济体制改革，使得市场在资源配置中逐步发挥了基础性作用，但政府仍然需要通过一定的调控和管理措施对国民经济运行情况进行调节。国家需要通过对企业生产经营情况进行了解，然后做出判断，以便于制定正确、有效的调控和管理措施，保证国民经济协调发展。而这里所需的一切信息是否真实、可靠，在很大程度上取决于企业财务审计的结果。

（二）通过企业财务审计，能够确保会计信息及其他经济信息真实、可靠，为各项正确决策提供可靠的依据

会计信息及其他经济信息是各方面利害关系人全面了解企业、正确评价过去，科学地预测未来，进行正确决策的依据。企业的发展，不仅需要内部努力，也和外部各方面存在利害关系。企业的利害关系人要通过对投入资本运行情况的了解，正确确定下一步的投资和经营方针，要通过对企业经济状况的了解，以增加其与之往来的可靠性，规范企业之间的交易行为。在实际工作中，可能会出现某些企业为满足眼前利益或局部利益，改变经济业务的会计处理程序和方法，以至财务报表所反映的信息严重失实，诸如高估资产、漏列负债、虚盈实亏、贪污舞弊等行为，严重损害了国家利益和社会公众的利益。而这些信息的需要者，因各种原因而不能直接参与企业的生产经营活动，他们对企业资产的保管、使用情况及其经济效益，只有通过以会计核算信息为主的经济信息来得到满足，所以满足社会各方面对企业信息的全面了解，是企业财务审计的一个基本目的。

（三）通过企业财务审计，可以保证企业资产的安全、完整，保证企业经营活动的合规、合法

企业是国家社会经济的重要组成部分，其财产安全与否，直接关系到企业的生存与发展，而这些企业又是关系到国计民生的重要经济组织。随着改革开放的深入，企业财产物资的安全日益显得重要。在近几年的企业改革中，出现了股份制改造、租赁、承包、企业兼并、分立等多种企业组织形式的变化，一些企业在这个过程中，由于种种原因而导致资产流失极为严重。同时相当多的企业，由于转换经营机制不力，管理松弛，即使从账簿上看其拥有的资产依然完整，但其实际生产能力、创造经济效益的能力却在下降。因此，必须通过对企业进行财务审计，保证其财产物资的安全、完整，促使这些企业充分挖掘其财产物资的经营活力。

此外，企业生产经营活动首先应遵守国家方针、政策、法规及有关的行业政策，为社会提供各项服务。对企业进行财务审计，能够有效地制止各种违法违纪现象的发生，从而维护社会经济秩序，使国民经济向着健康、有序的方向发展，保证社会经济稳定、快速地增长。

（四）通过企业财务审计，有助于正确评价企业经营业绩，确保各项经营责任的履行和经济目标的实现

企业是社会经济的重要组成部分，其经营业绩是否良好，关系到企业的生存与未来的发展，企业要立足于市场，必须参与市场的竞争，优胜劣汰。良好的业绩是企业生存的保障。这种业绩包括两种含义：一是指企业通过自身的经营能取得较好的经济效益，确保资产不被侵蚀，保证原来的生产能力或者能在扩大的基础上持续经营，从而不断壮大自身的实力；二是企业的经营业绩不直接表现为一定的经济利益，而是表现为一定的社会效益，对这种企业的业绩评价应以最少的投入能提供出更好的服务或社会效益为标准。通过对企业经营业绩的评价，鼓励先进，鞭策落后，有利于形成一个良好的激励机制。

经营责任是企业在所有权和经营权相分离的基础上形成的，即经营者对所有者承担相应的经济责任。这些经营责任又具体体现在各项经济目标的实现上，如果没有一个个具体经济目标的实现，经营者的经济责任就难以如约履行。当然，经营责任的履行还应有其相应权利和利益作为基础，这种以“责”为核心，以“权”作保证的机制，能够有效保证经营目标的实现，这在一定程度上也有赖于对企业的财务审计。

通过对企业的财务审计，能从法律上确认经营者对经济责任的履行情况。当企业的所有权和经营权分开时，所有权人有权利了解经营者对经济责任的履行情况，审计正是基于这一基础而产生、发展起来的。在所有权和经营权相分离的前提下，所有者难以及时全面了解其对经济责任的履行情况，而经营者自己也难以证明自己的经营责任和财务责任。只有通过审计，通过独立的第三者，以一定的技术和手段，通过审查其经济业务及有关记录，来确认其经济责任的履行情况。

（五）通过企业的财务审计，有助于及时发现企业中存在的各种隐患，促使其健全完善内部控制制度，加强管理，提高经济效益

审计是一项独立性的经济监督活动。一方面，要依据国家有关政策，经济法律、法规的规定，对企业各项经济业务进行合法性审查；另一方面，又要依据企业会计准则和会计制度对企业资产、负债、所有者权益、收入、成本费用、利润各项目真实性、公允性以及会计处理方法的一致性进行审查鉴证。通过审计，可以及时发现各种不符合国家法规政策的行为，同时也可以发现各种违反会计准则和会计制度的财务核算，保护好国家利益、公有财产不受损失。当今社会，随着经济繁荣和市场竞争的日趋激烈，一部分人为局部利益所驱动，社会上出现了各种各样的经济犯罪。从企业角度来看，有的为了损公肥私，进行非法交易，从事不符合国家政策、法律法规规定的经济事项；有的超越法律的限制而非法经营；有的在经济交往中，故意损害国家的利益，也有害于其他经济组织；有的在财务会计信息的反映过程中，人为地调整、弄虚作假、损公肥私、欺骗上级，以达到个人捞取好处的目的。种种经济犯罪造成的国有资产的流失，给国家造成很大的经济损失，甚至直接影响国家声誉。所有这些可能存在的隐患，如果不能及时纠正，将会给国家酿成极大的危害。所以，对企业的财务审计是防患于未然的必要手段。

企业效益的来源有两个方面：一是向生产要效益；二是向管理要效益。没有一个完善的内部控制机制，没有一套严密的组织管理机制，处于混乱之中的企业是难以生存和发展的。在现代企业发展中，管理的地位和作用日益显得重要，不讲究工作的有效性，不讲究机构组织的有序性，没有一套严格的内部控制制度来约束企业行为，现代企业是不可能发展的。对企业的财务审计，能及时发现企业管理中存在的缺陷，并根据其具体情况，有的放矢地提出建议、解决问题，全面提高企业的经营管理水平。

第二节 现代企业财务审计的目标与内容

一、现代企业财务审计的目标

审计目标是指审计人员执行审计任务时需要达到的结果与标准，是根据审计授权或委托人的要求拟订的。审计目标有总目标和具体目标之分。总目标是审计授权人或委托人对某项审计活动的总体要求，如委托注册会计师、鉴证财务报表反映的经济信息是否真实、合法，这是委托人对该项审计任务的总体要求，也是注册会计师最终完成该项任务的总目标。针对复杂的财务收支活动的过程与结果，审计人员只有在通过一定的审计程序和审计方法，并对构成财务报表信息的这些错综复杂的经济活动进行审查鉴证之后，方能得出是否真实、合法的结论，而在对这些经济业务的审查中又必须为之制定一系列的鉴定标准，这就是具体目标。因此，可以把总目标说成为某项审计任务的审计目的，而具体目标则是对总目标或审计目的的具体化。一般地说，总目标是用以衡量某项审计业务的最终结果的总体要求；而具体目标则是用以鉴证某方面经济活动是否符合这一总体要求的衡量标准。

由于经济本身的复杂性，再加上会计在处理该项经济业务时附加的主观意愿的复杂性，鉴证某项经济业务时，审计人员往往要采取多方面的衡量标准，因此，具体目标往往是多角度、多方面的。通常，审计人员对一项经济业务的发生与结果，往往要从下述具体目标进行审查鉴证：

真实性——该项经济业务是否确实发生，会计信息是否真实可靠。应该说明的是，真实性虽然是企业财务审计中最主要的目标，但真实性这个概念不是绝对的，不仅被审计单位的会计信息不可能百分之百地准确，而且从审计的角度来看，不可能也不要求被审计事项的真实性能做出百分之百的担保，特别是财务报表审计，对于真实性的要求，往往只是要求达到公允的程度。换言之，审计人员对财务报表信息的审计意见，只要不导致报表使用者做出错误的判断和错误的决策就可以了。

存在性——披露的信息是否客观存在，通常用以衡量有余额的资产、负债、所有者权益的报表项目或会计科目。

所有权——会计信息中反映的资产、负债与所有者权益是否确实为被审计单位所有。

计价——计价在资产审计中是一个非常重要的而且是往往比较复杂的问题，通常要考虑购进计价、发出计价、余额计价、折旧、摊销价值转移等问题，有经验的审计人员往往有“资产审计、重在计价”的说法。在内部审计中，甚至专门有“比价值审计”、“价值审计”。

合理性——往往是用以评价经济业务的发生、处理、结果是否合理，评价的主要对象通常是投资、筹资、存货、应收预付款项，是内部审计中一项极重要的审计标准。

完整性——是指经济业务是否全部入账并在报表上完整反映。

正确性——主要指账务处理，报表编制是否合规、合法，计算是否准确。

报表披露——根据企业会计准则的要求，应将会计政策、会计估计及其变更等重大事项在报表上披露，以便报表使用者对报表信息的理解。

合法性——合法性的问题已散见在其他审计标准中，这里再予以单独强调。

截止与分类——截止日期与重要的资产、负债的分类在财务报表审计中也是重要的审计标准。

熟练地掌握和运用审计标准，有助于审计人员对经济业务审查时做出缜密的分析。当然，并不是每笔经济业务都要运用全部的审计标准进行鉴证，也不是每一审计标准在鉴定经济活动时都具有同等的重要意义。经过多次运用后，审计人员对其自然可以有侧重、有选择地加以运用。由于国家审计、内部审计和社会审计各自承担的任务不同，他们的审计侧重点也不一样。一般地说，国家审计机关在进行企业财务审计时，主要侧重于查错防弊、维护财经法纪、维护国有资产安全完整、改善经营管理、提高经济效益和加强宏观调控方面。因此，合法性往往是首要目标；社会审计主要是向投资人、债权人及企业其他利害关系人提供会计信息的鉴证，因此，会计信息的真实性往往是首要目标；内部审计的首要目标是为强化企业管理服务的评价合理性。当然这不是绝对的，只是说：运用审计目标时往往各有侧重；审计目标的选用与审计任务的要求有着极为密切的关系。

二、现代企业财务审计的内容

我国现代企业财务审计的内容与传统的企业财务审计的内容是有区别的。这是因为我国传统的企业财务审计基本上是建立在计划经济体制的基础上的。计划经济管理体制下，企业的资金运动基本上是一种封闭式的运动。也就是说，企业的资金运动原则上是在企业内部进行循环和周转的，而涉及经济责任关系的，原则上只是企业与国家之间、企业内部各部门之间的财务关系。至于生产企业与流通领域之间，只存在产品的让渡关系，而不存在企业主体自身的让渡关系。即便是在有计划商品经济模式下，这种生产资料所有制形式仍然不能作为商品让渡，企业与企业之间都处于不同领域中各自封闭运行的状态。由此决定的企业财务审计的内容自然也比较单纯。但是，在市场经济条件下，企业必须是自主经营的经济实体，不仅企业与国家之间的行政依存关系因“政企分开”而发生改变，而且企业要全面地置于市场竞争的惊涛骇浪中生存和发展，包括企业的所有制结构，生产经营的规模、方式和方向都必须按市场经济运行的规则进行。这就使企业原有的经济责任关系变得复杂起来，从而也大大地丰富了企业财务审计的内容。

首先，我们不妨从市场体系的结构入手，分析一下经济责任关系以及由此形成的企业财务审计内容的复杂化。一个完善的市场体系结构，至少由市场体系的主体结构、客体结构、时间结构与空间结构复合构成，其中主体结构的内容包括企业所有权、占有权和使用权。根据市场优化配置社会资源的基本理论，在市场竞争机制的作用下，按优胜劣汰的规律，必然会发生所有权、占有权和使用权的让渡。总而言之，企业本身会发生联合、分立、兼并、重组、破产、拍卖等情况，也就是说，企业封闭的资金运动将融入社会再生产的资金运动中去。可想而知，这时的经济责任关系发生怎样的变化。

其次，我们来分析一下在市场经济体制下的市场体系的客观结构，即各种商品和生产要素构成的总和。其中，不仅生产资料是商品，而且知识产权、技术、信息、劳动力等要素也都是可以在市场上交换的商品，这种交换的本身和交换关系使得原来计划经济体制下的经济责任关系变得怎样的复杂就是可想而知的了。至于市场体系的空间结构和时间结构方面，只需了解一下现代企业是怎样跨地区、跨行业、跨国界、跨所有制形式地发展，现代企业的竞争是怎样从战术性转向战略性，是怎样从事中、事后向事前扩展，也就不难理解现代企业财务审计的内容将怎样地丰富和复杂化了。

最后，我们不妨分析一下，由于我国公有制实现形成的多样化而导致经济责任关系的复杂化。在我国，国家所有制和集体所有制都属于公有制范畴，且在我国社会主义制度下是占主体地位和发挥主导作用的。但“公有制实现形式可以而且应当多样化。一切反映社会化生产规律的经营方式和组织形式都可以大胆利用”（摘自江泽民在中国共产党第十五次全国代表大会上的报告）。股份制是现代企业的一种资本组织形式，有利于所有权和经营权的分离，有利于提高企业和资本的效率，资本主义可以用，社会主义也可以用。在股份制企业中，国家所有权和集体所有权，首先应与个人所有权、外资所有权一道转化为法人所有权，然后再由法人所有权向经营管理权，再向企业内部管理分权。无疑，在现代企业中，两权分离以及由此形成的经济责任关系，也将导致现代企业财务审计的内容趋向更大的复杂化。

以上是从理论的角度来分析现代企业财务审计的内容为什么会复杂化。实际工作中现代企业财务审计的内容是由一个一个的审计项目来决定的。这些项目通常根据审计授权人或委托人对某方面财务信息的需要进行安排。项目涉及财务审计的内容有多有少，完全根据审计授权人或委托人的需要来决定。比如国有资产管理部门对国有或者国有控股企业，国有资产流失的调查，这就是一个比较单纯的审计项目，授权需要了解的是国有资产是否流失，流失了多少，主要在哪些环节上发生流失，原因是什么，主要责任是谁。审计人员就是根据这些要求来确定需要审查的内容。一般地说，这方面的审计通常只涉及资产方面的审计内容，但如果企业经营亏损，或在利润分配环节上发生问题，那么审计的内容就有必要向成本、费用、收入、支出和利润分配等损益性科目延伸。当然，有的审计项目涉及的内容却比较复杂，比如财务报表公证、股票上市、企业改组等审计项目，则有可能涉及企业全部的资产、负债和所有者权益及损益科目，甚至有时还必须涉及几人审计主体对不同的经济业务进行鉴证，比如企业改组时，就需要进行资产评估、资本验证等。

总之，具体的审计项目决定具体的审计内容，有些审计内容是相对固定的；有些审计内容却必须根据审计中的具体情况由审计人员临时酌情处理：是否需要扩大审计范围，是否需要延伸审查内容。

现在的企业财务审计教材，一般都按“会计六要素”对审计内容逐一加以介绍，便于初学者理解、掌握。但实际工作中，这些内容往往相互联系，有机结合，必须加以灵活运用。

企业财务审计的内容是企业资金运动在各环节上的会计反映及其内在联系。从这个意义上说，企业财务审计的内容就是会计核算和反映的内容，即会计资料及其有关经济资料所反映的财务收支及有关的经济活动。在企业中具体表现为资产、负债、所有者权益、收入、费用和利润六大要素，以及载体财务报表，对其审计，即为企业财务审计的基本内容。

（一）企业资产审计的内容

资产是指企业过去的交易或者事项形成的、由企业拥有或者控制的、预期会给企业带来经济利益的资源。企业资产是其生产经营的基础和前提，它又是企业资金运用的具体体现。企业的资产按其流动性的不同可分为流动资产和非流动资产。其中，流动资产是指可以在 1 年或者超过 1 年的一个营业周期内变现或者耗用的资产，主要包括库存现金、银行存款、以公允价值计量且其变动计入当期损益的金融资产、应收及预付款项、存货等；非流动资产是指不能在 1 年或者超过 1 年的一个营业周期内变现或者耗用的资产，主要包括长期股权投资、固定资产、无形资产等。资产审计主要围绕以上内容来展开。

企业资产审计的目标为：① 审查企业有关资金的内部控制制度等是否健全、有效；② 审查证实资产是否确实存在；③ 审查企业资产的所有权是否归企业所拥有；④ 审查各项资产的计价是否合理；⑤ 审查各项资产是否已在财务报表上充分披露。

（二）企业负债审计的内容

负债是指企业过去的交易或者事项形成的，预期会导致经济利益流出企业的现时义务。负债按其流动性质可分为流动负债和非流动负债。流动负债是指将在1年或超过1年的一个营业周期内偿还的债务。包括短期借款、应付款项（应付票据、应付账款、应付职工薪酬、应交税费、应付股利、其他应付款等）和预收账款等；非流动负债是指偿还期超过1年或超过1年的一个营业周期以上的债务，包括长期借款、应付债券、长期应付款等。非流动负债项目虽少，但其发生额却很大，是企业融资的重要手段。负债审计主要围绕以上内容来展开。

企业负债审计的目标为：①审查企业有关负债的内部控制制度是否健全、有效；②审查企业所列各项负债是否确实存在；③审查各项负债记录是否完整，有无漏列；④审查企业负债的会计计量是否准确；⑤审查与负债有关的费用会计处理即收益性支出与资本性支出的划分；⑥审查各项负债在财务报表上是否充分披露。

（三）企业所有者权益审计的内容

所有者权益是指企业资产扣除负债后由所有者享有的剩余权益。其主要包括所有者对企业的资本投入、直接计入所有者权益的利得和损失（其他综合收益），以及留存收益等。直接计入所有者权益的利得和损失，是指不应计入当期损益、会导致所有者权益发生增减变动的，与所有者投入资本或者向所有者分配利润无关的利得或者损失。留存收益包括盈余公积和未分配利润。所有者权益审计主要围绕以上内容展开。

企业所有者权益审计的目标为：①审查企业有关所有者权益的内部控制制度是否健全、有效；②确定各项所有者权益的增减变动是否符合国家法律、法规及企业章程的规定；③审查各项所有者权益的记录是否完整，有无遗漏；④审查各项所有者权益的余额是否正确；⑤审查各项所有者权益项目是否已在财务报表中充分披露。

（四）企业收入的审计内容

收入是指企业在日常活动中形成的、会导致所有者权益增加的，与所有者投入资本无关的经济利益的总流入，包括主营业务收入和其他业务收入等。主营业务收入，也称基本业务收入，是指企业在其经常性的、主要业务活动中所获得的收入，如工业企业的商品销售收入、服务业的劳务收入；其他业务收入，是指企业非主要业务活动所获得的收入，如工业企业的销售原材料、出租包装物等业务所取得的收入。

企业收入审计的目标为：①审查企业有关收入的内部控制制度是否健全、有效；②审查各项收入的记录是否完整；③审查各项收入的会计处理是否正确；④确定各项收入是否与相应的费用配比；⑤审查确定各项收入是否已在财务报表上充分披露。

（五）企业费用的审计内容

费用是指企业在日常活动中发生的、会导致所有者权益减少的，与向所有者分配利润无关的经济利益的总流出，包括成本和费用。成本是指企业为生产产品、提供劳务而发生的各种耗费，包括为生产产品、提供劳务而发生的直接材料费用、直接人工费用和各种间接费用。费用一般是指企业在日常活动中发生的营业税费、期间费用和资产减值损失等。营业税费，也称销售税金，是指企业营业活动应当负担并根据销售收入确定的各种税费，如消费税、城建税和教育费附加等；期间费用包括销售费用、管理费用和财务费用；资产减值损失是指企业计提的坏账准备、存货跌价准备和固定资产减值准备等所形成的损失。

企业费用审计的目标为：①审查与各项费用支出有关的内部控制制度是否健全、有效；②审查确认各项费用的发生是否真实、记录是否完整；③审查各项费用的会计处理是否正确；④审查各项费用是否与收入相配比；⑤确认各项费用是否已在财务报表中适当揭示。

（六）企业利润的审计内容

利润是企业在一定期间的经营成果。利润包括收入减去费用后的净额、直接计入当期利润的利得和损失等。直接计入当期利润的利得和损失（即营业外收入和营业外支出），是指应当计入当期损益、最终会引起所有者权益发生增减变动的，与所有者投入资本或者向所有者分配利润无关的利得或者损失。

利润审计包括两方面的内容：一是利润形成的审计；二是利润分配的审计。

企业利润审计的目标为：①审查企业形成利润的各项目内容是否真实；②审查企业利润计算是否正确；③审查企业各项应交国家的税收及利润分配是否按规定及时足额缴纳；④审查企业利润分配及其余额是否已在财务报表上充分揭示。

（七）企业财务报表的审计内容

财务报表审计是企业财务审计的起点和归宿。对企业财务报表进行审计，即对以资产负债表、利润表、现金流量表及财务报表为核心的一系列财务报表内容的真实性、合法性进行审查。财务报表集中反映了企业财务信息，是国家有关部门正确评价企业，做出投资和宏观调控决策的主要依据。同时，它也能为各级管理部门了解企业财务状况和经营业绩，完善本单位内部控制制度，改善经济管理，提高经济效益，更好地服务于社会提供可靠的依据。

众所周知，18 世纪的产业革命极大地推动了资本主义商品经济的发展，从而涌现了一大批股份公司。股份公司需要的大量资金补足依赖于社会投资和金融贷款，这就使“两权分离”变成了普遍的社会现象，按照股份公司的运行法则，股东和债权人是不能直接干预公司的经营情况的。但是，对于投资人（或潜在的投资人）来说，他们必然要关心投资风险和投资报酬；对债权人来说，他们必然要关心企业的偿债能力和支付能力；对公司的雇员和职工来说，他们必然要关心企业的稳定性能和能够提供的福利情况；对税务机关来说他们必然要关心企业的收入和获利能力；对公司的管理当局来说，他们更关心企业经营者是否执行既定的经营方针，完成了经营目标。他们只能通过公司的财务报告来了解公司的财务状况和经营成果，并据以做出判断决策。这就使得一家公司的财务报表几乎牵动着整个社会经济的“神经”。

但是，企业的财务报表并非一定能真实、可靠地反映企业的财务状况和经营成果。事实上，不少企业在财务报告中的作弊行为会使成千上万的股东、债权人蒙受巨大的损失。社会舆论强烈要求有一个来自企业外部的，独立、客观、公正的第三者对企业财务报表的真实性、合法性做出判断。为了维护股东、债权人的合法权益，加强对企业的监督，很多国家先后颁布了新的公司法、证券法和证券交易法，明确规定了企业的财务报告必须经过注册会计师的审计、鉴证后方能生效。这就使得审计人员审计的职责，逐步由原来对企业所有者负责演变为对整个社会的负责。特别是近十几年来，随着世界经济发展的国际化和审计的国际化，审计人员对财务报表的审计也成为一种国际行为。国际会计准则和国际审计准则对财务报表的编制和审计都做了一系列明确的规定，从而使企业财务报表审计更趋规范化。

此外，企业财务报表审计也是了解企业财务状况和成果状况的一种“测试器”，便于改进和完善各种管理制度。可见，对企业财务报表真实性、正确性、合规性、合法性的审计乃是企业财务审计的重要内容之一。

1. 财务报表审计的内容。主要包括以下几个方面：

（1）审查财务报表完整性。包括财务报表本身的完整性和财务报表应揭示内容的充分性，前者包括资产负债表、利润表、现金流量表、所有者权益变动表、财务报表附注及相关附表；对于需要编制合并财务报表的企业，还应该包括合并财务报表。要审查所有包括上述财务报表应填报的项目和内容是否完整。要审查财务报表是否全面、充分地反映企业财务状况和经营成果；对于重要的经济业务，是否单独列示，例如已作为抵押的存货和有价证券，一年内将要到期的非流动负债以及可能发生的或有负债等是否都在报表附注中予以揭示。

（2）审查财务报表及时性。即企业的财务报表能否在规定的期限向社会公布，以保证报表使用者及时获得所需的财务信息并不失时机地做出相应的决策。

（3）审查财务报表真实性。主要是指财务报表所反映的财务状况、经营成果，包括资产、负债、损益的各项数据是否真实存在、账实是否相符、归类是否正确、所有权的归宿是否真实、计算是否准确等，特别应注意有无故意高估资产低列负债、潜盈实亏等情况的存在。

（4）审计财务报表合规、合法性。主要是指企业的各项财务收支活动及其相关的会计处理和报表揭示是否符合国家的法令、法规、制度、章程。如资金的筹集使用、资产的折旧与摊销、汇兑损益的计算、利息费用的处理、收入的确认、成本的核算、税金的计算与缴纳、利润的分配、公积金的提取等，国家都有明确的规定，要审查企业是否严格地遵照执行。

（5）审查财务报表正确性。主要是指企业对会计政策的执行和说明、会计方法的选用与变更、会计记录、计算与财务处理等方面是否正确。例如，企业对于会计主体、会计分期、持续经营、货币计量的遵循情况；企业对于会计信息的质量要求，包括客观性、可比性、相关性、及时性、可理解性、谨慎性、实质重于形式，以及会计确认基础权责发生制等执行情况；企业对于编报财务报表时所采用的原则、基础、惯例、规则、程序、截止日期、期后会计事项、重要会计政策变更的影响是否在报表中予以充分揭示等。

2. 企业财务报表审计的目标。根据《国有企业财务审计准则》（试行）第8条规定，对国有企业各类会计报表的审计目标有5个方面：①会计报表的编制是否符合法律、法规以及《企业会计准则》和国家有关财务收支的规定；②会计处理方法的选用是否符合一致性原则；③会计报表在所有重大方面是否公正地反映了被审计企业的财务状况、经营成果和资金变动情况；④会计报表是否根据登记完整、核对无误的账簿编制，账表之间、表内各项目之间、本期报表与前期报表之间具有勾稽关系的数字是否相符，合并会计报表的编制是否符合规定；⑤会计报表和附注及其编表说明反映的内容是否真实、完整、准确、合规。

《中国注册会计师审计准则第1101号——财务报表审计的目标和一般原则》第4条规定了财务报表审计的目标：

财务报表审计的目标是注册会计师通过执行审计工作，对财务报表的下列方面发表审计意见：

（一）财务报表是否按照适用的会计准则和相关会计制度的规定编制；

（二）财务报表是否在所有重大方面公允反映被审计单位的财务状况、经营成果和现金流量。

企业财务审计的具体内容我们将在本书的各有关章节，结合审计技术方法与审计案例进行详细阐述。

思考与练习

1. 什么是现代企业财务审计？具有什么基本特征？
2. 社会经济特征对企业财务审计有何影响？
3. 简述现代企业财务审计的意义。
4. 我国现代企业财务审计有何特点？具有什么任务？
5. 现代企业财务审计的内容是什么？
6. 企业资产审计包括哪些内容？它有哪些具体审计目标？
7. 企业负债审计包括哪些内容？它有哪些具体审计目标？
8. 企业所有者权益审计包括哪些内容？它有哪些具体审计目标？
9. 企业收入审计包括哪些内容？它有哪些具体审计目标？
10. 企业费用审计包括哪些内容？它有哪些具体审计目标？
11. 企业利润审计包括哪些内容？它有哪些具体审计目标？
12. 企业财务报表审计包括哪些内容？它有哪些具体审计目标？

第二章　现代企业财务审计程序与方法

内容提要

企业财务审计程序是实现财务审计工作规范化，使审计监督有条不紊地顺利进行的重要保证。财务审计方法既是进行审计，完成任务的重要手段，同时也是降低成本，提高审计工作效率的重要手段。企业财务审计的程序如何？分为几个阶段，各阶段要做好什么工作？国家审计、社会审计进行财务审计程序有何异同？企业财务审计要运用什么方法，如何进行审计？什么是制度基础审计，如何评审内部控制制度，应采取什么步骤、运用什么方法？这些都是本章所要阐述的主要问题。

第一节　现代企业财务审计程序

一、现代企业财务审计程序的涵义及作用

审计作为一种独立的经济监督活动，是由各种存在着内在逻辑关系的工作所组成的一个完整的运动过程。在对任何一个审计项目的完整审计过程中，先做什么工作，后做什么工作，必须按照一定的顺序进行。审计程序是指审计工作从审计项目建立到项目结束所经过的整个步骤、次序或工作过程。

所谓企业财务审计程序，是指在审查被审计单位财务收支活动中，审计机构和被审计单位双方必须遵循的顺序，形式和期限等。这是实现审计规范化，使审计监督有条不紊地顺利进行的重要保证，也是依法审计原则和独立审计原则的基本要求。

由权威性机构制定出的规范而科学的审计程序，不仅是分配审计工作的具体依据，也是控制审计工作的有效工具。

（一）有利于保证审计质量

审计程序规定了为实现目的所必须实施的各项具体步骤，不仅可使审计负责人随时掌握审计工作的进度，还可以保证审计人员不至于忽略重要的审计步骤和主要事项，以便从审计程序的角度，保证审计工作质量。

（二）有利于提高工作效率

严格而灵活的审计程序，有利于提高工作效率，保证审计人员在较短的时间内取得充分有效的审计证据，从而正确表达意见，做出恰当的结论，避免可能发生的失误。

（三）有助于提高熟练程度

规范而科学的审计程序，可以使审计工作有条不紊地进行，这对审计工作经验不多的审计人员来说，可以较好地把握审计工作的基本环节；对审计工作经验较多的审计人员来说，可以腾出更多的时间，考虑审计中随时可能遇到的更为复杂的问题。

（四）有利于审计工作规范化

规范而科学的审计程序，也是使审计工作逐步实现规范化、制度化、法制化的一项重要内容。法定的审计工作程序，是审计法律关系主体正确地行使权利、承担义务的基本保证，是贯彻依法审计原则的主要形式，审计人员和被审计单位必须严格遵循。自律性的行业规范确认的审计程序，是保证审计业务工作按照公认的规则正常开展的基本步骤。正确地实施审计程序，是保证审计业务质量、提高审计工作信誉的前提条件，是社会审计工作者依法执业的具体表现。

二、国家审计程序

按照《中华人民共和国审计法》规定的基本原则和《中华人民共和国审计法实施条例》第三十六条至四十八条的具体规定，我们将审计机关和审计人员在实施项目审计时应当遵循的审计程序概括为审计准备阶段、实施阶段和终结阶段。

（一）审计的准备阶段

审计的准备阶段，是指审计机关从审计项目计划开始到发出审计通知书为止的这一段时间。准备阶段是整个审计过程的起点和基础，准备阶段的工作做得是否充分细致，对整个项目审计工作会产生很大的影响。准备阶段一般可分为审计机关的准备工作和审计组的准备工作两个方面。

1. 审计机关的准备工作。

（1）编制审计项目计划，确定审计事项。审计机关应当根据法律、法规和国家其他有关规定，按照本级人民政府和上级审计机关要求，确定年度审计工作重点，对审计对象进行预测和分类，科学地编制审计计划，并确定审计事项。审计项目计划一般是年度计划，也就是审计机关本年度对辖区内需要进行审计监督的部门、单位的统筹安排。审计事项就是指审计项目计划中确定的具体审计事项。

（2）委派审计人员组成审计组。审计组是审计机关特派的实施审计活动的基本单位。审计事项确定以后，审计机关应根据审计事项的特点和要求，组织一定数量和质量的审计人员组成审计组。审计组实行组长负责制，其他组员在组长领导和协调下开展工作，并对分担的工作各负其责。审计组长对审计组工作全面负责，包括制定审计方案和具体实施审计检查、组织撰写审计报告等。

（3）签发审计通知书。审计机关签发的审计通知书是审计指令。它不仅是对被审计单位进行的书面通知，而且也是审计组进驻被审计单位执行审计任务，行使国家审计监督的凭据和证件。根据《中华人民共和国审计法》和其实施条例的规定，审计机关在实施审计前3日，向被审计单位送达审计通知书。审计机关发送审计通知书时，应附审计文书送达回证。被审计单位对收到审计通知书后，填好审计文书送达（寄）审计机关。直接送达的以被审计单位在回执上注明的签收日期为送达日期；邮寄送达的，以回执上注明的收件日期为送达日期。

审计通知书的内容包括被审计单位名称，审计的依据、审计范围、内容和时间，审计组长及其他成员的名单，对被审计单位配合审计工作的要求。

审计通知书在发送被审计单位的同时，还应抄送被审计单位的上级主管部门和有关部门。

另外，审计机关发送审计通知书时附的审计文书送达回证，是为了适应《中华人民共和国审计法》关于审计程序中有关时限的规定以及行政复议的要求而设的。它主要适用于审计机关发送审计通知书、审计报告征求意见和复议决定等审计文书时使用。审计文书送达回证应写明受送达人、送达地点、发送单位、事由和文书名称。受送达人是指被审计单位、有关单位和个人，送达地点是指接受审计文书的地点，发送单位是指审计机关，事由是指发送文书的原因。

2. 审计组的准备工作。

（1）明确审计任务，学习法规，熟悉标准。审计负责人接到任务后，应召集全组审计人员，说明该次审计的主要任务、目的和要求，提出自己的认识和打算，引导大家思考，集思广益。审计组成员还要组织学习完成审计任务可能涉及的财经法纪、审计法规，及审计工作纪律，准确掌握审计法规标准，以便恰如其分评价被审计单位的经济活动。

（2）进行初步调查，了解审计单位基本情况。审计组成员在其负责人的组织下，根据审计任务的要求，通过收集查阅被审计单位平时上报的资料，走访有关部门，如主管部门、财税部门、工商、银行、物价等部门，听取各方面情况介绍，初步了解被审计单位的业务性质、生产经营特点、组织机构设置等。如要再次审计，可以通过查阅原来的审计工作底稿、审计报告、审计决定等档案资料，了解被审计单位过去的经济情况，发生过哪些问题，是如何处理的。

（3）拟定审计工作方案。审计工作方案是在实施审计的总体安排，是保证审计工作取得预期效果的有效措施，也是审计机关据以检查、控制审计工作质量、进度的依据。审计工作方案是在对已经取得的资料、掌握的情况，以及明确审计的重要问题的基础上综合形成的。其主要内容包括审计项目、名称、被审计单位名称，审计目标，审计方式，编制依据，审计的范围和内容，审计要点、步骤和方法，时间进度和人员分工等。

在制定审计工作方案时还应留有适当余地，以便实际情况发生变化时做出相应的调整。审计工作方案应报请审计机关领导批准后执行。

审计组成员需准备好审计时所必需的各种物品，如审计工作记录、计算工具等。

（二）审计的实施阶段

审计实施阶段是审计组进驻被审计单位，就地审查会计凭证、会计账簿、财务报表，查阅与审计事项有关的文件、资料，检查库存现金、实物、有价证券，并向有关单位和人员调查，以取得证明材料的过程。它是将审计工作方案付诸实施，化为实际行动的阶段，是审计全过程的最主要阶段。实施阶段主要应做好以下几项工作。

1. 深入调查研究，调整审计方案。审计组实施审计时，首先应深入了解被审计单位的管理体制、机构设置、职责或经营范围、业务规模、资产状况等。其次对内部控制制度进行评估，根据评估结果，确定审计范围和采用的方法；必要时，修改原来制定的审计方案。其主要步骤是：

（1）听取被审计单位情况介绍。审计组进驻被审计单位后，应与被审计单位领导取得联系，说明本次审计的范围内容与目的要求，争取他们的支持；约请被审计单位领导和有关部门负责人共同研究工作部署，确定与审计组的联系人和提供必要的资料等问题，听取被审计单位负责人及有关职能部门对单位情况的介绍；采用适当方式，使单位职工了解审计目的、内容，以取得他们的支持和协助。

（2）索取、收集必要的资料。审计组应当根据情况介绍和审计工作需要，向被审计单位索取有关资料，要求提供银行存款账户，进行必要的资料收集工作。常规审计一般需要索取、收集的资料主要是：①被审计单位有关的规章、制度、文件、计划、合同文本；②被查期间的各种审计资料、分析资料，上年度财务报表、分析资料以及以往接受各种检查、审计的资料；③各种自制原始凭证的存根，未粘附在记账凭证上的各种支票、发票、收据等存根，以及银行账户、银行收账单、备查簿等相关的经济信息资料。

在索取、收集资料时，一定要做好登记、清点移交工作。收集的资料要当面清点，注意残缺页码，并列表登记，注明资料来源。移交与接收双方，都要在移交表或调阅单上签名。

（3）深入调查研究，评审内部控制制度。为了全面、深入地了解被审计单位业务活动的一些具体规定、手续以及内部控制制度的执行情况，审计组在收集资料以后，应当通过查阅资料、观察、咨询等方式了解被审计单位的有关情况。特别是了解被审计单位的各项业务处理手续，有关财务会计业务处理和库存现金、物资管理方面的内部控制制度的建立、完善情况和实际贯彻执行情况。必要时，应对内部控制制度的执行情况和有效性进行符合性测试，并进行评价，以便发现被审计单位管理上的漏洞和薄弱环节，进一步确定审计的范围、重点内容以及方式、方法。

（4）必要时，调整原审计方案。在深入调查研究，评价被审计单位内部控制制度的基础上，审计组应当重新审查原拟订的审计方案，如发现原方案确定的审计范围、重点具体实施步骤和方法等与实际情况相差太远而必须修改审计方案时，应按规定的程序进行修改，经派出审计组的审计机关主管领导同意后组织实施。

2. 评审内部控制制度。现代审计的最大特征是以评价内部控制制度为基础的抽样审计，实行的是制度基础审计。因此，在审计实施阶段，首先必须全面了解被审计单位的内部控制制度，并进行评价。其目的是进一步确定审计的范围、内容重点以及有效的方法。

评审内部控制制度：一是进行内部控制制度健全性调查；二是进行内部控制制度符合性测试；三是对内部控制制度的有效性进行综合评价，从中发现内部控制制度的强点和弱点，并分析原因。根据内部控制的强弱点，对审计方案进行适当调整。将审查重点放在内部控制制度的弱点上，对于强点则进行一般审查，以尽可能高效、高质量地取得审计证明材料，提高审计工作效率。

3. 实施审计活动，搜集证明材料。

（1）分析经济业务特点。为了把有限的审计力量花在更有价值的审计内容上，审计人员先要对经济业务进行一般分析。包括：①经济业务的重要性分析。通过对被审计单位经济活动全过程的了解，审计人员可以确定各类业务的重要程度，以便在审计中加强对重要业务的注意。②业务处理复杂程度分析。一般情况下，业务处理比较复杂的环节更容易发生错误，审计人员应该更注意对业务处理比较复杂环节的审查。③业务发生频率分析。业务发生越频繁，发生错误的可能性就越大，审计人员则应倍加注意。④业务处理人员素质分析。业务素质不高的人员所经手的业务较易发生问题，它也应是审计人员审查的重点。

（2）审查有关的会计资料和经济活动，收集、鉴定审计证明材料。《中华人民共和国审计法》第三十八条规定："审计人员通过审查会计凭证、会计账簿、会计报表、查阅与审计事项有关的文件、资料、检查库存现金、实物、有价证券，向有关单位和个人调查等方式进行审计，并取得证明材料"。根据以上规定，审计人员应做好以下几项工作：

①审查分析会计资料。对会计资料的审查分析，包括对会计凭证、账簿和报表的分析，主要包含以下内容：

- 审查分析财务报表。一是要对其外观形式进行审查，看被审单位所编制的各种财务报表是否符合规定和要求，表页、表内项目、指标是否齐全；二是要审阅各报表之间勾稽关系；三是要审查各报表内相关数字间的勾稽关系。

- 审查分析各类账户。一是判断容易发生差错或易于弄虚作假的账户；二是审查分析各类账户记录的增减变动情况，判断业务的真实性和数据的真实性，如果材料账户的记录长期无变动，则应考察材料是否确实存在或是否能利用；三是核实账户余额，包括总账和明细账，特别是结算类账户和跨期摊配账户。

• 抽查有关凭证，以确定账簿记录的真实性，以及数据所反映的经济业务是否合理、合法。

• 复算。审计人员要对被审单位所计算的结果进行复算，以确定是否有故意歪曲计算结果的弊端或无意造成的计算差错。

• 询证。审计人员在审查中，发现有疑点时，可向有关单位和个人以函询或面询的方式进行调查。审计人员向有关单位和个人进行调查时，应当出示审计人员的工作证件和审计通知书副本，审计人员少于两人。

②实物盘点与资产清查。审计人员在审查分析有关书面资料后，还应对有关盘存的账户所记录的内容进行实物盘点，以取得实物证据。如库存现金盘点、库存材料盘点、周转材料盘点、在产品盘点、库存商品盘点、固定资产盘点等。实物较多时，审计人员应按可能性、必要性、重要性的原则，有选择地进行重点盘点。

审计人员实施审计时，应当按照下列规定办理：

• 搜集、取证能够证明审计事项的原始资料、有关文件和实物等；对于不能取得原始资料、有关文件和实物的，可以采取复制、拍照等方法取得证明材料。

• 对与审计事项有关的会议和谈话内容要做出记录，或者根据审计工作需要，要求提供会议记录。

• 审计人员向有关单位和个人调查取得的证明材料，应当有提供者的签名或者盖章。未取得提供者签名或者盖章的，审计人员应当注明原因。

4. 编制审计日记和审计工作底稿。审计日记是审计人员以人为单位按时间顺序反映其每日实施审计全过程的书面记录。

《审计机关审计项目质量控制办法（试行）》规定审计人员应当在实施审计过程中逐日编写审计日记。审计人员应当真实、完整地记录审计日记，不得遗漏、虚构、隐匿、毁弃，其他人不得删改。

审计人员同时承担多个审计事项，应当在同一审计日记中依次记载；对多名审计人员共同承担同一审计事项的，应当在各自的审计日记中分别记载。

对被审计单位违反国家规定的财政收支、财务收支行为以及对审计结论有重要影响的审计事项，审计人员应当在编写审计日记的基础上，编制审计工作底稿。其他审计事项以审计日记记载审计事项的查证过程和结果。审计工作底稿是审计证明材料的汇集，在汇集证明材料时，应注明证明材料的来源。审计工作底稿是撰写审计报告的基础，是检查审计工作质量的依据，也是行使复议乃至再度审计时需要审阅的重要资料。

（三）审计的终结阶段

审计的终结阶段一般包括审计组提出报告，审计机关审定审计报告，以及做出处理处罚等内容。

1. 审计报告的编写。

（1）整理和分析审计工作底稿。审计组组长应当对审计人员的审计工作底稿进行必要的检查和复核，对审计组成员的工作质量和审计工作目标完成情况进行监督。审计工作就是不断搜集审计证据，整理分析证据，运用审计证据的过程。通过检查、复核和整理审计工作底稿，对汇集的审计证据进行认真审查；鉴定证明材料的客观性、相关性和合法性，检查审计组是否已经收集到足以证明审计事实真相的证明材料，以便及时采取补救措施，保证审计组收集的证明材料的充分性。

（2）审计组编写审计报告。按照《中华人民共和国审计法》第三十九条规定，审计组对审计事项实施审计后，应当向审计机关提出审计报告。审计组编写的审计报告应当征求被审计单位的意见，并在审计组组长签字后，连同被审计单位的书面意见等一同报送审计机关。

（3）征求被审计单位意见。审计报告经审计组组长审核后，送达被审计单位征求意见。如果被审计单位对征求意见的审计报告有异议，审计组应当进行核实，并做出书面说明。必要时，应当修改审计报告。被审计单位自收到审计报告之日起十日内没有提出书面意见的，视同无异议，并由审计人员予以注明。征求意见的审计报告应予保留。

（4）审计组代拟审计决定书、审计移送处理书和法制工作机构的复核意见书。《审计机关审计项目质量控制办法（试行）》规定：①对被审计单位违反国家规定的财政收支、财务收支行为需要依法进行处理、处罚的，审计组所在部门应当代拟审计决定书；②对审计发现的依法应当由其他有关部门纠正、处理、处罚或者追究有关责任人员行政责任、刑事责任的问题，审计组所在部门应当代拟审计移送处理书；③审计组所在部门应当将其代拟的审计报告、审计决定书、审计移送处理书、被审计单位对审计报告的书面意见，以及其他有关材料报送法制工作机构复核。

法制工作机构应当对下列事项进行复核：①主要事实的表述是否清楚；②适用法律、法规、规章是否正确；③评价、定性、处理、处罚和移送处理是否恰当；④审计程序是否符合规定；⑤其他需要复核的事项。

法制工作机构应当在规定的期限内提出复核意见，出具复核意见书。

2. 审计报告的审定。审计组所在部门应当将代拟的审计报告、审计决定书、审计移送处理书和法制工作机构的复核意见书报送审计机关分管领导。

（1）一般审计项目的审计报告，由审计机关分管领导召开小型审计业务会议讨论审定。参加人员包括审计机关分管领导、审计组所在部门负责人、法制工作机构负责人、审计组组长和其他有关人员。

（2）重要审计项目的审计报告由审计机关分管领导提议，经审计机关主要负责人或其指定的其他负责人同意后，召开审计业务会议讨论审定。参加人员包括审计机关负责人、审计组所在部门和法制工作机构的负责人、审计组组长、有关专家和其他有关人员。

审计业务会议应当在充分讨论的基础上形成审计业务会议决定。

审计组所在部门负责审计业务会议的记录工作，并根据审计业务会议决定修改审计报告、审计决定书和审计移送处理书。

3. 审计处理处罚。《审计机关审计处理处罚的规定》规定审计机关对违反国家规定的财政收支、财务收支行为以及违反《中华人民共和国审计法》的行为应当进行处理、处罚，不得委托其他组织或者个人代理，并且应当遵循公正、公开的原则。

4. 审计听证。

（1）《国家审计基本准则》的第三十八条规定审计机关对被审计单位和有关责任人员违反国家规定的财政收支、财务收支行为，做出较大数额罚款的审计决定之前，应当告知被审计单位和有关责任人员有权在 3 日内要求举行听证；被审计单位和有关责任人员要求听证的，审计机关应当组织听证。

（2）《审计机关审计听证的规定》规定，审计机关在进行审计处罚前，对符合审计听证条件的，应当告知被审计单位和有关责任人员有要求审计听证的权利；被审计单位或者有关责任人要求审计听证的，审计机关应当组织审计听证。

除涉及国家秘密、商业秘密或者个人隐私外，审计听证会应当公开举行。

5. 审计行政复议。

（1）《国家审计基本准则》的第四十三条规定，被审计单位对审计机关做出的具体行政行为不服的，可以申请复议。

被审计单位对地方审计机关做出的具体行政行为不服的，应当先向上一级审计机关或者本级人民政府申请复议；但对地方性法规规定或者本级人民政府交办的事项审计不服的，应当先向本级人民政府申请复议；对审计署做出的具体行政行为不服的，应当先向审计署申请复议。审计机关按照有关规定，办理审计复议事项。

（2）《审计机关审计复议的规定》规定，审计机关的审计决定自送达之日起生效。对审计机关做出的审计决定不服的，应当先依法申请行政复议；对复议决定不服的，可以依法向人民法院提起行政诉讼。

三、社会审计程序

社会审计进行财务审计的程序与国家审计有很多相似之处，但也有自身的特点。在三个阶段中其主要工作是签订审计业务约定书，计划审计工作，内部控制测评，运用审计方法获取审计证据，编制审计工作底稿，完成审计外勤工作和出具审计报告等。

（一）签订审计业务约定书

注册会计师应当在了解被审计单位基本情况的基础上，由会计师事务所接受委托，签订审计业务约定书。这项活动是由会计师事务所与委托人共同签订，据以确认审计业务的委托与受托关系，明确委托的目的、审计范围及双方责任与义务等事项，最终形成书面合约的活动。审计业务约定书一旦签订便具有法定的约束力，因此签约活动必须按下列程序和要求进行。

1. 签约前业务洽谈。在签订审计业务约定书之前，会计师事务所应当委派注册会计师了解被审计单位的基本情况，初步评价审计风险。接受委托之前应当了解被审计单位的业务性质、经营规模和组织结构，经营情况及经营风险，以前年度接受审计的情况，财务会计机构及工作组织以及其他与签订业务约定书相关的基本情况。在初步了解情况、评价审计风险并充分考虑自身承受委托能力的基础上，与委托人就约定事项进行商谈。如洽谈审计的目的与范围，审计中所采用的程序与方法，完成的工作量与工作时限，要求客户提供的工作条件和配合的方式、程度，双方的权利与义务，收费标准和付费方式等。商谈双方就约定事项达成一致意见后，即可接受委托，正式签订审计业务约定书。

2. 签订审计业务约定书。提出业务委托并与社会审计组织签订审计业务约定书的可以是单位，也可以是个人。签订审计业务约定书应由会计师事务所和委托人双方的法定代表人，或其授权的代表签订，并加盖委托人和会计师事务所的印章。审计业务约定书应当包括签约双方的名称、委托目的、审计范围、会计责任与审计责任、签约双方的义务，出具审计报告的时间要求，审计报告的使用责任、审计收费、审计业务约定书的有效时间、违约责任、签约时间以及签约双方认为应当约定的其他事项等内容。

（二）计划审计工作

《中国注册会计师审计准则第 1201 号——计划审计工作》第三条、第四条规定，注册会计师应当计划审计工作，使审计业务以有效的方式得到执行。计划审计工作包括针对审计业务制定总体审计策略和具体审计计划，以将审计风险降至可接受的低水平。总体审计策略用以确定审计范围、时间和方向，并指导制定具体审计计划，是对审计的预期范围和实施方式所做的规划，是注册会计师从接受审计委托到出具审计报告整个过程基本工作内容的综合计划。具体审计计划比总体审计策略更加详细，其内容包括：为获取充分、适当的审计证据，以便将审计风险降至可接受的低水平，项目组成员应考虑拟实施的审计程序的性质、时间和范围。注册会计师在整个审计过程中，应当按照审计计划执行审计业务。

1. 编制审计计划前的准备工作。在编制审计计划前，注册会计师应当了解被审计单位的年度财务报表，合同、协议、章程、营业执照，重要会议记录，相关内部控制制度，财务会计机构及工作组织，厂房、设备及办公场所，宏观经济形势及其对所在行业的影响以及其他与编制审计计划相关的重要情况。在编制审计计划前，注册会计师还应当查阅上一年度审计档案，关注上一年度的审计意见类型、审计计划及审计总结，重要的审计调整事项、管理建议重点，上一年度的或有损失以及其他有关重要事项。如属首次接受委托，注册会计师可以同被审计单位的有关人员就总结审计计划的要点和某些审计程序进行讨论，并使审计程序与被审计单位有关人员的工作协调。总之，注册会计师在编制审计计划之前，应当尽可能多地了解被审计单位的有关情况，并充分考虑其对本期审计工作的影响。

2. 审计计划的内容与编制。审计计划的繁简程度取决于被审计单位的经营规模和预定审计工作的复杂程度。因此，在编制审计计划时，注册会计师应当对审计的重要性及审计风险进行适当评估。在编制计划时，要特别考虑一些基本因素，如委托的目的、审计范围及审计责任，被审计单位和经营规模及其业务复杂程度，被审计单位以前年度的审计情况，被审计单位在审计年度内经营环境、内部管理的变化及其对审计的影响，被审计单位的持续经营能力，经济形势及行业政策的变化对被审计单位的影响，关联者及其交易，国家新近颁发的有关法规对审计工作产生的影响，被审计单位会计政策及其变更，对专家、内部审计人员及其他审计人员工作的利用，审计小组成员业务能力、审计经历和对被审计单位情况的了解程度等。

总体审计策略的基本内容包括被审计单位的整体情况，审计目的、审计范围及审计策略，重要会计问题及重点审计领域，审计工作进度及时间、费用预算，审计小组组成及人员分工，审计重要性的确定及审计风险的评估，对专家、内部审计人员及其他审计人员工作的利用以及其他有关内容。

具体审计计划应当包括各具体审计项目的一些基本内容，如审计目标，审计程序，执行人及执行日期，审计工作底稿的索引号以及其他有关内容。具体审计计划的制定，可以通过编制审计程序表完成。

3. 审计计划的审核。审计计划应当经会计师事务所的有关业务负责人审核和批准。对总体审计计划，应审核审计目的、审计范围及重点审计领域的确定是否恰当，对被审计单位的内部控制制度的信赖程度是否恰当，对审计重要性的确定及审计风险的评估是否恰当，对专家、内部审计人员及其他审计人员工作的利用是否恰当等。对具体审计计划，应审核审计程序能否达到审计目标，审计程序是否合适审计项目的具体情况，重点审计领域中为审计项目的审计程序是否恰当，重点审计程序的制订是否恰当。

审计计划经会计师事务所的有关业务负责人审核后，应将审核和批准的意见记录于审计工作底稿。审计计划应当在具体实施前下达到审计小组的全体成员。注册会计师应当在执行中视审计情况的变化及时对审计计划进行修改、补充。审计计划的修改、补充意见，应经会计师事务所的有关业务负责人同意，并记录于审计工作底稿。

（三）内部控制制度测评

注册会计师执行审计，对被审计单位进行审计时，应当研究和评价被审计单位的相关内部控制制度，据以确定实质性审查的性质、时间和范围。在对审计过程中发现的内部控制制度的重大缺陷，应当向被审计单位报告，如有需要，可出具管理建议书。注册会计师主要对会计控制制度进行测试，也即是对控制环境、会计制度和控制程序等方面进行测试，然后据以确定内部控制可依赖的程度。为了取得满意的测试效果，注册会计师应正确地进行抽样和抽样结果的评价。

（四）运用审计方法获取审计证据

注册会计师在审计时，除运用审计抽样的方法进行符合性测试和实质性审查获取审计证据外，还可以运用抽查、监盘、观察、查询及函证、计算、分析性复核等方法，以获取充分、适当的审计证据。

检查——是指注册会计师对会计记录和其他书面文件可靠程度的审阅与复

核。

监盘——是指注册会计师现场监督被审计单位各种实物资产及现金、有价证券等的盘点，并进行适当的抽查。注册会计师监盘实物资产时，应对其质量及所有权予以关注。

观察——是指注册会计师对被审计单位的经营场所，实物资产和有关业务活动及内部控制的执行情况等所进行的实地察看。

查询——是指注册会计师对有关人员进行的书面或口头的询问。

函证——是指注册会计师为印证被审计单位会计记录所载事项而向第三者发函询证。如不能通过函证获取必要的审计证据，应实施替代审计程序。

计算——是指注册会计师对被审计单位原始凭证及审计记录中的数据所进行的验算或另行计算。

分析性复核——是指注册会计师对被审计单位重要的比率或趋势进行的分析，包括调查异常变动以及这些重要比率或趋势与预期数额和相关信息的差异。

对于异常变动项目，注册会计师应当重新考虑其所采用的审计程序是否恰当。必要时，应当追加适当的审计程序。注册会计师在获取证据时，可以同时采用上述方法。

注册会计师应当对所获取的审计证据进行分析和评价，以形成相应的审计结论。对所获取的审计证据在审计工作底稿中予以清晰、完整地记录。对审计过程中发现的、尚有疑虑的重要事项，应进一步获取审计证据，以证实或消除疑虑；如在实施必要的审计程序后，仍不能获取所需要的审计证据，或无法实施必要的审计程序，注册会计师应出具保留意见或拒绝表示意见的审计报告。

（五）编制审计工作底稿

审计工作底稿，是注册会计师在审计过程中形成的审计工作记录和获取的资料。审计工作底稿应如实反映审计计划的制订及其实施情况，包括与形成和发表审计意见有关的所有重要事项，以及注册会计师的专业判断。

1. 编制与复核。注册会计师编制审计工作底稿，应当包括被审计单位名称，审计项目名称，审计项目时点或期间，审计过程记录，审计标识及其说明，审计结论，索引号及页次，编制者姓名以及编制日期，复核者姓名及复核日期以及其他应说明事项。审计工作底稿中由被审计单位、其他第三者提供或代为编制的资料，注册会计师除应注明资料来源外，还应实施必要的审计程序，形成相应的审计记录。

会计师事务所应当建立审计工作底稿复核制度。各复核人在复核审计工作底稿时，应做出必要的复核记录，书面表示复核意见并签名。在复核中，各复核人如发现已执行的审计程序和做出的审计记录存在问题，应指示有关人员予以答复、处理，并形成相应的审计记录。

2. 所有权和保管。审计工作底稿的所有权属于接受委托进行审计的会计师事务所。

审计工作底稿一般分为综合类工作底稿，业务类工作底稿和备查类工作底稿。注册会计师应对审计工作底稿进行分类整理，形成审计档案。审计档案分为永久性档案和当期档案。会计师事务所应当建立审计档案保管制度，以确保审计档案的安全、完整。

3. 保密与查阅。会计师事务所应当建立审计工作底稿保密制度，对审计工作底稿中涉及的商业秘密保密。法院、检察院以及其他部门依法查阅，并按规定办理了必要手续的不属于泄密。注册会计师协会对执行情况进行检查时查阅审计工作底稿也不属于泄密。因审计工作需要，并经委托人同意，不同会计师事务所的注册会计师可以按照规定要求查阅审计工作底稿。拥有审计工作底稿的会计师事务所，应当对要求查阅者提供适当的协助，并根据审计工作底稿的内容及性质，决定是否允许要求查阅者阅览其审计工作底稿，以及复印或摘录有关内容。

（六）完成审计外勤工作

在审计报告编制之前，注册会计师应当向被审计单位介绍审计情况，如有必要，应以书面形式向其提出调整财务报表等建议。最后，注册会计师应当根据审计外勤工作获取的审计证据撰写审计总结，概括地说明审计计划的执行情况以及审计目标是否实现。

（七）出具审计报告

注册会计师应当在实施必要的审计程序后，以经过核实的审计证据为依据，形成审计意见，出具审计报告。审计报告应当说明审计范围、会计责任与审计责任、审计依据和已实施的主要审计程序等事项。审计报告应当说明被审计单位财务报表的编制是否符合国家有关财务会计法规的规定，在所有重大方面是否公允地反映了其财务状况、经营成果和资金变动情况，以及所采用会计处理方法是否遵循了一贯性原则。注册会计师可以根据情况，出具无保留意见、保留意见、否定意见和拒绝表示意见时，应当明确说明理由，并在可能情况下，指出其对财务报表反映的影响程度。

四、内部审计程序的特点

内部审计进行财务审计的程序既不同于社会审计程序，也与国家审计程序存在着一定的区别。从形式上看，内部审计工作程序的几个基本阶段同国家审计程序大体相同，但其工作程序的具体繁简程度，则主要取决于单位内部管理层根据需要做出的具体规定。下面从一般的情况阐述其审计程序特点。

（一）准备阶段的特点

部门、单位内部审计机构所进行的内部审计，在准备阶段的工作内容与国家审计大体相同，但审计项目的确定，审计计划制定的依据，更多的是本部门、本单位实际经济情况，以及本部门、本单位领导交办的案件。内部审计人员一般熟悉本部门、本单位的内部情况，因此，可以不需要做很多的准备工作，便能迅速地转入实施阶段。同时，因内部审计人员是本部门、本单位内部的成员，所以，审计工作方案可以比较机动灵活，并且可以随时补充修改。

（二）实施阶段的特点

内部审计实施具体的审计工作，一般应事先通知被审计单位，但无须做初步调查，也无须对内部控制制度进行健全性调查、符合性测试和有效性评价。审计人员依靠自己对本部门、本单位的了解，已经积累了对审计环境的认识，一般足以使他们于实施阶段一开始便径直着手深入的审核检查工作。即便有些一般情况需要了解，亦可与审核检查工作结合进行。对审计中发现的问题，可随时向有关单位和人员提出改进的建议。

（三）终结阶段的特点

内部审计的审计报告需由经办内部审计的审计人员提出后，征求被审计单位意见，并报送本部门、本单位领导审批。经批准的审计意见书和审计决定，送达被审计单位。被审计单位必须执行审计决定。对主项目要进行后续审计，检查采纳审计意见后执行审计决定的情况，被审计单位对审计意见书和审计决定如有异议，可以向内部审计机构所在单位负责人提出，该负责人应当及时处理。国家审计机关派驻部门的审计机构代行所驻部门内部审计机构的职能，其做出的审计报告还应报送派出的审计机关。

第二节 现代企业财务审计方法

一、企业财务审计方法的历史发展

所谓方法是指关于解决某一问题的门路、程序等。财务审计方法是指为了取得充分有效的依据，以使最终做出审计结论、提出意见和建议而采取的各种技术手段的总称。财务审计方法既是进行审计，完成任务的重要手段，同时也是降低成本，提高审计工作效率的重要手段。采用科学、合理的审计方法对整个审计工作是至关重要的。

财务审计方法是在长期的工作实践中不断积累，并逐步完善起来的，它的发展水平是衡量审计工作的重要尺度。随着长期实践经验的积累和科学技术的进步及由于被审计单位环境的不同，收集证据的基础、种类和数量也有所不同。财务审计方法大体经历了以下几个阶段：

（一）以经济业务为基础的审计方法

以经济业务为基础的审计方法，是指以全部经济业务或会计事项、账目为基础，从直接依据会计资料进行普遍审计入手收集有关证据，并主要依据此类证据形成审计意见和结论的一种审计方法。这种方法被使用于开创时期。应用此法时，一般又结合使用顺查法、详细审计法。随着被审计单位账目的日益繁多，凭证数量的日趋庞大，费用愈来愈高。

由于经济的发展，被审计单位规模的日益扩大，经济业务数量的急骤增多，经营管理日趋完善，特别是内部控制系统和会计制度的逐步建立和健全，出现了以审计评价内部控制系统为基础的审计方法。

（二）以内部控制制度为基础的审计方法

以内部控制制度为基础的审计方法，是指先对被审计单位内部控制系统进行调查，并在评价内部控制系统的基础上决定审计的范围和重点，再进行实质性审查的一种审计方法。采用这种方法，可以节省审计的时间和费用，提高审计工作效率。

随着经济的日益发展，经济风险和机遇并存。经过审计的企业，在激烈的竞争中仍不免会破产倒闭。因而社会上对于审计质量的要求越来越高。这样，行之有效的以内部控制制度为基础的审计方法就遇到了挑战，从而就产生了以风险为基础的审计方法。

（三）以风险为基础的审计方法

以风险为基础的审计方法，是指审计人员在审计风险分析的基础上，统筹使用各种审计方法，综合各种证据，以形成合理审计意见的一种审计方法。以风险为基础的审计方法并不是对以内部控制制度为基础的审计方法的否定，而是对以内部控制制度为基础的审计方法以及分析性审计、抽样技术的一种深化、发展和更高层次的统一。

从方法论角度讲，以风险为基础的审计方法依据下列基本模式进行决策。

$$\text{详细审计风险} = \frac{\text{审计风险}}{\text{重大错报风险} \times \text{分析性审计风险}}$$

依据上述模式决定详细审计业务数量时，审计人员首先研究确定审计风险可以接受的水平，然后评估固有风险、控制风险和分析性审计风险，最后根据各种风险水平参数计算详细审计风险水平。根据确定的详细审计风险水平及其他有关数据，运用统计抽样方法，即可确定详细审计需要抽查的经济业务或资料的数量。以风险为基础的审计方法的优点在于：①以风险为基础的审计方法以审计风险的确定为出发点，促使审计人员更加重视社会需要的研究，使用有限的资源发挥更充分的社会效益。②以风险为基础的审计方法在保证审计质量要求的前提下，统筹符合性测试、实质性审查、分析性审计和具体业务细节审计方法的运用，尽可能地灵活运用各种审计手段，以提高审计工作效率。③以风险为基础的审计方法以统一的模式，依据事物的内在逻辑关系，统筹证据决策中的主要因素，其考虑的因素较以制度为基础的审计方法更为全面，这就进一步提高了审计工作科学化、规范化水平。

（四）以计算机为工具的审计方法的发展

20 世纪 60 年代以后，电子计算机的应用有了极为迅速的发展，计算机已经进入现代社会生活的各个角落，“计算机时代”的出现给审计工作带来了具有划时代意义的巨大影响，电子数据处理程序的变化，改变了审计方法，扩大了审计范围。审计线索的变化，使审计内容更为复杂，增加了审计的难度。系统组织结构的变化，使得电子处理系统审计相对地集中于某一部门；内部控制的管理方式的变化，使得电子数据处理系统内部控制制度更为重要。

计算机审计的方法主要有绕过计算机的方法、穿过计算机的方法和利用计算机的方法等。

二、企业财务审计的一般顺序审查方法

财务审计方法一般可分为三个层次：第一层次是确定审计顺序的方法，即顺序审计方法；第二层次是确定审计范围、规模的方法，即范围审计方法；第三层次是审计的具体方法，即审计必须采用的审阅法、复核法、核对法、函证法、盘点法、观察法、调节法和分析法等实质性审查方法。

在进行财务审计时，我们首先必须考虑从哪里查起、按什么顺序去审计的问题，这就是顺序审计方法所要解决的问题。所谓顺序方法是指按照什么样的顺序依次进行审计的方法，主要包括顺查法、逆查法和制度基础审计法等。

（一）顺查法

顺查法，是指按照会计业务处理的先后顺序依次进行检查的方法。顺查法也称正查法。会计人员处理会计业务的顺序是：首先，取得经济业务的原始凭证，审核无误后编制记账凭证；其次，根据记账凭证分别记入明细账、日记账和总账；最后，根据账簿记录编制财务报表。顺查法审计顺序与会计业务处理顺序基本一致，其具体步骤是：

1. 审阅和分析原始凭证。这是顺查法的关键步骤，该步骤的准确程度，将对审计结论产生至关重要的影响，因此应特别注意。

2. 根据原始凭证审阅和核对记账凭证。此步核对，旨在查明记账凭证的有关内容是否与原始凭证相符。

3. 根据记账凭证审阅和核对日记账，明细账。若有必要，还应将记账凭证与汇总记账凭证进行核对。此步核对，旨在查明账证是否相符。

4. 将总账与所属明细账、日记账余额进行核对，以验证账账是否相符。

5. 根据有关总账和明细账记账，审阅和核对财务报表。此步核对，旨在查明账表是否相符，报表与报表是否相符，报表有关项目是否正常。

6. 通过报表审阅和分析，抽查盘点实物和核对债权债务，以验证债项是否确实存在，财物是否完整。

顺查法的最大特点是：审计次序与会计业务处理程序一致。此外，还具有以下若干特点：①起步于原始凭证的审查，从小处着手，由点到面。②着重于账表单证之间的机械核对。审计的重点在于，原始凭证的审计，用以确定经济业务的真实性、合法性；注意记账凭证的审计，用以确定数字计算的正确性和科目运用的适当性。

顺查法的优点在于审计之初，从检验原始凭证入手，然后逐一顺序核对，方法简单，易于查对，如能耐心审核，不厌其烦，账目上的细微错弊，均能揭露无遗，故其审计结果比较精确。但其缺点却是比较严重的：①由于这种审计方法不从大处着眼，只看小处，机械繁琐，费时费力，易使人感到枯燥乏味，思路闭塞，掌握不住主攻方向，容易忽视重点。②由于原始凭证一般是粘附于记账凭证之后，而记账凭证又大都是按照时序，依次编号装订保管，因此在顺向审计时对于凭证就无法按照业务类别，而只能按其时序编号逐一审计。这

样，就会因遇到不同业务，而随时查找不同科目的明细账，结果必然导致：不便系统研究各类业务，分散审计的注意力；不便了解个别会计事项与其项目整体之间的联系；不便按业务进行审计分工；不便按同类业务实行抽样审计。

基于顺查法在应用中存在上述多种缺点，因而它只能适用于一些业务规模不大或凭证较少的单位。但必须指出，如果大中型企业的会计凭证能按业务科目分类装订，或者虽不分类装订，但设有各种特别日记账目，也可采用顺查法。我国有不少单位采用分割式的记账凭证，将收款、付款、转账等三种凭证分开，单独编号，分别装订。因此，对于库存现金、银行存款这部分收付业务，如有必要，则有可能运用顺查法，并能针对收付凭证直接实施抽样审计，而其余大量业务则无这种可能性，可见顺查法的应用范围是比较有限的。一般来说，凡富有审计经验的都善于运用逆查法。

（二）逆查法

所谓逆查法是指按照会计业务处理程序的相反方向，按照由财务报表、会计账簿到会计凭证这样一种顺序进行审计的方法。即先通过财务报表分析，揭示财务经济活动中的薄弱环节和反常现象，发现线索，掌握重点；再据以溯源查对总分类账各总账账户及其明细分类账户，然后核对记账凭证；最后审计原始凭证，以了解其发生的原因和经过。具体步骤为：

1. 查阅和分析财务报表。此步是应用逆查法的关键步骤。报表审阅与分析的正确与否，直接关系到审计工作的质量，甚至关系到审计工作成败，因此，应特别注意该工作步骤。

2. 根据财务报表核对总账和相关明细账及日记账。

3. 核对总账及其所属明细账。若有必要，应将总账同汇总记账凭证进行核对。

4. 审阅、分析有关明细账、日记账，并抽查核对有关记账凭证及所附原始凭证。

5. 审阅、分析原始凭证。

6. 根据对报表的审阅，分析相关记录，对于存有疑问的财物进行盘点，债项进行核对，以验证债项是否确实存在，财物是否完整。

逆查法的最大特点是查账次序同会计业务处理程序相反。此外，还具有以下若干特点：①起步于财务报表分析，从大处着手，由表及里，由面到点。②着重于“面”的观察分析，根据分析结果，再据以确定审计的重点对象。③逆查法的重点是重点账项、容易出问题账项，如数额较大的收支，增收节支潜力较大的开支，内部控制制度不够健全的收支，对成本、盈亏影响较大的收支，容易发生错误、舞弊和违法违纪行为的收支，增减变化异常的项目，内容不符的可疑账项等等。

从我国现行会计核算形式和凭证装订保管办法来说，这是一种比较合理的审计方法。从审计实践来看，逆查法远比顺查法要好，这是因为：①逆查法能够先从整体上了解企业生产经营活动或某类业务的基本状况，有利于发现问题掌握线索，明确主攻方向，较快地弄清问题症结所在，提高审计效率。②逆查法能够按业务、科目、系统进行审计，为全部或局部审计的分工提供方便条件。③逆查法能够按照同类业务，实行抽样审计。在通常情况下，它能密切结合判断抽样法，选择重点项目或账项详加审核。对其他无关紧要的部分，则可少量抽查或不查，因而在人力上、时间上较节省，能提高审计效率。

逆查法也有缺点。尽管其着重于分析审计，能根据已经掌握的线索进行重点审计，并揭露会计账目上的种种错误弊端和违法违纪行为，但如果缺乏审计经验，就不易收到全面效果。应当指出，逆查法并不是不查全部凭证，而是仅在必要的情况下才实行详细审计。只要判断正确，掌握得好，这种缺点是可以避免的。

由于逆查法具有以上优点，所以，在审计中被广泛应用。对我国的大中型企业和凭证较多的行政事业单位，都必须而且也只能采用逆查法。但要注意，在实际应用中，逆查法仍然要结合顺查法、详细审计法、抽样审计法进行。

（三）直查法

直查法是相对于顺查法和逆查法而言的。它是指直接从有关明细账的审阅和分析开始的一种审计方法。该种方法在检查明细账以后，可根据需要审核记账凭证及所附的原始凭证，或审核总账与报表等。明细账可以较为全面而准确地说明每笔经济业务的来龙去脉，它既反映了记账凭证或原始凭证的内容，又是记录总账和编制报表的依据，有承上启下的作用。首先直接对其审核，有利于判明问题的是非，抓住问题的关键。在定义中所提到的“有关”明细账，实际上是指同特定审计目标之间有联系的明细账。例如审计的目的是要检查某单位的增值税缴纳情况，那么要审查的有关明细账应包括销售、库存商品、发出商品、在建工程支出、应收应付账款、期间费用、材料、包装物、低值易耗品、应交税费、利润等明细账，而如果误认为审查纳税情况，主要检查的是销售和应交税费明细账，那就难以达到审计目标，因为更多的偷漏税行为可能发生在其他相关账户之中。

1. 根据审计的具体目标，确定需要审查的明细账。如果确定的明细账与审计目标无关，则将造成审计资源的浪费，影响审计工作的效率和审计本身的效益；若未能将与审计目标有关的明细账确定在审查范围之内，则审计目标也很难达成。因此，有必要根据经济活动本身的内在联系或逻辑关系，以及审计人员自身积累的经验来确定与审计目标相关的明细账。

2. 审阅并分析明细账。

（1）审阅明细账的设置是否符合会计制度的要求和本单位的实际情况；

（2）审阅账户的格式是否符合要求，采用的形式是否合理；

（3）审阅明细账的摘要是否清楚，有无含糊不清或过简的情况；

（4）审阅明细账发生额是否合理，有无超出常规的问题；

（5）审阅明细账余额是否合理，有无超出正常情况下不应有的异常情况；

（6）审阅其他应注意的事项，包括有无提前结账的情况，红字冲销记录、更正记录、补充记录及转记记录是否正常等；

（7）对明细账中的有关实物数量和金额指标进行必要的复核。

3. 核对记账凭证及其所附的原始凭证，或核对账账、账表。根据明细账审阅与分析发现的疑点及线索，运用逆查法追踪核对记账凭证及其所附的原始凭证，以查明账证、证证是否相符，处理是否符合制度规定。如销货退回，则应核对发票及合同和其他业务信件，以查明退货是否真实、理由能否成立，记录内容是否相符，账务处理是否真正冲销了原收入，退回的产品物资是否收妥并作了相应的账务处理等，也可采用顺查法核对账账、账表，以查明账账、账表之间是否一致。

4. 审阅分析凭证或账表。核对账证、证证、账账、账表后，不管相互之间是一致还是不一致，都应对凭证与账表进行综合分析，以彻底判明经济活动情况的真实性、合法性和合理性、有效性。

5. 根据需要再对存有疑问的债权债务进行证实，对实物进行盘点，以核实全部内容，取得充分、可靠的证据。

（四）制度基础审计法

所谓制度基础审计法是指审计人员通过对内部控制制度的调查、了解与评价来确定进一步审计的范围、重点以及程序，进而进行实质性审查的一种方法。它同其他审计方法不同：一开始不是直接面向有关数据资料，而是面向赖以产生会计数据的有关制度。因此，也称为制度基础审计法。采用制度基础审计法的根本目的，不在于审计制度，而是要通过对被审计单位有关制度的研究和评价，确定进一步审计的范围、重点及程序。

制度基础审计法的优点是便于抓住重点，并能减少工作量，从而提高工作效率，但由于该方法是建立在制度测试基础之上的，因而审计结论的可信性受测试质量的影响。由于在制度的测试中采用的是抽查的办法，疏漏之处也就在所难免，因此，建立在此基础上的审计所获的结论也并非十分准确。一般来说，具有良好内部控制制度的单位均可采用此法。

制度审计方法的工作步骤为：首先，对内部控制制度进行调查了解，并通过文字说明法、调查表法和流程图法将其描述出来；其次，对内部控制制度进行符合性测试；最后，对内部控制制度的健全性、有效性进行总体评估，并确定进一步审计的程序、重点和范围，实施实质性审查。具体地说，应做好以下几项工作：

1. 内部控制制度的健全性调查。

（1）调查和描述内部控制制度。调查和描述内部控制制度，是对内部控制制度进行审计和评价的前提。调查的目的是为了对被审计单位现行的内部控制制度有一个明确的了解，以便正确地研究和评价它的功能与效力。其方法一般比较简单，主要有查阅有关的规章制度、方针政策等文件；查看组织机构系统图，与有关人员座谈、询问以及实地观察等。需要调查了解的内容主要有：①调查控制环境。一个单位的有效控制，在很大程度上需依赖于它的控制环境。因此，审计人员在对内部控制制度进行评审时，需要首先了解被审计单位的控制环境如何。它包括各级管理人员的控制意识，各级管理组织的设置，各级人员的素质、预算或财务计划、各种管理措施等。②调查控制制度，主要包括查阅组织系统图，各种会计处理规程和业务流程图，了解各类业务从发生到完成的整体业务处理过程，包括批准执行、记录等手续的执行情况等。

调查工作是以书面形式，详尽而正确地将内部控制制度的实际情况记录或描绘出来的。其常用的方法有文字说明法、调查表法和流程图法。

- 文字说明法

是指将被审计单位的内部控制制度，以简洁的文字叙述表达出来。采用这种方法时，审计人员通常是沿着主要经济业务的运行顺序，用文字逐项记述有关业务及其凭证和记录的来源和去向等全部处理过程，同时记述业务处理过程的审批、复核等控制点。文字说明法的优点是可以对调查对象做出比较深入和具体的描述。缺点是难以用简明的语言描述内部控制系统的细节。对于规模较大、内部控制制度较复杂的单位，用文字说明势必显得冗长、头绪繁多，不便从总体上对内部控制系统做出评价。此外，文字记录还会因个人的行文不同而异，如果文字含混或对某项环节表述不清时，则很容易产生误解。因此，把文字说明法作为调查表法和流程图法的补充加以利用时，效果较好。如果单独采用这种方法，则应只限于内部控制系统比较简单且易于描述的小型企业。

- 调查表法

是利用内部控制制度调查表对内部控制制度进行记录和描绘的方法。这种方法需先由审计人员就每一审计项目的内部控制制度提出一系列问题，然后要求企业有关人员就调查表中列出的问题逐项给予“是”或“否”的回答。据此即可了解内部控制制度的健全性。调查事项应是为了确保会计记录的正确性、可靠性和资产的完整性所必须采取的制度、组织、方法和手续等的具体事项。当回答“是”的时候，则表明内部控制是良好的；当回答“否”的时候，则表明内部控制可能存在不足之处。调查表法的优点是调查范围明确、问题突出，容易发现被审计单位中内部控制制度存在的缺陷和薄弱环节。调查表可以在审计项目开始之初及时编制好，而且设计良好的标准调查表，可适用于同类型单位，从而减少审计工作量。调查内容可由若干人分别同时进行。调查表法的缺点是反映问题不全面，仅限于调查事项的范围。调查表仅要求做出“是”或“否”的回答，难以反映被审计单位的具体情况和存在问题的程度。标准格式的调查表缺乏弹性，难以适用于各类型单位，尤其是小型企业或特殊行业的单位，往往会因“不适用”的回答太多而影响调查效果。

- 流程图法

是指运用一定的符号和图形对被审计单位经济业务和文件凭证的流动程序进行记录和描述的方法。流程图法不仅能将各项业务活动的职责分工、授权批准和复核验证等控制措施与功能完整地显示出来，而且突出了控制点，有助于审计人员较快地了解内部控制制度的运行情况，及时识别系统中的不足之处。

流程图的绘制可以采用两种不同的方式：一种是按照业务处理的先后顺序而绘制成的纵式流程图，另一种是以业务处理过程中涉及的部门为基础而绘制成的横式流程图。流程图法的优点是：能从整体的角度，直观地反映内部控制系统的实际情况，不仅便于审计人员了解企业的控制程序和审计控制点的设置，而且便于根据控制程序的变化随时做出修改。流程图法的缺点是：由于缺少文字说明，较复杂的业务不易理解；需要一定的绘制技术，尤其是较复杂的业务，绘制难度较大；流程图不能将内部控制制度中的薄弱环节明显地反映出来，一般要与调查表相结合，并配以一定的文字说明。

（2）对内部控制制度进行初步评价。审计人员在完成了内部控制制度的调查以后，就要对其可依赖程度做出初步评价，确定内部控制制度能否作为在实质性审查时实行抽查的基础。它主要包括对内部控制制度的健全性评价和合理性评价。

对于健全性评价，一是要分析在内部控制制度的关键点上是否都建立了强有力的内部控制（内部控制的强点）；二是要分析内部控制制度中是否存在薄弱环节（内部控制的弱点）。

对于合理性评价，主要是分析内部控制制度的布局是否合理，有无多余的不必要的控制；有无把一般控制点误作为关键控制部位；控制职能是否划分清楚；人员间的分工和牵制是否恰当，既不分工过细，又能起到牵制作用。而且，要考虑内部控制的成本和效益状况。

2. 内部控制制度的符合性测试。符合性测试是对内部控制制度的实施情况和有效程度进行的测试，也称为遵循性测试，它是基于对正确评价内部控制制度可靠性的需要而产生的。

内部控制制度的制定是一回事，而执行是另一回事。设置了内部控制制度，并不意味着它在运用中能达到预期的目的。如果工作人员有章不循，或遵守不严，或素质太低，都会影响控制效果。因此，符合性测试的根本目的就在于：查明被审计单位的各项控制措施是否都真实地存在于生产经营财务等各项管理活动中；各类工作人员是否确确实实、始终如一地遵守了制度规定的全部要求；是否真正发挥了作用；其遵循程度如何，有无失控和不完善之处。

符合性测试一般可以采取两种方式：一种是业务测试或称纵向测试，即选择若干具体典型业务，沿着它所规定的处理程序进行审计，考察有关的控制点是否符合规定并得到认真执行，借以判断各项控制措施的遵循情况；另一种是功能测试或称横向测试，即针对某项控制的某个控制环节，选择若干时期的同类业务进行审计，查明该控制环节的处理程序，在被审计期内是否按规定发挥了作用。以材料采购为例，可以选择不同时期发生的几项材料采购业务，审计其是否办理过请购、审批、合同、验收、付款、记账等项手续，在各个业务程序中是否认真执行。

3. 内部控制制度的有效性评价。对内部控制制度的有效性评价，是在初评的基础上，根据符合性测试的结果做出的进一步评价。其目的在于评价内部控制制度的可信赖程度，确定其对于实质性审查的可靠性。

内部控制制度的可信赖程度一般分为高、一般、低三个层次。

可信程度高的标志是：内部控制制度健全、合理，且在测试审计有关业务活动时，未发现任何差错或仅发现极少的差错。

可信程度一般的标志是：内部控制制度比较健全、合理，还存在一定的缺陷，且在测试审计有关业务活动时，发现有一定程度的差错。

可信程度低的标志是：虽设计了良好的内部控制制度，但在测试审计有关业务活动时，差错的发生非常频繁，差错发生率很高。

由于符合性测试只能查证内部控制制度的功能和可靠性，而不能直接查证由某项内部控制程序所产生的数据的真实性和正确性，因此，在确定了内部控制制度可靠性程度后，就应据以确定实质性审查的范围、重点及采用的方法，以取得判断审计事项所需的充分而有力的证据，最后做出审计结论。

三、企业财务审计的一般范围审计方法

在确定了审计顺序后，接下来的问题就是要考虑审计哪些内容，在多大范围内进行审计，这就是范围审计法所要解决的问题。范围审计法是指采用什么样的手续在多大范围内进行审计的方法，主要包括详细审计法和抽样审计法两种。

（一）详细审计法

详细审计法，是指对被审计单位被查期内所有凭证、账簿、报表无一遗漏地进行全面详细审计的方法。详细审计法在具体做法上，通常采取逐笔审计核对的方法，同顺查法有很多类似之处。详细审计法的特点就在于审计会计资料的规模上，即对整个企业（或其他单位）或某类业务期内会计记录和凭证的全部进行逐一验证，也就是审计全部会计资料。

详细审计法可以发现会计账目中的一切差错，是早期通常使用的审计方法。这种方法对于会计账目中所存在的一切差错，特别是营私舞弊违法违纪行为，只要以认真负责的工作态度，不厌其烦地细心核对审阅，一般说来是不容易被遗漏的，能够最大限度地保证审计质量，但也正因为要审计全部账表单证，所以，工作量太大，几乎相当于重复一次全面的会计核算工作，费时费力，成本太高，且不易抓住重点。

详细审计法正因为存在上述缺点，所以对那些规模较大、经济业务繁杂的大中型企业，一般是不宜采用的。它只适用于经济业务比较简单的小型企业和一般行政事业单位。然而对于某些内部控制制度和会计工作比较混乱的大中型企业，或已发生重大贪污盗窃、严重违反财经法纪案件的单位，如果需要，仍需使用详细审计法。

（二）抽样审计法

抽样审计法，是指从被审计的对象中抽出一部分进行审计，借以推断总体有无错误和弊端的一种方法。采用抽样审计法，如果经过抽样审计没有发现问题，则对其余部分也不再进行审计。反之，如果在抽样审计中发现了问题，则需根据具体情况，适当扩大抽样规模，以便彻底把全部问题查清。

根据使用抽样审计法确定样本所依据的原理不同，抽样审计法可以分为任意抽查法、判断抽查法和统计抽查法。

1. 任意抽查法。任意抽查法应用于抽查法的早期。当时，从审计的总体中抽取样本，既无规律可循，又无合理的根据，因而抽查的结果，使审计人员

承担有较大的风险，可以说任意抽查法仅仅是为了减少审计工作量，以适应经济发展的要求，而采用的权宜之计。

2. 判断抽查法。判断抽查法是在总结自身经验的基础上形成的。审计人员在抽取样本时并非随意，而是根据长期积累的实践经验，结合审计的具体要求以及进入被审计单位所观察了解的情况，通过主观判断，从特定的审查总体中有选择、有重点地抽查部分项目进行审计，并据此来推断总体的一种抽查方法。判断抽查法同任意抽查法相比，前进了一大步。但由于在这种方法下，样本项目的选取依赖于审计人员的经验和分析判断能力，因此，审计结论的可信性仍有较大的问题。

判断抽查法的抽样技术是凭经验判断进行重点选样。因此，确定抽查重点乃是决定抽查成败的关键。抽查重点的确定，取决于审计人员的判断力，而正确的判断则来自对具体情况的深入调查和分析研究。所以确定抽查重点一般应以下列各点为依据：①针对内部控制制度和会计工作的情况进行判断，找出薄弱环节作为抽查重点。②针对会计人员的品德和能力状况进行判断，应把那些有贪污舞弊嫌疑、工作粗枝大叶的会计人员所经办的账目作为抽查重点。③针对账户或账项的性质进行判断，选择那些比较重要的和容易产生错弊的部分账户或账项作为抽查重点。④针对账项的金额进行判断，选择那些金额较大的会计事项作为抽查重点。⑤针对报表分析和账户分析发现的可疑事项或异常现象进行重点抽查。⑥依据揭发材料或专案调查提供的线索，对有舞弊嫌疑的人和事进行重点抽查。⑦针对季节情况进行判断，选定业务活动或会计工作比较繁忙，容易出现错弊的时期作为抽查重点。⑧其他。

判断抽查法的抽查规模通常由审计人员根据经验加以判断确定，没有一个科学的计算方法，但有一定的原则：①对重点部分应进行全部审核和大量抽查。②对非重点部分可采用任意选样或随机选择的方法略加抽查或不予抽查。

实际工作中，判断抽查法通常同逆查法结合在一起加以应用。

3. 统计抽查法。统计抽查法是在概率论与数理统计产生以后，审计人员应用统计的原理进行抽样。运用此法，不仅可以根据样本的审查结果对总体特征进行推断，同时，还可以知道所作结论的正确程度，以及审计结论的误差范围。统计抽查法，排除了审计人员的主观判断，比较客观。但统计抽查法使用起来比较复杂、机械，需要一定的适用条件，审计人员要使用此方法需要经过培训。

抽样审计法由于摆脱了详细审计法不分巨细、一律审核的大量繁重工作，在人力、物力和时间上有了很大的节省，具有高效率、低费用的优点，可以收到事半功倍的效果。但如果样本选择不当或缺乏代表性，那么抽查结果往往不能表明全部情况，甚至会以偏概全，做出错误结论，尤其对于那些发生频率不高的舞弊行为，这种方法具有很大的局限性。一般认为，抽样审计法适用于规模大、业务多、内部控制制度和会计基础工作比较好，而且组织机构比较健全的单位。否则，不宜采用，特别是审计贪污盗窃等犯罪案件时，抽样审计法不及详细审计法。

四、企业财务审计的实质性审查方法

实质性审查方法是对会计资料及其有关经济资料所反映的财务收支及其有关经济活动经过进行审计，收集充分有效的证据的各种方式、手段。主要包括审阅法、复核法、核对法、函证法、盘点法、观察法、调节法和分析法等。

（一）审阅法

审阅法是审计人员针对审计目标和所需证据，以有关法律、法规为依据，通过对有关书面资料的仔细观察和阅读，用来查明有关资料及其所反映的经济活动是否真实、合法和有效益的一种技术方法。审阅法是最基本，也是最重要的技术方法。其审阅的内容是：

1. 原始凭证审阅。观察原始凭证及其反映的经济活动是否符合政策、法规、经营管理制度等。首先审阅主要原始单据，看其抬头是否是被审计单位，时间是否在被审计期间内，业务内容是否正常，业务处理过程中各经办单位或部门及有关人员的签字盖章是否齐全，所附单据是否齐备等。

2. 记账凭证审阅。将审阅过的原始凭证同记账凭证上的会计科目、明细科目、金额对照观察，看其反映是否如实，有无错误掩饰，记账凭证上编制、复核、记账、批准等签字盖章是否齐全。如有不全，说明处理手续并不齐备，控制并不严格，应予查询并通知补充。

3. 账簿审阅。观察日记账、分类账、备查簿，必要时还要查对记账凭证及原始凭证，以求查明账簿中所反映的经济业务是否正常。

4. 报表审阅。可用审阅技术对报表中或报表间有关项目进行观察，看其是否正常。

5. 预测、计划、方案、合同及其书面资料审阅。审阅资料来源是否可靠，数据计算是否正确；业务内容是否符合法规政策，运行上是否符合经营管理原则、方法和规章制度。

在实际工作中，审阅法主要用于审计会计资料，尤其是会计凭证。对于会计凭证的审阅可分为两个方面，且要相互结合进行。

（1）形式技术的审计，主要是审阅会计凭证的编制是否符合规定要求，用以查明会计凭证是否合规合法，有无伪造、弄虚作假现象。主要包括以下若干方面：①会计凭证所必备的共同要素是否完备；②会计凭证所填写的文字、数字是否清晰完整，更正方法是否符合规定，有无涂改、增添和亏损现象；③会计凭证所办理的审批传递手续是否符合规定程序，有关人员是否全部正式签章，是否盖有财务公章或收讫付讫戳记；④会计凭证的使用、保管是否符合规定；⑤自制发生凭证和记账凭证是否连续编号。

（2）实质内容的审计，主要是对会计凭证所反映的经济业务内容进行实质性审查。对业务内容的审计，归纳起来主要包括以下若干方面：①经济业务的摘要是否真实、清楚、明确；②经济业务是否按规定办理合法手续，并有合法的原始依据；③经济业务是否遵守有关法令制度；④经济业务是否符合双增双节的原则；⑤会计科目的应用是否符合制度规定；⑥会计分录是否正确，与其所反映的业务是否一致；⑦有无错用总账账户或明细账户和记错记账方向；⑧有无利用会计分录进行舞弊等行为。

（二）复核法

复核法，又称复算法，是对书面资料的数额，在核对其来源正确的基础上，采用一定的方法对有关数据进行重新计算，以确定书面资料数额的计算是否正确的一种技术方法。复核法一般应以审阅法的应用为前提。其复核的内容主要是：

1. 会计凭证复核。

（1）复核原始凭证上的数量、单位与金额的计算有无错误；对于涉及多个子项的原始凭证，注意复核其合计是否正确，对于自制的付款凭证如工资结算凭证，更应注意，以防有诈。

（2）复核记账凭证后所附原始凭证的金额合计是否正确。

（3）复核记账凭证汇总表（科目汇总表）是否正确。

（4）复核转账凭证上转记金额计算是否正确。如材料成本差异等。

（5）复核成本计算中有关费用的归集与分配，以及单位成本的计算有无错误。

2. 会计账簿复核。

（1）复核明细账、日记账、总账的本期借贷方发生额之和的计算是否正确。

（2）复核各账户金额的计算有无错误，尤其应注意库存现金日记账和有关实物明细账的复核，以防利用记账技巧进行舞弊。

（3）复核有关明细账余额之和的计算有无错误。

3. 财务报表复核。

（1）复核资料表中的小计数、合计数及总计数的计算是否正确。

（2）复核利润表中利润总额、应税所得额及利润分配等有关数据的计算有无错误。

（3）复核成本表中有关栏的合计数有无错误。

（4）复核其他明细表有关栏和行的合计，以及最后的总计计算有无错误。

（5）复核各报表补充资料中有关指标的计算是否正确。

（三）核对法

核对法是用来审查书面资料之间是否相符的一种技术方法。其目的在于查明证证、账证、账账、账表、表表之间是否相符，以便从中发现错账、漏账、重账之误和揭露弄虚作假、营私舞弊等行为，以取得有无错弊的书面证据，从而证实财务报表所反映财务状况和财务成果是否正确可靠。核对法是技术方法中较为重要的一种方法，但核对法作为一种技术方法，用来证实有关资料间是否相符是有限度的。一般来说，核对技术仅能查明审计对象技术上的正确性，并不能证实被审计事项在内容上是否真实、合法、有效。核对的内容通常包括：

1. 原始凭证同记账凭证、记账凭证同汇总记账凭证间的核对。核对内容是日期、内容、数量和金额等项目。

2. 记账凭证、原始凭证同所记账簿的核对。核对内容主要是凭证的日期、会计科目、明细科目、金额同记入有关账簿的相应记录是否相符，以及各种账簿转次页、承前页的金额是否相符。

3. 明细分类账同总分类账核对。核对内容是期初余额、本期发生额和期末余额。

4. 明细分类账，总分类账同所编报表的核对。核对内容是账簿的记账时间、会计科目、入账金额同有关报表是否相符。

5. 明细表同有关报表核对。核对内容主要是明细表的时间、总额同有关报表的项目、时间、金额是否相符。

6. 报表间有关项目的核对。核对内容主要是不同报表上相同项目的名称及金额是否相符。例如，利润分配表中的利润总额、应同损益表中的利润总额核对；利润分配表中的未分配利润，应同资产负债表中所有者权益中的未分配利润核对。

7. 有关书面资料与实物的核对。核对内容主要是书面资料账表所反映的有关数据与实物的实存数是否相符。

采用核对技术时可在核对的双方金额后面，由核对人员用铅笔注上已经核对的符号。

（四）函证法

函证法是通过向与被审计单位有关的单位发函来询证有关事项，以取得证据的一种技术方法。这种方法多用于往来款项的查证。函证一般可分为积极函证和消极函证两种方式，积极函证要求收函单位对函证事项无论与事实是否相符都必须给予函复。这种方法在手续上比较麻烦，但能取得证据，对于数额较大的往来款项多采用这种方法。消极函证只是在收函单位发现函证事项与事实不符时才给予复函。如确认相符则不复函。这种方式的可靠性不及前一种方式。一般地说，在以下场合应该采用积极函证的方式：

1. 应证业务事项较为重要。这里所说的重要，可以从两个方面来衡量：①可以从该业务事项的金额大小来衡量；②可以从该业务事项涉及的问题性质来衡量。

2. 应证业务事项极为有限。

3. 应证业务事项延续的时间极长。

4. 对应证业务事项还存有较多疑点。

其余场合，则可采用消极函证方式。在采用消极函证的方式下，发函方经过一段时间未收到答复，则认为所询问事项与事实是相符的。

（五）盘点法

盘点法又称盘存法，是清查库存现金，有价证券、存货、固定资产、低值易耗品和其他物资实际状况，用来搜集实物证据以验证账实是否相符的一种技术方法。盘点法一般可分为直接盘点和监督盘点两种方式。

1. 直接盘点。直接盘点是由审计人员亲自到场盘点实物，证实书面资料同有关财产物资是否相符。如果相符，可以认定书面资料如实反映。盘点以前，应先审计有关账目的记录是否正确，然后才可进行盘点。盘点时应有被审计单位经管人员在场，做好盘点记录，并由被审计单位经管人员及审计人员签章。一般对于数量较小的贵重财产物资可用直接盘点这种方式。

2. 监督盘点。监督盘点，或观察盘点，是由审计人员参加被审计单位的财产盘点，但并不亲自动手，而是在一旁监督。监督盘点一般适用于材料、在产品、产成品、固定资产的盘点。这是由于这些资产盘点量较大。盘点时，最好有专门技术人员参加，以便同时查实财产物资的质量和计价。

（六）观察法

观察法是指审计人员通过实地观看视察来取得证据的一种技术方法。如审计人员进入被审计单位以后，对被审计单位所处的外部环境和内部环境进行观察，借此取得环境证据；审计人员对被审计单位人员行为过程进行观察借以发现问题和证实问题，并取得行为证据；审计人员对被审计单位的财产物资进行观察，了解其存放，保管和使用状况，借以确定盘点重点，证实账簿记录，充实证据资料。观察法除应用于对被审计单位经营环境的了解以外，还可应用于内部控制制度的遵循测试和财产物资管理的调查，如有关业务的处理是否遵守了既定的程序，是否办理了应办的手续；财产物资管理是否能保证其安全完整，是否有外存的厂房、物资等，外借的场地、设备是否确实需要，等等，都可通过观察法加以调查了解。一般来说，观察法结合盘点法、询问法使用时会取得更佳的效果。

（七）调节法

调节法是指在审计某一项目时，为验证数据是否正确，而对其中某些因素进行必要的增减调节的一种方法。根据所要证实的情况，调节分为两种：

第一种，由于有些经济业务虽已发生，但尚未到达被审计单位或有关单位，因而被审计单位账面资料同有关单位寄来的相关资料不符。这时，则需编制调节表，使这些未达账项记入账内，并审计是否确属被审计单位占有。如被审计单位已经编制该表，审计人员应加以核实；如被审计单位尚未编制该表，则可由审计人员利用调节技术予以编制，常见的有银行存款调节表等。

第二种，在盘点财产物资时，由于盘点日往往迟于结账日，因而必须将盘点日数据调节为结账日数据，以求核实结账日数据是否正确。其计算公式为：

结账日存量 = 盘点日存量 + 结账日至盘点日发出量 − 结账日至盘点日收入量

以上算式，即从盘点日存量追溯结账日存量。但应用这个调节算式前，必须将结账日至盘点日期间的收发业务，先加以审阅和核时。

调节后结账日存量如同当时账面存量相符，说明账面数据正确；如不符，应再采用审阅、核对等技术方法进行核实。

（八）分析法

分析法是利用各种分析技巧对被审计项目有关内容进行对比、分解、综合和评价，从中找出各项目间差异及构成要素，以揭示其有无问题，取得证据，或为进一步审计提供线索的一种技术方法。

分析法按分析时机不同可分为事前分析、事中分析和事后分析。按其分析技巧不同，有很多技术方法，如比较分析法、平衡分析法、科目分析法、因素分析法、账龄分析法等。这里主要介绍四种常见分析方法。

1. 比较分析法。比较分析法是指通过两个数据比较，以获取证据的一种方法。审计人员对财务报表中数据的比较分析，往往是先建立一个标准，然后将标准数据与报表数据进行比较分析，往往以上期报表数据，有关计划、定额数据作为比较标准；也有的以预算指标，同行业实际指标作为比较标准；还有的以审计人员调查取得的数据或计算结果作为比较标准等。

2. 比率分析法。比率分析法是通过财务报表中的某一项目同与其相关的另一项目相比所得的值进行分析以获得证据的一种技术方法。比率分析法是一种相对数分析方法。审计人员利用比率分析法进行分析时，既可以就某一种比率进行分析，也可以利用两个不同比率对比进行分析。例如，就被审计单位的资产负债率这一指标进行分析；利用社会平均资金利润率与被审计单位资金利润率相对比，以取得有关证据等。

3. 趋势分析法。趋势分析法是通过连续若干期财务报表某一项目变动金额及其百分比计算，分析该项目的增减变动方向和幅度，以获取有关证据的一种技术方法。它主要是根据财务报表某一指标在连续的几个时期数据的变化，来发现有关证据的一种技术方法。它主要是根据财务报表某一指标在连续的几个时期数据的变化，来发现其变化规律的。通过财务报表变化规律的揭示为审计人员分析变化原因，提供了依据。

4. 结构分析法。结构分析法是通过对某一数据中所包含的不同组成部分各自所占的比例进行分析，以取得证据的一种方法。例如财务报表中资产项目的结构中包括固定资产、流动资产、长期投资、无形资产、递延资产等；负债项目的结构中包括非流动负债和流动负债等。结构分析，有助于取得反映资产、负债等项目数据结构是否合理的证据。

第三节　制度基础审计

传统审计是直接围绕会计事项，即账、表、证所进行的审查验证工作。这种方法费时费力，工作量大，审计效益比较低，而且由于面面俱到反而容易遗漏重大问题。后来，随着企业内部控制制度的建立和完善，以及审计实践经验的积累，审计人员逐渐发现企业会计资料的正确与否、资产的安全与否与内部控制制度有着非常密切的关系。于是审计人员将注意力开始集中到内部控制制度评审方面来，并根据评审的结果，确定审计的重点、范围、方法和程序。这样就大大地节约了审计资源，提高了审计工作的效率和质量，减少了审计风险，从而步入现代审计阶段。现代审计是以内部控制制度系统评审为基础的抽样审计，即制度基础审计。由于制度基础审计的步骤与方法已在前面论及，这里主要阐述内部控制制度及其评审的有关内容。

一、内部控制制度的意义和作用

为了正确地认识内部控制制度的本质和概念，我们必须运用历史唯物主义的观点和方法，先从内部控制制度的起源和发展来进行考查。

（一）内部控制制度的历史衍变

内部控制制度是在长期的生产经营管理活动中逐渐产生和发展起来的。内部控制制度在审计规范中的正式采用是从20世纪40年代才开始的，但作为一个单位管理活动中的一种自我调节和制约的手段，却在很早以前就产生了。如我国西周时代财政收支实行分权并核对账目，宋代对收支、结算采用“四柱清册”的形式以制约其平衡等，都具有相互制约和控制的内容和手段。只是在当时这些手段分散处于企业的各种管理活动中，并未形成系统的、完整的控制模式和概念，其后经逐步发展才构成单位内部日渐完善的控制制度。

现代内部控制制度是传统的内部控制制度和现代经济控制论的有机结合。传统的内部控制制度经历了复式簿记控制、内部控制制度等历史阶段，要求对每项经济业务要有两个或两个以上的部门或人员来共同完成，以便互相牵制，防止错误与弊端。其核心是事务分管，明确分工，加强责任。到20世纪40年代末，内部控制制度吸取了现代控制论的反馈原理，与内部审计结合，初步形成了比较完整的内部控制制度的理论与方法。但从内部控制制度的内容看，当时还局限于对财务会计领域内经济业务的控制。后来随着经营管理审计的产生和发展，内部控制制度的内容逐渐向管理领域延伸，形成了内部控制制度新的板块——管理控制。管理控制的形成，极大地丰富了内部控制制度的内容，也使内部控制制度在企业中的地位和作用越来越重要，从而开创了内部控制制度新的里程。但从目前情况看，管理控制尚未形成系统、完整的理论和方法，尚待人们进一步研究和探索。了解内部控制制度的衍变将有助于我们正确认识内部控制制度的概念和本质特征。

（二）内部控制制度的概念和其本质特征

关于内部控制制度的概念，国内外尚无统一定论。根据我国近几年的实践和探索，结合我国国情，我们可以作如下表述：内部控制制度（Internal Control System）是为了维护财产的安全完整，保证会计信息的正确可靠，提高经营效率，贯彻管理方针，实现经营目标而进行全面管理所采取的相互联系、相互制约的一套自我调控体系。

内部控制制度具有以下特征：

1. 内部控制制度是以职能部门为主体，按照所属系统建立的。

2. 内部控制制度的客体，即内部控制制度作用对象是企业内部的经济活动，其核心是权、责、利。

3. 内部控制制度有明确的控制目标，它取决于企业经济活动的目标，主要是保护企业财产的安全完整，保证会计信息和其他信息的正确可靠，保证管理方针、政策、指示的贯彻执行，保证企业经济活动有秩序、高效率地进行。

4. 内部控制制度具有实现上述目标需要的制约、检查、调节、协调等一系列的方法、措施和手段。

5. 内部控制制度按制约原理设计，是一个具有信息反馈装置的经济信息控制系统。

（三）内部控制制度的作用

内部控制制度的作用是说明企业为什么要实行内部控制制度。内部控制制度是社会经济发展的产物，是企业经营管理制度的重要组成部分。内部控制制度之所以日益受到企业的重视，主要是与它在企业管理中的作用相联系的。

1. 保护国家与企业财产的安全完整。财产物资是企业赖以生存和发展的物质条件，也是最容易出现漏洞、弊端的方面。建立内部控制制度，采取严格的控制措施，可以有效地制止浪费，防止各种贪污舞弊行为，确保财产物资的安全完整，充分挖掘财产物资的潜力。

2. 保证会计信息真实正确、及时可靠。正确、及时、可靠的会计信息是正确地了解过去，科学地预测未来、进行决策的根据。内部控制制度的设计，使第一项经济业务的处理，必须经由两个或两个以上的人员或部门共同完成，从而防止了错弊的发生；即使发生了也容易自动检验和纠正，保证了会计信息的正确可靠性。

3. 保证企业经济活动的合规合法性。企业的经济活动必须在国家方针、政策、法规和制度的制约下进行。企业根据生产经营活动的特点制定的相应的内部控制制度，可以防止各种违法违纪行为的发生。

4. 保证经济责任的贯彻执行。经济责任应是企业在商品经济以及相对独立经营、实行权责利相结合的经营管理条件下所承担的各项义务，而内部控制制度就是建立在以“责”为核心，“权”作保证，“利”为动力的基础之上，规定各职能部门和人员的责任范围和权力界限，各司其职，各尽其责，提高经济效益，顺利完成各项任务。

5. 增强企业管理机制，提高经营效率，保证经营目标的实现。

6. 提高审计工作的效率和质量。现代审计的主要标志之一，就是采用以评价内部控制制度为基础的抽样审计。许多国家的公认会计准则中，为数只有十条的内容就包含了下列一条：“对现行的内部控制制度加以适当的研究和评价，以确定其可信程度，并据以确定抽查范围和审计程度。”这样就可以大大地提高审计工作的效率和质量。

二、主要业务循环内部控制制度

按照国际上通行的说法，内部控制制度一般分为内部会计控制和内部管理控制两大领域。其中，内部会计控制（Interal Accounting Control）主要是用来说明与资产的保护和财务记录可靠性（经营责任）有关的控制，是企业在生产经营活动中，为了保证国家企业资产的安全、会计资料的正确可靠性以及财务收支和经济活动的合规合法性而采取的控制措施、方法，如货币资金会计控制，成本、费用、利润管理会计控制，会计凭证保管、整理、归档控制制度等，这些内容主要用于财务审计。内部管理控制（Interal Adminitrative Control）主要是用来说明与提高经营效率和坚持管理方针（管理责任）有关的控制，是企业在生产经营活动中，为了贯彻管理方针，提高经营管理效率，保证经济活动的经济性、效率性、效果性、实现既定的经营目标而采取的控制措施、方法，如劳动组织、工资、人事控制，利润目标控制，质量检验控制，情报资料控制等，这些内容一般适用于效益审计。由于企业的一切经济活动，以及由此而产生的资金运动和经营成果，都要通过财务收支来完成，通过会计的账、表、证来核算和反映，因此企业的内部会计控制在内部控制制度中特别重要。而管理控制能否控制、评价，其评价结果能否用于效益审计，这在审计理论和实务上都还是值得进一步探讨的问题。故本节主要结合企业业务循环的主要环节介绍内部会计控制的措施和方法。

（一）主要经营业务的内部控制制度

一个企业的经济活动要卓有成效，对经营活动各个方面加以控制是至关重要的。那么如何进行控制呢？我们认为把企业的业务流程分为若干个环节来进行考查是比较合适的，因为这样便于对内部控制进行分类，并确定各个特定的内部控制目标和实现这些目标而采用的控制程序。为了讨论的方便，我们将主要的业务循环分为购进、生产和收入三类，其中每一业务循环又由若干不同的业务类型组成。如产品销售、劳务供应和客户退货等均属收入环节。将业务流程分为若干个环节的意义在于能够着重检查对各类业务是否进行了适当的控制。

审计人员对每笔经济业务的类型进行考虑，以确定是否设计了适当的内部控制制度，这些内部控制制度是否正常稳定地运转，从而达到内部控制的目的。

企业的业务活动一般来说可分为三个主要业务环节：

购买环节——与购进和支出职能及有关的控制相联系的业务活动。

生产环节——与产品和劳务的生产及有关的控制相联系的业务活动。

营业收入环节——与产生、取得收入的职能及有关的控制相联系的业务活动。

1. 购买环节内部控制——以采购业务为例。商品物资等的购进是企业的重要事务之一，其品质优劣、价格高低，均与企业成本及获得能力有重大关系。特别是业务规模庞大、营业范围广泛的企业，厂长、经理对一切事务难以直接兼顾，且因交易频繁，错弊发生的可能也将增多。因此，为了保证这些活动有条不紊地进行，就必须建立健全的内部控制制度。

（1）采购业务应由供应部门专门办理，材料物资的计划、请购、采购、验收和结算工作必须由不同人员担任，不得由一人包办，要实行钱、账、物分管。

（2）各部门需要采购材料等物资时应提出请购、填具申请单，经由各部门主管核准鉴章后，送供应部门办理采购手续。

（3）采购人员除了因特殊情况需要特别授权外，只能在批准的采购计划所列的货物品称、规格数量的范围内进行采购，不得擅自改变采购的内容。

（4）采购材料等物资，要尽可能与供应单位签订合同，会计部门要参与合同的会签工作。

（5）到货时应由独立的收货管理部门按照合同规定的品种、数量、质量进行检验和接收。

（6）采购发票价格、运杂费、税金等必须凭证齐全，并与合同复核无误后，才办理结算支付货款，采购的材料等物资一般要通过银行办理转账。

（7）采购部门在根据验收货物报告单所列内容，与留存定货单及销货部门开设发票相互核对，确属相符之后，方可在发票上签章证明，会计与出纳部门借以登账付款。

（8）采购物资如有退货时，应填制退货单，列明号数，日期，退回货品货名、数量、价格以及供货单位的名称、地址，经主管售货员签章后，送各有关部门凭以退货及登记用。

以日常采购计划编制、合同签订业务为例，处理流程为：

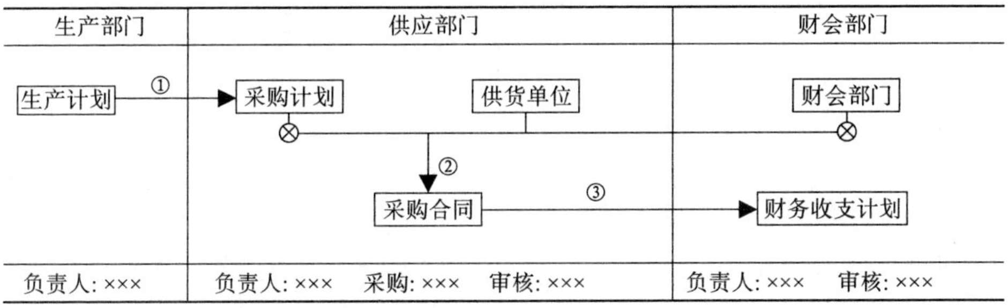

该流程反映了企业采购计划编制和合同签订的业务处理流程。具体程序为：①供应部门根据生产部门的各种生产计划编制采购计划；②供应部门根据审核批准后的采购计划与供货单位签订采购合同；③财会部门根据采购计划和合同编制财务收支计划。

其中关键控制点（图中用⊗表示）为：①签订采购合同的依据——采购计划必须经过有关部门领导的审核批准；②财会部门必须参加合同的会签。

2. 生产环节的内部控制制度。生产业务的内部控制是指对从产品投料准备到产品完工入库整个过程的各个环节所进行的控制。企业要顺利、有效地生产，必须编制计划，制定消耗定额，并在生产过程中不断地对各种偏离生产计划的生产行为及时做出反映和纠正。因此，健全、完善的生产业务的内部控制制度是保证企业从事生产、控制成本、提高质量、保证产品安全和提高生产劳动效率的关键。

（1）实行产品计划管理和成本计划管理。根据市场预测、用户要求，以及企业的经济资源、生产能力等，确定生产任务，编制生产计划，并将指标分解落实，予以实施和考核，以此指导企业的生产经营活动。

（2）实行生产费用的定额管理制度，制定消耗定额和生产费用预算，各种消耗定额要随着生产技术的改进和管理水平的提高定期进行修订。

（3）实行投入产出和产品质量控制。用于产品生产的材料实行限额管理，如有超限额领料，必须经企业主管审批，产品在生产过程中，必须按照生产秩序和操作规程，保持均衡生产，防止积压和脱节。产品生产应按工艺技术标准进行质量控制。

（4）建立健全生产的原始凭证及其记录管理制度，包括材料消耗、工时消耗、费用支出、废品损失、以及产成品完工入库等，并认真加以记录和审核，保证其完整性、真实性和合规性。

（5）建立健全库存商品、半成品、在产品等实物的专人保管专人负责、移交传递制度，并进行定期或不定期的盘点，对盘盈、盘亏要查清原因，及时报告处理。

（6）建立健全成本核算和分析制度，建立包括规定成本开支范围、成本项目、生产费用、分配标准、成本计算方法和程序的成本核算制度，并且在实际工作中认真贯彻执行。同时，定期开展成本分析，及时分析寻找成本升降原因，提出改进措施，以促进企业成本管理水平的提高。

（7）企业的财产物资——货币资金、存货、固定资产、无形资产等有关业务，如费用支出、工资支出、固定资产、无形资产使用等均与生产业务有密切关系，鉴于后面章节有所涉及，这里暂且不作介绍。

3. 营业收入环节的内部控制制度——以销货业务为例。销货为企业获得盈利之主要手段，地位极为重要，若不能避免差错，杜绝弊端，将对企业影响很大，故其内部控制制度较之于其他事项，尤应严密，方能发挥其作用。健全有效的销货内部控制制度是保持销货过程各个环节有秩序进行，使与销售业务有关的各管理部门相互协调，进而完成销货任务的重要保证，销货业务内部控制要点主要有：

（1）设置定货簿，将顾客姓名、地址、定货日期、定单号码以及货物名称、功能、数量、价格及发送日期等予以详细登记。所有定单应当编号保管，以备随时查考勾稽。

（2）实行钱、账、物分管，开发货单与开发票、开销货发票与收款人员要分开，经销人员不能从事或参与销货簿及销货客户账的记账事务，以防故意篡改记录。

（3）销货发票和发货单要顺序编号，如有缺号，必须查明原因。作废的销货发票和发货单必须注销。

（4）商品发出后，应由专人负责收款工作。定期核对清理应收账款明细账。

（5）销货坏账处理要按规定的审批程序办理。

（6）销货退回，应依照退回货品的验收手续，制成验收报告单并记账，同时应将客户寄来的退货单或其他凭证，依次编号保管，以备查考。

（7）销货折让与折扣，须据部门主管书面核准的凭证方能折减，以防经手销货或收账人员私情减让或匿报货物。

（8）建立销货业绩报告分析制度，考核销售情况，分析经营成果，以便改善销货经营环节，促进企业进一步提高经营管理水平。

（二）内部控制制度的设计原则

上面我们介绍了企业主要业务循环的内部控制制度，然而在实际运用上，自当因事制宜，而非一成不变。由于企业的具体情况不同，因而所制定的内部控制制度是否健全完善就不能用统一的模式进行衡量。同时，为了更好地发挥内部控制制度管理经济的作用，在设计内部控制制度时，必须遵循以下基本原则：

1. 合法性原则。企业的一切活动必须在党和国家允许的范围内开展，因此，企业所制定的内部控制制度要符合党和国家的各项方针、政策、法令、制度和财经纪律等。

2. 整体性原则。企业是个大的系统工程，是由若干个部门或子系统组成的。内部控制制度是企业管理制度的重要组成部分，其本身也是由若干子系统组成的。因此，要保证内部控制制度的整体性，就必须要求各单位根据生产经营活动的需要，分别就内部控制制度的各个方面、各个环节规定相应的控制措施，最终形成一个完整的内部控制制度，对本单位的全部生产经营活动进行控制，对经济活动的全过程，自始至终都实施严格的控制。

3. 重要性原则。重要性原则是指内部控制制度应抓住重点，即对经济活动有重要影响的部门和环节实施强有力的控制，确保这些环节和部门不失控。

4. 协调性原则。分工协作是现代社会经济的特征之一。因此，企业在制定内部控制制度时，应同企业有关部门共同协调，反映各部门生产经营分工协作的要求，保证各项制度既有分工又有协调，便于将来工作的开展。

5. 适用性原则。企业应根据自身的特点，设置满足本企业生产经营需要的内部控制制度。内部控制制度之所以要具有适用性，是因为企业的业务经营性质、规模、技术设备、管理方法都不相同，因此设置时必须研究和分析本单位各部门的特点，要有明确、具体、切实的要求，要与企业各部门的生产经营活动相适应，对控制的对象、内容产生足够的控制力，使控制切实有效。

6. 有效反馈原则。内部控制制度中必须设置必要的信息反馈装置。它们应能将控制过程偏离目标的偏差及其原因，及时反馈给管理当局，以便进行必要的调节，保证控制目标的实现。

7. 经济性原则。企业建立内部控制制度，其最终目的是保证管理功能的实现，提高经济效益。因此，建立一项内部控制制度所耗费的成本必须小于由此而带来的收益，否则就没有任何意义。根据这个原则，设置内部控制制度时，就不必把各种规章、程序、手续设置得过分繁琐，过分强调制度的“严密性”，否则反而会使制度难以执行。

三、内部控制制度评审

（一）内部控制制度在审计活动中的地位

以评审内部控制制度为基础的抽样审计，作为现代审计的一项重要内容，在国家审计、社会审计和内部审计的业务中占据很重要的地位，被许多国家的审计组织广泛采用。

早在20世纪初期，内部控制尚未衍变为内部控制制度时，内部控制制度对审计所起的重要作用就为不少审计学者所认识。如1905年出版的劳伦斯·迪克西所著的《审计学》中就指出了“合理的内部控制可以减少详细审计工作”。其后，蒙哥马利指出：“大凡内部牵制健全，审计师就不希望，也不应该进行详细审计。”1936年维克托·斯坦普佛在《内部控制对审计程序的影响》一文中提出了内部控制制度的概念，他写道：“注册会计师已经普遍接受了这样一种作法，即在确定检查范围时，首先要考虑内部控制制度的健全性。”然而，以评价内部控制制度为基础的审计方法被权威地确定为审计活动的主要内容，却迟至20世纪40年代才见于正式的规定，那就是1949年在美国会计师协会上通过的《公认审计标准》中所确定的“现场标准”中的第二条：“对现行的内部控制应加以适当的研究和评价，以确定其可信程度，并据以确定抽查的范围和审计程序。”为什么内部控制制度在审计活动中的地位在当时受到如此重视，而且一旦为社会所公认就迅速、广泛地推行开来呢？这主要是由于这一时期审计环境发生了重大变化，它明显地表现为：

1. 审计目的的改变和对象范围的扩展。传统的财务审计是以查错防弊作为基本和首要的目的，用以保证会计记录的正确和财产的安全完整。为此目的而以期内会计记录的审查作为中心，采取详细审计方法，对一切账表证都必须进行逐一查对，取得证据，再据以得出是否正确或有无舞弊的结论。

到了20世纪二三十年代，随着社会经济的发展，以资产负债表、损益表为中心的财务报表审计的盛行，加上经济危机和市场竞争的加剧，使得企业的所有者、潜在的投资人、债权人，生产协作的单位，以及企业的经营者，更关心的是经济实力的真实性。对他们来说，这比发现企业内部发生的某些错弊更为重要。因而，从社会到企业内部，都要求对财务报表反映的信息，特别是对资产的真实性、完整性、所有权和合理性给予证实，因为它是偿债能力与获得能力的重要保证。因此，实施财务审计的目的除了查错防弊外，更主要的就是对财务报表的证实，证实财务报表是否按照会计原则，公正地反映财务状况和财务成果。

审计目的的改变对审计的内容、程序和方法提出了新的要求，也带来了很大困难。因为单纯地通过凭证和账簿，无论采用详查的方法还是抽查的方法，都很难对财务报表中的若干重要项目给予证实。

实践经验表明，只有以评价内部控制制度为基础的审计方法，才能够科学地指明应当选择的审计要点及其方法和范围，从而取得适当的审计证据，得出确切的审计结论。

2. 企业规模扩大，经济业务复杂，审计任务越来越重。早期，企业生产规模不大，经济业务较少，审计是采用详查的方法并按照会计记账的顺序来进行顺查的。由于经济的发展，企业规模进一步扩大，出现了很多跨国公司，审计任务越来越重。因而审计人员不得不改进审计方法，把详查改为抽查。然而对于数量繁多的会计凭证和账目如何进行抽查呢？刚开始只能凭借审计人员的经验来解决。但这种方法既不稳定，更不科学。这种情况下，经验抽查虽有助于提高审计的效率，却难以保证审计的质量，而这正是审计最关心的问题。

怎样才能既提高审计效率又保证审计质量？审计人员在实际工作中逐渐认识到，影响审计质量很重要的因素是在审计活动中所产生的风险，即对差错和舞弊未能识别、判断和检验所出现的风险。主要包括固有风险、控制风险和检查风险。根据这三种风险间的相互关系，可将审计风险模式概括为：

审计风险 = 固有风险 × 控制风险 × 检查风险

检查风险是经过审计人员主观努力可以克服的风险。因此，要控制审计风险，关键在于减少控制风险：根据评价内部控制制度，识别可能存在的错弊，从而确定审计的要点；根据评价结果，确定薄弱环节，并进而确定审计范围。反过来，具有健全、有效的内部控制制度，其固有风险可以受到制约，从而也就大大降低了错弊发生的可能性，减少了审计风险。

国际会计师联合会（IFAC）所属的国际审计与鉴证准则委员会（IAASB）在2003年10月发布了4个新的审计准则，对上述传统的审计风险评估模型进行了修订。这4个新的审计准则是：

ISA200：财务报表审计的目标和一般原则；

ISA315：了解被审计单位及其环境和评估重大错报风险；

ISA330：审计师对风险评估水平应采取的程序；

ISA500：审计证据。

以上4个准则于2004年12月15日开始遵循，同时IAASB的5个相关的旧准则被废除。在ISA200中，审计风险的评估模型被修改为：

审计风险 = 重大错报风险 × 检查风险

其中，重大错报风险分为两个层次：一是整体报表层次的重大错报风险，其主要影响因素是内部控制环境（我国学者认为还应该包括公司治理结构）；二是交易和账户认定层次的重大错报风险，主要受固有风险和控制风险的影响。

3. 加强企业管理的要求。在企业中，内部控制制度的强弱是管理水平高低的集中反映。因为，内部控制制度不健全，正是由业务过程缺少应有的控制环节，即在管理上存在缺陷和漏洞造成的。而内部控制制度没有实效，则是由于某些控制环节徒有形式而未执行，或是人员安排失当而未发生作用，这样必然会使企业管理发生紊乱，乃至发生差错和遭受损失。所以，通过对内部控制制度的评价，可以发现企业存在的薄弱环节和存在的问题，有针对性地加以纠正、改进和完善，健全内部控制加强管理，提高经济效益。

（二）内部控制制度评审的程序和方法

评审内部控制制度是现代审计的重要前提和内容。通过评审内部控制制度，能够确定实质性审查的范围、方法和程序，也可以为进一步改进和完善内部控制制度，增加制度的控制功能，提供可靠的依据。

内部控制制度的评审程序是指从调查了解内部控制制度设计的健全性开始，经过测试和评价，直到提出改进建议为止的步骤和次序。一般分为三个步骤，即健全性调查、符合性测试和有效性评价。

1. 内部控制制度健全性调查。这一阶段的主要目的是审计人员通过各种方法，搜集查阅有关资料，调查企业设计的内部控制制度的健全性程度，并对其是否能保证控制目标做出评价，确定内部控制制度的可信赖程度，为进一步工作奠定基础。这一阶段主要应做好以下三方面工作：

（1）运用审阅法、查询法、观察法等调查了解企业设计的内部控制制度的有关情况。

（2）运用文字描述法、流程图法和调查表法描述内部控制制度。

以上各种方法，特别是流程图和调查表法，是在国外企业管理基础工作比较扎实、内部控制制度质量和水平比较高的基础上产生的，其审计方法与企业内部控制制度的水平相适应。但目前我国大部分工业企业的管理工作比较薄弱，加上内部控制制度尚未受到足够的重视，因此，我们应从实际出发，立足于我国企业的管理现状，灵活使用。

（3）运用对照分析法、对比法评价内部控制制度设计的健全性。根据内部控制的原理和内部控制设计的原则运用一定方法，对制度设计是否健全、是否合理，能否实现预定的控制目标做出评价，找出制度设计上的弱点和薄弱环节，并对其可能产生的后果进行分析评价，确定制度设计的健全程度是否能够接受。

2. 内部控制制度符合性测试。符合性测试是审计人员进一步查明内部控制制度的执行情况和有效程度的一种方法。即对制度设计中规定的经评价被认为是适当的控制程序、方法、措施和手段，是否被切实执行并有效地发挥控制功能进行测试和评价。同时也要对内部控制的薄弱环节是否采取了补救措施，控制弱点是否会产生潜在的错误以及由此而产生的影响进行检查和评价。

（1）运用穿行测试法、实地观察法、询问法、模拟法（或称实验法）等方法，按照经济业务处理的各个环节，对制度设计的控制点抽取一定数量的经济业务进行检查和测试，以确定经济业务执行过程中，该业务环节的有关控制措施、方法、手段是否切实执行和发挥有效的控制功能，并将测试结果记录在符合性测试工作底稿上，以便进行评价。

（2）根据符合性测试工作底稿的资料，对各控制点的有效性进行评价。评价结果主要按预告确定的可允许的差错率与实际测试出的差错率进行比较，以确定其是否可以接受。如果实际差错率低于预计差错率，审计人员可以接受，则直接进入最后评价；反之，则应扩大测试的范围，进一步测试其有效性。

3. 内部控制制度有效性评价。

（1）审计人员运用对照分析法，即用内部控制原理和设计内部控制制度的原则来对照分析描述出来的内部控制制度的各个控制点，以确定其存在有哪些控制弱点和缺陷。

（2）先进企业对比法，即将实际调查的制度与审计人员预先选定的作为评价标准的先进企业的内部控制制度进行逐一对照检查和分析，以确定其健全程度。对内部控制制度控制环节的健全性、有效性做出全面综合的评价，以便作为确定实质性审查的范围、程序的依据，并可作为提出改进建议的主要依据。

这一阶段的主要工作是将健全性评价、符合性测试初步评价结果，以及扩大测试的结果按其控制点综合起来进行全面评价，并编制内部控制制度综合性评价工作底稿。然后根据评价结果确定实质性审查的范围、方法和程序，并提出具体的改进建议。

到此为止，内部控制制度评审已经结束，接下来的工作是要根据内部控制制度的评审结果，来确定实质性审查的范围、方法和程序，对财务报表及其有关的经济活动进行实质性审查，以取得充分有效的审计证据，最终做出审计结论，完成审计任务。

（三）内部控制制度评审结果在财务审计中的应用

通过以上介绍可见，以评审内部控制制度为基础的审计，大大提高了审计工作效率，同时也确保了审计质量，减少了审计风险。但必须注意，内部控制制度评审方法要简便、易懂、易行，不能复杂、繁琐；同时要注意其评审结果要在审计工作中加以确实应用。内部控制制度评审结果在财务审计中的应用主要表现在以下两个方面：

1. 根据评价结果，确定审计的范围、重点和方法。根据上述内部控制制度的调查、测试和评价的结果，确定下一步实质性审查的范围。对于控制的薄弱环节或是失控的项目，应当在审计中作为重点。对于控制良好的项目，我们可以确信其产生的会计信息必然可靠，从而给予信赖，采用抽查的方法，减少实质性审查的数量；反之，对于控制不严的项目，则不予信赖，从而就要增加实质性审查的数量，甚至进行大量抽查或详细审查。

2. 根据内部控制制度评审发现的问题，提出改进完善企业内部控制制度的建议，帮助企业进一步健全内部控制制度。在内部控制制度的评审基础上，审计人员应综合在健全性调查和符合性测试中所发现的问题。主要针对内部控制制度中应有的控制点不健全，未实施或失去效用等方面，以及由此而造成的某些差错、弊端、损失和浪费，向企业管理部门提出改进建议，帮助企业健全、完善内部控制制度，加强管理提高效益。

内部控制制度的改进建议，既可以在整个审计工作结束后，在审计报告中综合反映，也可以根据企业要求，在内部控制制度评审结束后，以内部控制制度评审报告或改进管理意见书等形式单独提出。

思考与练习

1. 什么是企业财务审计程序？科学规范的审计程序具有什么意义或作用？
2. 财务审计准备阶段、实施阶段、终结阶段各应做好什么工作？
3. 国家审计、社会审计、内部审计进行财务审计程序有何异同？
4. 什么是财务审计方法，具有什么意义或作用？

5. 财务审计要运用哪些方法，结合实际如何应用？
6. 什么是制度基础审计？具有什么意义或作用？
7. 制度基础审计与账目基础审计相比具有什么特点？
8. 简述制度基础审计的程序和方法。
9. 简述企业主要业务循环的内部控制制度。
10. 简述内部控制制度评审结果在企业财务审计中的应用。

第三章 高级审计技术方法及其应用

内容提要

当前我国电子商务、电子支付蓬勃发展，处于世界领先地位；与此同时，大数据时代已悄然来临，这些都带来对传统财务审计的巨大冲击。针对客观环境的变化和审计利益相关方对审计实时性、持续性、覆盖率和处理半/非结构化数据的能力不断增长的审计要求，本章探讨持续审计技术、文本挖掘技术的理论和应用，介绍国内外审计软件概况及典型审计软件的应用，尝试将传统财务审计的思路和方法在计算机辅助审计技术的基础上进一步提升，以满足我国当前及未来对审计发展的期望。

第一节 持续审计技术及其应用

一、持续审计概述

面对电子商务实时持续的特点、财务报告的及时性要求以及投资者对实时信息的需求，动态会计和动态财务突破了原先会计周期的制约，对提供会计信息保证服务的审计方法和模式提出挑战。首先，传统审计中，审计人员只是在客户完成财务报告并准备向外公布的时候才进行审计，而且审计中并不是检查所有的信息，只是抽样分析。这种有限的检查对复杂的商业系统来说难以起到有效的监督作用。其次，传统审计的测试程序主要采用常规的方法关注被审计单位活动，包括政策、程序、授权和协调等。而采用传统审计方式的企业，对于确认迅速发展的商务活动的真实价值或合法性则显得过于迟缓。最后，从内部控制的角度来讲，我国目前的内部审计实务多是针对财务、会计事项，对经营活动、内部控制、管理事项的监督、评价极为有限，审计活动理念也多为“监督导向”型，而非“服务导向”型，公司部门间的不同流程缺乏衔接都使审计工作难以为经济活动提供全面的监控和服务。随着企业经济业务日趋复杂，信息技术迅速发展，企业电子商务和信息化建设逐渐成熟，越来越多的商业和会计界的人士意识到持续审计（Continuous Auditing，CA）对实时会计系统（Real Time Analyzer，RTA）和电子财务报告的重要性。在这种情况下，持续审计及其内涵下的“技术驱动型审计方法（technology - enabled auditing）”

受到越来越多的关注。

2005 年国际内部审计师协会（IIA）发布的全球审计技术指南（GTAG）中，定义持续审计是“一种利用技术自动执行控制和风险评估的方法，是审计策略从传统的交易样本的周期性复核向对所有交易进行持续测试的转变。这种方法使得内部审计人员可以在实时环境中……”，根据其定义，持续审计仍是一种发表审计意见的独立审计，但审计期限、审计实施时间及审计报告更为及时迅速，审计报告更具决策相关性，并强调了风险控制和评价审计。

尽管国际上持续审计的概念不尽相同，但有一点是可以肯定的：它们与我国停留在传统审计基础上的持续审计概念是不同的。综合一些专家学者关于持续审计的表述，我们可以将持续审计的概念理解为：“持续审计是基于网络信息技术，由独立的审计师实施的将约定事项的连续信息（无论财务或非财务的信息）与事先确定的标准相对照，然后就两者的符合程度作出保证判断的审计报告的一系列过程。”它将 IT 技术高度整合进了审计领域，融合了实时审计、计算机辅助审计、联网审计、非现场审计等方式，实现审计人员和被审计单位电子数据的及时连接和交互，克服了当前审计的滞后性。论其概念归属，它应属于 IT 审计范畴。

持续审计不仅向外界进一步证实被审单位提供的连续（或实时）报告（信息）的可靠程度，还可以为内部管理控制提供决策信息支持，同时还能够根据客户的特殊需求实时提供不同程度的相关保障。随着信息技术的进步、电子商务的普及，以及管理决策对信息“实时性”需求的日益增强，它将成为信息化时代审计模式发展的必然趋势之一。

二、持续审计的特点

持续审计利用嵌入审计模块或数字代理等方式，连续监督被审单位的信息系统，对交易情况进行连续百分之百审计。利用持续审计可以有效改善内部审计环境，它突破了传统的日常定期审计模式，主要采用自动控制和风险评估的审计方法。它的典型特征是利用技术优势来缩短内部审计周期、改善风险和控制安全系数。持续审计的概念虽然有差异，但共同具备以下特征：

（一）审计过程的实时性要求

持续审计强调不同于传统审计的基本特征，就在于审计报告时间是在事件发生的同时或稍稍滞后，做到时间同步且精确度高。其实时性表现在三个环节：第一，信息证据收集的实时性；第二，监控和分析的实时性；第三，发布审计报告的实时性；这一点也是持续审计与联网审计最大的区别。目前，联网审计仍是事后审计，是在审计人员执行审计任务时通过网络直接获取被审计单位的业务数据，改变的只是获取数据的手段与途径，并没有改变报告的滞后性与被动性。

（二）审计手段的电子化要求

持续审计强调收集电子化审计证据来证明无纸化实时会计系统下企业财务报表是否公允的电子审计过程，因此电子审计是实施持续审计的必要手段。

（三）强调风险评价和控制

由于持续审计的审计策略已经从传统的对交易样本的周期性复核向对所有交易进行持续测试转变，因此，持续审计可以克服传统审计滞后性而带来的无法真正控制和评价风险的致命缺陷，能更有效地进行风险评价和控制。

（四）保留审计“独立性”基本特征

持续审计是由独立的审计人员基于预定的审计标准，持续地监控和测试事件并确定需要执行进一步测试的异常情况的系统化技术，审计人员按照使用者需求提供审计报告的方法。其具有的审计“独立性”基本特征使得它有别于其他管理信息技术。

（五）范围包括内部审计和外部审计

持续审计可以适用于外部注册会计师的财务报告鉴证审计，以很好地满足实时报告评价的需要；也可以用于内部审计，从持续审计内在优势看，其更适合于内部审计领域。持续审计区别于传统审计在于它可将内部审计与外部审计一体化。

总之，随着信息技术的进步，传统的手工审计处理将不能满足日益增长的数据加载和高度复杂的交易实践的需求，审计范式的转变是不可避免的趋势。基于信息技术的持续审计系统通常与知识积聚数据库和报告恢复模块连接，这有助于使审计业务简化、高效，降低审计风险，并使得审计停滞时间和由于缺乏经验的审计人员造成的错误降到最低程度。

三、持续审计的实施条件

（一）注册会计师审计视角的持续审计实施条件

1999年，美国注册会计师协会（AICPA）和加拿大特许会计师协会（CICA）联合成立的持续审计委员会发布研究报告指出，持续审计是可行的，但其实施需要满足以下条件：①

1. 审计程序应能高度自动化地截取和处理数据，以获取必要的审计证据，且在短时间内生成高度可靠的报告信息，因此要求精确定义反映审计对象的数据以及数据之间的定量和定性关系。

2. 任何异常现象应采取自动的报警触发程序并及时生成例外报告。

3. 审计工具软件应在不同程度上与企业信息系统集成，自动审计过程应成为审计人员现场审计的有益补充。

4. 应在企业网站与审计师之间建立有效的电子通信连接，以便及时通知审计师自动审计的结果。

5. 应有恰当的安全保障措施，以便有效防范未授权的篡改。

6. 审计师应具备高水平的信息技术知识且熟悉被审计委托项目。

① CICA/AICPA. Continuous Auditing, Research Report [R]. The Canadian Institute of Chartered Accountants, Toronto, Ontario, 1999.

（二）内部审计视角的持续审计实施条件

根据国际内部审计师协会（IIA）的2005年《全球技术审计指南（GTAG－3）》和Woodroof与Searcy（2001）的持续审计概念模型，实施持续审计的条件主要有：

1. 各参与方的网络服务器相互连接。在最基本的层面上，持续审计要求参与方的网络服务器能实时、准确和安全地实现连接，这包括：审计客户的网络服务器能够允许审计人员进入数据库；审计人员的网络服务器能让外部信息需求者有控制地进入客户的部分数据库；同时，还有供应商、金融机构、主要消费者等第三方的网络服务器也参与持续审计的网络连接。保证被审计单位的信息能够得到及时更换，各个子系统的数据能整合到总信息系统中。

2. 可靠的系统。可靠的系统是指系统满足系统可靠性（SYSTRUST）的四条原则：一是完整性（Integrity），即系统能够完整准确和及时获取、存储与集合相关的信息；二是安全性（Security），即系统必须防范非授权的访问；三是可用性（Availability），即任何使用者在需要的时候都可以通过网页获取审计报告；四是可维护性（Maintainability），即必须在审计协议里签订定期维护系统的时间。

3. 有高度自动化的程序提供审计证据。实施持续审计需确保整个审计程序是高度自动化的。例如，高度自动化的银行存款处理系统包含了大量现金账户的相关风险，持续监控现金的流入、流出以及银行存款余额，保证系统的可靠性和数据的完整性，必须有高度自动化的审计系统。因此，持续审计的应用软件需要有文件询问、数据提取和分析等功能，而且，审计软件还要和被审计单位的系统兼容，这可以利用审计软件不同的功能模块来实现，即被审单位信息系统中的数据、信息能够以电子格式实时地记录和存储，可以利用嵌入式审计模块进行审计程序的执行，相关事件或结果能够即时被审计人员或信息使用者理解或快速获取。

4. 审计人员具备良好的胜任能力。由于持续审计是基于信息技术的审计，所以，审计人员需具备较高的素质。首先，审计人员应该对客户的商业程序有更好的了解，以保证电子文件记录数据的可靠性和相关性。其次，审计人员必须更好地理解交易流程和相关的控制活动，以确保实时会计系统（RTA system）的有效性。最后，审计人员必须运用控制风险定位审计计划，而不是对电子文件的实质性测试。

（三）总结

综上所述，这些主要是从系统、实现工具、网络连接和审计对象、审计报告和审计人员等方面考虑持续审计实施的一般要求。如图3－1所示。

四、持续审计的实施步骤

普华永道《2006内部审计状况职业研究》显示：当被问及“什么是建立持续审计程序的最主要挑战”时，392家调查反馈企业中有，37%的企业认为

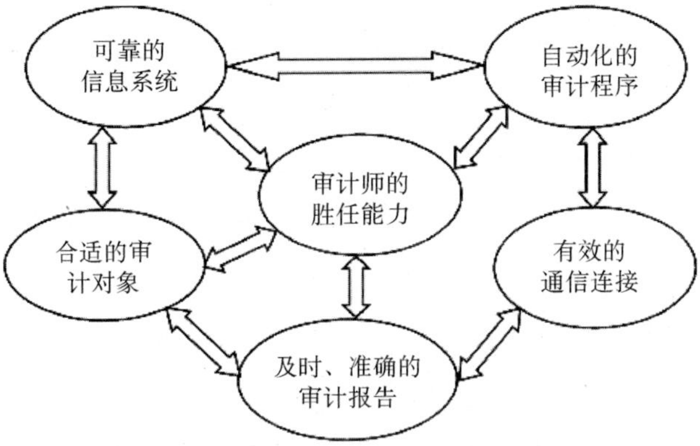

图 3-1　持续审计的实施条件

是“定义需要审计的活动”；有 20% 的企业认为是“如何使用好这项技术”；有 18% 的企业认为是“获得高层管理者的支持”；有 13% 的企业认为是“如何确定是否要对业务部门和组织其他部门进行监控”。因此，要想成功地实施持续审计流程，需要针对这些挑战，制定合理的计划和内部审计管理办法，并按照表 3-1 所示的实施步骤开展工作。

表 3-1　　持续审计实施的关键步骤

（一）持续审计目标	
• 定义持续审计目标 • 获取和管理高级管理层支持 • 弄清楚管理层实施其监控角色的程度 • 识别并划分需要解决问题领域的优先级，以及将要开展的持续审计的类型 • 识别关键信息系统和数据资源 • 理解业务流程和应用系统 • 建立与 IT 部门管理层的联系	
（二）数据访问和使用	
• 选择和应用数据分析工具 • 开发数据访问和数据分析能力 • 开发和维护审计分析技能 • 访问数据的完整性和可靠性 • 清理和准备数据	
（三）持续控制评估	（四）持续风险评估
• 识别关键控制点 • 定义控制规则 • 定义例外情况 • 设计技术辅助方法，测试控制、识别差异情况	• 定义被评估实体 • 识别风险类型 • 识别风险/绩效的数据驱动的指标 • 设计分析测试，度量增加的风险水平

续表

（五）报告和管理结果
• 对结果划分优先级，并确定持续审计活动的频率 • 根据惯例、时间等进行测试 • 识别控制差异或者增加的风险 • 划分结果优先级 • 开始适当的审计反应，并告知管理层结果 • 管理结果——跟踪、报告、监督和后续活动 • 评估采取行动的结果 • 监督和评估持续审计过程的有效性——分析规则和得到的结果——要求使用不同的参数 • 确保持续审计过程的安全性，确保与相关管理活动间的合适的联系，如 E2M、监控、绩效度量

（一）持续审计目标

持续审计系统的建设，前期投入较大，包括购买审计软件和服务器、外存储器等硬件。因此，在实施前必须明确审计目标，包括短期和中、长期目标。

从短期目标看，持续审计的目标是实现持续审计自动化，即通过安全、可靠、稳定的服务器和网络环境，将被审计单位的业务数据安全传递到独立的审计数据库，并实时获取审计数据的要求，从而实现持续审计，同时为中、长期目标的实现奠定良好的基础。

从中、长期目标看，持续审计的目标是对被审计单位的营运系统、财务系统、人力资源系统和数据的可靠性、有效性和完整性开展全面的持续审计，通过持续评估控制和持续风险控制达到有效降低系统风险水平的目标。

1. 定义审计需求。要实现持续审计目标，审计人员必须理解未来的审计程序和持续审计技术，这些需求必须由审计人员进行充分的定义，必须了解被审计单位的组织结构、经营流程、相关控制程序和技术性解决方案。

2. 获取和达成高层管理的支持。持续审计的目标一旦确定，就必须获得被审计单位高级管理层的支持。要将准备工作，尤其是有关数据的存取需求，以及何时、以何种方式报告审计结果向被审计单位管理层报告。否则，持续审计的合理性可能就会遭到质疑，导致无法得到授权获取被审计单位的信息数据，这样将会影响持续审计行为的合规性。

3. 决定测试的范围和优先级。首先，确定测试范围的关键因素是被审计单位管理层实施监控行为的充分性。审计人员要了解管理层实施监控的程度。管理层实施监控的程度和持续审计的实施存在着互补关系。管理层实施监控的程度越高，企业的内部控制可信赖程度就越高，就可以缩小持续审计的范围。如果审计师确定这些程序是不充分的，就要对这些范围执行持续的详细控制和风险评估程序。

其次，要选定适当的主题事件。例如：试图对一个跨国公司的全部财务资料进行持续审计，由于对象范围非常广阔，因而很难做到。相反地，如果仅对日常生产、运输、销售及其他容易计量和较少运用职业判断的事件进行持续审计则要容易得多。持续审计实施之初，还处于探索与尝试阶段，应该在一个较小的范围内选择业务流程比较成熟和清晰的领域，然后再根据实践的情况逐步扩大范围、规律和分析的频率。

最后，需评估环境本身，即评估将实施持续审计的组织自身的风险及审计需求，以此确定持续审计实施领域的优先顺序。显而易见，那些拥有清晰的工作流程和完善的内部控制的企业，更容易实施持续审计。当企业的内部控制测试显示低风险水平时，相应的持续审计的范围就会缩小，审计时间就可以相应减少。反之，就要扩大审计测试的范围，并相应增加审计时间，这样，势必会增加审计成本，降低审计收益。

4. 识别关键信息和数据源。持续审计的范围被确定后，审计师需要识别所需要的信息，以及确定这些信息可能的数据源，在定义信息需求前，审计师必须清楚地了解所要达到的目标是什么，而不仅仅是如何完成它。

5. 协商获取数据。获取正确的数据是实施持续审计的关键步骤。审计师必须识别需要访问的应用系统，并与系统的使用者协商获取数据的访问权。同时，与IT管理部门保持良好的工作关系，因为审计所需的数据源是在IT部门管理和控制着系统文档资料、服务器及被审计单位建立的应用程序中存储的。

6. 了解经营流程。一旦主要的数据源被确定，审计师不仅必须了解信息系统的工作原理，而且还要了解经营程序和流程，在审计师参与识别信息和数据源的过程中，能够借助使用持续审计这一整合的审计工具使审计思维从传统的“向后看”转化为“向前看”的观点，使得审计师在这个过程当中对关键营运系统、关键数据源有更加深入的了解。

7. 识别关键控制和风险。持续审计的最终目标是确保有效地控制和降低风险。为了能识别关键控制和风险种类而达到审计目标，审计师必须运用持续风险评估程序来确定哪些控制需要持续审计。

（二）数据的访问及使用

持续审计的实施需要访问被审计单位的数据。审计师在获得被审计单位和高级管理层的支持和授权进行系统访问和信息获取的同时，还必须确保被访问和使用的信息系统的数据不被泄露。

1. 访问并采集数据。要有效使用持续审计，访问并采集电子格式的数据是必要的，审计师需要了解存储数据文件的路径和字段名称、数据类型、字段宽度、小数位等方面的信息。通常被采集的数据信息先被导入持续审计系统中，并转换为持续审计系统所要求的标准数据文件格式。

2. 确保数据的完整性。确保数据的完整性对实施持续审计监控流程非常重要。审计师不仅必须确保审计分析的完整性，还要确保审计数据和审计结论的完整性。审计师需要对被审计单位业务系统数据进行完整性评估，如何检查数据的完整性以及数据要达到什么程度的完整性，取决于数据测试和核对的工作量，而决定数据工作量大小的决定因素是审计风险。

3. 数据的预处理。持续审计的功能之一就是从不同的应用系统中抽取数据，然后将这些数据整合起来，以备后续的分析使用。然而，要将不同应用系统的数据连接起来，通常需要进行数据清理来消除数据不完整的问题，通过数据转换来修改数据格式，而持续审计软件特别适合清理从不同系统中获取的数据，能够建立一种通用的格式，使它更加适应内部审计工作的需要。

4. 数据的分析。对于所获取的数据进行分析，就要选择并购买分析工具。不同的企业，有不同的需求，分析工具也千差万别，从简单的电子表格，到中等规模的统计分析软件工具，再到基于特定企业的信息技术水平而定制的、全面的数据分析工具，甚至是一些新型的、智能的数据分析工具。对于那些已经实施 ERP 系统的企业，ERP 系统中包含很多在线报告，其中一些是用来支持内部控制测试的。例如，审计软件可以直接访问 SAP 软件列表，或者通过开放数据库连接接入 ERP 系统。也可以通过计算机建模软件，利用现有数据和风险评级系统来评估风险。通过一系列的数据分析，审计人员就可以更好地理解业务系统、关键控制点以及高风险领域。

（三）持续控制评估

组织的内部控制必须保证健全性、有效性和信息的可靠性。审计人员在提供持续评估来证明这些控制是否有效时需要不断提高警惕。审计人员的工作不是去盯住每一笔交易，也不是盯住每一件异常事件的审计作用，而是在这个流程中加入“透明度”，并审视在整个时间段出现的控制问题是什么性质。

持续控制评估提供通过预先设计的控制测试来对交易数据进行独立的分析。一般说来，这些测试是基于企业风险管理框架的，审计师必须检查营运环境以及内部控制来识别可能导致的暴露在风险下的薄弱环节和缺陷。对政策、程序、控制点、关键员工、风险等都必须仔细审查，通过评价和测试来保证内部控制系统有效。

持续控制评估的功能不仅在于它可以识别简单的例外情况，比如固定资产采购项目的交易总额超过年度预算，还表现在控制信息遗漏方面，比如超过授权额度的采购订单没有得到相关负责人签批等，它在执行复杂的持续系统内部控制测试时也能够用于细节交易的测试。

1. 控制目标的识别。识别关键控制是持续控制评估的起点，各被审计单位的管理层在审计部门的帮助下，识别主要的营运行为和辅助程序，确定相关的控制目标，这些控制目标按照授权、精确、完整、有效、效果和效率、职责分离和法规遵循等方面进行划分。

2. 关键控制的识别。持续控制评估从识别关键业务流程和控制开始。审计师和被审计单位的管理层需要关注与企业资源使用效率和效果有关的内部控制的评价，充分的控制是针对任何舞弊、浪费和滥用的必不可少的部分，但是它们可能不会按照期望运行或者可能运行不充分，特别是在应用计算机系统后可能会提供新的更隐蔽的机会来实施或隐藏舞弊行为，所以，一旦关键业务流程和控制目标设定好了，审计师就应该通过归类来识别关键的控制点，然后按照影响程度和风险大小来确定控制评估测试的内容。

3. 定义合适的控制测试分析。在识别关键的控制点后，审计师需要对每个控制目标定义合适的分析程序，对于不符合控制目标的数据，通过控制测试程序来检查风险暴露点。

（四）持续风险评估

审计师应帮助被审单位识别和评价系统可能存在的风险，用数据驱动的方法来测量增长的风险及企业业绩。同时，审计计划也应该建立在风险评估的基础之上。

1. 评价企业风险管理框架。在进行持续风险评估时，审计师应该首先确定被审单位的管理层是否已经实施了企业风险管理功能。如果正在实施，评价风险管理行为的充分性；如果没有被适当地执行，审计师就应该按照企业风险管理整合框架从头建立持续风险管理。

2. 理解潜在的风险领域。审计师识别和评价风险水平，必须理解他们的任务、关键业务目标和被审单位的辅助目标；同时，还必须及时了解内部和外部环境中潜在的、可能影响到被审单位实现其目标的风险领域。

3. 考虑风险的类型。执行持续风险评估要考虑风险的种类和暴露出来的风险类型。典型的风险种类包括外部审计环境、营运上的、法律上的、信息、人力资源、财务、策略、治理和技术等因素。

4. 识别暴露出来的风险。审计师即使能够识别所有可能的风险，但仍缺乏足够的资源来处理所有的风险，所以必须了解被审单位的风险偏好并对识别的风险进行排序。

5. 评估风险水平。一旦暴露的风险被识别，审计师需要用“可能性”和“严重度”来衡量将会导致损失的可能性程度。

6. 收集和分析数据。持续风险评估的最后一步就是收集和分析关键业务流程和最高风险领域的数据。审计师需要从被审单位的不同层面收集数据，并识别、评估和回应风险。审计师可以在被审单位和计算机专家的帮助下开发数据驱动的风险指标，并对不同水平的风险做出反应。

（五）报告及管理结果

首先，要确定持续审计的频率。内部审计人员在确定持续审计测试的范围和频率时，应该先确定持续审计的目标、管理者的风险偏好、管理监控的风险和企业的经营风险水平。持续审计测试的频率可以从实时、接近实时的测试详细的交易，到定期测试详细的交易或汇总数据。至于持续审计测试的频率究竟应该是多少，并没有一个简单的答案，只能说测试越频繁相对越好。

其次，对于审计结果，审计人员要给予适当的回应，按重要性进行排序，并将关键部分告知管理当局，并提出对审计结果所采取的措施、跟踪反馈整改措施和结果。持续审计执行一段时间后，审计人员应当对执行情况进行评价，识别其缺陷并予以纠正，并且总结持续审计技术方面的经验，监控和评价持续审计程序的有效性——包括分析（如规则/指标）和达成的结论——对测试参数做必要的调整，为在其他应用系统中设计和实施持续审计技术提供借鉴。此外，还需确保持续审计与被审单位管理层行为（如企业风险管理、监控和业绩评价）有合适的联系。

五、持续审计的国外应用案例

西方发达国家应用持续审计技术已有十多年的历史。近几年来，随着信息技术的飞速发展和持续审计的深入研究，持续审计的应用逐步成为现实。例如，美国的一些大型公司已在企业内部的资金、应收、应付账款等重要的管理信息子系统中应用内部持续审计。我国自“金审工程”以来也以联网审计为形式开展持续审计的研究与应用。虽然我国的持续审计研究和应用还处于起步阶段，但由于它的即时性、持续性、广泛性等特点和信息技术的飞速发展，毋庸置疑，持续审计将会发挥出更大的作用，促进我国审计理论与实务的进一步发展。

（一）持续过程审计系统（CPAS）

持续审计在实践中的应用最早可追溯到20世纪90年代。1986—1990年期间，AT&T贝尔实验室开发了持续过程审计系统（Continuous Process Auditing System，简称CPAS），该系统专门针对大型无纸化数据库系统的审计问题而设计，服务于AT&T公司的内部审计领域。它将主要的计量指标和分析性程序引入工作站环境，并对重要运营指标进行监控，以随时将之与标准值相比较，在发现重大差异的情况下采取异常报警措施。Vasarhelyi和Halper于1991年发表论文系统地对其进行了阐述，CPAS为审计师提供了一个分析数据和编制审计报告的工作平台，它应该是迄今为止唯一曾以学术性文献形式详细地描述其设计框架的在线持续审计系统，其实践意义是重大的。它证明了持续审计的应用是现实可行的，并为以后的持续审计系统框架的设计提供了一个实际范例。

（二）对共同基金（Mutual Fund）行业的持续审计

共同基金是一个特别适合于实施持续审计的领域。在美国，共同基金行业目前只有三个软件供应商。可想而知，只要有三套具有相似分析机制的基金雷达应用软件配以不同的数据源，就可使基金雷达应用于该行业内的绝大多数公司。所以说，共同基金行业特别适合实施持续审计。

毕马威国际会计公司（KPMG）使用基金雷达（Fund Radar）来对共同基金行业进行持续审计。基金雷达的运行原理与CPAS基本相似，它从在线资源中抽取行业平均值作为基准。

安永国际会计公司（E&Y）对共同基金行业的持续审计也进行了不同的尝试，尤其是用于对网络监控和安全性目的在线监控客户网络。HMOS是适合于共同基金行业的软件包之一，并且有一个固定的市场份额，E&Y将HMOS作为应用软件领域重点发展的一个与CPAS相似的应用程序。这样，对于E&Y来说，可以在使用HMOS软件的所有客户中配置该应用程序，更容易实现对持续审计软件应用的规模效益。

（三）持续审计在银行业的应用

西班牙的地方银行已经开发了一套在原有系统内用COBOL编程的应用程序，分别对相关的产品、客户管理、市场和风险管理进行分析。虽然这个应用程序不是持续进行的，但在系统操作中执行了许多监控职能。①

还有其他金融服务公司也已采用了持续审计技术，例如：美国花旗银行 Citibank、美国 Schwab 公司、PayPal 公司、美国联邦储备系统、意大利银行集团 Bipop②，以及印度第二大商业银行 ICICI③ 的内部审计也都已实施审计技术。

（四）持续审计在其他行业中的应用

其他行业的组织也开始实施持续审计方法，例如：美国五十大企业之一 HCA 医疗保健公司、IBM 公司、马丁 - 马丽埃塔公司（Martin Marietta）以及玩具零售商 Toys “R” Us④ 和德国西门子公司（Siemens）⑤ 等。图 3 - 2 所示为西门子北美公司实施的持续审计管理体系，它可以将在北美地区多个大型分公司的监督控制和审计执行的方法和程序进行标准化设置和执行。

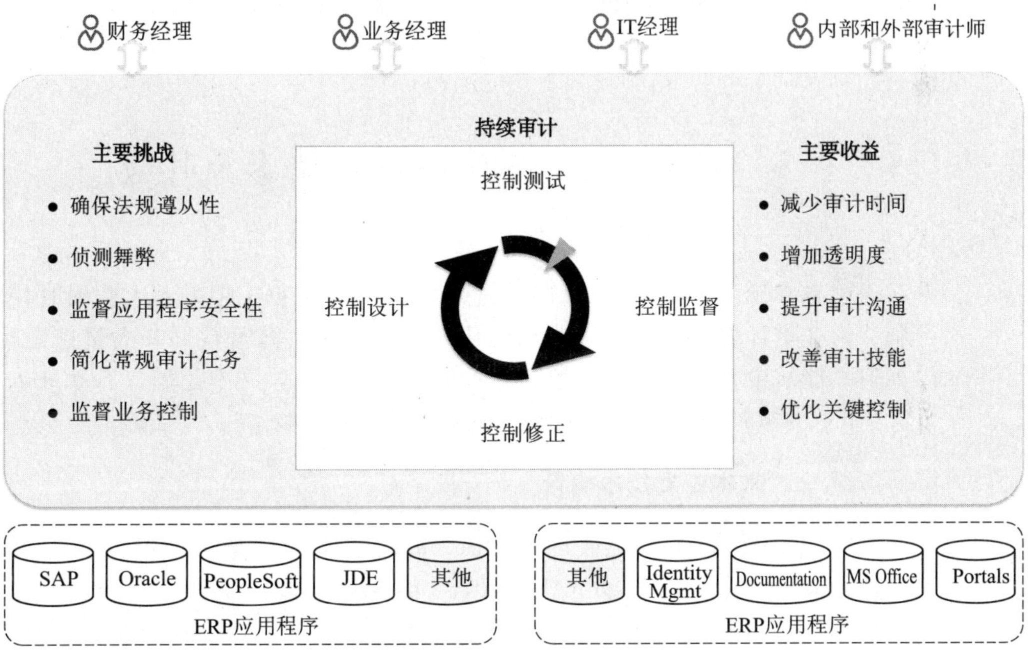

图 3 - 2　西门子的持续审计管理

为了进一步分析持续审计在其他行业中应用的必要性和可行性，Abdolmo-

---

① Alexander Kogan, Ephraim F. Sudit, Miklos A. Vasarhelyi. Continuous Online Auditing: A Program of Research [J]. Journal of Information Systems, Vol 13, No. 2, Fall 1999.

② Miklos Vasarhelyi. Issues in Continuous Auditing and Assurance, 2005 [EB/OL]. http://raw.rutgers.edu/AAA.htm.

③ ICICI. ICICI Bank to focus on retail - led growth [N]. Businessline. Chennai, Dec 16, 2005: 1.

④ Miklos Vasarhelyi. Issues in Continuous Auditing and Assurance, 2005 [EB/OL]. http://raw.rutgers.edu/AAA.htm.

⑤ John Verver. Continuous Monitoring: Practical Experiences Client Experiences with ACL's Continuous Controls Monitoring Products [EB/OL]. November, 2004. http://raw.rutgers.edu/continuousmonitoring-practical_files/frame.htm.

hammadi（2005）专门以欧洲一家大型汽车生产商的卡车制造分厂为例，分析持续审计在制造业的应用①。该工厂的战略计划要求实现全面质量管理（Total Quality Management），增加项目价值，提高客户满意度，并且在保持高质量的同时缩短项目完成的时间、确定并消除不必要的浪费；完成全面自动化，实现数字银行和计算机信息系统的相互融合。但是，调查发现企业只有40%的客户对售后服务满意，并且常常投诉卡车部件失灵，该问题表明审计以及质检部门都没有很好地履行职责，在监控方面存在漏洞。因此，企业从提高产品质量以及售后服务质量出发，发展建立于数据仓库技术的持续审计模型，对生产程序进行持续监控。

瑞典国家审计署为了实现审计人员随时随地能够通过访问被审计单位的中央数据库信息实施监控和审计，建立了“梦想蓝图”工程，现阶段已经在一定程度上开发了持续审计的相关审计系统。

第二节　文本挖掘审计技术及其应用

财务审计固然主要是从财务信息中获取审计证据，但随着大数据时代的来临，财务审计也会面临大量非结构化的数据。面对海量数据和大量繁杂信息，如何才能从中整理、分析、挖掘有价值的审计信息？文本挖掘（Text Ming，简称TM）为审计信息分析提供了一种新的思路和手段。

一、文本挖掘技术概论

Forrest Research的统计资料指出，80%以上的数据以非结构化的形式存在，如文档、手册、Email、技术报告、专家陈述等。面对如此浩如烟海的文本信息，人们迫切需要研究出方便、有效的工具去提取符合需要的、简洁的、精炼的、可理解的知识，文本挖掘因此产生。

文本挖掘又称“文本数据挖掘（Text Data Mining，TDM）”或“文本知识发现（Knowledge Discovery in Texts，KDT）”。具体来说，文本挖掘是以计算语言学、统计数理分析为理论基础，结合机器学习和信息检索技术，从大量的、无结构的文本信息中发现和提取独立于用户信息需求的文档集中潜在的、可能的数据模式、内在联系、规律、发展趋势等，抽取有效、新颖、有用、可理解的、散布在文本文件中的有价值知识，并且利用这些知识更好地组织信息的过程。简而言之，文本挖掘是一个从文本信息描述到选取、提取模式，最终形成用户可理解的信息知识的过程。

文本挖掘已经成为数据挖掘中一个日益流行而重要的研究领域，它是一个

---

① Mohammad Abdolmohammadi. Application areas of continuous internal auditing in financial services and manufacturing, 2005 [EB/OL]. http://raw.rutgers.edu/continuousauditing/2005Maltaconference.htm.

对具有丰富语义的文本进行分析从而理解其所包含的内容和意义的过程。与一般数据挖掘以关系、事务和数据仓库中的结构数据为研究目标所不同的是，文本挖掘所研究的文本数据库，由来自各种数据源的大量文档组成，包括新闻文章、研究论文、书籍、期刊、报告、专利说明书、会议文献、技术档案、政府出版物、数字图书馆、技术标准、产品样本、电子邮件消息、Web 页面等。这些文档可能包含合同编号、单位名称、合同日期、金额等结构化数据，也可能包含摘要和内容等非结构化的文本成分。人们提出基于单文档的数据挖掘和基于文档集的数据挖掘。人们通过文本挖掘可进行不同的文档比较，以及文档重要性和相关性排列，或找出多文档的模式或趋势等分析。

二、文本挖掘的过程

文本挖掘的主要处理过程是对大量文档集合的内容进行文本预处理、特征提取及约减、学习与知识模式提取、知识模式评价等四个阶段，如图 3－3 所示。

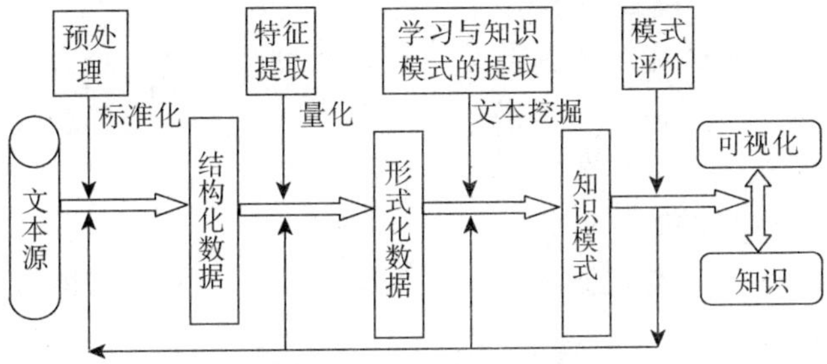

图 3－3 文本挖掘过程

（一）文本预处理

文本预处理是文本挖掘的第一个步骤，对文本挖掘效果的影响至关重要，文本的预处理过程可能占据整个系统的 80% 的工作量。

与传统的数据库中的结构化数据相比，文档具有有限的结构，或者根本就没有结构，即使具有一些结构，也还是着重于格式，而非文档的内容，且没有统一的结构，因此需要对这些文本数据进行数据挖掘中相应的标准化预处理。此外，文档的内容是使用自然语言描述，计算机难以直接处理其语义，所以还需要进行文本数据的信息预处理。信息预处理的主要目的是抽取代表文本特征的元数据（特征项），将这些特征用结构化的形式保存起来，作为文档的中间表示形式，从而实现对非结构化的文本处理。

（二）文本的表示

文本的内容是人类所使用的自然语言，表达了丰富的信息，但是要把这些信息编码为一种标准形式是非常困难的。基于自然语言处理和统计数据分析的文本挖掘中的文本特征表示指的是对从文本中抽取出的元数据（特征项）进行量化，以结构化形式描述文档信息。这些特征项作为文档的中间表示形式，在信息挖掘时用以评价未知文档与用户目标的吻合程度，这一步又叫做“目标表示”。

文本经过分词程序分词后，首先使用停用词表去掉对分类没有贡献的词，还可采取特征词相关性分析、聚类、同义词和近义词归并等策略，最终表示成可描述的文本向量。

（三）特征集约减

自然语言文本集中往往包含大量的词汇，如果把这些词都作为特征，其特征维数会相当高，这些特征对将要进行的分类学习未必全是重要、有益的，而且高维的特征会大大增加机器学习的时间，因此需要去掉一些冗余词汇，以减少维数。

通常，特征子集的提取是通过构造一个特征评估函数，对特征集中的每个特征进行评估，每个特征获得一个评估分数，然后对所有的特征按照评估分大小进行排序，选取预定数目的最佳特征作为特征子集。文本特征选择中的评估函数是从信息论中延伸出来的，用于给各个特征词条打分，很好地反映了词条与各类之间的相关程度。

（四）学习和知识模式的提取

在进行完特征集的缩减后，就可以利用机器学习的各种方法来实现面向特定应用目的的知识模式，通常是进行文本分类或文本聚类等。关于文本分类和文本聚类的分析，详见下一节。

（五）模式质量评价

为了客观地评价文本挖掘的效果，经研究提出了很多评测方法，比较公认的评估办法和标准如下：

1. 查全率和查准率。查全率是指人工分类结果应有的文本中分类系统吻合的文本所占的比率。查准率是所有判断的文本中与人工分类结果吻合的文本所占的比率。

查全率（recall）= 分类的正确文本数/应有文本数

查准率（precision）= 分类的正确文本数/实际分类的文本数

2. 冗余度和放射性。冗余度表示信息抽取中冗余的程度[①]。放射性是一个比较模糊的概念，它表示一个系统在抽取事实不断增多的时候产生错误的趋势。大家都希望系统有着最低的冗余度和放射性。

3. 双目失明测试[②]。先用机器生成一组输出结果，再混合人类专家用作的相同形式的输出结果。这种混合后的输出集再交给其他的一些人类专家，让他们给予其准确性上的评估。

三、Web文本挖掘技术

随着Internet/Intranet技术的发展，尤其是Web的全球普及，使得Web上信息量无比丰富，如何从非格式化Web文本信息中有效地挖掘出有用的信息

---

① Lehnert W. A Performance Evaluation of Text Analysis Technologies [J]. AI Magazine, 1991: 81-94.

② Ishida T. ICE Contact [EB/OL]. http://ice.kuis.kyoto-u.ac.jp/ice/contact.htm, 2004.

是一个新挑战。

（一）Web 文本挖掘的过程

Web 文本挖掘就是从大量非结构化、异构的 Web 文档和 Web 活动集合的内容进行总结、分类、聚类、关联分析以及趋势预测等，从中发现、抽取有效的、新颖的、潜在可用的及最终可理解的知识的过程[①]。

文本总结是指从文档中抽取关键信息，用简洁的形式对文档内容进行摘要或解释。这样，用户不需要浏览网页全文就可以了解文档或文档集合的总体内容。例如：可以使用中心文档来代表文档集合，使用中心词汇来表示文档。

文本分类是指按照预先定义的主题类别，为文档集合中的每个文档确定一个类别。利用文本分类技术可以对大量 Web 文档进行快速、有效的自动分类。

关联分析是指从文档集合中找出不同词语之间的关系。

分布分析与趋势预测是指通过对 Web 文档的分析，得到特定数据在某个历史时刻的情况或将来的取值趋势。

需要说明的是，Web 文本挖掘和通常的平面文本挖掘的功能和方法比较类似。但是，W3C 制定的 XML、RDF 等规范提供了对 Web 文档资源进行描述的语言和框架。Web 文档中的标记，例如〈Title〉、〈Heading〉等蕴含了额外的信息，可以借此提高 Web 文本挖掘的性能[②]。Internet 上的大部分网页是 HTML 文档或 XML 文档，文本的预处理首先要做的是，利用网页信息抽取模块将网页的内容，去掉跟文本挖掘无关的标记，转换成统一格式的 TXT 文本存放在文件夹中以备后续处理。

（二）Web 文本挖掘系统

基于 Web 的文本挖掘模型，能将最终挖掘出来的知识或者模式用可视化的方式显示，并提供信息导航功能[③④]。Web 文本挖掘系统原型 WebMiner[⑤] 如图 3－4 所示。

WebMiner 采用了多 agent 的体系结构，将多维文本分析与文本挖掘这两种技术有机地结合起来，以帮助用户快速、有效地挖掘 Web 上的 HTML 文档。接下来给出系统组件和系统行为的简要描述。

四、文本挖掘技术及其工具

通过开发各种文本挖掘算法与工具，文本挖掘技术在文本搜索、剔出重

---

① Han Jiawei, Kamber M. Data Mining: Concept and Techniques [M]. [s. l.]: Morgan Kaufmans Publishers, Inc, 2001: 274－277.

② 韩家炜、孟小峰、王静等："挖掘研究"，《计算机研究与发展》，2001 年第 38 期，第 405－414 页。

③ 许高建："基于 Web 的文本挖掘技术研究"，《计算机技术与发展》，2007 年第 17 期，第 187－190 页。

④ 汪启军、申瑞民："基于 Web Mining 的智能化、个性化的远程教育模型研究"，《计算机工程与应用》，2000 年第 36 期，第 157－159 页。

⑤ 王继成、潘金贵、张福炎："Web 文本挖掘技术研究"，《计算机研究与发展》，2000 年第 37 期，第 513－520 页。

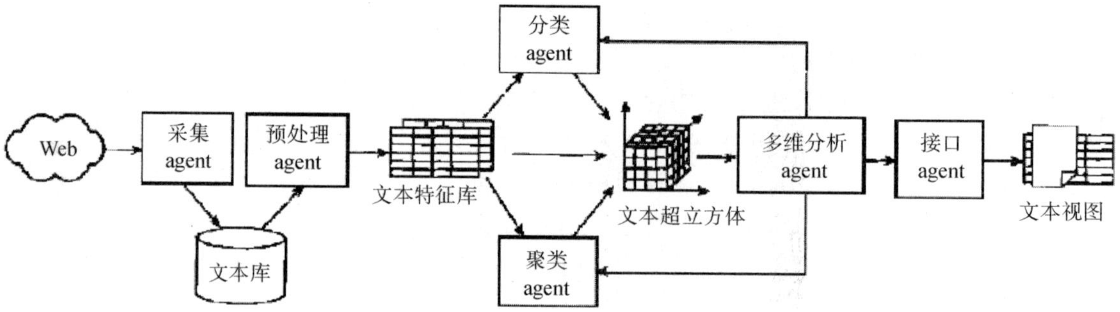

图 3－4　Web 文本挖掘系统原型 WebMiner

复、文档聚类分析、自动分类和文摘方面取得了实用的效果。

（一）文本挖掘技术的应用

文本挖掘技术采用区别于传统检索手段，它是基于文本的内容进行挖掘发现。尽管目前还只能利用一些相对简单的特征来进行检索，但随着研究的深入，必将可以从文本信息中抽取一些更为详细的、经过特殊加工的特征信息，在信息检索、审计发现等各方面发挥其作用。

1. 信息智能代理。主要为在分布式信息网络环境下的信息的查询服务，信息智能代理使用户可以不知道所要检索信息的具体形式、存储于何处、何种介质中，只需要用户提出查找要求即可。文本挖掘技术会自动把各种信息源中各种形式的相关信息检索出来，供用户使用，使用户可以立即获得较为满意的检索结果。

2. 信息过滤。根据用户需要，通过对多个不同信息集之间的比较，进行信息过滤，产生适量的、合乎用户需求的信息。文本信息文摘用包括题目和具有代表性关键词字，进行抽取、计算和表达，自动选择重要的句子，产生文本信息摘要。

3. 信息表现。信息挖掘技术关心的是信息的方方面面，从多角度表现信息的本质和特征，文本挖掘技术能动态地、实时在线地表现信息的相关属性，使用户及时发现信息、及时更新信息和及时地发现信息的演变方向。从上面所叙述的内容可以看出，传统的信息检索系统，通常是用户从信息库中查找想要的信息，而应用文本挖掘技术则可以智能地从信息库中检索出符合用户需求的信息。

（二）文本挖掘工具

下面列出一些著名的国外文本挖掘工具。

1. IBM 的文本智能挖掘机（Intelligent Miner for Text）①。“Intelligent Miner for Text”是 IBM 公司开发的 Intelligent Miner 家族的一个成员，它允许企业从文本信息中获取有价值的客户信息。文本数据源可以是 Web 页面、在线服务、传真、电子邮件、Lotus Notes 数据库、协定和专利库。

① 蒋良孝、蔡之华：“文本挖掘及其应用”，《现代计算机》，2003 年第 2 期，第 31 页。

2. VantagePoint。VantagePoint 是由美国乔治亚州技术学院技术政策与评估中心（Technology Policy and Assessment Center of the Georgia Institute of Technology）与智能信息服务公司（Intelligent Information Services Corporation）共同开发的一种基于文本挖掘的技术监测工具。

3. TelTech 公司的 TelTech[①]。TelTech 能提供专家服务，专业文献检索服务，产品与厂商检索服务。TelTech 成功的关键是建立了高性能的知识结构。

4. Autonomy 公司的 Concept Agents[②]。经过训练以后，Concept Agents 能自动从文本中抽取概念。

五、文本挖掘技术在审计中的应用

在审计领域中，目前关于文本挖掘技术的研究与应用还很少。但随着审计人员面对着越来越多非结构化和半结构化的文本资料，我们可以大胆预见到文本挖掘技术在审计中将有巨大的应用价值。

例如：某大型国有企业每年有上万份采购合同，所采购的设备、金额、供货商、服务条款、付款要求等信息存在于非结构化或半结构化的合同文本中。根据审前调查，审计小组发现该单位近三年来采购金额增加了 4.5 倍，A、B 两种型号的设备采购价格分别增长了 642% 和 558%。针对这一情况，审计人员需要对近年来的数万份合同进行审计，分析采购过程、内容、价格和付款情况，以发现其中是否存在不合规的、有重大风险的合同。

审计小组在尝试应用文本挖掘技术时，其主要过程和方法如下：

首先，将该单位 2012 年采购设备的非结构化或半结构化的合同文本通过文本预处理、中文分词、特征提取等一系列的步骤转化为结构化的信息。

其次，以框架的形式把合同表示出来，建立合同库。把合同的编号、合同类别、合同设备、合同期限、供货单位、服务条款等作为合同表示的内容，建立合同库，按照子合同库中的合同相似度要尽可能大、子合同库间的合同相似度尽可能小的原则划分不同的子合同库。

再次，考虑如何对合同库进行文本检索、推理，发现规律和异常，识别风险点，从而更好地完成合同审计。

最后，随着合同的不断增加，合同库中的合同数量也会相应增加，需要定期对合同库进行修改和维护。

---

① Expert Advisory network [EB/OL]. http://www.guideline.com/capabilities/advisory-network/advisory-network.html.

② http://www.lnts.com.cn/ipower/erp/krm/krm010417004.htm [EB/OL].

第三节 审计软件及其应用

审计软件是为了采集和处理被审计单位的电子数据而设计的计算机审计程序，包括从被审计单位的数据库中采集电子数据，按审计要求对被审计单位的数据进行加工，以及按审计人员的需求输出审计信息。审计软件可以帮助审计人员有效提高审计效率、提升审计覆盖率、加强审计独立性。随着审计信息化建设的逐步深入，审计软件的研究与应用越来越得到重视。

一、国外审计软件概况

国外审计软件的研制与开发始于20世纪60年代中期，经过几十年的发展，审计软件不断完善，目前国外审计软件往往具有强大的数据存取、访问和报告功能，并且适用面广、易学易用，所以在很多国家得到了广泛的应用。

根据Jackson（2004）的调查[①]和IIA的调查，审计人员常用的各类审计软件总结如下：

（一）数据采集软件

数据采集软件是指在进行计算机辅助审计时用来采集被审计单位信息系统中电子数据的软件。常见的能用于数据采集的软件主要有：ACL、IDEA、AS/400 Query、Excel、Access、Monarch、PeopleSoft、SAP等。

（二）数据分析软件

数据分析软件是指在进行计算机辅助审计时用来分析采集来的被审计单位电子数据的软件。常见的能用于数据分析的软件主要有：ACL、IDEA、AS/400 Query、Excel、SAP、Access、Crystal Reports、Monarch、SAS等。

（三）欺骗检测/预防软件

欺骗检测/预防软件是指用来完成检测欺骗事件和预防欺骗事件的软件。常见的能用于欺骗检测和预防的软件主要有：ACL、Access、Excel、FAMS、I-DEA、PeopleSoft、AS/400 Query、DATAS等。

（四）Sarbanes－Oxley（萨班斯－奥克斯利）软件

Sarbanes－Oxley法案，即萨班斯－奥克斯利法案，该法案由美国众议院金融服务委员会主席奥克斯利和参议院银行委员会主席萨班斯联合提出，2002年由美国国会通过。其目的主要是通过改进企业信息披露的准确性和可靠性来保护投资者的利益。Sarbanes－Oxley软件就是指能用来服务于萨班斯－奥克斯利法案的软件。常用的这类软件主要有：SarbOx Portal、Internal Controls Work-bench、Control Assessment Template、Risk and Control Tracking System、Risk Nav-

---

① Jackson R A. Get the most out of audit tools [J]. Internal Auditor, 2004 (8): 36－47.

igator、Focus、Office 系列软件、Policy IQ、TeamMate、Ernst & Young tool 等。

（五）审计管理软件

审计管理软件是用来完成如审计统计、审计计划等功能的软件。常见的能用于审计管理的软件主要有：ADM PLUS、Audit Leverage、Auditor Assistant、AutoAudit、Excel、TeamMate、Access、Lotus Notes 等。

（六）风险管理/分析软件

风险管理/分析软件是用来对被审计单位的风险情况进行管理和分析的软件。常见的能用于风险管理和分析的软件主要有：Access、ACL、Audit Leverage、AutoAudit、Excel、TeamMate、Word、Auditor Assistant、CARDmap 等。

（七）网络安全评估软件

网络安全评估软件是用来对被审计单位的网络安全状况进行评估的软件。常见的能用于网络安全评估的软件主要有：BindView、CyberCop Scanner、Enterprise Security Manager、Intrusion Security Analyst、ISS Internet Scanner、Nessus、NetRecon、PentaSafe、Cisco Secure Scanner、FoundScan 等。

（八）控制自评估软件

控制自评估软件是用来完成对被审计单位自身的内部控制情况进行评估的软件。常见的能用于控制自评估的软件主要有：OptionFinder、TeamMate、Visual Assurance、Focus、GroupSystems、Word、Excel 等。

（九）持续监控软件

持续监控软件是用来实现对被审计单位进行持续监控的软件。常见的能用于持续监控的软件主要有：ACL、SAS、TeamMate、BancAudit、IDEA、Access、Excel 等。

二、国内审计软件概况

在我国，审计软件的开发和使用则是近二十几年的事。现有审计软件主要用来帮助完成面向数据的计算机辅助审计，功能相对来说比较简单，具有一定的数据访问功能，可以执行一些常用的审计程序，如审计抽样、工作底稿的编制等。

概括起来，我国的审计软件按其功能主要包括以下四种类型。

1. 审计作业软件。审计作业软件是指审计人员在进行审计作业时所应用的软件，一般具有数据的采集、预处理、分析及其他辅助功能。审计作业软件是审计软件中的生力军，是审计工作的主要工具，审计作业软件的发展代表审计软件的发展水平。“金审工程”的成果——现场审计实施系统（AO）便是典型的审计作业软件。

2. 审计管理软件。审计管理软件主要是指用来帮助审计人员完成审计计划、审计报告、审计统计等方面功能的日常审计办公事务管理软件，如“金审工程”的成果——审计实施系统（OA）。

3. 专用审计软件。专用审计软件是指为完成特殊审计目的而专门设计的审计软件，例如：海关审计软件、基建工程预决算审计软件、银行审计软件、外资审计软件等。

4. 联网审计软件。为了适应联网审计的需要，近年国家审计署以及一些软件公司开发了一些联网审计软件，例如：用友联网审计软件、社保联网审计软件等。

审计软件按其适用范围可划分为通用审计软件和专用审计软件。

1. 通用审计软件。通用审计软件（Generalized Audit Software，GAS）是指按经济业务的共性而设计的，与大多数用户的计算机系统兼容，具有强大审计功能的计算机程序。它具有良好的通用性，能够将被审计单位多种数据格式进行转换、查询、汇总、复核、分类等处理，相对容易使用，因此是审计人员使用较为广泛的审计软件。

2. 专用审计软件。专用审计软件是专门为某一特定的审计任务而设计和开发的专用软件。其适用范围较窄，并且需专门的审计软件开发专家进行开发，使用成本较高，应用较少。

三、典型国内外审计软件

2009 年 8 月的《内部审计师（Internal Auditor）》杂志发布 IIA 对全球 138 个组织关于审计软件的调查报告。报告显示，就全球范围来看，审计软件在数据提取、数据采集、舞弊侦测、持续监控等领域有广泛应用，其中，数据分析软件仍是使用最广泛的工具，约 3/4 的受调查者使用 ACL、IDEA 等审计软件。

在我国，1990 年 11 月山西省审计局开发的工业企业财务收支审计软件第一个通过审计署鉴定后，审计署和一些企业定制开发了审计软件，一些软件公司也根据市场的需要开发了一些审计软件。

以下是国内外具有代表性的审计软件简介。

1. ACL。ACL（Audit Command Language，审计命令语言）是加拿大 ACL 公司开发的面向大中型企业的审计软件，用于进行审计分析和业务保障分析，尤其适用于金融、电信、保险等行业海量数据分析。它具有海量数据处理能力、兼容各种类型数据、数据分析能力强、能进行持续监控等特点。

2. IDEA。IDEA（Interactive Data Extraction & Analysis）是由加拿大的 CaseWare 公司（快思维国际有限公司）开发并推出的数据审计软件产品。IDEA是 Interactive Data Extraction and Analysis 的缩写，意思是交互式数据抽取与分析，它体现了强大的分析功能与 Windows 下友好的用户界面的组合。

3. TeamMate。TeamMate 是普华永道公司（PricewaterhouseCoopers）开发的审计项目管理软件，它包括风险评估、审计计划、底稿复核等功能模块。普华永道公司是由拥有 150 多年历史的两家公司 Price Waterhouse 和 Coopers & Lybrand 合并而成的。合并之前的 Coopers & Lybrand 公司是英国最大的咨询公司，公司在财务咨询、业务流程重组和系统集成方面有很强的优势，而 Price Waterhouse 公司也在 IT 咨询方面有很强的实力。

4. 现场审计实施系统。现场审计实施系统是“金审工程”应用系统建设成果之一，是国家审计信息系统的重要组成部分。现场审计实施系统也称“审计师办公室（Auditor Office，简称 AO 系统）”，由审计署 2004 年年底开发，最早的版本是 AO2005 版，经过不断总结，试用实践，又推出 AO 加强版 2008 版，目前广泛应用于各审计机关的版本是 2011 版。现场审计实施系统是一个用于现场环境对电子数据进行审计的操作平台，是审计人员开展计算机审计、强化审计项目管理、实现审计信息共享的重要系统。

AO 有单机和联机两种作业模式；符合 2011 年 1 月起实施的国家审计准则要求；具有数据采集转换、审计抽样、审计分析、审计取证、审计日计编制、审计工作底稿编制、审计报告和统计汇总、审计项目质量控制、审计信息交互共享等技术功能的支持和扩展；支持最新会计核算软件数据接口国家标准；借助“金审工程”安全客户端系统，保障数据存储和交互安全；实现了集各类数据采集和审计分析于一体的通用审计功能，集广大审计人员各类审计业务经验于一体的审计经验数据库和自动审计功能，集审计项目实施各环节管理于一体的质量控制功能。AO 已在全国审计机关发放超过十万套，已经得到广泛应用。2008 年始，审计署开展 AO 培训认证考试，把熟练使用 AO 作为审计人员应知应会的能力之一。

5. 审计管理系统。审计管理系统简称 OA，是审计机关管理审计业务和行政办公的综合性管理信息系统。用以加强审计业务工作的决策、组织、指导和管理，并构建用于支撑审计业务的基础资源数据库。

OA 根据功能、权限和适用面分为四大功能：①领导决策——为单位领导提供决策信息；②业务管理——提供业务信息的管理功能；③机关办公——提供公文阅办、流转功能，提供审计机关内部的信息；④信息资源——共享审计业务信息、学习资源和文献。通过审计管理系统（OA）和审计实施系统（AO）的交互，及时沟通管理机关和审计现场，加强对现场的管理控制，及时获取领导对现场的指导和帮助；实现审计实施和审计管理各个环节的信息化和规范化；实现本级机关办公自动化、无纸化和上下级之间公文传输网络化；实现各级审计机关的内部信息、专家经验、培训资源等公共信息的交流和共享。

6. 企业财务审计软件。企业财务审计软件（Enterprise Audit Software，EAS）是中国国家审计署和澳大利亚联合开发的一个审计软件，选用风险基础审计策略来实现企业财务审计总体目标和具体目标，是依据国家审计基本准则和具体准则制定的，为审计机关和审计人员实施国有企业财务审计提供指导性的审计操作规程。企业财务审计软件以执行《企业会计制度》的工业企业为设计对象，但适用于除金融、保险等行业以外的所有企业财务审计。

7. 其他审计软件。市场上还有很多软件公司开发的审计软件，例如：

- 用友审计

北京用友审计软件有限公司已推出集审计监控预警、审计管理、在线作业于一体，覆盖审计全过程的审计信息系统。业务范围已覆盖内部审计、社会审计和税务稽查等多个领域。产品具有跨平台、流程化、模板化、支持特大型集团企业应用等特性。

- 中普审计

北京中普审计软件有限公司开发的审计软件从财务审计到进销存审计、业务审计、税务审计、ERP 审计，以及审计管理、风险内控、联网监控等各个方面。主要产品包括：中普内部审计信息系统、中普风险管控与内部审计系统、中普风险管理与内控评价系统、中普工程审计系统、中普事务所审计系统、中普高校审计系统、中普高校内部审计管理系统、中普教育审计信息系统、中普行政事业单位审计系统等。

- 审计之星

审计之星 I（查证系统）是上海博科资讯有限公司和上海大华会计师事务所联合研制开发的审计软件。它以国家财经法规为依据，以财务系统数据为起点，以财务收支审计为基础，吸收、融合了国际国内先进审计技术。审计之星 II 系统既能按照《中国财务软件标准数据接口规范》采集电子数据，又能通过专用接口，导入用友、金蝶、安易、博科等占市场份额较大的财务软件。

- 中审软件

中审软件技术有限公司为客户提供专业的审计作业系统、审计管理系统、审计分析预警系统和内控风控管理系统。例如：审计作业系统数据采集支持双模技术（自动采集技术与万全模式技术），软件功能个性化定制（包括界面、流程、底稿、模型和指标等）和现场审计项目痕迹管理工具。

- 通审软件

1999 年，北京通审软件技术有限公司开发了中国第一套通用审计软件《通审 2000》，此后，持续开发了政府审计软件《E 审 2003》、《社会保险基金审计系统》等。

四、国内外典型审计软件的比较

总的来说，国外审计软件的专业化程度高，集成性、可扩展性好，能从单个用户和部门团队扩展到企业级解决方案，在关注基于数据的审计分析和业务保障分析的同时，关注风险及控制，提供及时、持续的监控和保障。

如前所述，国内外比较有代表性的通用审计软件有 ACL、IDEA 和 AO 等。陈伟（2009）比较了 AO 2005 和 IDEA 2002 的功能，Weidenmier M. L. 与 Herron T. L.（2004）比较了 ACL 和 IDEA 的功能。在此基础上，本节进一步综合比较了 ACL 9.0、IDEA 2002 和 AO 2011 的功能、性能、兼容性等，如表 3-2 所示。

五、审计软件的应用——以 ACL 为例

应用 ACL 进行审计能够为企业提供全新的视角，识别并解决问题。美国微软公司、汇丰银行等已经应用 ACL 软件。ACL 在国内的企业客户大概有几百个，如果算上跨国公司在中国的分公司，则数量会更多。像上海大众、一汽大众、奇瑞、上海商业飞机制造集团、中国移动、中信集团、越秀集团、人民银行、广发证券、工商银行、百度等各行各业的国内知名企业都使用 ACL 审计软件。

审计软件 ACL 应用到审计中，对审计程序、审计风险、审计建议落实等都产生了影响。

表 3－2　　ACL、IDEA、AO 的比较

比较项			ACL9. 0	IDEA 2002	AO 2011
功能	财务数据采集转换模板				√
	概要数据分析		√	√	√
	统计分析		√	√	√
	账表分析				√
	数据查询		√	√	√
	数据分层		√	√	√
	数据抽取		√	√	√
	数据比较		√	√	
	账龄分析		√	√	
	重号、断号和序列检测		√	√	√
	Benford 定律检测		√	√	
	从两个不同的文件创建一个新文件		√	√	√
	抽样功能		√	√	√
	批命令处理		√	√	
	日志		√	√	
性能	海量数据处理		√	√	
兼容性	数据采集对象	ODBC	√	√	√
		Access	√	√	√
		Dbase	√	√	√
		Text	√	√	√
		Excel	√	√	√
		Lotus	√	√	
		SQL server	√	√	√
		Oracle	√	√	√
		Print report（*. prn）	√	√	
	运行平台		Win 2000/ XP/Server, z/OS	Win 2000/ XP	Win7

（一）对审计程序的影响

在审计实务工作中，审计人员受工作量限制，往往容易忽视对基础工作的执行或者采用抽样数据进行数据验证。但是，一旦缺少这些基础工作，后续数据分析工作必定会产生偏差，导致审计人员得出错误的审计结论，从而影响内部审计程序的正常执行。

作为一家涉足多种行业的跨国企业，道康宁公司力争通过国际扩张和收购并采取以提高最终收益为目的的成本控制措施，来做到协调发展。这种两头兼顾的要求意味着道康宁的内部审计人员必须能够快速、有效地控制不断扩大的业务版图。同时，萨班斯·奥克斯利法案等法律法规的变化进一步扩大了内部审计工作的范围和职责。利用 ACL，道康宁的审计人员可以对全球业务和立法的变化迅速做出反应。道康宁公司在每个业务流程审计程序中都要使用 ACL 软件和补充性的 Direct Link™ for SAP R/3 应用程序，其中包括：规划与日程安

排、库存与交货执行、采购、客户服务、资产管理、产品成本计算以及薪金名册。ACL 数据分析的灵活性还有助于审计小组应对不断增加的工作量，以满足公司的审核要求。道康宁使用 ERP 系统来管理自己的业务流程。通过 ACL，内部审计小组获得了一套覆盖全球的高效监控机制；通过这套机制，可以轻松访问公司 SAP R/3 系统中的数据。在实施 ACL 审计软件解决方案之前，作为标准审核流程的一部分，内部审计人员往往需要整整一周的时间来在 SAP 系统中生成报告、下载数据并用电子表格进行处理，然后才开始搜索不符合业务规则的异常情况。有了 ACL Direct Link 软件之后，这一过程只需要几分钟即可完成。

（二）对审计风险的影响

审计风险可理解为由于审计人员在审计过程中因没有发现重大控制缺陷或采用了错误证据而得出错误审计结论而产生的风险。审计风险越低，审计质量水平越高，两者成反比关系。在审计实务中，降低审计风险的方法除了依靠审计人员兢兢业业的工作之外，使用先进的审计工具也是重要的手段之一。

由于庞大的规模和复杂的管理体系，斯坦福大学不仅仅是一所高等教育机构，它实际上成了一个自治的行政单位，或是一个企业。大学的内部审计部门负责评估相关的风险，并协助管理层减少面临的风险。在 2003—2004 年间，斯坦福全校共运作了 3 500 多个由外部资助的研究项目，总预算高达 8.85 亿美元。由于 5 000 多名教职员工都有签字的权利，因此斯塔福大学的财务管理部门还必须实行有效的控制，以管理各项支出的登记与支付情况。重复付款可能会迅速成为收益流失的罪魁祸首。如果采用传统的抽样审计，会造成潜在收益流失，增加风险。因此，负责“应付账款”的员工使用 ACL 技术对总额超过 1.5 亿美元的年度应付款交易进行了全面审计。利用 ACL 软件，负责应付账款的人员可以在打印供应商支票之前分析所有付款记录，以查出重复付款的情况。这一流程每个月都可以找出 40 000 多美元的潜在重复性付款，每年可以多节省出数十万美元的资金。由此可见，抽样审计固然有效，但当问题占总体样本较小时，审计人员往往会忽略某些问题，无法通过抽样审计来获得支持审计发现的充足证据。即使在抽样审计过程中发现错误纰漏，但因为人工抽样的局限性而无法确定其真正涉及的总体差错程度，也可能会产生隐蔽的审计风险。使用 ACL 审计软件可以处理海量数据，这意味着审计人员可从抽样审计跨越到全面审计，全面进行数据检查，因而抽样审计局限性造成的审计风险将大大降低。

（三）对内部审计建议落实的影响

由于内部审计部门与被审计部门不是行政隶属关系，靠说服力推动被审计部门落实审计建议是难以实现的。通常被审计部门认为内部审计部门提出的审计建议没有切实证据，从而无法落实审计建议。

上海大众汽车公司的内部审计部门在应用 ACL 审计软件后，在一次售后服务费用审计中，审计人员提出的问题既包括内部控制流程上的缺陷，也包括流程缺陷造成的后果。如审计人员发现部分维修站随意登记用户购车时间，从而延长车辆质量保证期限，甚至有的车辆超出两年的保修期限后还可享受免费维修，造成公司多支出售后服务费用。审计人员对这类问题都是从售后服务费用结算系统下载每一辆车每一条维修记录，再利用 ACL 审计软件将这些数据与财务零售发票系统中的用户真实购车时间核对后查出的。此后，审计人员还对问题数据进行延伸取证。当一份份存在违规问题的维修记录和车辆零售发票复印件放在被审计部门面前时，被审计部门才心悦诚服地接受审计建议，积极采取整改落实措施。

（四）对审计模式的影响

当持续审计日益成为焦点时，Amedisys 公司的内部审计部门也开始关注持续审计。内部审计部门（包括 IT 审计师）按照美国萨班斯－奥克斯利法案 404 条款的要求，对公司财务报告的内部控制制度进行了评估。在这个过程中，他们意识到对某些关键控制点进行大量重复的和及时的 IT 审计测试，如持续审计，将会为实质性测试提供更加有效的证据。因此，审计师开始考虑如何在符合成本效益原则的前提下开展持续审计。

经过慎重考虑，IT 审计师选取了 ACL 作为开展持续审计的软件工具。ACL 脚本自动化测试可以持续、有效地对某些关键控制点进行测试。IT 审计师在风险—效益原则下，试图寻找潜在的持续审计的机会，包括：①确认持续访问系统的终端用户；②确认休眠账户的非终端用户；③密切留意关键数据的安全性；④确认对供应商的重复付款。

由于 ACL 脚本在关键控制测试方面的作用十分明显，管理层产生了使用相同或类似脚本进行持续监测的想法。尤其是 IT 部门，立刻对 ACL 产生了兴趣。他们认为使用 ACL 脚本不仅可以测试各项自动控制，还可以减少对人为控制的依赖。因此，IT 部门建议改进现有脚本，并构思新的脚本。根据 IT 部门的建议，IT 审计师改进了现有脚本，又开发了新脚本。现有脚本和新脚本都由 IT 审计师负责维护，并分别由 IT 审计师和被审计单位用于实施持续审计和持续监测。

内部审计的 ACL 脚本开发和维护工作也使 Amedisys 公司的多个部门受益。内部审计将一些脚本用于持续审计，并开发和维护了另一些脚本用于持续监测，以帮助管理层满足其遵守法案的要求。

综上所述，应用 ACL 审计软件后，审计人员不仅可以分析全公司每个流程领域内数据，也可横跨采购、生产到销售各个领域数据进行各种数据分析。它帮助审计人员站在公司全局性高度审视影响公司利益的问题，使审计人员看到的问题比高级管理层更微观、更细致，比各专业部门更宏观、更综合。审计人员提出的审计建议可以包括宏观信息和微观数据，既有流程优化建议，也有信息系统改进建议。信息技术的应用能提高企业的洞察力，能帮助内部审计团队识别业务流程改进空间。

六、常见错弊及审计案例分析

（一）案例概况

某市某司法机关为政府全额拨款的一级预算单位，多年未进行审计。根据年度审计计划安排，对该单位 2014—2015 年度预算执行情况进行审计，同时，审计还要达到摸清家底、规范财政管理、提高财政资金使用效益的目的。

该司法机关资金来源主要为政府拨款及扣缴违法单位的扣押款，政府拨款含办公经费和办案经费以及罚没返还款，年经费约在 1 300 万元，每年扣押款经费约在 1 400 万元，此次审计共查两年财务备份数据。

由于该单位资金量大，业务较多，而财务核算均采用计算机软件，符合计算机审计条件，审计小组根据“符合计算机审计的必须进行计算机审计”的统一要求，对该项目运用审计署 AO 软件开展计算机审计。

（二）审计发现的典型错弊

本次审计，共查出该司法机关违规资金金额 6 万余元，管理不规范资金 30 余万元，同时揭示了该司法机关部分资金脱离预算管理、在往来款中违规列支各种费用、财务管理存在不足等问题，审计对应提出审计建议 4 条，下达审计决定一份。

审计发现的典型问题主要有：

1. 部分扣押款未依法上缴国库，违规用于办案经费。某司法机关在办理某案件中，直接在该案收取的扣押款中列支各项办案费用 150 余万元，其中：中介机构审计费用 114 万元、办案费用 42 万元、修车费用 0. 19 万元，并将扣押车辆直接用于办案经费。

不符合国家相关“各级执法机关对扣押、冻结的赃款赃物，除依法应当返还被害人的以外，待人民法院做出生效判决后，依法上缴国库”规定。

2. 违规为区政法委发放奖励报销费用。通过审计发现区政法委在被审计单位提取、发放各类奖励和报销部分费用，被审计的年度期间共为区政法委发放奖励和报销费用 5 万余元。

不符合《现金管理暂行条例》中的“各部门之间的经济往来，应当通过开户银行进行转账结算，不得将经济往来为其他单位发放各种奖金和报销各种费用”的规定。

审计小组依据《现金管理条例》对上述违规问题提出建议，要求该单位对各部门之间的经济往来，应当通过开户银行进行转账结算，不得将经济往来为其他单位发放各种奖金和报销各种费用。

（三）主要审计思路

对暂存款（扣押款）的审计思路是：该单位扣押款在“暂存款—扣押款”明细中核算，其中贷方发生额反映为在查处案件中收缴的扣押款；借方发生额反映为依法上缴国库、返还有关单位和个人，以及列支的办案支出。

审计重点是对该科目借方发生额各内容进行审计分析。

具体的审计作业则是在 AO 审计软件中，利用 AO 的数据查询功能，设定查询条件，查询扣押款中违规列支的办案费用，追查每一笔可疑记录。

思考与练习

1. 与传统审计相比，持续审计有哪些特点？
2. 持续审计实施的关键步骤有哪些？
3. 文本挖掘的过程是怎样的？
4. 国外审计软件的主要类型有哪些？
5. 国内外审计软件中具有审计数据采集分析功能的软件有哪些？
6. “金审工程”自从2002年实施以来，先后完成了一期工程和二期工程，提出了“预算跟踪+联网核查”的模式，并由原来的静态审计向动态审计转变，由原来的事后审计向事中审计转变，由原来现场审计向远程审计转变，也即要实现联网审计。目前，我国审计署正在研究实施的联网审计原理如图3-5所示。

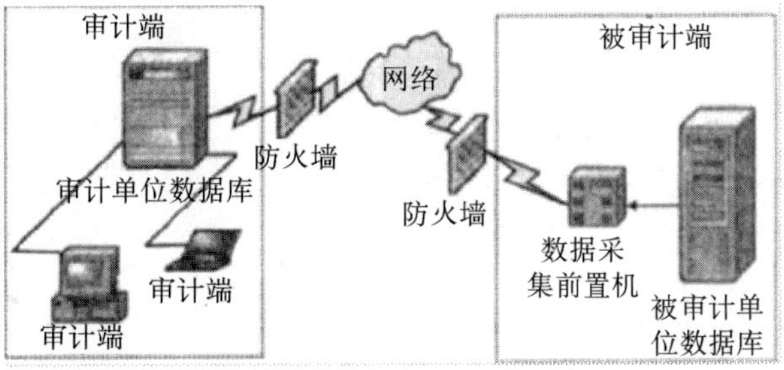

图3-5　联网审计原理图

要求：请分析联网审计是持续审计吗？为什么？

第四章　货币资金审计

内容提要

货币资金是企业流动性最强的资产，是贪污、挪用、盗窃等经济犯罪的主要对象，对货币资金进行审计具有重大意义。货币资金包括库存现金、银行存款及其他货币资金，同时某些企业还存有外币资金。如何分别对库存现金、银行存款、其他货币资金及外币业务进行审查，有哪些具体审计目标？主要的审计步骤和方法是什么？有何常见的错误和舞弊？这些是本章主要阐述的问题。

第一节　货币资金审计概述

货币资金是以货币形态存在的资产，是企业资产的重要组成部分。根据货币资金的存放地点及其用途的不同，货币资金包括库存现金、银行存款及其他货币资金。其中其他货币资金又包括外埠存款、银行汇票存款、银行本票存款、信用证存款、信用卡存款和存出投资款等。货币资金审计是指对企业货币资金来源、使用过程的合法性、真实性、有效性进行审查监督。

任何企业要进行生产经营活动都必须拥有货币资金，持有货币资金是企业进行生产经营活动的基本条件，货币资金的核算在企业会计核算中占有重要的位置。由于货币资金项目本身固有风险大，有如下的特点：流动性强，变现性强，容易作弊；是企业的直接支付手段，涉及面广，收支频繁；刺激性大，易被贪污挪用盗窃。所以对货币资金进行审计检查意义重大，通过货币资金业务审计，可以促使企业正确地进行货币资金核算，真实地反映货币资金的收支结存情况，保护资产的安全与完整。

一、货币资金的审计目标及主要内容

根据货币资金的特点，可以确定其一般的审计目标为：审查货币资金收入及支付业务的合规性、合法性；审查货币资金账面余额的真实性、正确性；审查货币资金业务收支表述及账务处理的完整性；审查财务报表披露的恰当性；促使企业有效的使用货币资金，提高货币资金的利用效益。

货币资金审计内容主要包括：测试、评价货币资金的内部控制制度的健全性、有效性；验证货币资金的实有数存在性，检查账账、账证、账实是否相

符；检查货币资金的收支业务是否合理、合法，即检查货币资金的来源和支出用途是否合理、合法、正确，是否执行库存现金管理制度、银行转账结算制度、外汇管理暂行条例；评价货币资金周转速度、利用效益等。

审计人员在审查货币资金项目时，应注意审阅、复核、核对，分析以下历史资料：①有关货币资金的内部控制及管理制度的文件和资料，会议记录等；②银行的对账单企业填制的银行存款余额调节表；③与应收款项相关的财务报表、总账、明细账、日记账、记账凭证，原始凭证等会计资料；④企业自编的有关货币资金的分析、审查报告及资料；⑤其他相关资料。

二、货币资金审计的主要步骤

一般来说，货币资金审计主要包括下列步骤：

（一）评审企业货币资金的内部控制制度

货币资金是流通的手段，是企业流动资金中最活跃的部分，其内部控制是否严格直接影响到舞弊发生的可能性大小。审计人员应重点审查被审单位是否有以下内部控制制度：

1. 会计与出纳职责分工，钱账分管。

2. 日清月结。即出纳每天工作结束时要清点库存现金、核对账目，收入库存现金应及时存入银行，当天未存入银行的库存现金和支票应存放于保险柜中，不准设立小金库。会计月终要检查日记账并核对银行对账单。

3. 一切付款应经过批准，要有合法的原始凭证，金额要准确。付款凭证、款项支付单应及时盖上“付讫”章，以免重复付款。

4. 支票签发至少应有会计与出纳两人的签名，不得签盖空白支票，发票和收据要按顺序编号。

5. 除按规定可用库存现金收支的款项外，其余都应通过银行转账结算。

6. 货币资金的收支以经过审核的收入凭证、支出凭证为依据，应及时入账。货币资金的收支凭证应与原始凭证一致。

7. 所有外汇收支应由指定银行统一管理，在指定银行开户，受银行监督。

（二）实质性审查

1. 审计人员应盘点、核对库存现金，银行存款，检查是否账实相符。

2. 检查库存现金、银行存款、外汇收支业务是否真实、合法；库存现金、银行存款收支业务关系密切，应同时进行审查，这有利于查清问题，防止弊端。

3. 审查其他货币资金及外币业务的合法性、正确性。

第二节 库存现金审计

一、库存现金审计概述

企业的现金账户用于核算库存现金，包括人民币现金和外币现金。有外币现金收支业务的企业，应当按照币种设置明细账户进行核算。同时为了随时掌握现金收付的动态和库存余额，在现金账户下设置“库存现金日记账”进行明细核算。

现金是一种流动性很强的货币，价值大，引诱性强，存在较高的固有风险和控制风险，容易引起舞弊，审计人员应重视对现金的审计。对现金的审计一般按制度基础审计的程序进行，采用抽查、计算、核对、分析等方法审查。现金的审计目标一般应包括：

1. 确定被审单位被审期间的现金收支业务发生的合法性，入账的及时性与记录的完整性。

2. 确定现金账面余额的真实性、正确性。

3. 确定现金的存在性，是否账实相符，并为被审单位所有。

4. 确定库存现金是否已按照企业会计准则的规定在财务报表中做出恰当列报。

二、了解和评价内部控制制度

（一）库存现金内部控制概述

库存现金是企业流动性最强的资产，加强现金管理对于保护企业资产安全完整、维护社会主义经济秩序具有重要的意义。在良好的货币资金内部控制下，企业的现金收支记录及时、准确、完整；全部现金支出均经批准的用途进行；现金得以安全保管。一般而言，一个良好的现金内部控制应该达到以下几点：

1. 现金收支与记账的岗位分离。
2. 现金收支要有合理、合法的凭据。
3. 全部收支及时准确入账，并且支出要有核准手续。
4. 控制现金坐支，当日收入现金应及时送存银行。
5. 按月盘点现金，以做到账实相符。
6. 加强对现金收支业务的内部审计。

（二）了解库存现金的内部控制制度

通常情况下，可以通过现金内部控制流程图来了解现金内部控制。编制现金内部控制流程图是现金控制测试的重要步骤。审计人员在编制之前应通过询问、观察等调查手段收集必要的资料，然后根据所了解的情况编制流程图。对中小企业，也可采用编写现金内部控制说明的方法。

一般地，了解现金内部控制制度时，审计人员应当注意检查库存现金内部控制制度的建立和执行情况，并关注：

1. 库存现金的收支是否按规定的程序和权限办理。
2. 是否存在与被审计单位经营无关的款项收支情况。
3. 出纳与会计的职责是否严格分离。
4. 库存现金是否妥善保管，是否定期盘点、核对，等等。

三、实质性审查的内容与方法

(一) 核对库存现金日记账与总账的余额是否相符

审计人员测试库存现金余额的起点，是核对库存现金日记账与总账的余额是否相符。如果不相符，应查明原因，并做出适当调整。

(二) 监盘库存现金

监盘库存现金是证实资产负债表所列现金是否存在的一项重要程序。

企业盘点库存现金，通常包括对已收到但未存入银行的现金、零用金、找换金等的盘点。盘点库存现金的时间和人员应视被审计单位的具体情况而定，但必须有出纳员和被审计单位会计主管人员参加，并由审计人员进行监盘。盘点和监盘库存现金的步骤和方法有：

1. 制定监盘计划，确定监盘时间。对库存现金的监盘最好实施突击性的检查，时间最好选择在上午上班前或下午下班时进行，盘点的范围一般包括企业各部门经管的现金。在进行现金盘点前，应由出纳员将现金集中起来存入保险柜。必要时可加以封存，然后由出纳员把已办妥现金收付手续的收付款凭证登入库存现金日记账。如企业现金存放部门有两处或两处以上者，应同时进行盘点。

2. 审阅库存现金日记账要同时与现金收付凭证相核对。一方面检查库存日记账的记录与凭证的内容和金额是否相符；另一方面了解凭证日期与库存日记账日期是否相符或接近。

3. 由出纳员根据库存现金日记账进行加计累计数额结出现金结余额。

4. 盘点保险柜的现金实存数，同时审计人员编制“库存现金盘点表”（格式参见表 4－1），分币种、面值列示盘点金额。

5. 资产负债表日后进行盘点时，应调整至资产负债表日的金额。

6. 将盘点金额与库存库存现金日记账余额进行核对，如有差异，应查明原因，并做出记录或适当调整。

7. 若有冲抵库存现金的借条、未提现支票、未作报销的原始凭证，应在“库存现金盘点表”中注明或做出必要的调整。

(三) 检查现金收付业务的真实性

现金收付业务的实质性审查，主要通过审查库存现金日记账记录和现金收付凭证进行。由于现金收付业务频繁，凭证为数较多，故在库存现金内部控制系统健全有效的情况下，多采用抽查的方法。又因现金收付活动在库存现金日记账中反映比较集中，故多侧重库存现金日记账记录的审查。具体测试方法如下：

1. 抽查库存现金日记账记录。审计人员应首先抽查 1～2 个月的库存现金日记账记录，审核的内容包括以下方面：

（1）验算加总额。通过验算如果发现较多差错，应扩大验算范围，并核实每笔收支记录，要求被审计企业对差错作必要调整。在核实时，注意发现并揭露少计收入、多计支出、贪污盗用现金的现象。

表 4－1

库存现金监盘表

被审计单位：　　　　　　　　　　索引号：
项目：　　　　　　　　　　　　　财务报表截止日/期间：
编制：　　　　　　　　　　　　　复核：
日期：　　　　　　　　　　　　　日期：

<table>
<tr><td colspan="6">检查盘点记录</td><td colspan="7">实有库存现金盘点记录</td></tr>
<tr><td colspan="2">项　　目</td><td>项　　次</td><td>人民币</td><td>美元</td><td>某外币</td><td>面额</td><td colspan="2">人民币</td><td colspan="2">美元</td><td colspan="2">某外币</td></tr>
<tr><td colspan="2">上一日账面库存余额</td><td>①</td><td></td><td></td><td></td><td>1 000 元</td><td>张</td><td>金额</td><td>张</td><td>金额</td><td>张</td><td>金额</td></tr>
<tr><td colspan="2">盘点日未记账传票收入金额</td><td>②</td><td></td><td></td><td></td><td>500 元</td><td></td><td></td><td></td><td></td><td></td><td></td></tr>
<tr><td colspan="2">盘点日未记账传票支出金额</td><td>③</td><td></td><td></td><td></td><td></td><td></td><td></td><td></td><td></td><td></td><td></td></tr>
<tr><td colspan="2">盘点日账面应有金额</td><td>④＝①＋②－③</td><td></td><td></td><td></td><td>100 元</td><td></td><td></td><td></td><td></td><td></td><td></td></tr>
<tr><td colspan="2">盘点实有库存现金数额</td><td>⑤</td><td></td><td></td><td></td><td>50 元</td><td></td><td></td><td></td><td></td><td></td><td></td></tr>
<tr><td colspan="2">盘点日应有与实有差异</td><td>⑥＝④－⑤</td><td></td><td></td><td></td><td>10 元</td><td></td><td></td><td></td><td></td><td></td><td></td></tr>
<tr><td rowspan="7">差异原因分析</td><td>白条抵库（张）</td><td></td><td></td><td></td><td></td><td>5 元</td><td></td><td></td><td></td><td></td><td></td><td></td></tr>
<tr><td></td><td></td><td></td><td></td><td></td><td>2 元</td><td></td><td></td><td></td><td></td><td></td><td></td></tr>
<tr><td></td><td></td><td></td><td></td><td></td><td>1 元</td><td></td><td></td><td></td><td></td><td></td><td></td></tr>
<tr><td></td><td></td><td></td><td></td><td></td><td>0.5 元</td><td></td><td></td><td></td><td></td><td></td><td></td></tr>
<tr><td></td><td></td><td></td><td></td><td></td><td>0.2 元</td><td></td><td></td><td></td><td></td><td></td><td></td></tr>
<tr><td></td><td></td><td></td><td></td><td></td><td>0.1 元</td><td></td><td></td><td></td><td></td><td></td><td></td></tr>
<tr><td></td><td></td><td></td><td></td><td></td><td>合计</td><td></td><td></td><td></td><td></td><td></td><td></td></tr>
<tr><td rowspan="5">追溯调整</td><td colspan="2">报表日至审计日库存现金付出总额</td><td></td><td></td><td></td><td colspan="7"></td></tr>
<tr><td colspan="2">报表日至审计日库存现金收入总额</td><td></td><td></td><td></td><td colspan="7"></td></tr>
<tr><td colspan="2">报表日库存现金应有余额</td><td></td><td></td><td></td><td colspan="7"></td></tr>
<tr><td colspan="2">报表日账面汇率</td><td></td><td></td><td></td><td colspan="7"></td></tr>
<tr><td colspan="2">报表日余额折合本位币金额</td><td></td><td></td><td></td><td colspan="7"></td></tr>
<tr><td colspan="3"></td><td></td><td></td><td></td><td colspan="7"></td></tr>
<tr><td colspan="3"></td><td></td><td></td><td></td><td colspan="7"></td></tr>
<tr><td colspan="3">本位币合计</td><td></td><td></td><td></td><td colspan="7"></td></tr>
</table>

出纳员：　　　　　会计主管人员：　　　　　监盘人：　　　　　检查日期：

审计说明：

（2）审阅库存现金日记账摘要栏，看其现金收付业务是否合法，有无超出规定的结算范围。对于摘要栏记录不清的、违反制度规定的、将应通过银行进行转账而采用了现金结算的收支业务等，应做出进一步追查。

（3）审阅库存现金日记账金额栏，看其现金收付金额是否过大，是否超过了国家规定的限额。

（4）审阅对应科目栏，检查各项现金收付业务的账务处理是否正确，会计科目的使用是否正确。

（5）审阅库存现金每日余额，看其是否超过了规定的限额；对于超出部分，是否及时解缴银行。

（6）审查有无坐支现象。企业收入的现金，应及时解缴银行，不能直接用来支付自身的开支；需要支付现金的应另外向银行领取。审计人员可通过若干笔序时经济业务的审查，揭示有无收入现金未解缴银行而直接用于支付的现象。

（7）审查库存现金日记账的序时登记，审计人员应审查库存现金日记账是否按日期序时登记，揭示通过前后日期颠倒、故意调剂等手段来掩饰错弊的情况。

2. 原始凭证的审查。根据库存现金日记账的抽查结果，有针对性地对金额大的原始凭证加以审查。审查原始凭证所反映的现金收付业务的合法性以及凭证本身有无被涂改或伪造的情况。

审计人员在对收款付款原始凭证审查时，都应随时与记账凭证核对，包括内容、金额的一致性，所附原始凭证张数的正确性等，注意揭露一些贪污舞弊现象，如利用原始凭证二次报销，在记账凭证上故意多计支出、少计收入金额等情况。

（四）检查现金收付业务的合法性

1. 现金收入业务合法性的审查。现金收入要从各种现金来路进行分类审查，一般工商企业现金收入业务有以下各项：

（1）企业向银行提取现金备用；

（2）门市部销售商品、产成品和材料等的收入；

（3）为外单位或个人提供服务的现金收入；

（4）各种应收款、暂付款和备用金的收回，包装物押金和存入保证金的收入；

（5）出售废旧物资所得现金收入；

（6）出租商品、包装物和其他财产所取得的租金收入；

（7）其他零星现金收入。

主要分析查明企业现金的各项正常收入，是否都作为现金收入列账。应当通过库存现金日记账收入栏及对方科目相应记录，以及反映这些业务的会计凭证审查核实。通过每类现金收入金额与上期或上年同期对比，如有上升或下降过多的情况，应查明原因和现金去处。如企业私存大量现金，搞“小金库”，或用来私分以及个人贪污等，均应取证核实。

2. 现金支出业务合法性的审查。现金支出要从各种现金去路进行分类审查，查明现金支出范围的合法性。国家现金管理制度规定的现金使用范围包括：职工工资、津贴；个人劳务报酬；各种劳保、福利费用；出差人员必须随身携带的差旅费；结算起点以下的零星支出；中国人民银行规定需要支付现金的其他支出等。审查每笔现金支出金额时，还须审查有无违反现金管理条例的其他有关规定。

在抽查测试时，应注意那些金额比较大，对方科目栏相应记录现金支出等反常现象。

（五）检查现金收付业务的正确截止

被审计单位资产负债表上的现金数额，应以结账日实有数额为准。因此，审计人员必须验证现金收支的截止日期。通常，审计人员可以对结账日前后一段时期内现金收支凭证进行审计，以确定是否存在跨期事项。

（六）检查库存现金是否在资产负债表上恰当列报

根据有关会计制度的规定，库存现金在资产负债表上“货币资金”项下反映，审计人员应在实施上述审计程序后，确定现金账户的期末余额是否恰当，据以确定货币资金是否在资产负债表上恰当披露。

四、常见错弊及审计案例分析

（一）库存现金审计中的常见错弊

1. 企业现金收入业务不入账，即在账外开设企业的“小金库”。具体表现在：

（1）企业截留各种生产经营收入或其他收入，不入账反映；

（2）企业非法侵占出售国家和其他单位资产的收入，不入账反映；

（3）企业虚列支出、虚报冒领，以贪污资金；

（4）企业私自或有意将投资、联营的所得收入转移、存放于外单位或境外；

（5）企业隐匿回扣、佣金和好处费等收入；

（6）用银行账户代其他单位和个人存取现金；

（7）截留企业的各项罚没款收入，不入账。

影响：用于发放职工的各种奖金、支付回扣和其他非常活动，且逃避国家税收，侵蚀国有资产或者化国有为私有。

2. 挪用库存现金，即“挪用公款”。具体表现在：

（1）出纳人员打白条顶库存现金；

（2）经单位领导批准用于个人生活或其他方面需要，从企业挪用公款。

影响：利用企业资产为个人服务，影响企业正常的业务经营活动。

3. 贪污公款，指出纳或其他人员利用职务之便将公款窃为己有并在会计账目或会计凭证上作虚假处理的行为。具体表现在：

（1）收入现金不开发票或收据；

（2）涂改、撕毁发票或收据；

（3）用假发票假收据；

（4）用凭证副本重复报销或用白条虚报支出；

（5）开出现金支票取款后不入现金账；

（6）相关人员谎报用途套取现金；

（7）私人购物用公款报销。

影响：侵占国有资产或集体资产，是严重违法行为。

4. 以现金支付回扣或好处费。具体表现在：

（1）将支付的回扣或好处费直接列入生产或经营费用；

（2）虚拟退货，开红字发票抵账；

（3）从“小金库”中支付。

（二）审计案例分析

资料：审计人员于2017年审查甲企业财务状况，该企业为一国有企业，审计人员在审查“库存现金日记账”时，发现2016年5月3日6#现付字记账凭证摘要栏内容为“支付设备清理费”，金额为2 000元，但在“库存现金日记账”和“银行存款日记账”中却没有相应的清理收入，审计人员因此怀疑设有“小金库”。

审计分析要点：

1. 调出58#现付字记账凭证，其原始凭证为一张经领导批准的付款白条，会计分录为：

借：管理费用——拆除费　　2 000

　　贷：库存现金　　2 000

2. 审查固定资产明细账，发现5月3日转字8号凭证摘要为“报废机器”，调出该凭证，会计分录为：

借：累计折旧　　100 000

　　营业外支出　　100 000

　　贷：固定资产——某设备　　200 000

3. 分析疑点。企业报废一台价值20万元的设备必定有清理收入，对该设备保管人员进行询问，得知运往丙企业，与丙企业联系，是于5月5日以12万元现金购入设备的。

4. 向甲企业提出上述问题，财务经理供认不讳，并交出12万元的存折。

5. 该企业在交付清理费用和收到清理收入时，应当进行入账处理。

（1）调整支付拆除费的会计分录

　　借：固定资产清理　　2 000

　　　　贷：管理费用——拆除费　　2 000

（2）收到清理收入

　　借：库存现金　　120 000

　　　　贷：固定资产清理　　120 000

（3）调整营业外收支

　　借：固定资产清理　　100 000

贷：营业外支出　　100 000

结转清理结果

借：固定资产清理　　18 000

贷：营业外收入　　18 000

第三节　银行存款审计

一、银行存款审计概述

银行存款账户是用以核算企业存入银行或其他金融机构的各种存款；有外币业务的企业，应当按照币种设置明细账户进行核算。同时为了及时掌握银行存款收付的动态和结存余额的情况，企业应在银行存款账户下设置“银行存款日记账”进行明细核算。

按照国家有关规定，凡是独立核算的企业都必须在当地银行开设账户。企业收入的款项，除按核定的限额保留库存现金外，其余的应当日解缴银行。企业一切支出，除规定可以用现金支付的以外，都必须用非现金结算方式，通过银行办理转账结算。根据中国人民银行有关支付结算办法规定，目前企业发生的货币资金收付业务可以采用以下几种结算方式，通过银行办理转账结算：银行汇票、银行本票、商业汇票、支票、信用卡、汇兑、委托收款、托收承付、信用证。

银行存款是企业货币资金的主要组成部分，同样具有流动性强、易变现的特点，而且较之现金，数额更大，涉及范围更广。因此，审计人员应重视对银行存款审计。银行存款审计一般也按照制度基础审计的程序进行，采取抽查、核对、计算、复核、函证等方法审计。银行存款的审计目标一般应包括：①确定被审单位被审期间的银行存款收支业务发生的合法性，入账的及时性与记录的完整性。②确定银行存款账面余额的真实性、正确性。③确定银行存款的存在性，并为被审单位所有。④银行存款是否已按照企业会计准则的规定在财务报表中做出恰当列报。

二、了解和评价内部控制制度

（一）银行存款内部控制概述

一般而言，一个良好的银行存款的内部控制同库存现金的内部控制一样，也应达到以下几点：①银行存款收支与记账为不相容职务，办理银行存款收支人员与记账人员应岗位分离、职责分离、相互制约。②银行存款收支要有合理、合法的凭据。③全部收支及时准确入账，并且支出要有核准手续。④按月编制银行存款余额调节表，以做到账实相符。⑤加强对银行存款收支业务的内部审计。

按照我国现金管理的有关规定，超过规定限额以上的现金支出一律使用支票。因此，企业应建立相应的支票申领制度，明确申领范围、申领批准及支票签发、支票报销等。

对于支票报销和现金报销，企业应建立报销制度。报销人员报销时应当有正常的报批手续、适当的付款凭据；有关采购支出还应具有验收手续。会计部门应对报销单据加以审核，出纳员见到加盖核准戳记的支出凭据后方可付款。

付款记录应及时登记入账，相关凭证应按顺序或内容编制会计记录的附件。

（二）了解银行存款的内部控制制度

审计人员对银行存款内部控制制度的了解一般与了解库存现金的内部控制制度同时进行。审计人员应当注意的内容包括：①银行存款的收支是否按规定的程序和权限办理。②银行账户是否存在与本单位经营无关的款项收支情况。③是否存在出租、出借银行账户的情况。④出纳与会计的职责是否严格分离。⑤是否定期取得银行对账单并编制银行存款余额调节表等。

三、实质性审查的内容与方法

（一）银行存款日记账与总账的余额是否相符

审计人员测试银行存款余额的起点，是核对银行存款日记账与总账的余额是否相符。如果不相符，应查明原因，并考虑是否应建议做出适当调整。

（二）实施实质性分析程序

计算银行存款累计余额应收利息收入，分析比较被审计单位银行存款应收利息收入与实际利息收入的差异是否恰当，评估利息收入的合理性，检查是否存在高息资金拆借，确认银行存款余额是否存在，利息收入是否已经完整记录。

计算定期存款占银行存款的比例，了解被审计单位是否存在高息资金拆借。如存在高息资金拆借，应进一步分析拆出资金的安全性，检查高额利差的入账情况；计算存放于非银行金融机构的存款占银行存款的比例，分析这些资金的安全性。

（三）取得并检查银行存款余额调节表

检查银行存款余额调节表是证实资产负债表所列银行存款是否存在的重要程序。银行存款余额调节表通常应由被审计单位根据不同的银行账户及货币种类分别编制，其格式如表 4－2 所示。如果经调节后的银行存款余额存在差异，审计人员应查明原因，应做出记录或适当的调整。

表4－2　　　　　　　　　　　　　银行存款余额调节表

年　　月　　日

编制人：　　　日期：　　　索引号：

复核人：　　　日期：　　　页次：

户别：　　　　　　　　　　　　　　　　　　　　　　　币别：

项　　目
银行对账单余额（　　年　　月　　日）
加：企业已收，银行尚未入账金额
其中：1. ________________元
2. ________________元
减：企业已付，银行尚未入账金额
其中：1. ________________元
2. ________________元
调整后银行对账单金额
企业银行存款日记账金额（　　年　　月　　日）
加：银行已收，企业尚未入账金额
其中：1. ________________元
2. ________________元
减：银行已付，企业尚未入账金额
其中：1. ________________元
2. ________________元
调整后企业银行存款日记账金额

经办会计人员：（签字）　　　　　　　　　　　　　　　　会计主管：（签字）

取得银行存款余额调节表后，审计人员应检查调节表中未达账项的真实性，以及资产负债表日后的进账情况；如果存在应于资产负债表日之前进账的应作相应的调整。其程序一般包括：①验算调节表的数字计算。②对于金额较大的未提现支票、可提现的未提现支票以及审计人员认为重要的未提现支票，列示未提现支票清单，注明开票日期和收票人姓名或单位。③追查截止日期银行对账单上的在途存款，并在银行账户调节表上注明存款日期。④检查截止日仍未提现的大额支票和其他已签发一个月以上的未提现支票。⑤追查截止日期银行对账单已收、企业未收的款项性质及款项来源。⑥核对银行存款总账余额、银行对账单加总金额。

（四）函证银行存款余额

银行存款函证是指审计人员在执行审计业务过程中，需要以被审计单位名义向有关单位发函询证，以验证被审计单位的银行存款是否真实、合法、完整。根据国际惯例，财政部、中国人民银行于1999年1月6日联合印发了《关于做好企业的银行存款、借款及往来款项函证工作的通知》（以下简称《通知》），《通知》对函证工作提出了明确的要求，并提供了银行询证函和企业询证函参考格式。审计人员在执行审计业务时，可按照此格式以被审计单位的名义向有关单位发函询证。《通知》规定：各商业银行、政策性银行、非银行金融机构要在收到询证函之日起 10 个工作日内，根据函证的具体要求，及时回函并可按照国家的有关规定收取询证费用；各有关企业或单位根据函证的具体要求回函。

函证银行存款余额是证实资产负债表所列银行存款是否存在的重要程序。通过向往来银行的函证，审计人员不仅可了解企业资产的存在，同时，还可了解欠银行的债务。函证还可用于发现企业未登记的银行借款。

函证时，审计人员应向被审计单位在本年存过款（含外埠存款、银行汇票存款、银行本票存款、信用卡存款、信用证保证金存款）的所有银行发函，其中包括企业存款账户已结清的银行，因为有可能存款账户已结清，但仍有银行借款或其他负债存在。同时，虽然审计人员已直接从某一银行取得了银行对账单和所有已付支票，但仍应向这一银行进行函证。表 4－3 列示的系《〈中国注册会计师审计准则第 1312 号——函证〉指南》提供的银行存款询证函的格式，供参考。

表 4－3 **银行询证函**

编号：

××（银行）：

本公司聘请的××会计师事务所正在对本公司××年度财务报表进行审计，按照中国注册会计师审计准则的要求，应当询证本公司与贵行的存款、借款往来等事项。下列数据出自本公司账簿记录，如与贵行记录相符，请在本函下端“信息证明无误”处签章证明；如有不符，请在“信息不符”处列明不符项目。如存在与本公司有关的未列入本函的其他项目，请在“数据不符”处列出这些项目的金额及详细资料。有关询证费用可直接从本公司××存款账户中收取。回函请直接寄至××会计师事务所。

通信地址：

邮编：　　　电话：　　　传真：　　　联系人：

截至××年×月×日止，本公司银行存款、借款账户余额等列示如下：

1. 银行存款

账户名称	银行账号	币种	利率	余额	起止日期（活期/定期/保证金）	是否被抵押或质押或其他限制	备注

除以上所述，本公司并无其他在贵行的存款。

2. 银行借款

银行账号	币种	余额	借款日期	还款日期	利率	借款条件	备　注

3. 其他事项

（公司签章）（日期）

结论：（1）数据证明无误

（2）数据不符，请列明不符金额

（银行签章）（日期）

（五）检查1年以上定期存款或限定用途存款

1年以上的定期存款或限定用途的银行存款，不属于企业的流动资产，应列于其他资产类下。对此，审计人员应查明情况，做出相应的记录。

（六）抽查大额的银行存款收支

审计人员必须抽取部分银行存款日记账记录加以审核，审核内容为：

1. 依次验算其加总额的准确性。如果验算结果出现较多差错，就要核对每笔收支记录的凭证，同时要考虑扩大抽查的范围，并对差错做适当调整。

2. 抽查银行存款重要业务，验证其合法性。审计人员通过审阅银行存款日记账摘要栏和金额栏，抽取一部分从经济业务性质和金额上看都比较重要的事项加以核查。对这些重要的经济业务要核实其记账凭证与原始凭证，验证经济业务的发生是否合法。

审查时：首先，注意所发生的各项收付款业务是否与本单位经营活动有关，有无只记金额而无详细摘要的情况；有无一收一付或一收多付、多收一付，数额相等而日期相差不远的收付事项，一旦遇有此类情况应进一步追查是否存在出借银行账户的情况。其次，应注意银行存款日记账上所列示的开出现金支票的内容，是否符合现金结算范围，有无套取现金的情况。再次，应注意日记账的登记，其收付款凭证是否按顺序记账，有无故意调整而掩盖错弊的情况。

3. 抽查与银行存款有关的往来账户。银行存款的收付业务，如果对应科目是往来账户，应选择其中一些业务进行审查，以查明有无利用往来账户搞非法活动和进行贪污的情况。

（七）检查银行存款收支的正确截止

被审计单位资产负债表上的现金数额，应以结账日实有数额为准。因此，审计人员必须验证现金收支的截止日期。通常，审计人员可以对结账日前后一段时期内现金收支凭证进行审计，以确定是否存在跨期事项。

企业资产负债表上银行存款数字应当包括当年最后一天收到的所有存放于银行的款项，而不得包括其后收到的款项；同样，企业年终前开出的支票，不得在年后入账。为了确保银行存款收付的正确截止，审计人员应当在清点支票及支票存根时，确定各银行账户最后一张支票的号码，同时查实该号码之前的所有支票均已开出。在结账日未开出的支票及其后开出的支票，均不得作为结账日的存款收付入账。

（八）检查银行存款是否在资产负债表上恰当列报

根据有关会计制度的规定，企业的银行存款在资产负债表上“货币资金”项目下反映。所以，审计人员应在实施上述审计程序后，确定银行存款账户的期末余额是否恰当，从而确定资产负债表上“货币资金”项目中的数字是否在资产负债表上恰当列报。

四、常见错弊及审计案例分析

（一）银行存款审计中的常见错弊

1. 企业存入的现金来源不合法。如应以银行转账结算的业务而以现金进行结算，违反结算管理制度。

2. 企业未将超过库存现金限额的现金全部、及时地送存银行。

3. 企业为其他单位或个人提供银行账户而从中收取好处费。

4. 企业违反国家规定进行预收货款业务。

5. 企业存在假存或少存多记的舞弊行为。

6. 企业从银行存款中提取现金的用途不合法、不合理。

7. 企业支付银行存款后不记账，以掩盖非法开支。

8. 开立“黑户”，截留存款。

（二）审计案例分析

资料：审计人员对甲企业 2016 年财务收支状况进行审查，在审查企业的“银行存款日记账”时，发现 12 月 28 日 31#凭证摘要栏内容为“退货款”5 万元。该货款收取入账时间为 12 月 23 日。收款凭证 24#，在 5 天时间里发生退货，审计人员怀疑有假退款行为。

审计分析要点：

1. 调出 24#收款凭证，分录为：

借：银行存款　　50 000

　　贷：应收账款——丙企业　　50 000

所附原始凭证是一张银行发来的“收账通知”单，付款单位为丙企业。

2. 调出 31#凭证，分录为：

借：主营业务收入——丙企业　　50 000

　　贷：银行存款　　50 000

所附原始凭证两张，一张是甲企业业务部门开列的退货发票（即红字发票），一张是甲企业财会部门开出的转账支票，收款人为丙企业代理处。

3. 分析疑点。为何会从丙企业收款，却把退款转到其代理处，于是决定追查支票去向。通过银行得到证实，该笔款项转到了 S 企业账号上，经调查，S 企业根本不存在。同时与丙企业电话联系，丙企业根本没有发生退货业务。

4. 审计人员断定甲企业利用银行的漏洞或其他原因，开设了黑户，隐瞒收入，存入小金库或私分，并逃避税收。审计人员在全部取证后，甲企业财务经理承认 S 企业是该企业朱某利用同银行工作人员的关系开设的，用来存入部分收入，作发放奖金和支付回扣等。S 企业账户余额 9 万元全部为甲企业所有。

5. 甲企业开设黑户的全部收入属于企业的营业收入，应予以收回并撤销所谓的 S 企业账户，收回余款 9 万元，应作分录如下：

借：银行存款　　90 000

　　贷：主营业务收入　　90 000

并按规定计算并缴纳税金。

第四节　其他货币资金审计

一、其他货币资金审计概述

（一）其他货币资金类别及核算内容

其他货币资金账户用以核算企业的外埠存款、银行汇票存款、银行本票存款和存出投资款等各种其他货币资金，有境外往来核算业务的企业，发生的信用证存款或信用卡存款等也在本账户核算。在该账户下需按上述其他货币资金类别分设账户明细核算，其他货币资金类别及核算内容见下：

1. 外埠存款——核算企业到外地进行临时或零星采购时，汇往采购地银行开立采购专户的款项。

2. 银行汇票存款——核算企业为取得银行汇票，按照规定存入银行的款项。

3. 银行本票存款——核算企业为取得银行本票，按照规定存入银行的款项。

4. 信用证存款——核算企业存入银行作为信用证保证金专户的款项。

5. 信用卡存款——核算企业存入银行信用卡专户的款项。

6. 存出投资款——核算企业已存入证券公司但尚未购买股票、债券、基金等投资对象的款项。

（二）其他货币资金的审计目标

一般而言，由于企业的其他货币资金业务数量少，金额大，审计人员应逐笔进行审查，采取详查法，从原始凭证到会计账簿再到财务报表要一一核对，从摘要内容到金额数字都要一一检查、计算、核对。其他货币资金的审计目标如下：

1. 确定被审单位被审期间的其他货币资金收支业务发生的合法性，入账的及时性与记录的完整性。

2. 确定其他货币资金账面余额的真实性、正确性。

3. 确定其他货币资金的存在性，并为被审单位所有。

4. 确定其他货币资金是否已按照企业会计准则的规定在财务报表中做出恰当列报。

二、了解和评价内部控制制度

一般而言，一个良好的其他货币资金的内部控制制度同库存现金的内部控制制度一样，也应达到以下几点：①其他货币资金收支与记账的岗位分离。②其他货币资金收入、支出要有合理、合法的凭据。③全部收支及时准确入账，并且支出要有核准手续。④加强对其他货币资金收支业务的内部审计。

审计人员在对其他货币资金的内部控制制度进行了解时，应当注意的内容包括：①其他货币资金的收支是否按规定的程序和权限办理。②其他货币资金的记账依据是否充分、恰当。③其他货币资金是否及时入账。④出纳与会计的职责是否严格分离。

如果被审计单位的其他货币资金业务通常较少，审计人员可以直接实施其他货币资金的实质性审查。

三、实质性审查的内容与方法

其他货币资金的实质性审查的主要内容：

1. 获取或编制其他货币资金明细表。包括：①复核银行汇票存款、银行本票存款、信用卡存款、信用证保证金存款、存出投资款、外埠存款等加计是否正确，并与总账数和日记账明细账合计数核对是否相符。②检查非记账本位币其他货币资金的折算汇率及折算是否正确。

2. 取得并检查其他货币资金余额调节表。包括：①取得被审计单位银行对账单，检查被审计单位提供的银行对账单是否存在涂改或修改的情况，确定银行对账单金额的正确性，并与银行回函结果核对是否一致，抽样核对账面记录的已付款金额及存款金额是否与对账单记录一致。②应将保证金户对账单与相应的交易进行核对。检查保证金与相关债务的比例和合同约定是否一致，特别关注是否存在有保证金发生，而被审计单位账面却无对应的保证事项的情形。③若信用卡持有人是被审计单位的有关人员，应取得相关人员提供的确认书，并应考虑进行调整。④获取资产负债表日的其他货币资金存款余额调节表，检查调节表中加计数是否正确，调节后其他货币资金日记账余额与银行对账单余额是否一致。⑤检查调节事项的性质和范围是否合理，如存在重大差异应作审计调整。

3. 函证银行汇票存款、银行本票存款、信用卡存款、信用证保证金存款、存出投资款、外埠存款等期末余额，编制其他货币资金函证结果汇总表，检查银行回函。

4. 检查其他货币资金存款账户是否属于被审计单位，若不属于被审计单位，应获取其书面声明，确认资产负债表日是否需要调整。

5. 关注是否有质押、冻结等对变现有限制，或存放在境外，或有潜在回收风险的款项。

6. 抽取其他货币资金资产负债表日前后大额的收支凭证，实施截止测试，如有跨期收支事项，应考虑是否进行调整。

7. 抽查大额其他货币资金收付记录。检查原始凭证是否齐全、记账凭证与原始凭证是否相符、账务处理是否正确、是否记录于恰当的会计期间等项内容。

8. 对不符合现金及现金等价物条件的其他货币资金在审计工作底稿中予以列明，以考虑对现金流量表的影响。

9. 检查其他货币资金的列报是否恰当。根据有关规定，企业的其他货币资金在资产负债表的“货币资金”项目中反映，所以，审计人员应在实施上述审计程序后，确定其他货币资金的期末余额是否恰当，进而确定其他货币资金是否在资产负债表上恰当列报。

四、常见错弊与审计案例分析

（一）外埠存款审计中的常见错弊

1. 企业非法开设外埠存款账户。

（1）企业捏造申请书，骗取银行信任，在异地开设采购户，用于非法交易；

（2）企业在异地会同异地单位开设存款账户，将企业存款汇往异地作为外埠存款。

2. 外埠存款支出业务不合理、不合法。

（1）使用外埠存款采购国家专控商品或其他非法物资；

（2）将外埠存款用于联营投资，炒买炒卖股票、债券等交易活动；

（3）采购人员挪作他用。

（二）银行汇票存款审计中的常见错弊

1. 银行汇票使用不合理、不合法。

（1）超出使用范围，为个人消费或为职工购买物品等；

（2）开出银行汇票，套取现金，掩人耳目；

（3）贪污汇票存款。

2. 企业收受无效的银行汇票，给企业带来损失。

（1）收到非银行签发的假冒银行汇票；

（2）收到的银行汇票收款人并非本企业；

（3）收到过期、作废或经涂改的银行汇票。

3. 银行汇票非法转让或贪污，如财会部门收到银行汇票时，不及时存入银行，而是通过背书转让给其他单位，从中获得非法所得。

（三）审计案例分析

资料：审计人员审查甲企业的2016年的财务收支状况，在审查“其他货币资金—银行本票存款”账户时，发现该账户余额8 000元，保留期已达一年，因此怀疑该款未及时入账，并有舞弊或贪污等违法行为。

审计分析要点：

1. 审计人员逐笔审查账簿记录，发现第9#凭证记录

借：其他货币资金——银行本票存款　　30 000

　　贷：银行存款　　30 000

所附原始凭证为银行本票申请书一张。

2. 第10#凭证为报销记录

借：在途物资　　22 000

　　贷：其他货币资金——银行本票存款　　22 000

所附原始凭证为张某经手的购货发票一张，收款单位为丙企业。

3. 分析疑点：本票已付出，那么结算款项与本票款项差额的去向呢？审查现金、银行存款日记账，发现均无收回余额的记录。核对丙企业会计账目，丙企业已以 8 000 元现金退回差额款，有甲企业张某的白条收据，摘要为“收到退回款 8 000 元”。

4. 经审计人员询问，李某对其贪污公款的事实供认不讳，收到退款应作如下分录调整：

借：库存现金　　8 000

　　贷：其他货币资金——银行本票存款　　8 000

第五节　外币业务审计

一、外币业务审计概述

外币业务是指以记账本位币以外的货币进行的款项收付、往来结算以及计价等业务。企业在核算外币业务时，应当设置相应的外币账户。外币账户包括外币现金、外币银行存款、以外币结算的债权（如应收票据、应收账款、预付账款等）和债务（如短期借款、应付票据、应付账款、预收账款、应付职工薪酬、长期借款等），它们应当与非外币的各相同账户分别设置，并分别核算。

加强外币业务审计，对于贯彻实施国家法规，维护外币资金真实性、正确性，加强我国外汇管理，促进企业外汇平衡，保证国家宏观外汇平衡，维护我国货币汇率稳定等，都具有重要意义。外币业务的审计目标是：①查证外币资金收支是否真实，保证企业外币资金的安全完整；②监督企业外币资金收支业务严格按照外汇管理规定进行；③审计账务处理是否符合企业会计准则的规定。

二、外币业务的实质审查内容与方法

（一）证实外币交易事项的合法性

1. 审查企业是否按外汇管理条例的规定在中国银行或指定的其他银行开设外汇账户。若发现企业在中国境内的中国银行以外的银行开设账户，应检查有无外汇管理局的批准文件。没有批准的即为违反外汇管理条例规定，审计人员应通知企业领导并向外汇管理部门报告，同时应在审计报告中反映。

2. 结合库存现金日记账审查银行存款日记账账簿记录，将银行日记账与银行对账单进行核对，检查外汇收账是否经过法定的开户银行，即检查企业的一切外汇收支是否有银行监督支付；一切外汇收入是否全都存入开户银行的外汇存款账户；一切外汇支出是否全都从其外汇存款账户中支付。对于未经开户银行外汇存款账户的外汇收支，审计人员应查明原因并做出相应记录。

3. 审计人员应按照外汇管理的有关规定审查企业外汇收支业务的合规合法性。即审查企业的外汇收支是否存在套汇、逃汇、扰乱金融和私自买卖外汇等问题。若发现问题，应按有关处罚规定及时进行处理。

（二）确认外币业务核算的合理性

企业外币资金收支的合理性，主要是指企业自身的外汇收支平衡或外汇收入大于外汇支出。

企业外汇收入的来源主要包括企业外销产品的销售收入、收取外汇的内销产品的销售收入、企业外部的外汇投资，以及向银行筹借的外汇贷款等。企业的外汇支出主要用于支付进口的设备款、进口的原材料和零部件价款，以及外汇贷款的本息等。

审计人员应检查企业外汇收入和支出是否合理平衡。

（三）审查外币资金计价、汇率、汇兑损益计算的正确性及相关账务处理的正确性

1. 核实记账本位币。《企业会计准则第 19 号——外币折算》第九条规定：企业对于发生的外币业务交易，应当将有关外币金额折合为记账本位币记账。

2. 检查汇率的运用和外汇结算的正确性。《企业会计准则第 19 号——外币折算》第十条规定：外币交易应当在初始确认时，采用交易发生日的即期汇率或按照系统合理的方法确定的、与交易发生日即期汇率近似的汇率将外币金额折算为记账本位币的金额。由于中国人民银行每日仅公布银行间外汇市场人民币兑美元、欧元、日元、港元的中间价。因此，企业发生外币交易时，应按照下列方法进行折算：

（1）企业发生的外币交易只涉及人民币与这四种货币之间折算的，可直接采用公布的人民币汇率的中间价作为即期汇率进行折算；

（2）企业发生的外币交易涉及人民币与其他货币之间折算的，应以国家外汇管理局公布的各种货币对美元折算率采用套算的方法进行折算；

（3）企业发生的外币交易涉及人民币以外的货币之间折算的，可直接采用国家外汇管理局公布的各种货币对美元折算率进行折算。

3. 审查汇兑损益（外币折合差额）财务处理的正确性。企业各种外币账户的外币余额，期末时应当按照资产负债表日的即期汇率折合为记账本位币。按照资产负债表日的即期汇率折合的记账本位币金额与账面记账本位币金额之间的差额，作为汇兑损益，记入当期损益，审计人员应检查是否按规定记入相关账户，分以下情况处理：

（1）筹建期间的汇兑损益应计入管理费用。

（2）属于与购建固定资产有关的借款产生的汇兑损益应按照借款费用资本化的原则进行处理，计入资产成本。

（3）清算期间的汇兑损益应计入清算费用。

（4）生产经营期间的汇兑损益应计入财务费用。

思考与练习

1. 对库存现金如何进行审计？审计要点是什么？
2. 货币资金内部控制制度有哪些？如何进行测试？
3. 对银行存款业务如何进行审计？审计要点是什么？
4. 其他货币资金有哪些种类？各自审计要点是什么？
5. 外币业务如何进行审计？审计要点是什么？

第五章　应收款项审计

内容提要

应收款项是企业债权，也是企业流动资产的重要组成部分。应收款项的审查，对于维护财务报表的真实性、维护购销双方合法权益都是十分重要的。应收及预付款项包括应收账款、应收票据、预付账款、其他应收款等内容。本章主要从这五个方面进行介绍。对应收账款、应收票据、预付账款、其他应收款分别应如何进行审查？有哪些具体审计目标？主要的审计步骤和方法是什么？有何常见的错误和舞弊？这些是本章主要阐述的问题。

第一节　应收款项审计概述

应收款项是指企业在信用活动中所形成的各种债权性资产，也包括一些预付款项。应收及预付款项包括应收账款、应收票据、预付账款、其他应收款等内容。其中应收票据又包括银行承兑汇票和商业承兑汇票两种类型。应收款项审计是指对企业应收款项业务发生过程的合法性、真实性、有效性进行审查监督。

应收及预付款项具有如下特点：①它是企业流动资产的重要组成部分；②没有实体存在，只有账面存在，企业易虚列或高估资产，对企业生产经营和财务核算管理具有重要影响；③与企业销售、结算等结合在一起。因此，企业必须加强控制管理，对应收款项的审计将有助于保护企业资产安全、完整，保证企业经营的正常运行。

根据应收及预付款项特点确定一般的审计目标为：①应收项目业务发生的合规、合法性；②应收项目账面余额的真实性、正确性；③应收项目的所有权归属；④应收项目计价的正确性（坏账、贴现、利息的计算正确性）；⑤应收项目账务处理的正确性；⑥应收项目表述的完整性，有无虚增或虚减情况。

应收款项审计主要包括：①测试、评价应收款项的内部控制制度健全性，有效性；②函证应收款项的实有数存在性，检查账账、账证是否相符；③检查应收款项的收支业务是否合理、合法；④结合相关的供产销业务，审查应收款项的会计处理情况；⑤审查应收账款的回收速度和回收率，分析坏账损失的原因与责任；⑥审查应收票据管理及贴现情况；⑦审查其他应收款的占用状况及回收情况。

审计人员在审查应收款项时，应注意审阅、复核、核对、分析以下历史资料：①有关应收款项的内部控制及管理制度的文件和资料，会议记录等；②企业的购销合同文件；③企业填制的与对方单位核对的对账单及对方的回单；④有关坏账损失的审批文件；⑤与应收款项相关的财务报表、总账、明细账、记账凭证，原始凭证等会计资料；⑥企业自编的有关应收款项的分析、审查报告及资料；⑦其他相关资料。

应收款项的主要审计程序与方法如下：

首先，了解和评价企业应收款项的内部控制制度。应收款项是企业在销售商品、提供劳务或订购货物的过程中占用的资金，对企业资金周转的影响很大。被审企业应根据应收款项和本企业生产经营的特点，建立、健全有效、可行的应收款项内部控制制度。审计人员应重点审查被审单位是否有以下内部控制制度：①要有严格的审批审核制度；②发生购销业务时必须签定购销合同，以取得法律保障；③对应收款项要有账龄分析，催款制度；④要有严格的坏账损失审核制度，要按规定提取坏账准备；⑤要有对顾客的信用调查制度。

其次，进行实质性审查，包括：①核对报表、总账、明细账是否相符；②分析明细账，确定审计重点（拖欠时间长，金额大的款项）；③审查原始凭证并进行函证调查；④在审计工作结束时，审计人员应根据审计工作底稿和取得的审计证据提出合理的评价意见，得出正确的审计结论。

第二节 应收账款审计

一、应收账款审计概述

应收账款指企业因销售商品、提供劳务而形成的债权，即由于企业销售商品、提供劳务等原因，应向购货客户或接受劳务的客户收取的款项或代垫的运杂费，是企业在信用活动中所形成的各种债权性资产。企业的应收账款是在销售交易或提供劳务过程中产生的。企业的销售如果属于赊销，即销售实现时没有立即收取现款，而是获得了要求客户在一定条件下和一定时间内支付货款的权利，就产生了应收账款。因此，应收账款的审计应结合销售交易来进行。

坏账是指企业无法收回或收回的可能性极小的应收款项，包括应收票据、应收账款、预付款项、其他应收款和长期应收款等。由于发生坏账而产生的损失称为坏账损失。企业通常应采用备抵法按期估计坏账损失，形成坏账准备。与直接转销法相比，备抵法将预计不能收回的应收款项作为坏账损失及时计入费用，能够避免企业虚增利润；在财务报表上列示应收款项的净额，有助于财务报表使用者了解企业真实的财务状况，并且使得应收款项实际占有资金更接近实际，消除了虚列的应收款项，能比较准确地反映了企业资金周转情况。

在市场经济的社会信用制度尚未完善时期，企业间交易形成的账款部分或全部无法收回的情形司空见惯。因此，企业应当定期或者至少于每年年度终了，对应收款项进行全面检查，预计各项应收款项可能发生的坏账，对于没有把握能够收回的应收款项，应按照预期信用损失计提坏账准备。正因为如此，坏账准备通常是审计的重点领域。

应收账款是企业流动资产的重要组成部分，一般在赊销业务中产生，即在销售实现时没有取得现款，而是得到了一定时间内、一定条件下取得账款的承诺。企业若想人为高估资产，则该项目存在较高的固有风险和控制风险，容易引起舞弊，审计人员应重视对应收账款的审计。对应收账款的审计应结合销货业务进行，一般按制度基础审计的程序进行，采取抽查、计算、核对、函证、分析等方法审查。应收账款的审计目标一般应包括：①确定被审单位被审期间的应收账款业务发生的合法性，入账的及时性与记录的完整性；②确定应收账款账面余额的真实性、正确性；③确定应收账款的存在性，是否账实相符，并为被审单位所有；④确定坏账准备的计提方法和计提比例是否恰当，计算是否正确；⑤确定应收账款及其坏账准备是否已按照企业会计准则的规定在财务报表中做出恰当列报。

二、了解和评价内部控制制度

一般而言，一个良好的应收账款内部控制制度应该达到以下几点：

（一）建立明确的职责分工

为了保证应收账款业务控制系统的有效性，应按各业务环节进行明确分工，如接受客户订单、调查信用、批准信用、填制销货通知、发送商品、结算开单、办理销售退回、折扣、收取货款、会计记录和核对账目等工作，要分别由不同的职能部门与人员负责，相互制约，避免发生舞弊行为。

（二）对客户订货单的管理控制

购货单位购买企业的产品，应送交购货订单。企业应由专人对订货单进行登记，检查订货单的内容、数量，提交主管负责人审核，决定能否在规定时间内供应，以此编制销货订单，作为安排生产、发货、运货和会计核算的依据。

采用销货合同制，应按合同的签订、合同的执行实行责任制。根据合同规定的销货品种、花色、规格及供货时期发运商品，发运时按照规定的程序及复核制度办理发货手续，以防错弊。

（三）调查信用，核准赊销

对购货单位能否采取赊销方式，应由企业信用单位对购货单位的信用进行调查，凡不符合赊销标准的购货单位，则应采用现销制。

（四）根据销货订单发货

经核准符合赊销条件，也就意味着应收销货款的成立。由成品库保管员按销货订单发货，以发货单或送货单作为库存商品减少的原始凭证。

（五）对销售货款及时记账

根据运输单据和销货发票，应及时编制记账凭证，并计入应收账款账户的明细账。当应收账款收回时，应根据银行收款单据和出纳部门开出的现金（包括支票）收据，及时编制记账凭证，据以入账。当购货单位不满意产品质量时，可能出现退货或要求折让，在得到主管人员批准后，会计人员也应及时计入相应的应收账款明细账，防止账务混乱不清或产生舞弊行为。

（六）货款按期收取

会计部门应定期编制客户欠款分析表，及时催缴货款、按期收回。应收销货款收回后，应根据收款单据，及时编制记账凭证；记入到客户名下的分类账，应收账款明细账与总账应定期核对。

（七）坏账的审批与注销

当企业确认应收账款不能收回时，应经有关部门审查批准方能注销，防止不法人员利用坏账注销贪污应收账款。

审计人员在对应收账款的内部控制制度进行了解时，应当重点关注上述应收账款内部控制制度的建立和执行情况。

三、实质性审查的内容与方法

（一）取得或编制应收账款明细表

1. 复核加计是否正确，并与总账数和明细账合计数核对是否相符；结合坏账准备科目与报表数核对相符。应当注意，应收账款报表数反映企业因销售商品、提供劳务等应向购货单位收取的各种款项，减去已计提的相应的坏账准备后的净额。因此，其报表数应同应收账款总账数和明细账数分别减去与应收账款相应的坏账准备总账数和明细账数后的余额核对相符。

2. 检查非记账本位币应收账款的折算汇率及折算是否正确。对于用非记账本位币（通常为外币）结算的应收账款，审计人员应检查被审计单位外币应收账款的增减变动是否采用交易发生日的即期汇率将外币金额折算为记账本位币金额，或者采用按照系统合理的方法确定的、与交易发生日即期汇率近似的汇率折算，选择采用汇率的方法前后各期是否一致；期末外币应收账款余额是否采用期末即期汇率折合为记账本位币金额；折算差额的会计处理是否正确。

3. 分析有贷方余额的项目。查明原因，必要时，建议做重分类调整。

4. 结合预收款项等往来项目的明细余额。查明有无同挂的项目或与销售无关的其他款项，如有，应做出记录，必要时提出调整建议。

5. 标识重要的欠款单位，计算其欠款合计数占应收账款余额的比例。

（二）检查应收账款账龄分析是否正确

1. 取得或编制应收账款账龄分析表。审计人员可以通过取得或编制应收账款账龄分析表来分析应收账款的账龄，以便了解应收账款的可收回性。应收账款账龄分析表参考格式如表 5－1 所示。

表 5-1

应收账款账龄分析表

年　月　日　　　　货币单位：

顾客名称	期末余额	账龄			
		1年以内	1—2年	2—3年	3年以上
合　计					

应收账款的账龄，是指资产负债表中的应收账款从销售实现、产生应收账款之日起，至资产负债表日止所经历的时间。编制应收账款账龄分析表时，可以考虑选择重要的顾客及其余额列示，而将不重要的或余额较小的汇总列示。应收账款账龄分析表的合计数减去已计提的相应坏账准备后的净额，应该等于资产负债表中的应收账款项目余额。

2. 如果应收账款账龄分析表由被审计单位编制，应测试其计算的准确性。

3. 将应收账款账龄分析表中的合计与应收账款总分类账余额相比较，并调查重大调节项目。

4. 检查原始凭证，如销售发票、运输记录等，测试账龄核算的准确性。

（三）发函询证应收账款

函证应收账款的目的在于证实应收账款账户余额的真实性、正确性，防止或发现被审计单位及其有关人员在销售交易中发生的错误或舞弊行为。通过函证应收账款，可以比较有效地证明被询证者（即债务人）的存在和被审计单位记录的可靠性。

审计人员应当考虑被审计单位的经营环境、内部控制的有效性、应收账款账户的性质、被询证者处理询证函的习惯做法及回函的可能性等，以确定应收账款函证的范围、对象、方式和时间。

1. 函证的范围、对象。除非有充分的证据表明应收账款对被审计单位财务报表而言是不重要的，或者函证很可能是无效的，否则，审计人员应对应收账款函证。如果审计人员不对应收账款进行函证，应当在工作底稿中说明理由。如果认为函证很可能是无效的，审计人员应当实施替代审计程序，获取充分、适当的审计证据。

函证数量的多少、范围是由诸多因素决定的，主要有：

（1）应收账款在全部资产中的重要性。若应收账款在全部资产中所占的比重较大，则函证的范围应相应大一些。

（2）被审计单位内部控制的强弱。若内部控制制度较健全，则可以相应减小函证范围；反之，则应相应扩大函证范围。

（3）以前期间的函证结果。若以前期间函证中发现过重大差异，或欠款纠纷较多，则函证范围应相应扩大一些。

（4）函证方式的选择。若采用积极的函证方式，则可以相应减少函证量；若采用消极的函证方式，则要相应增加函证量。

一般情况下，审计人员应选择以下项目作为函证对象：①大额或账龄较长的项目；②与债务人发生纠纷的项目；③关联方［包括持股5%（含）以上股东］项目；④主要客户（包括关系密切的客户）项目；⑤交易频繁但期末余额较小甚至余额为零的项目；⑥可能产生重大错报或舞弊的非正常的项目。

2. 函证的方式。函证方式分为积极的函证方式和消极的函证方式。审计人员可采用积极的或消极的函证方式实施函证，也可将两种方式结合使用。

（1）积极的函证方式。如果采用积极的函证方式，审计人员应当要求被询证者在所有情况下必须回函，确认询证函所列示信息是否正确，或填列询证函要求的信息。

积极的函证方式又分为两种：一种是在询证函中列明拟函证的账户余额或其他信息，要求被询证者确认所函证的款项是否正确。通常认为，对这种询证函的回复能够提供可靠的审计证据。但是，其缺点是被询证者可能对所列示信息根本不加以验证就予以回函确认。为了避免这种风险，审计人员可以采用另外一种询证函，即在询证函中不列明账户余额或其他信息，而要求被询证者填写有关信息或提供进一步信息。由于这种询证函要求被询证者做出更多的努力，可能会导致回函率降低，进而导致审计人员执行更多的替代程序。

在采用积极的函证方式时，只有审计人员收到回函，才能为财务报表认定提供审计证据。审计人员没有收到回函，可能是由于被询证者根本不存在，或是由于被询证者没有收到询证函，也可能是由于询证者没有理会询证函，因此，无法证明所函证信息是否正确。

当债务人符合下列情况时，采用积极的函证方式较好：①个别账户的欠款金额较大；②有理由相信欠款可能会存在争议、差错等问题。

以下系《〈中国注册会计师审计准则第1312号——函证〉指南》提供的两种积极式询证函的格式，供参考。

积极式询证函（格式一）

企 业 询 证 函

编号：

××（公司）

本公司聘请的××会计师事务所正在对本公司××年度财务报表进行审计，按照中国注册会计师审计准则的要求，应当询证本公司与贵公司的往来账项等事项。下列数据出自本公司账簿记录，如与贵公司记录相符，请在本函下端“信息证明无误”处签章证明；如有不符，请在“信息不符”处列明不符金领。回函请直接寄至××会计师事务所。

回函地址：

邮编：　　　　电话：　　　　传真：　　　　联系人：

1. 本公司与贵公司的往来账项列示如下：

单位：元

截止日期	贵公司欠	欠贵公司	备　注

2. 其他事项。

本函仅为复核账目之用，并非催款结算。若款项在上述日期之后已经付清，仍请及时函复为盼。

（公司盖章）

年　月　日

结论：

1. 信息证明无误。

（公司盖章）

年　月　日

经办人：

2. 信息不符，请列明不符的详细情况：

（公司盖章）

年　月　日

经办人：

积极式询证函（格式二）

企业询证函

编号：

××（公司）

本公司聘请的××会计师事务所正在对本公司××年度财务报表进行审计，按照中国注册会计师审计准则的要求，应当询证本公司与贵公司的往来账项等事项。请列示截至××年×月×日贵公司与本公司往来款项余额。回函请直接寄至××会计师事务所。

回函地址：

邮编：　　　　电话：　　　　传真：　　　　联系人：

本函仅为复核账目之用，并非催款结算。若款项在上述日期之后已经付清，仍请及时函复为盼。

（公司盖章）

年　月　日

1. 贵公司与本公司的往来账项列示如下：

单位：元

截止日期	贵公司欠	欠贵公司	备　注

2. 其他事项。

（公司盖章）
年　　月　　日

经办人：

（2）消极的函证方式。如果采用消极的函证方式，审计人员要求被询证者仅在不同意询证函列示信息的情况下才予以回函。

在采用消极的函证方式时，如果收到回函，则能够为财务报表认定提供说服力强的审计证据；如果未收到回函，可能是因为被询证者已收到询证函且核对无误，也可能是因为被询证者根本就没有收到询证函。因此，积极的函证方式通常比消极的函证方式提供的审计证据可靠。因而在采用消极的方式函证时，审计人员通常还需辅之以其他审计程序。

当同时存在下列情况时，审计人员可考虑采用消极的函证方式：①重大错报风险评估为低水平；②涉及大量余额较小的账户；③预期不存在大量的错误；④没有理由相信被询证者不认真对待函证。

在审计实务中，审计人员也可将这两种方式结合使用。当应收账款的余额是由少量的大额应收账款和大量的小额应收账款构成时，审计人员可以对所有的或抽取的大额应收账款样本采用积极的函证方式，而对抽取的小额应收账款样本采用消极的函证方式。

以下系《〈中国注册会计师审计准则第1312号——函证〉指南》提供的消极式询证函的格式，供参考。

消极式询证函

企 业 询 证 函

编号：

××（公司）

本公司聘请的××会计师事务所正在对本公司××年度财务报表进行审计，按照中国注册会计师审计准则的要求，应当询证本公司与贵公司的往来账项等事项。下列数据出自本公司账簿记录，如与贵公司记录相符，则无需回复；如有不符，请直接通知会计师事务所，并请在空白处列明贵公司认为是正确的信息。回函请直接寄至××会计师事务所。

回函地址：

邮编：　　　　　电话：　　　　　传真：　　　　　联系人：

1. 本公司与贵公司的往来账项列示如下：

单位：元

截止日期	贵公司欠	欠贵公司	备　注

2. 其他事项。

本函仅为复核账目之用，并非催款结算。若款项在上述日期之后已经付清，仍请及时核对为盼。

（公司盖章）

年　　月　　日

××会计师事务所：

上面的信息不正确，差异如下：

（公司盖章）

年　　月　　日

经办人：

3. 函证时间的选择与函证的控制。为了充分发挥函证的作用，应恰当选择函证的发送时间。审计人员通常以资产负债表日为截止日，充分考虑对方复函的时间，在期后适当时间内实施函证，尽可能做到在审计人员的审计工作结束前取得函证的全部资料。

审计人员应当直接控制询证函的发送和回收。对于因无法投递而退回的信函要进行分析、研究、处理，查明是由于被函证者地址迁移、差错而致使信函无法投递，还是这笔应收账款本来就是一笔假账。如果被询证者以传真、电子邮件等方式回函，审计人员应当直接接收，并要求被询证者寄回询证函原件。对于采用肯定式函证方式而没有得到复函的，审计人员应当考虑对重要的账户余额或其他信息再次函证。一般说来，应第二次乃至第三次发送询证函，如果仍得不到答复，审计人员则应考虑采用必要的替代审计程序。例如检查与销售有关的文件，包括销售合同、销售订单、销售发票副本及发运凭证等，以验证这些应收账款的真实性。审计人员可通过函证结果汇总表来加以控制。函证结果汇总表如表5-2所示。

4. 函证结果差异的分析。收回的询证函若有差异，审计人员应对此进行分析，寻找差异的原因，并应与债务人直接联系，做进一步核实。必要时，应要求被审计单位做适当调整。产生差异的原因可能是由于购销双方登记入账的时间不同，可能是由于一方或双方记账错误，也可能是其中有弄虚作假或舞弊行为。因登记入账的时间不同而产生的差异，主要表现为：

表 5-2　　应收账款函证结果汇总表

被审计单位名称：　　制表：　　日期：

结账日：　年　月　日　　复核：　　日期：

询证函编号	债务人名称	债务人地址及联系方式	账面金额	函证方式	函证日期		回函日期	替代程序	确认余额	差异金额及说明	备注
					第一次	第二次					
		合计									

（1）询证函发出时，债务人已经付款，而被审计单位尚未收到货款。

（2）询证函发出时，被审计单位的货物已经发出并已做销售记录，但货物仍在途中，债务人尚未收到货物。

（3）债务人由于某种原因将货物退回，而被审计单位尚未收到。

（4）债务人对收到的货物的数量、质量及价格等有异议而全部或部分拒付货款。

5. 对函证结果的总结和评价。审计人员应将函证的过程和情况记录在工作底稿中，并据以总结和评价应收账款情况。审计人员对函证结果可进行如下评价：

（1）审计人员应重新考虑：对内部控制的原有评价是否适当，控制测试的结果是否适当，分析性复核的结果是否适当，相关的风险评价是否适当等。

（2）如果函证结果表明没有审计差异，则审计人员可以合理地推论，全部应收账款总体是正确的。

（3）如果函证结果表明存在审计差异，审计人员则应当估算应收账款总额中可能出现的累计差错是多少，估算未被选中进行函证的应收账款的累计差错是多少。为取得对应收账款累计差错更加准确的估计，也可以进一步扩大函证范围。

需要指出的是，即便应收账款得到了债务人的确认，也并不意味着债务人一定会付款。另外，函证也不可能发现应收账款中存在的所有问题。虽然如此，应收账款的函证仍不失为一种必要的、有效的审计方法。审计人员通过对应收账款进行函证，并执行其他实质性审查的审计程序，可以对有关债权回收的可能性做出合理的结论，并向被审计单位管理当局提出有关债权情况所面临的风险和应当采取的措施。

（四）确定已收回的应收账款金额

请被审计单位协助，在应收账款明细表上标出至审计时已收回的应收账款金额，并对已收回金额较大的款项进行常规检查。如核对收款凭证、银行对账单、销售发票等，并注意凭证发生日期的合理性，分析收款时间是否与合同相关要素一致。

（五）检查未函证应收账款

由于审计人员不可能对所有应收账款进行函证，因此，应对未函证应收账款实施替代审计程序。通常审计人员应抽查有关原始凭据，如销售合同、销售订单、销售发票副本及发运凭证等，以验证与其相关的这些应收账款的真实性。

（六）检查坏账的确认和处理

首先，审计人员应检查有无债务人破产或者死亡的，以及破产或以遗产清偿后仍无法收回的，或者债务人长期未履行清偿义务的应收账款；其次，应检查被审计单位坏账的处理是否经授权批准，有关会计处理是否正确。

（七）抽查有无不属于结算业务的债权

不属于结算业务的债权，不应在应收账款中进行核算。因此，审计人员应抽查应收账款明细账，并追查有关原始凭证，查证被审计单位有无不属于结算业务的债权。如有，应作记录或建议被审计单位做适当调整。

（八）分析应收账款明细账余额

应收账款明细账的余额一般在借方。在分析应收账款明细账余额时，审计人员如果发现应收账款出现贷方明细余额的情形，就应查明原因，必要时建议做重分类调整。

（九）审查坏账准备的提取与使用

1. 分析性复核。通过计算坏账准备余额占应收款项余额的比例并和以前期间的相关比例核对，检查分析其重大差异，以发现有重要问题的审计领域。

2. 检查坏账准备的计提。主要应查明坏账准备的计提方法和比例是否符合制度规定，计提的数额是否恰当，会计处理是否正确，前后期是否一致。

按照《企业会计准则》的相关规定，企业只能用备抵法核算坏账损失，计提坏账损失的具体方法由企业自行确定。企业应当列出目录，具体注明计提坏账准备的范围、提取方法、账龄的划分和提取比例，按照管理权限，经股东大会或董事会，或经理（厂长）会议或类似机构批准，按照法律、行政法规的规定报有关各方备案，并备置于公司所在地，以供投资者查阅。坏账准备提取方法一经确定，不得随意变更。如需变更，仍然应按上述程序经批准后报经有关各方备案，并在财务报表附注中说明变更的内容和理由、变更的影响等。

在确定坏账准备的计提比例时，企业应当根据以往的经验、债务单位的实际财务状况和现金流量的情况，以及其他相关信息合理地估计。除有确凿证据表明该项应收款项不能收回，或收回的可能性不大外（如债务单位撤销、破产、资不抵债、现金流量严重不足、发生严重的自然灾害等导致停产而在短时间内无法偿付债务等，以及应收款项逾期 3 年以上），下列各种情况一般不能全额计提坏账准备：①当年发生的应收款项，以及未到期的应收款项；②计划对应收款项进行重组；③与关联方发生的应收款项；④其他已逾期，但无确凿证据证明不能收回的应收款项。

3. 检查坏账损失。对于被审计单位在被审期间内发生的坏账损失，审计人员应检查其原因是否清楚，是否符合有关规定，有无授权批准，有无已做坏账处理后又重新收回的应收款项，相应的会计处理是否正确。对有确凿证据表明确实无法收回的应收款项，如债务单位已撤销、破产、资不抵债、现金流量严重不足等，企业应根据管理权限，经股东大会或董事会，或经理（厂长）办公会或类似机构批准作为坏账损失，冲销提取的坏账准备。

4. 检查长期挂账应收款项。审计人员应检查应收款项（包括应收账款和其他应收款等）明细账及相关原始凭证，查找有无资产负债表日后仍未收回的长期挂账应收款项；如有，应提请被审计单位做适当处理。

5. 检查函证结果。对债务人回函中反映的例外事项及存在争议的余额，审计人员应查明原因并做记录。必要时，应建议被审计单位做相应的调整。

（十）检查应收账款与坏账准备在资产负债表上是否已恰当列报

如果被审计单位为上市公司，则其财务报表附注通常应披露期初、期末余额的账龄分析，期末欠款金额较大的单位账款，以及持有5%（含5%）以上股份的股东单位账款等情况。

企业应当在财务报表附注中清晰地说明坏账的确认标准、坏账准备的计提方法和计提比例，应区分应收账款和其他应收款项目，按账龄披露坏账准备的期末余额，并且，上市公司除按会计制度规定应披露坏账准备的计提方法等外，还应在财务报表附注中分项披露如下事项：

1. 本期全额计提坏账准备，对计提坏账准备的比例较大的（计提比例一般超过40%及以上的，下同），应说明计提的比例以及理由。

2. 以前期间已全额计提坏账准备，或计提坏账准备的比例较大的但在本期又全额或部分收回的，或通过重组等其他方式收回的，应说明其原因、原估计计提比例的理由以及原估计计提比例的合理性。

3. 对某些金额较大的应收款项不计提或计提坏账比例较低（一般为5%或低于5%）的理由。

4. 本期实际冲销的应收款项及其理由，其中，实际冲销的关联交易产生的应收款项应单独披露。

按照《企业会计准则》的要求，计提资产减值准备的企业应按年填报资产减值准备明细表。因此，检查坏账准备的披露是否恰当，除了关注其在财务报表附注披露上的恰当性以外，还应当关注企业资产减值准备明细表中有关坏账准备内容披露的恰当性。

四、常见错弊及审计案例分析

（一）应收账款审计中的常见错弊

1. 应收账款的入账金额不实，如不是采用总额法，而是按净额法入账，以达到推迟纳税或将正常销售收入转为营业外收入的目的。

2. 应收账款账户记录的内容不合理、不合法。如通过“应收账款”账户虚列收入。

3. 应收账款业务管理不当造成一定损失，如应收账款回收期过长，周转速度慢，影响企业正常的生产经营活动。

4. 应收账款余额在企业流动资产中的比率过大，表示企业大部分周转资金被其他企业占用，从而不利于本企业的资金周转，影响了正常的生产经营活动。

5. 对坏账损失的会计处理不合理，如采用直接转销法和备抵法交替使用，随意变更会计方法，前后期核算口径不一致等。

6. 会计核算时备抵法运用不正确。主要表现在：

（1）人为扩大计提范围和标准，以达到多提坏账准备，多列费用，减少当期收益的目的。

（2）年终结算时未考虑“坏账准备”账户的余额情况。

（3）未按坏账损失的标准确认坏账的发生，如将预计可能收回的应收账款作为坏账处理，以换取个人或局部的利益，或将应列为坏账的应收款长期挂账，造成资产不实。

（4）收回已核销的坏账时，未增加坏账准备，而是作为“营业外收入”或“应付账款”或不入账而作为内部“小金库”处理。

7. 会计核算时直接转销法运用不正确，具体表现在：

（1）不按坏账标准及时确认坏账，而是长期挂账。

（2）随意列支坏账，虚增当期资产减值损失。

（3）在已核销的坏账又收回时，未冲减资产减值损失，而是将其私分或存入“小金库”。

（二）审计案例分析

资料：审计人员在 2017 年 2 月对甲企业 2016 年度资产负债表进行审核时，从财务报表附注中得知该企业坏账准备提取率为应收账款的 4%，审查账簿，发现该企业“应收账款”余额为 2 000 000 元，“坏账准备”贷方余额为 160 000 元。

审计分析要点：

1. 根据该企业 12 月末“应收账款”余额为 200 万元，应计提坏账准备 80 000元。根据审阅该企业“坏账准备”账户发现 11 月末贷方余额为 36 000 元，故 12 月份应计提 44 000 元坏账准备。

2. 调阅 12 月 31 日 29#凭证，年末结算的会计处理是：

借：资产减值损失　　　　124 000

　　贷：坏账准备　　　　124 000

3. 经审查，该企业虚增坏账准备提取率为 8‰，而使当年资产减值损失虚增了 80 000 元。该企业虚增坏账准备提取率，与财务报表附注中使用的会计政策不符，从而使当期利润虚减 80 000 元。

4. 如果该问题在 12 月 31 日前查清，应在 12 月 31 日再编制一张记账凭证。

借：坏账准备　　　　80 000

贷：资产减值损失 80 000

5．该问题在次年查清，应在查清当期将多提的坏账准备冲回，冲回的数额同时应进行如下分配（假定所得税率25%，盈余公积提取比例为10%）：

①借：坏账准备 80 000

贷：以前年度损益调整 80 000

②借：以前年度损益调整 20 000

贷：递延所得税资产 20 000

③借：利润分配——未分配利润 60 000

贷：以前年度损益调整 60 000

④借：利润分配——未分配利润 6 000

贷：盈余公积 6 000

第三节 应收票据审计

一、应收票据审计概述

票据是载明债务人在规定日期内向债权人无条件支付一定金额款项的书面凭证，包括汇票、本票、支票等。企业会计核算中所设立的应收票据账户，主要用于核算企业因销售产品等而收到的商业汇票。商业汇票包括银行承兑汇票与商业承兑汇票两种。它们与货币资金一样，具有流动性强、风险性大的特点，是审计中的重要内容。

应收票据也是在赊销业务中产生的，对应收票据的审计应结合销货业务进行，一般按制度基础审计的程序进行，采取抽查、计算、核对、分析等方法审查。应收票据的审计目标一般应包括：①确定被审计单位被审期间的应收票据业务发生的合法性，入账的及时性与记录的完整性。②确定应收票据账面余额的真实性、正确性。③确定应收票据的存在性，是否账实相符，并为被审计单位所有。④确定应收票据是否有效。⑤确定应收票据利息计算的正确性。⑥确定应收票据及其坏账准备是否已按照企业会计准则的规定在财务报表中做出恰当列报。

二、了解和评价内部控制制度

良好的应收票据内部控制除包括应收账款的内容外，还应有以下内容：①保管应收票据的人员不得经办会计记录。②应收票据的接受、贴现和换新须经保管票据以外的主管人员书面批准后，方可办理，防止用伪造的票据冲抵、截留现金。内部审计人员还应定期向出票人查证，以加强控制。③违约票据的冲销，必须按规定的程序进行，冲销的票据必须进行严格的会计控制。④对票据到期客户只支付部分款项的应收票据，应在票据背面登记有关内容，并进行专门记录。

三、实质性审查的内容与方法

（一）获取或编制应收票据明细表

1. 复核加计是否正确，并与总账数和明细账合计数核对是否相符；结合坏账准备科目与报表数核对是否相符。

应收票据明细表通常包括出票人姓名、出票日、到期日、金额和利率等资料。在复核加计正确及与上述有关数额核对相符的基础上，审计人员应抽查部分票据，并追查至相关文件资料，判断其内容是否正确，有无应转、应收账款的逾期应收票据，以及虽未逾期但有确凿证据表明不能够收回或收回可能性不大的应收票据。

2. 检查非记账本位币应收票据的折算汇率及折算是否正确。

3. 检查逾期票据是否已转为应收账款。

（二）监盘库存应收票据

库存应收票据的监盘工作与库存现金的监盘工作基本相同，应同时进行。监盘后，应将盘点结果填入应收票据盘点表，并与应收票据明细账核对是否相符。在盘点时，审计人员应注意票据的种类、号数、签收的日期、到期日、票面金额、合同交易号、付款人、承兑人、背书人姓名或单位名称，以及利率、贴现率、收款日期、收回金额等是否与应收票据登记簿的记录相符；关注是否对背书转让的票据负有连带责任；注意是否存在已作质押的票据和银行退回的票据。

（三）询证应收票据

应收票据是一种债权凭证，确认其真实价值，须得到出票人或称债务人的确认。所以在监盘的基础上，必要时选取部分票据（特别关注有疑问的商业承兑汇票）向出票人函证，证实其存在性和可收回性，并编制函证结果汇总表。具体做法与应收账款询证基本相同。

（四）对应收票据发生和收回的审查

根据内部控制的要求，企业应设立应收票据备查簿，由出纳员以外的专人负责登记。审计人员应将备查簿与应收票据账户核对，检查收到的票据是否及时入账。同时应检查票据收到后是否及时结转了应收账款或及时增加了主营业务收入。通过对备查簿和应收票据明细账的审查，了解企业是否在票据到期时，将商业汇票及有关单据及时送交其开户银行向银行办理转账结算，根据银行退回的进账单第一联，据以编制收款凭证，借记“银行存款”科目，贷记“应收票据”科目，并在备查簿内将已兑现票据注销。对于兑现的含息票据，应注意是否将收到的利息收入贷记“财务费用——利息收入”科目。

（五）对票据贴现的审查

票据贴现，是以未到付款期的票据向银行融通资金的一种借款行为。持有未到期商业汇票的企业，为了满足资金的需要，可向银行申请贴现。银行受理后，根据自贴现日到票据付款日的贴现期及规定的贴现率计收贴现息，并以贴现票据的到期价值扣减贴现息后的余额，作为贴现人的贴现收入支付给申请贴现人。审计人员在审查时应注意以下情况：

1. 票据贴现的款项是否及时足额入账。票据的贴现应由负责登记和保管票据以外的主管负责人批准后方可办理。贴现后应及时登记备查簿，同时会计人员要及时编制记账凭证，登记入账，按实际收到的金额（即扣除贴现息后的净额）借记“银行存款”科目，按贴现息部分借记“财务费用”科目，同时贷记“应收票据”（票据为银行承兑汇票）或“短期借款”（票据为商业承兑汇票）科目；如是含息票据，贴现后借记“银行存款”科目，贷记“应收票据”科目，按其差额，借或贷记“财务费用”科目。审计人员应核查应收票据登记簿，对已贴现的票据，特别是金额较大的，逐笔核对银行存款与应收票据账户，检查是否已及时入账，防止利用票据贴现贪污款项。

2. 票据贴现的计算是否准确。票据贴现收入应等于票据的到期值减去贴现息。不带息票据的到期值是票据的面值，带息票据的到期值是票据的面值加上利息。贴现息是由票据到期值乘以贴现率再乘以贴现期。贴现期是指贴现日至到期日前一天的天数（即算头不算尾或贴现日计入，到期日不计入）。审计人员应采用复算的方式，核实票据的贴现金额是否准确。

3. 票据拒付是否及时转账。商业承兑汇票到期时承兑付款人有可能无款支付，企业作为贴现申请人，应当负有向贴现银行偿还贴现票据的责任，形成或有负债。审计人员应注意审查企业收到银行退回的应收票据和支款通知时是否按所付本息借记“应收账款”科目，贷记“银行存款”科目。如果企业银行存款账中余额不足，银行作逾期贷款处理时，企业是否借记“应收账款”科目，贷记“短期借款”科目。

（六）分析评价应收票据可兑现程度

应收票据同应收账款一样，存在着一定的风险。审计人员在审计应收票据备查簿的基础上，结合有关方面的资料，应分析评价应收票据的可兑现程度。对于以抵付逾期应收账款的票据、未按规定支付的票据以及经营状况不好企业所签发的票据应加以客观的分析评价，正确估计企业应收票据的可兑现程度，以帮助企业正确估价资产，及时采取必要措施，以促进资金的正常周转。

（七）请被审计单位协助，在应收票据明细表上标出至外勤审计时已兑现或已贴现的应收票据，核对收款凭证等资料，以确认其资产负债表目的真实性

（八）对应收票据相关的坏账准备进行审计（审计程序参见与应收账款相关坏账准备的审计程序）

（九）应收票据在财务报表中列报的适当性的审查

审计人员应审查被审计单位财务报表中应收票据项目的数额与审定数的一致性，查明是否剔除了已贴现票据。对于已贴现票据是否按规定在资产负债表下端补充资料内加以反映。

四、常见错弊及审计案例分析

（一）应收票据审计中的常见错弊

1. 应收票据业务会计记录的内容不真实、不合法，将不属于应收票据的经济事项作为应收票据处理，如将赊销时“应收账款”反映在“应收票据”中，或虚拟应收票据业务。

2. 应收票据业务会计核算和管理混乱，如不设置“应收票据”账户，或不设置“应收票据明细簿”。

3. “应收票据”账户长期挂账，超过支付期（最长9个月）后不及时转入“应收账款”账户。

（二）审计案例分析

资料：审计人员对甲企业某年财务收支状况进行审查，在查阅该企业当年账簿时，发现年末有一笔红字冲减收入70万元的经济业务，摘要栏内容中注明“销货退回”，但没注明单位名称。

审计分析要点：

1. 调阅有关记账凭证，该凭证内容为：

借：主营业务收入	700 000	
贷：应收票据		700 000

所附原始凭证为一张红字发票记账联。

2. 查阅“应收票据”明细账、“主营业务收入”明细账及“库存商品”明细账，发现均无该笔业务的记录。因此初步断定这是一笔虚拟业务。

3. 经查阅2017年1月份账面记录，发现一笔同样金额的销售业务，会计分录为：

借：应收票据	700 000	
贷：主营业务收入		700 000

所附凭证为一张蓝字发票，“应收票据”明细账、“主营业务收入”明细账均无记录，因此认定为假账。

4. 通过询问，被审计单位领导及会计人员承认，做假账以达到2016年年末少纳税款的目的。

5. 应编制调账分录如下（假定该企业所得税税率为25%，计提盈余公积为10%）：

（1）借：应收票据	700 000	
贷：以前年度损益调整		700 000
（2）借：以前年度损益调整	175 000	
贷：应交税费——应交所得税		175 000
（3）借：以前年度损益调整	525 000	
贷：利润分配——未分配利润		525 000
（4）借：应交税费——应交所得税	175 000	
贷：银行存款		175 000

第四节　其他应收款审计

一、其他应收款审计概述

其他应收款账户用于核算企业除应收票据、应收账款、预付账款等以外的其他各种应收、暂付款项，包括不设置“备用金”科目的企业向各职能科室、车间等拨出的备用金，发生的各种应收赔款、应收罚款，应收出租物包装租金，存出保证金（如租入包装物支付的押金），应向职工收取的各种垫付款项，以及不符合预付账款性质而按规定转入的预付款项等。企业在该账户下应按不同应收款内容及不同债务人设置明细账进行核算。

其他应收款是企业的流动资产，对其他应收款的审计可采取计算、核对、函证、分析等方法进行审查。其他应收款的审计目标一般应包括：①确定被审计单位在被审计期间的其他应收款业务发生的合法性、入账的及时性与记录的完整性；②确定其他应收款账面余额的真实性、正确性；③确定其他应收款的存在性，是否账实相符，并为被审单位所有；④确定其他应收款是否已按照企业会计准则的规定在财务报表中做出恰当列报。

二、了解和评价内部控制制度

由于其他应收款业务量较少，对其他应收款可进行详细审计，即不需通过内部控制确定审计重点，直接进入实质性审查阶段。

三、实质性审查的内容与方法

1. 审查其明细账的开设是否正确清晰。例如，应收款应按对方单位和个人名义开设，备用金则按备用金负责人开设。如果存在“其他”的明细账，则其内容通常为一“大杂烩”，审查时应请会计人员列明其余额的对象及会计事项的性质。

2. 审查其他应收款的正确性和真实性。

（1）获取或编制其他应收款明细表，复核加计是否正确，并与报表数、总账数和明细账合计数核对是否相符。

（2）检查其他应收款的账龄分析是否正确。

（3）分析有贷方余额的项目，查明原因，必要时做重新分类调整。

（4）结合应收账款明细余额查验是否有双方同时挂账的项目，核算内容是否重复，必要时做出适当调整。

（5）对于大额其他应收款，应核对会计凭证与会计记录是否相符，如果认为有必要，可直接向债务人进行函证。如果发现明细账有贷方余额，要进一步查明事实真相，必要时做重新分类。

3. 确定其他应收款增减变动的合法性。审查时应注意其他应收款中有无转移收入，隐匿应收罚金、赔款、虚列成本费用，重复报销备用金及贪污存出保证金等问题。

4. 审查坏账损失的合法性。对转作坏账损失的项目，应查明是否符合规定，并办妥审批手续；对于长期未能收回的项目，应查明原因，确定是否可能发生坏账损失。

5. 确定“其他应收款”项目在财务报表上是否恰当列报。

四、常见错弊及审计案例分析

（一）其他应收款审计中的常见错弊

1. 其他应收款业务内容不真实、不合法。

（1）将超出企业经营范围的业务反映在“其他应收款”账户，以逃避税务工商部门的管理，牟取暴利。

（2）利用“其他应收款”账户私自存放大量现金，违反库存现金限额管理的规定。

（3）利用“其他应收款”账户为其他单位或个人套取现金，在一定程度上为贪污盗窃、损公肥私大开方便之门。

2. 其他应收款账户占用额过大，占用时间过长，给企业造成一定损失。

（1）为职工垫付的款项过多，造成国有资产事实上被个人长期占用，影响企业正常生产经营活动。

（2）应向有关单位、个人收取的罚款、赔款长期无法收回，有些形成损失。

（3）存出保证金超过正常期限未能收回等。

（二）审计案例分析

资料：

审计人员对甲企业某年财务收支状况进行审查，在查阅该企业当年的“其他应收款”明细账簿时，发现在6月份该企业有一笔其他收款项为1万元的经济业务，摘要栏内容为“其他应收账款”。

审计分析要点：

1. 该业务内容不明，在账簿中查到会计分录为：

借：其他应收款　　　　10 000

　　贷：库存现金　　　　10 000

同时经查，没有该笔业务的原始凭证，而有一些借款白条，审计人员因此怀疑企业虚列业务，以套取现金，挪作他用。

2. 经审查询问，该企业会计承认是其陆续打白条挪用了公款。

3. 审计人员告知单位领导，建议会计人员退还款项，并做出一定处理。

第五节　预付账款审计

一、预付账款审计概述

预付账款审计是审计人员依法对企业购销业务过程中的各种预付账款的真实性、合法性进行的审查和核实，查明预付账款是否真实存在，有无利用预付账款隐瞒利润等问题。

预付账款是企业的流动资产，是在企业的购货业务中产生的。对预付账款的审计应结合购货业务进行，采取抽查、计算、核对、函证、分析等方法审查。预付账款的审计目标一般应包括：①确定被审计单位在被审计期间的预付账款业务发生的合法性，入账的及时性与记录的完整性；②确定预付账款账面余额的真实性、正确性；③确定预付账款的存在性，是否账实相符，并为被审计单位所有；④确定预付账款是否已按照企业会计准则的规定在财务报表中做出恰当列报。

二、了解和评价内部控制制度

对预付账款内部控制的符合性测试可比照应收账款的进行。由于预付账款属于采购与付款循环，因此，还应结合购货与付款内部控制的了解和评价进行。具体测试时应抽查购货合同、购货发票、入库票、验收报告、付款凭证、记账凭证等，测试其内部控制的健全性和有效性。

三、实质性审查的内容与方法

1. 核对预付账款明细账与总账余额一致。

2. 获取或编制预付账款明细表，复核加计数额是否正确，并同有关会计记录相互核对。同时请客户协助，在预付账款明细表上标出截止日已收到货物并冲销预付账款的项目。

3. 确定预付账款账面余额的真实性。选择预付账款的重要项目，函证年末余额的正确性，并根据回函情况编制函证结果汇总表；回函金额不符的，要查明原因做出记录或适当调整；未回函的，可再次复询，如不复函可采用替代方法进行检查，根据替代检查结果判断其债权的真实性或出现坏账的可能性。对未发询证函的预付账款，应抽查有关原始凭证。

4. 审查预付账款的确认和会计处理。审查预付账款是否根据协议、合同规定预付，有关凭证和会计记录是否齐全，数额计算有无差错和遗漏，如有，则应进一步查明原因；抽查入库记录，核查有无重复付款或将同一笔已付清的账款在“预付账款”和“应付账款”这两个科目同时挂账的情况；分析明细账余额，对于出现贷方余额的项目，应查明原因，必要时做重分类调整。

5. 审查预付账款的合法性。审查时应查明被审计单位是否按国家规定的条件和范围使用预付账款，有无利用预付款进行诈骗和营私舞弊等违法行为。

6. 确定“预付账款”项目在资产负债表上列报的恰当性。

四、常见错弊及审计案例分析

（一）预付账款审计中的常见错弊

1. 预付账款业务内容会计记录不真实、不合法、不合理。

（1）将企业销售收入，其他业务收入和营业外收入作为预付账款业务进行核算，造成账户对应关系混乱，从而达到截留收入、推迟纳税或偷税的目的。

（2）将“预付账款”与其他债权账户混淆使用，如将应在“应收账款”借方和“其他应收款”借方反映的销售款及存出保证金等反映在“预付账款”账户的借方，混淆了不同性质的业务。

2. 内部控制制度执行不严。如，企业授权付款时未了解供应企业的情况而造成到期时收不到货物，给企业造成一定的损失。

（二）审计案例分析

资料：

审计人员对甲企业某年财务收支状况进行审查，在查阅该企业当年的“预付账款”明细账簿时，发现在1月初该企业有一笔预付款项为10万元的经济业务，数额大，且挂账时间长达3年，摘要栏内容为“预付账款”。

审计分析要点：

1. 审计人员翻阅相关原始凭证，查看原始记录，并对会计人员及采购人员进行询问，了解到3年前该企业为购买一批紧缺的原材料，找供货企业乙企业进行供货，且预付10%的货款10万元。

2. 购货人员回答情况为：由于该购货业务还未签订正式购货合同，造成到交货日期时，当乙企业以无货等种种理由拒绝供货时，该企业不仅没拿到货，也给追款造成困难。

3. 审计人员进而审查了原始合同，认为情况基本属实。

4. 审计人员在做审计结论时，指出财务上应在账上将该笔款项确定为经济损失。甲企业应总结经验教训，该损失是由于主管部门及领导没有严格要求和管理混乱所致，采购前不调查供货方的真实情况和货源情况，由于急需货物而放松了应有的谨慎。企业应予以改正，以防类似情况发生。

思考与练习

1. 应收款项内部控制环节有哪些？应对其如何进行测试？
2. 对应收票据贴现业务如何进行审计，审计要点是什么？
3. 对预付账款业务如何进行审计，审计要点是什么？
4. 对应收账款业务如何进行审计，审计要点是什么？

第六章　存货审计

内容提要

存货审计是资产负债表审计中的一个重要组成部分，被审计单位通常会利用该项目达到粉饰财务报表、调整当期损益的目的，从而直接影响到流动资产及其他财务报表项目的真实性、正确性。存货审计有什么特点？包括哪些内容？审计目标是什么？这是本章首先阐述的问题。存货的内部控制要点有哪些？符合性测试的重点及方法是什么？这是本章阐述的第二个问题。存货的实质性审查应当从哪些方面入手？如何采用分析性复核的方法对存货进行审计？如何对存货进行盘点？这是本章阐述的最后一个问题。

第一节　存货审计概述

存货是指企业在日常活动中持有以备出售的产成品或商品、处在生产过程中的在产品、在生产过程或提供劳务过程中耗用的材料、物料等。存货区别于固定资产等非流动资产的最基本的特征是：企业持有存货的最终的目的是为了出售，包括可供直接销售的产成品、商品，以及需经过进一步加工后出售的原材料等。存货的一个重要确认标准是企业对该项财产是否拥有法定所有权。凡是在截止期限所有权属于企业的货物，不论其存放地点或存放状态，都应确认为企业的存货；反之，凡是所有权不属于企业的物资，即使存放于企业，也不应确认为企业的存货。

一、存货的特点

存货是企业一项重要的流动资产，具有以下特点：

1. 存货种类繁多，占用资金多，往往在资产中占较大比重，是一项重要的流动资产，其核算的正确性会对企业的财务状况产生较大影响。

2. 存货属于流动资产，变化周期快，供求关系等市场环境对其影响较大，这就加大了对其核算管理的难度，也更容易出现差错。

3. 对存货在实物数量的管理时通常采用永续盘存制或实地盘存制，计价可选用计划成本法、先进先出法、加权平均法、移动加权平均法等，其计价基础和计价方法种类较多，也增加了核算和检查的难度。存货的计价与会计核算会直接涉及成本、费用等项目，因此对企业的损益核算也会产生多方面影响。

二、存货的审计目标

存货审计是审计人员针对存货项目的以上特点、核算过程中容易出现的错弊，结合企业生产经营和内部控制的实际情况，配合具体审计方法的灵活运用，对存货以及存货的相关项目进行审查，以发现存货核算中隐藏的错误和弊端，进而调整有关错误项目，保证财务报表的真实、可靠。

存货审计的实质性审查，通常是审计中较为复杂和费时的部分，其原因为：①存货是资产负债表中资产的一个主要项目，而且通常是构成营运资本的最大项目。②由于存货存放于不同的地点，对它的实物控制和盘点有一定的难度，因此存货的存在性评估较为困难。③存货项目的多样性也给审计带来了困难。④存货本身的陈旧以及存货成本的分配也使得存货的估价出现困难。⑤由于存货计价方法的多样性，因此存货价值的评估常常十分困难。正是由于存货对于企业的重要性、存货问题的复杂性，以及存货与其他项目密切的关联度等，审计人员对存货项目的审计应当予以特别的关注。

存货审计的根本目标在于审查资产负债表上所列示的存货有关项目的余额是否真实、正确，为实现这个目标应从以下几方面入手：①了解并分析评价被审计单位有关存货的内部控制制度是否健全、有效；②验证资产负债表上的存货项目是否真实存在，所有权是否归属于被审计单位；③审查企业当期所发生的存货业务是否及时正确入账，并如实列示于资产负债表；④审查企业是否严格划分会计期间，存货业务是否存在跨期间入账的情况；⑤复核企业存货计价方法和过程是否恰当；⑥确定存货项目是否已按照企业会计准则的规定在财务报表中做出恰当列报。

三、存货审计的基本内容

存货审计的基本内容可以概括为首先对存货有关的内部控制制度进行审查和评价，然后根据测试结果对存货有关账户的余额真实性、经济业务的合法合规性进行实质性审查。具体来说，包括以下方面：

（一）分析和评价存货的内部控制

由于存货在企业资产中所占比重较大，加上流动频繁，不易于管理，易发生差错舞弊，因此企业必须重视对存货的控制。企业必须根据自己的实际情况和存货的特点设计一整套完整、合理的内部控制制度。审计人员在审查时也应该特别注重对内控制度的检查，分析企业管理制度的设计是否健全、完善，在实际工作中是否得到切实的落实。

（二）审核和复算存货的计价基础和计价方法

由于存货项目较多，涉及对不同的计价方法的选用问题，比如购入存货的计价，购入费用的分配，产成品的计价，在产品与产成品成本的分摊，材料成本差异的核算等，审计人员应对一些重要计算过程和方法进行详细检查，确认企业核算的正确性、合理性。

（三）抽查和验证存货的收发业务和期末余额

企业的营业周期中可能存在大量的存货购买、销售、加工、盘亏、损耗等业务，由于收支频繁且核算复杂，很容易产生差错，而日常处理中存在的问题必然影响到期末余额的正确性。为了保证会计数据真实、正确，审计人员应重视对有关重点业务和可疑业务的检查，确保资产负债表中的数据能如实反映企业相应的财务状况。

（四）检查和认定存货的盘存制度

存货管理的一个重要措施是对其进行定期的盘点和检查：一方面核实库存物资的实际数量并与有关会计记录核对；另一方面对存货的质量进行检验，检查是否存在变质、淘汰、毁损的现象，如有，应及时做相应会计处理，确保账实一致，如没有虚增虚减存货的情况，审计人员也应将此作为审计的一个重要内容。

四、存货审计的程序和方法

存货审计的主要程序与方法如下：

（一）健全性调查

了解存货的内部控制制度。通过采用调查表法、文字说明法、流程图法等向企业管理人员或具体业务操作人员了解内部控制的设计情况，对其健全完善程度进行评价。

（二）符合性测试

通过观察企业实际业务的操作过程或检查业务流程中形成的凭证、资料等，对内部控制制度的执行情况进行检验，对其符合程度进行评价。

（三）实质性审查

结合健全性调查和符合性测试的结果，找出企业内部控制中存在的控制重点和控制弱点（即内部控制建立不完善或内部控制实施未遵守即定标准的环节）。针对这些方面，有目的地审查相关的会计资料及经济资料，对其真实性、合法性进行鉴定和检查。具体审查时应从以下几个方面入手：

1. 验证存货的账面余额。首先，利用审阅法、核对法核对资产负债表中存货项目的余额与存货总账余额、明细账合计余额是否一致。其次，利用盘存法核实企业账面存货余额与实际库存是否一致，盘点时除了要注意存货的数量，还要留意存货的质量、规格等。

2. 验证存货的计价方法。首先，结合企业生产经营的特点验证企业所选择的计价基础和计价方法是否合适，是否前后一致。其次，采用抽查法和复算法检验企业具体的计算过程是否正确，有无选用了错误的计算公式或数据的情况。

3. 抽查存货收发记录。首先，索取存货明细账，审阅账内的各项内容，如账簿记录是否完整，业务摘要是否完整、清楚，数据是否与有关会计凭证相符等，发现其中的重要业务和可疑业务。其次，根据分析结果，选择相应记账凭证，审查凭证的处理是否符合经济业务的实际情况，会计分录是否符合会计制度的规定，凭证编制审核的手续是否完整。再次，调阅原始凭证，重点注意凭证是否真实，有无经过篡改、伪造；凭证要素是否齐全，填写是否规范，有关价款和支付方式是否与合同或双方约定一致。

4. 查实存货核算的截止日期。对年度财务报表审计来说，核算的截止日期就是12月31日。企业在会计核算时，应将截止日之前的所有业务如实入账，截止日后的业务应等到以后的会计期间再入账。审计人员应注意存货业务的发生及入账时间，防止出现企业利用随意调整业务入账时间而对有关会计数据的真实性、合理性产生影响。

存货审计的范围几乎涉及企业全部生产经营过程，因此要在有限的审计时间内全面、事无巨细地对其进行审计是很难实现的。这就需要审计人员能够尽快明确审计的重点环节，有针对性地开展审计，高效率、高质量地完成审计业务。一般来说，审计人员在实施以上审计程序时还应特别注意以下环节：①期初存货的认定，包括对期初存货的结存数量和结存金额的认定。②本期购货额的认定，包括年度内存货购入的数量、金额及年底货到单未到存货的估价入库，还有审查财务部门对年底购货的正确截止。③期末存货结存量的确定。审计人员应认真盘查期末所有权属于企业的全部存货，包括存放于库内、车间存货的数量，委托外单位代销存货的数量，在途存货数量等。④倒推本期存货。为验证本期存货成本中的有关成本项目，可以利用“期初存货+本期购入存货-期末存货=本期发出存货”的公式，倒推出本期的销货成本。⑤存货购入、发出及结存的计价测试，包括存货计价方法的选择、有关费用的分摊、材料成本差异的计算。

第二节　了解和评价内部控制制度

一、存货内部控制制度要点

存货业务是企业生产经营的一个重要环节，健全、有效的内部控制制度，可以保证提供准确、可靠的存货等有关方面的数据，从而如实地反映企业财务状况和获利能力，为企业管理人员提供经营决策的依据。

企业应针对存货管理的特点，围绕收、发、存等各个环节设计出一套行之有效的内部控制制度，保障存货资金的安全，加速存货资金的周转，提高存货资金的效益。企业对存货的管理应从存货实物流转控制系统和存货价值流转系统两个方面入手，应针对这两个系统分别采用一系列控制措施。

（一）存货实物流转控制系统

对于一般的企业来说，存货的实物运转主要由采购、验收、保管、发出、生产及销售等环节构成，各环节的主要控制措施有：

1. 采购。采购业务应由独立的采购部门负责。采购、验收和记录职责应当明确划分。采购部门应根据使用部门、仓储保管部门或其他有关部门的申请并经过主管部门的同意开展采购业务，采购前应与供货部门签订合同或达成协议，并填写正式的定货单，将副本交由会计部门和验收部门。在发出定单之前，还需经过财务部门的核准。

2. 验收。企业购入的存货应当由独立于采购、仓储等部门以外的部门负责验收。验收部门应仔细检查货物的数量和质量，并与采购协议或单据进行核对，认真填写验收单。验收之后将货物交给仓储部门，并把验收单分别送交采购部门、仓储部门和会计部门。

3. 保管。存货入库，应当由保管部门进行查实和签收，填写入库单并交由财会部门保管部门应认真做好日常管理工作，按存货的种类、规格分类存放，采取合理的防腐、防火、防盗等措施，保证存货的安全。

4. 发出。存货的使用部门在领取存货之前，应填制领料单并报有关部门审批，领料单通常为一式三份，一份由领料部门留存，一份作为保管部门的发货依据，一份通知会计部门。保管部门应严格按照领料单上的存货种类和数量发货，并办理相应的发出手续。

5. 生产。存货的加工和制造是由企业的生产部门来完成的，生产部门在生产的各个环节也应做好存货的管理。生产原料在各个车间或生产组之间的分配和转移应严格按照生产计划来执行，各个生产部门也应做到严格的监督和管理，防止出现窝工、浪费、残次品多、积压等现象，还要采取有效措施防止出现贪污盗窃等问题。对已加工完成的产品应及时交由仓库保管，并通知财会部门。

6. 销售。库存商品和原材料如要对外销售，应当先由销售部门与外单位洽谈、达成协议，经主管部门批准后再根据销售协议和销售发票的数量发货。货物出库时，应完整地办理出库手续并填写出库单。

（二）存货价值流转控制系统

存货的价值流转控制系统主要由成本会计控制制度和永续盘存制度两部分组成。

1. 成本会计控制制度。为了正确核算产品成本，对存货进行有效的控制，必须建立和健全成本会计控制制度，将生产控制和成本核算有机地结合在一起。一方面，生产过程中的各种记录、生产通知单、领料单、记工单、入库单等文件资料都要汇集会计部门，由会计部门对其进行审查和核对，了解和控制生产过程中存货的实物运动；另一方面，会计部门要设置相应的会计账户，会同有关部门对生产过程中的成本进行核算和控制。归纳起来，成本会计控制主要有以下几点：

（1）根据过去的经验和同行业的水平，制定成本计划或控制目标；

（2）搜集、审核各有关单证，严格控制生产费用的发生；

（3）设置相应的总分类账和明细分类账，进行会计核算；

（4）选择恰当的成本计算方法，归集并分配生产费用，确定产品生产成本；

（5）进行成本分析。

2. 永续盘存制度。存货日常收付业务的核算应实行永续盘存制度，即设立各种有数量、有金额的存货明细账。根据有关凭证，逐日、逐笔登记材料等收发数量和金额，并随时反映结存数量和金额。永续盘存制度能随时反映存货的结存数量和金额，为购货和生产计划等方面的决策提供了十分必要的资料，可以有效地避免存货过多或过少而给企业带来的损失。

要使永续盘存制度有效发挥作用，永续盘存记录应由会计部门而不能由保管存货的存储部门负责。应将所有存货的数量和金额同时登记在明细账上，并将明细账置于总账的控制之下，经常与总账核对，保证两者相符。同时，存货的账面结存数量要定期与存货实地盘点数量相核对，两者如有差异，应及时查明原因，并对账户进行调整，使其与实际存量相符。

二、了解和评价内部控制制度

（一）了解并记录存货的内部控制制度

在研究和评价存货的内部控制制度之前，必须调查了解被审计单位有关存货的内部控制制度。通常审计人员可以采取填写调查问卷、查阅内部资料、向相关人员询问等方式来收集有关资料。在调查过程中除了要听取有关管理人员的介绍和意见外，还要注意向直接参与存货管理的工作人员了解情况。通过调查了解，审计人员就可以对企业存货的管理情况加以掌握。在此基础上，审计人员应对手头的资料进行整理和归纳，形成存货内部控制说明书、流程图或调查问卷，并对这些资料进行分析说明，形成工作底稿，纳入工作档案。

（二）实施简易抽查

审计人员为了证实审计工作底稿对企业存货内部控制的描述是否完整和正确，可进行简易抽查加以验证。简易抽查应建立在对存货流转和生产工艺流程非常熟悉的基础上。抽查时应关注的主要事项有：永续盘存记录是否完整？存货账实是否定期或不定期核对？账实差异是否分析原因、追查责任并做出适当的账务调整？存货采购、收发、存储是否由不同的部门执行并相互牵制？存货流动是否经过批准并有原始凭证记录？简易抽查的主要目的在于检查审计人员关于存货内部控制制度调查所形成的审计工作底稿的完整性，而不在于内部控制制度是否可靠。

（三）采购业务测试

采购业务是存货流动的起点，采购记录是整个存货记录是否适当的基础，因此，采购业务测试是存货审计中的关键一环。测试内容及步骤如下：

1. 从供应部门的业务档案中抽取定货单样本。

2. 审核定货单样本是否附有请购单或其他授权文件。

3. 审核相应的验收报告、收货方发票和货物入库单，比较三者与请购单在数量、价格和型号规格等方面是否一致。

4. 检查相关的记账凭证及账务处理，复核相关的材料运杂费在不同货物之间的分配是否正确。若材料是按计划成本入库核算，还应注意材料成本差异的核算。

（四）存货内部控制制度的评价

审计人员在研究企业存货内部控制制度之后，应根据所收集的证据，结合自己的专业分析与判断，对存货内部控制进行评价，评价的主要内容包括以下方面：

1. 存货内部控制制度是否健全完善。

2. 存货内部控制制度是否得到有效执行。

3. 存货内部控制制度的整体强弱及各个部分的强弱。

4. 审计人员对存货内部控制制度的可依赖性及存货内部控制风险。

对企业存货内部控制进行研究和评价，目的在于根据研究评价的结果，确定存货实质性审查的审计重点和程序。一般说来，存货内部控制较强，则存货管理中存在的风险较小，相应地，实质性审查的风险可以适当增大，因而其实质性审查的审计程序可以适当简化。但当被审计单位的内部控制较弱、存货的控制风险较大时，就应增加有关的实质性审查程序。特别地，当被审计单位的内部控制很弱，甚至根本不存在可供信赖的内部控制制度时，审计人员应超越符合性测试程序，直接进行非常详细的实质性的测试。

第三节　存货实质性审查

一、存货实质性审查的内容和方法

存货的实质性审查，是存货审计的重点和难点，所实施的审计内容主要有分析性复核、存货监盘、存货质量审计、存货计价测试、购货业务的年末截止测试、存货跌价准备和跌价损失的审查、存货在财务报表上的反映是否恰当的审计等。

（一）分析性复核

在存货项目中存在着大量比率和趋势，审计人员可以借助这些数据进行判断分析，即采用分析性复核的方法审查存货总体上的合理性，以发现年度内存货项目的重大波动与异常现象，判断存货审计的重点，获取审计证据并帮助审计人员形成审计结论。存货分析性复核的主要方法有：

1. 分类编制与上年对应的存货比较表，比较前后各期及本年度各个月份存货余额及其构成，以评价期末余额及其构成的总体合理性；查找重大增减变动项目，并审查其变动原因。

2. 将存货余额与现有的定单、资产负债表日后各期的销售额和下一年度的预测销售额进行比较，以评估存货滞销和跌价的可能性。

3. 按年分月编制全年各月存货产销计划与执行情况对照表，对于重大波动及异常变动进行调查与分析。

4. 计算存货周转率，分析存货周转速度，进行年度间的纵向比较和同行业间的横向比较，审查存货计价是否前后一致，有无有意或无意减少存货储备，是否存在超额库存等不合理现象。

5. 计算、分析企业的毛利率与盈利水平及其变动情况，并与其同业比较，以推算企业的销售价格是否发生变动，产品结构是否变化，生产经营活动是否正常，期末存货的计算与存货价值计算是否正确。

6. 按供货商或货物分类，比较各期（通常按月或季）的购货数量，分析购货量的异常变动是否与特定的存在利害冲突的供应商有关，或是判断各类存货之间的存储比例是否合理。

7. 对每月存货成本差异率进行比较，以确定是否存在人为调节成本的现象。

8. 将存货跌价准备与本年度存货处理损失的金额相比较，判断被审计单位是否计提足额的跌价损失准备。

（二）年末存货的监盘

期末存货的结存数量直接影响到财务报表上的存货金额。对期末存货数量的确定，是存货审计中的重要内容。在20世纪30年代以前，审计人员的审计责任一般仅针对会计记录和数字计算进行审核，审计准则并不要求审计人员对资产实物的实际存在和实物结存数量的正确性承担责任。但在1939年著名的迈克逊·罗宾斯案发生后，这一审计方式被彻底划上句号。此后，各国审计准则都强调了审计人员对资产实物实际存在和实际结存数量的正确性进行验证的责任。由此认为，审计人员对存货进行监盘是存货审计必不可少的一项审计程序。

根据有关审计准则，可以总结出存货监盘的以下要点：①客户实施的实地盘存既是一项控制程序，又是一项独立活动，且它的效用并不依赖于对处理业务的控制；②审计人员进行的监盘是观察、询问和实物检查工作的集合程序；③审计人员的目的是获得合理保证：客户的存货计量方法能产生正确计量结果；④不存在满意的替代程序来计量和观察期末存货。

尽管存货的监盘和应收账款的函证均是公认审计程序，但两者有着明显的区别：对应收账款，即使无法进行函证，还存在一些令人满意的替代证明方法，如检查会计记录和原始单据；但是，对于存货，只检查会计记录不能被认为是满意的期末存货的替代证明。

应当注意的是，监盘方法所获取的是实物证据，并不能验证被盘点存货的所有权归属，因此审计人员还要通过其他审计方法进行补充证实。

1. 存货实地盘点前的规划。审计人员应该同企业一道，制定设计周密、行之有效的盘点计划，这样一方面可以使企业更加了解审计对存货盘点的要求；另一方面也有利于审计人员掌握企业存货管理的基本情况和企业对存货盘点的初步安排。

制定盘点计划时，审计人员应特别关注以下几点：

（1）盘点的时间。在可能的情况下，盘点时间应尽量接近年终结账日。

监盘的时间以会计期末以前为佳，如果企业有条件进行期中盘点，审计人员应在盘点时加以监督，同时对盘存日和期末间的永续记录加以测试；如果企业的盘点在会计期末以后的时间进行，那么就应当对盘点结果进行调整。

（2）参与盘点人员。盘点是整个企业的一件大事，各级领导、有关人员，包括供应、存储、财务及生产等部门的有关人员都应参与。

（3）存货的封存。为了保证存货数量的准确，盘点时，企业各库房、各车间原存货必须停止流动，并分类摆放整齐。

（4）编制连续编号的盘点标签或填写盘点清单，有条件的还应绘制存货摆放示意图，规划盘点路线。

（5）确定监盘的范围。在盘点时，审计人员应选择适当数量的存货进行检查。数量过大会降低审计的效率，数量过小不具有代表性，会影响审计结论的准确性。因此审计人员应根据审计时间的安排、审计人员的数量、企业存货在资产中的重要程度等因素确定一个合适的盘点范围。

2. 盘点问卷调查。审计人员在实施监盘前，应对企业的盘点组织及参与人员的准备工作进行调查，以确定企业是按照盘点计划的要求在进行盘点的准备工作。若认为企业的盘点工作达不到事前规划的要求，审计人员可以拒绝实施监盘，并要求企业另订时间、重新准备。盘点问卷的主要内容应包括：

（1）所有参与盘点的人员，是否都熟悉盘点计划与指令，是否熟悉盘点的一般程序和基本要求。

（2）所有存货是否都分类摆放有序，存货是否封存。

（3）盘点标签或盘点清单是否编制妥当；是否有遗漏的存货或者有外单位寄存的存货；对于外单位寄存的存货，是否将其分开摆放并排除在盘点范围之外；废品与毁损物品是否分开摆放并分开列示。

（4）各种计数、计量器具是否符合国家标准，并准备齐全。

3. 实地观察与抽查。盘点开始时，审计人员应亲临盘点现场，密切注意企业的盘点现场以及盘点人员的操作程序和盘点过程，包括观察盘点现场的存货是否摆放有序并封存；观察盘点人员的盘点程序是否符合盘点计划和指令的基本要求；观察计量盘点数量是否准确，有无重计或漏计；观察盘点标签或盘点清单是否按照要求填制。如果发现问题，审计人员应及时指出，并督促企业纠正；如认为盘点程序和过程有问题，导致盘点结果严重失实，应要求企业组织人员重新盘点。

企业盘点人员盘点之后，审计人员应根据观察的情况，在盘点标签尚未取下之前，进行复盘抽点。抽点的样本一般不得低于存货总量的10%。在比较抽点结果和盘点单上的记录时，不仅要核对数量，还应核对存货的编号、品种规格及产品品质的完好程度。在抽查在制品时，还应关注对其完工程度的估计是否适当；抽点如发现差异，除应督促企业更正外，还应扩大抽点范围；如发现差错过大，则应要求企业重新盘点。

抽查结束后，应将全部盘点标签或盘点清单按编号顺序汇总，并据以登记盘点表。归总时，审计人员应注意盘点标签或盘点清单编号的连续性，以免有缺号、重号现象。所有的盘点标签、盘点清单均由企业参与盘点人员和监盘审计人员签名，并复印两份，企业与审计人员各保留一份。同时，审计人员还应向企业索取存货盘点前的最后一张验收报告单（或入库单）、最后一张货运文件（或出库单），以便作为购货业务年末截止之用。

观察盘点和抽点过程中，审计人员还应查询有无外单位存货存放在本企业仓库内或本单位存货保存在他处，并通过审阅合同与信函、向对方函证等方式，对这部分存货所有权予以证实。对于那些特殊形式存在的存货，也应纳入盘点范围，但可选择其他盘点方式，如委托当地审计人员负责监盘、亲自前往监盘等。如果存货数量不大，也可以向寄存寄销单位函证或采用其他替代程序予以确认。这些货物应单独记录，分开存放和盘点。

4. 编写盘点工作底稿。盘点工作结束后，审计人员应根据企业存货的盘点情况，将盘点程序、盘点中的重要问题及处理、盘点结果等予以记载，并连同企业的盘点计划或指令、盘点表、问卷调查资料以及所获得的其他资料一起整理成审计工作底稿。

（三）存货质量审计

在存货监盘过程中，审计人员必须对存货的质量或其性能进行适当的审查，以确定存货的质量情况是否符合销售和使用的要求，其质量等级是否与会计账簿上记载的价值相匹配，是否存在陈旧、滞销或毁损现象。因为很多存货可能由于保管不善造成废损，长期堆放而失效过时。此外，对于明细账上极少变动的项目，应注意查明是否属于积压报废项目。

对于属于精密技术产品的存货，如汽油等级、珠宝价值等，审计人员应聘请有关专家协助鉴定。

根据以上审查结果，审计人员应做出适当的记录，必要还应对被审计单位的存货价值进行调整，以便合理地反映存货的价值。

（四）存货采购业务的审计

1. 审查存货采购明细账或存货明细账，抽查有关会计凭证，审查采购业务的真实性、合法性和正确性。审计时应重点注意，采购合同是否规范、合法，是否与采购计划、生产计划衔接；采购存货的数量、价格是否真实、合理，并与合同协议一致；采购存货的品种、质量、数量是否符合本企业要求。

2. 审查存货采购成本项目构成是否符合会计制度的规定，采购费用的分配方法是否合理，成本计算方法的选用是否正确等。

3. 审查存货采购业务账务处理的真实性、合规性和正确性，重点注意存货采购费用的归集与分配是否真实、合规、正确，存货采购业务账簿记录是否正确，存货采购总账和明细账记录是否一致，期末余额是否相符；实行计划成本核算的企业，存货材料成本差异的计算和结转是否正确等。

4. 审查存货验收入库的真实性和正确性。重点注意存货验收入库手续是否齐备，存货短缺或质量不符是否及时做了处理，应索赔的事项是否及时办理；抽查存货入库单与实物数量是否一致，抽查入库存货的质量与合同规定是否相符等。

（五）存货发出业务审计

1. 审阅存货明细账，抽查有关会计凭证、审查存货发出业务的真实性、合法性和正确性。重点注意存货发出业务是否以计划、合同为依据，并经过领导的审批，存货发出业务的凭证和手续是否合规、齐全，存货发出的数量和金额是否合理、正确。

2. 审查存货发出成本的合规性和正确性。重点注意存货发出成本的计价方法是否符合会计制度的规定，采用计划成本法和零售价法的企业是否及时、正确地调整成本差异和进销差价。企业在计算和结转存货发出成本时，是否坚持一贯性原则，如有变动，原因是否合理，是否经过有关部门批准。

3. 审查存货发出业务账务处理的真实性、合规性和正确性，重点注意企业有无利用发出业务的账务处理弄虚作假、营私舞弊等行为。

（六）存货计价测试

为了验证财务报表上存货项目余额的真实性，还必须对年末存货的计价进行测试。存货计价测试的主要程序包括：

1. 选择测试样本。用于计价测试的样本，应从存货数量已经盘点、单价和总金额已经记入存货汇总表的结存存货中选择。选择时应特别注意结存余额较大，且价格变化频繁的项目，同时考虑所选样本的代表性。

2. 审查计价方法。存货计价的方法多种多样。企业可结合国家法规要求，选择适合自身特点的方法。审计人员除应了解掌握企业的存货计价方法外，还应对这种计价方法的合理性与一致性予以关注，没有足够理由，计价方法在同一会计年度内不得变动。对于已变动计价方法的存货项目，应审查其变动情况是否在财务报表上予以充分披露。

3. 测试计价情况。审计人员在进行计价测试时，首先应对存货价格的组成内容予以审核，然后按照所了解的计价方法对所选择的存货样本进行计价测试。测试时，审计人员应排除企业已有计算方法和结果的影响，独立进行测试。测试结果出来后，应与企业账面记录对比，编制对比分析表，分析形成差异的原因。如果差异过大，应扩大范围继续测试，并根据测试结果做出审计调整。

必须指出，存货的计价测试与存货质量的审计密切相关，审计人员在实施审计过程中应尽可能将两者结合起来，以节约审计时间和成本。

（七）购销业务截止测试

正确确定存货购入与售出的截止日期，是正确、完整地记录企业年末存货的前提。而购销业务年末截止测试就是要检查已经记录为企业所有，并包括在12月31日存货盘点范围内的存货中，是否含有截止至该日尚未购入或已经售出的部分。在一般情况下，档案中的每张发票均附有验收报告与入库单（或出库单），因此，测试购销业务年末截止情况的主要方法是检查存货盘点日前后的购货发票、验收报告与入库单（或销货发票与出库单，下同）。如果12月底入账的发票附有12月31日或之前日期的验收报告与入库单，则货物肯定已经入库，并包括在本年的实地盘点存货范围内；如果验收报告日期为1月份的日期，则货物不会列入年底实地盘点的存货中。反之，如果仅有验收报告与入库单而并无购货发票，则应认真审核每一验收报告单上面是否加盖暂估入库印章，并以暂估价计入当年存货账内，待次年初以红字冲销。

购销业务截止测试的另一审核方法是查阅验收部门的业务记录，凡是接近年底（包括次年年初）购入或销售的货物，均必须查明其相应的购货或销售发票是否在同期入账。对于未收到购货发票的入库存货，应查明是否将入库单分开存放并暂估入账；对已填制出库单而未发出的商品，应查明是否将其单独保管。

对于测试完成后发现的截止期处理不当的情况，审计人员应提请被审计单位做必要的会计账务调整。

（八）存货跌价准备和跌价损失的审查

根据谨慎性要求，期末对存货应采用成本与可变现净值孰低进行计量，发生跌价的应计提存货跌价准备。通过对存货跌价准备和跌价损失进行审查，查明存货跌价准备和跌价损失的真实性、转销的合理性、会计记录的完整性、期末跌价准备余额的准确性及反映的适当性。

1. 取得或编制存货跌价准备及跌价损失明细表。复核加计该明细表的正确性，并与报表、总账、明细账核对相符。

2. 存货跌价准备计提合理性的审查。了解被审计单位期末是否对存货进行系统分析，存货跌价准备计提的依据、方法是否合理，各个期间采用的方法是否一致，计算及账务处理是否准确、跌价准备余额是否符合规定。

3. 期后售价的审查。抽查部分计提存货跌价准备的项目，检查其决算日后销售价格是否低于存货原始成本。

4. 对存货跌价进行分析性复核。审查前后各期存货跌价损失有无异常变动，是否存在利用跌价损失人为调节成本费用的情况。

5. 核对相关会计科目。将存货跌价损失发生额与“存货跌价准备”科目结转额核对，检查其一致性。

6. 审查存货跌价准备和跌价损失在财务报表中反映的适当性。

（九）存货在财务报表上披露是否恰当的审计

存货是资产负债表上流动资产项目下的一个重要项目，就工业企业而言，其金额应根据“材料采购”、“原材料”、“周转材料”（或“包装物”、“低值易耗品”）、“材料成本差异”、“委托加工物资”、“生产成本”、“存货跌价准备”等各科目的期末余额计算填制。审计人员应根据《企业会计准则》和有关财务会计制度的要求，对资产负债表上存货的余额列示的合理性进行审计。

除此之外，还应就财务报表附注中所披露的存货计价与产品成本计算方法及其变更情况、变更原因与变更结果等进行审计，以查明会计披露的恰当性。

二、存货具体账户的审计

存货审计在整个财务报表审计中占有十分重要的地位。前面我们已经介绍了监盘、计价审计、截止审计等审计程序，然而仅仅实施这些审计程序尚难以达到存货的审计目标。这里，我们在前面内容的基础上，介绍各种具体存货账户的审计程序。

(一) 材料采购的审计

在审计材料采购账户时，首先，应获取或编制材料采购明细表，复核加计正确，与总账数、明细账合计数核对是否相符。其次，应检查期末材料采购，核对有关凭证，对大额材料采购，追查至相关的购货合同及购货发票，复核采购成本的正确性，并抽查期后入库情况。同时，审计人员应查阅资产负债表日前后若干天的材料采购的增减变动的有关账簿记录和收料报告单等资料，检查有无跨期现象，如有，则应做出记录，必要时做调整。如采用计划成本核算，审计人员应审核材料采购账项中有关材料成本差异发生额的计算处理是否正确。再次，审计人员还应审核有无长期挂账事项，如有，应查明原因，必要时应做调整。

(二) 原材料的审计

首先，应获取或编制原材料明细表，复核加计是否正确，并与总账数、明细账合计数核对是否相符；同时抽查核对明细账是否与仓库台账、卡片记录相符。其次，在此基础上，实施以下审计程序：

1. 对期末原材料余额与上期期末余额进行比较，解释其波动原因，并对大额异常项目进行调查。

2. 现场观察被审计单位的期末原材料盘点情况，取得原材料盘点资料和盘盈、盘亏报告表，做重点抽查，并注意查明账实不符原因，有关审批手续是否完备，账务处理是否正确；存放在外的库存材料，应现场查看或函询核实。

3. 检查原材料的入账基础和计价方法是否正确，是否前后期一致：在以实际成本计价条件下，应以样本的单位成本与原材料明细账及购货发票核对；在以计划成本计价条件下，应以样本的单位成本与原材料明细账、原材料成本差异明细账及购货发票核对。

4. 检查发出材料的计价基础，抽查若干月发出材料汇总表的正确性。

5. 根据被审计单位原材料计价方法，抽查年末结存量较大的原材料的计价是否正确。若原材料以计划成本计价，还应检查“材料成本差异”账户发生额、转销额是否计算正确。

6. 审核有无长期挂账原材料事项，如有，应查明原因，必要时做调整。

7. 查阅资产负债表日前后若干天的原材料增减变动的有关账簿记录和原始凭证，检查有无跨期现象，如有，则应做出记录，必要时做调整。

8. 结合原材料的盘点，检查期末有无料到单未到情况，如有，应查明是否已暂估入账，其暂估价是否合理。

(三) 包装物的审计

对包装物的审计，首先，应获取或编制包装物明细表，复核加计正确，并与总账数、明细账合计数核对是否相符，同时抽查核对明细账是否与仓库台账、卡片记录相符。其次，对期末包装物余额与上期期末余额进行比较，解释其波动原因，并对大额异常项目进行调查；现场观察被审计单位的期末包装物盘点情况，取得包装物盘点资料和盘盈、盘亏报告表，做重点抽查，并注意查明账实不符原因，有关审批手续是否完备，账务处理是否正确，存放在外的包装物，应现场查看或函询核实；检查包装物的入账基础和计价方法是否正确，是否前后期一致；检查发出包装物的计价基础，抽查若干月发出包装物汇总表的正确性；根据被审计单位包装物计价方法，抽查期末结存量较大的包装物的计价是否正确，若包装物以计划成本计价，还应检查“材料成本差异”账项发生额、转销额是否计算正确；审核有无长期挂账包装物事项，如有，应查明原因，必要时做调整；查阅资产负债表日前后若干天的包装物增减变动的有关账簿记录和原始凭证，检查有无跨期现象，如有，则应做出记录，必要时做调整；结合包装物的盘点，检查期末有无料到单未到情况，如有，应查明是否已暂估入账，其暂估价是否合理；检查出租、出借包装物的会计处理是否正确。

（四）低值易耗品的审计

首先，应获取或编制低值易耗品明细表，复核加计正确，并与总账数、明细账合计数核对是否相符。其次，实施以下程序：检查低值易耗品与固定资产的划分是否符合规定；检查低值易耗品的入库和领用的手续是否齐全，会计处理是否正确；检查低值易耗品摊销方法是否正确，前后期是否一致；审核有无长期挂账低值易耗品事项，如有，查明原因，必要时做调整。

（五）材料成本差异的审计

首先，应获取或编制材料成本差异明细表，复核加计正确，并与总账数、明细账合计数核对是否相符。其次，在此基础上实施以下程序：对每月材料成本差异率进行分析性复核，检查是否有异常波动，注意是否存在调节成本现象；抽查若干月发出材料汇总表，检查材料成本差异的分配是否正确，并注意分配方法前后期是否一致。

（六）库存商品的审计

首先，应获取或编制库存商品明细表，复核加计正确，并与总账数、明细账合计数核对是否相符；同时与仓库台账、卡片抽查核对相符。其次，实施以下程序：

1. 现场观察被审计单位库存商品盘点情况，取得库存商品盘点资料和盘盈、盘亏报告表，做重点抽查，并注意查明账实不符原因，有关审批手续是否完备，账务处理是否正确；对冷背、残次、呆滞的库存商品，关注其计价是否合理。

2. 查核库存商品的计价方法，检查其前后期是否一致：对自制商品产品等，在实际成本计价条件下，应以样本的单位成本与库存商品明细账及成本计算单核对；在计划成本计价条件下，应以样本的单位成本与库存商品明细账、商品成本差异明细账及成本计算单核对。对库存外购商品，在以实际成本计价条件下，应以样本的单位成本与库存商品明细账及购货发票核对；在以计划成本计价条件下，应以样本的单位成本与库存商品明细账、商品成本差异明细账及购货发票核对。

3. 抽查库存商品入库单，核对库存商品的品种、数量与入账记录是否一致，并检查入库库存商品的实际成本是否与“生产成本”科目的结转额相符。

4. 抽查库存商品的发出凭证，核对转出库存商品的品种、数量和实际成本与“主营业务成本”是否相符。

5. 审阅库存商品明细账，检查有无长期挂账库存商品事项，如有，查明原因，必要时做调整。

（七）委托加工物资的审计

首先，应获取或编制委托加工物资明细表，复核加计正确，并与总账数、明细账合计数核对是否相符。其次，检查若干份委托加工业务合同，抽查有关发料凭证、加工费、运费结算凭证，核对其计费、计价是否正确，会计处理是否及时、正确；抽查加工完成物资的验收入库手续是否齐全，会计处理是否正确；对委托加工物资的期末余额，应现场查看或函询核实；审核有无长期挂账的委托加工物资事项，如有，查明原因，必要时做调整。

（八）受托代销商品的审计

首先，应获取或编制受托代销商品明细表，复核加计正确，并与总账数、明细账合计数核对是否相符；同时与仓库台账、卡片抽查一致。其次，实施以下程序：检查若干份受托代销业务合同，抽查有关收货凭证，核对其会计处理是否及时、正确；检查是否定期发出受托代销商品销售月结单（对账单），抽查若干月的销售月结单（对账单），验明会计处理是否及时、正确；对受托代销商品的期末余额，应现场查看其是否存在；审核有无长期挂账的受托代销商品事项，如有，查明原因，必要时做调整。

（九）发出商品的审计

首先，应获取或编制发出商品明细表，复核加计正确，并与总账数、明细账合计数核对是否相符。其次，在此基础上实施以下程序：检查若干份售后回购、委托代销等业务的协议、合同，抽查有关发货凭证，核对其会计处理是否及时、正确；结合库存商品审计，抽查发出商品的入账基础，是否与库存商品结转额核对相符；检查是否按合同约定时间收回货款，并复核其转销成本是否与收入确认比例配比，验明会计处理是否及时、正确；对发出商品的期末余额，必要时应函询核实；审核有无长期挂账的发出商品事项，如有，应查明原因，必要时做调整。

三、常见错弊及案例分析

（一）存货审计中的常见错弊

在存货审计过程中审计人员应当结合存货项目的特点，分析在核算中易产生差错的环节和项目以及错误类型，有重点地开展审计工作，以提高审计效率，保证审计质量。

存货项目在核算过程中通常易产生以下差错：

1. 账户运用不合理。存货项目中包括了很多具体核算科目，如材料采购、原材料、周转材料、材料成本差异等，每个科目都有其自身的核算范围和要求。企业应当严格按照核算的界限规范地进行会计处理。在实际操作中，由于会计人员会计知识的不全面、会计操作的不规范，或出于不正当的目的，往往会无意或有意地混淆账户的界限，从而造成会计信息的失真。

2. 存货收入计价不准确。存货收入计价是存货核算的基础，直接影响到当期和后期财务报表项目的真实性。而在实际操作中，由于存货收支频繁，有一定核算难度，且存货收入计价中发生的费用有很多种，因此容易造成一些差错，也容易被企业利用，发生舞弊行为。

3. 存货发出计价错误。存货在发出时应当根据其数量和单价计算发出成本。在计价时，通常会出现计价方法不合理现象，如计划成本和实际成本使用不规范、不稳定，具体到某种计算程序时产生计算错误；采用计划成本法时，材料成本差异率的计算是否正确，发出材料时是否及时分摊差异。

4. 存货账务处理不规范。存货在收入和发出时是否严格按照会计核算的要求进行账务处理，对于一些特殊业务如退料和假退料是否及时处理，账务处理时是否合理运用有关账户，及时登记有关明细账和总账等。

5. 存货盘存方法错误。企业存货在盘存时可选用实地盘存制或永续盘存制，为了确保核算的正确性和科学性，企业应当采用永续盘存制进行管理，从而避免采用实地盘存制时造成的以存计耗的方法带来的差错。

（二）审计案例分析

[案例一]

资料：

审计人员对某机器制造企业2016年度的财务报表进行审计，在审查存货明细账和盘点存货时发现以下情况：

（1）在仓库中有一批设备A上未悬挂盘点单，也未附有其他盘点记录。经向有关人员调查了解到这批产品为外单位X的承销品。

（2）验收部门有设备B一台，盘点单上注明“重做”标记。

（3）运输部门有已包转完毕待售的设备C一台，没有悬挂盘点单，根据销售部门负责人介绍，该设备已经销售给外单位Y。

（4）在企业仓库的一角堆放着五堆原材料，材料上布满灰尘，部分已经严重锈蚀。每堆材料上均挂有盘点单，审计人员盘点的结果与盘点单上记录一致。

（5）企业原材料甲采用月末一次加权平均法计价，明细账上结存栏里只有数量，却没有金额。

（6）企业原材料乙采用月末一次加权平均法计价，明细账上结存栏里数量与金额均为红字。

要求：

针对以上的情况，分析审计人员应当采取哪些程序进行审查和验证？

审计分析要点：

根据以上发现的问题，审计人员分别应采取以下审计程序来加以检验和证实。

（1）对于承销商品或产品，审计人员应通过审阅、函证和询问等方法加以检验。可以索取承销品的收发记录、承销双方的承销协议或有关信件进行审阅，或向承销人询问了解承销的有关情况，并与仓库中存放的设备 A 进行核对。着重验证承销业务的真实性，承销商品的数量、种类等是否与双方协议一致。

（2）从设备 B 的存放地点和盘点单上的“重做”字样，推测可能是退回的货物。审计人员应索取设备入库验收报告、销售退回通知单或向购货方函证，以查明该设备所有权的归属。如仍属于购货方，则不应该将其纳入企业存货范围。

（3）向销售部门索取销售协议、结算凭证以验证设备 C 的所有权，如果销售尚未真正实现，则应将此设备列入存货的期末余额中。

（4）审计人员应向仓库保管部门了解存货的质量情况，向材料使用部门询问该批材料长期不用的原因，是否可以继续使用。如果材料已经变质或报废则应进行变卖、丢弃等相应处理，并调整账面记录。

（5）盘点存货如确实存在该批存货，则审计人员应重新计算存货的发出成本，要特别注意是否有多结转成本的现象。

（6）存货明细账不会出现红字余额，因此应详细检查材料乙的收发记录及计价情况，重点注意是否存在存货未办理入库手续就直接发出的现象。

[案例二]

资料：

审计人员审查某企业 2016 年度财务报表时了解到企业采用计划成本法核算材料成本，2016 年 12 月初库存材料甲计划成本为 5 000 元，应负担的材料成本差异为节约差 3 600 元。另发现以下情况：

12 月材料甲的收发情况如下：

	收入材料			发出材料		
	实际成本	计划成本	贷方科目	实际成本	计划成本	用　途
	28 600	28 500	材料采购		22 500	生产加工用
	3 000	2 800	生产成本		2 240	生产车间一般用
					340	管理部门领用
合计	31 600	31 300		21 320	25 080	

要求：

审查企业核算的发出材料成本是否正确？

审计分析要点：

企业 12 月份的材料成本差异率为

$$\frac{-3\ 600+(28\ 600-28\ 500)+(3\ 000-2\ 800)}{5\ 000+31\ 300}\times 100\% = -9.09\%$$

企业发出的材料甲应承担的材料成本差异 = −9.09% ×25 080 = −2 280(元)

企业发出甲材料的实际成本 =25 080 −2 280 =22 800（元）

企业材料甲少计发出成本 =22 800 −21 320 =1 480（元）

结论：

企业少计材料的发出成本 1 480 元，假定产品全部完工并已销售，则如去除税收的影响则多计当期利润 1 480 元。

思考与练习

1. 存货审计应包括哪些内容？
2. 存货审计应达到哪些目标？
3. 存货审计的基本步骤包括哪些？
4. 存货的内部控制包括哪两个方面？各应当采取哪些控制措施？
5. 如何对存货的内部控制进行符合性测试？
6. 存货的实质性审查应当从哪些方面入手？
7. 如何采用分析性复核的方法对存货进行审计？
8. 如何对存货进行盘点？应当注意哪些问题？
9. 在审查存货计价时，应注意哪些问题？

第七章 投资审计

内容提要

投资是企业的一项重要资产，随着经济的不断发展，它在企业资产中所占的比重日益增大。因此，加强对投资的审计具有十分重要的意义。投资业务审计有什么特点？审计目标、审计的内容、程序和方法是什么？这是本章首先要阐述的问题。本章的第二节至第五节分别从长期股权投资和金融资产两个方面阐述以下问题：审计目标、内容、程序和方法？如何了解和评价内部控制制度？实质性审查的内容和方法是什么？审计过程中有哪些常见错弊？

第一节 投资审计概述

市场经济条件下，企业生产经营日趋多元化，除传统的经过原材料投入、加工、销售方式获取利润外，还可以通过采用投资、收购、兼并、重组等方式拓宽生产经营渠道，提高获利能力。投资是企业为了获得收益或实现资本增值而向被投资单位投放资金的经济行为。按投资内、外方向的不同，可分为对内投资和对外投资。企业对外进行的投资，可以有不同的分类。从性质上划分，可以分为债权性投资与权益性投资；从投资的性质和企业持有金融资产的业务模式及金融资产合同现金流量特征划分，可以分为以摊余成本计量的金融资产、以公允价值计量且其变动计入其他综合收益的金融资产、以公允价值计量且其变动计入当期损益的金融资产和长期股权投资。

投资业务审计的特点是：审计数额大，业务发生的频率低，一旦投资形成后很难改变其投资方向；同时，对外投资还具有风险。故投资审计的目的不仅是确认投资业务的真实性和实存性，更重要的是审查其投资效益，以及投资的合理性。

投资审计的审计目标有别于其他业务的审计，其主要内容有：

1. 审查投资业务投资是否确实存在。
2. 审查投资业务投资是否归被审计单位所有。
3. 审查投资业务投资的增减变动及其收益（或损失）的记录是否完整。
4. 审查投资业务投资的计价方法（成本法和权益法）是否正确。
5. 审查投资业务是否有效益性，各项投资业务选择是否合理；投资收益是否正确计价。

6. 审查投资业务投资的年末计价是否合理，以摊余成本计量的金融资产、以公允价值计量且其变动计入其他综合收益的金融资产和长期股权投资减值准备是否计提；其会计处理是否正确。

7. 确定投资业务投资是否已按照企业会计准则的规定在财务报表中做出恰当列报。

企业对外投资是出于理财的需要，对投资业务进行审计的内容有：

1. 审查和评价企业投资业务的内部控制制度是否健全、有效，企业在投资业务活动处理过程中是否严格遵守有关的内部控制制度，并根据内部控制的实际情况确定实质性审查的重点、性质和范围。

2. 投资业务的合规性、合法性审查。企业对外投资首先是对其投资方向进行审查，视其投资方向是否符合国家的法律、法规和产业政策的规定，大投资是否经董事会或企业管理部门审批、授权。其次是审查投资资金的来源是否合法，投出资产是否确是企业闲置不用的资产，有无将正在用的设备投资于外单位的行为；企业对外投资的资金有无占用应上缴的财政收入；有无以投资为名转移国家资产。

3. 审查证券实物的所有权。存放于企业的证券，其所有权是否归属于企业所有，应审查证券的购买凭证和所有权证明，并将不属于企业的有价证券单独存放。

4. 审查证券的实有性。为了确定证券是否存在，审计人员应向有关证券商调查证券的实有性，证明证券是否确实存在，且计价正确，并已在资产负债表上充分揭示。

5. 审查企业投资收益的正确性和效益性。投资收益的审查包括投资的出售、转让、收回是否已在相关的投资收益账户中正确反映；投资的利息、收益，以及证券的折价、溢价是否核算正确；长期股权投资的投资收益是否根据实际情况分别按权益法和成本法进行账务处理；企业对外投资是否有经济效益，并对投资失败的原因进行分析和审查。

6. 审查企业投资业务是否已在资产负债表上充分揭示。企业对外投资应根据投资的性质、业务模式及金融资产合同现金流量特征等分列项目列示。

投资业务的发生额大，流动性较差，一旦投资形成后很难改变其投资方向。同时，投资业务还展示了企业经营者的理财思维，对外投资是一种通过多角度经营，分散经营风险的理财策略。因而，对其内部控制制度审查是投资业务审计的重要内容，故审查时审计人员应首先对对外投资的内部控制制度的健全性和有效性进行审计，再根据被检查单位内部控制制度的强弱确定进一步进行实质性审查的范围、重点和程序。在对投资业务进行实质性审查时，应采用审阅法、核对法、调查法、复核法等查账技术，但不宜使用抽样审查方法。由于每笔投资业务的发生额相对较大，发生次数相对较少，故审计人员为了保证审计质量、提高审计效率，宜采用细查法。

第二节 长期股权投资审计

长期股权投资是指投资者以获利为目的，直接投资购买企业股权的行为。

一、长期股权投资审计概述

长期股权投资核算企业持有的采用权益法或成本法核算的长期股权投资具体包括：

1. 企业持有的能够对被投资单位实施控制的权益性投资，即对子公司的投资。

2. 企业持有的能够与其他合营方一起对被投资单位实施共同控制的权益性投资，即对合营企业的投资。

3. 企业持有的能够对被投资单位施加重大影响的权益性投资，即对联营企业的投资。

4. 企业的长期股权投资一般发生额较大，属于企业的重大经营活动，因而是审计的重要内容。

长期股权投资审计的主要目标有：

1. 确认长期股权投资是否确实存在。
2. 确认长期股权投资是否归被审计单位所有。
3. 确认长期股权投资的增减变动及其收益（或损失）的记录是否完整。
4. 确认长期股权投资的计价方法（成本法和权益法）是否正确。
5. 确认长期股权投资是否有效益性，投资收益是否正确计价。
6. 确认长期股权投资的年末计价是否合理，长期投资减值准备是否计提。
7. 确定长期股权投资是否已按照企业会计准则的规定在财务报表中做出恰当列报。

企业长期股权投资业务是通过购买并持有其他企业的股权业务，来参与被投资单位的重大经营决策，从而影响或者控制这些企业的经营方针及其利润的分配决策。股权投资一般没有到期日，股权人不能及时收回股本，故股权投资具有风险大、责任大、获利多的特点。因此，审计人员应根据上述审计目标的要求，对与股权投资业务相关的资料进行审计，主要涉及的资料有股权协议、股票、经纪人通知书、企业的章程及有关协议、现金或银行存款日记账及有关总分类账、股权业务股权明细账及总分类账、投资收益明细账及分类账、银行对账单、被投资单位所有者权益的变动情况等。

二、了解和评价内部控制制度

良好的长期股权投资内部控制制度应包括以下环节：

1. 明确的授权和职务分工。一般来说，股权投资业务必须经过企业董事会的授权核准，并由指定的高级管理人员签批。证券的买卖应由不参与会计记录的、指定的职员办理。会计部门负责股权业务的账务处理。这样，授权、批准、经办、复核、保管、记录职务相互分离、相互制约、相互牵制，可以有效地减少股权过程中的错误和舞弊，减少会计信息的失真。

对用实物资产作为股权投资对价的，要坚持物资部门与会计部门分离，账务分管，审批与经办分管，资产评估与审批分管的原则，所有物资的出入都应有严格的手续制度，不同的职位各负其责。

对用无形资产作为股权投资对价的，要坚持无形资产作为股权投资和评估作价分离的制度，要有严格的审批手续。

股权项目的谈判、签约、审批、经办应由不同的人进行，建立经办与审批分离手续，并进行必要的复核制度。

2. 健全的证券保管制度。企业最好委托银行、信托股权公司或证券经纪人代为保管证券，这样可以有效地防止或减少盗窃或掩盖舞弊的可能性。如果企业自己保管，应由至少两个人同时监管，严格禁止一个人单独接触证券。严格办理证券的签收、提取手续。

3. 将证券登记在企业名下。为了防止不法分子将投资收益占为己有，或将个人的股权亏损转嫁给企业，企业购入的所有证券，都应以企业的名称登记。

4. 详细登记股权业务。企业股权投资应详细记录证券的名称、购入成本、取得日期、数量、交易经纪人、股利等；同时还应包括记录被投资企业的名称、股权额、出资方式、占对方注册资本的比例、投资合同或协议的编号、投资收益的收取方式等。

5. 定期进行核对。为了检查股权投资是否存在、完整，必须由内部审计人员或其他不参与股权投资业务的人员，对股权投资定期进行核对，及时发现股权投资资产的短缺或其他舞弊行为，并进行有效的处理。

三、实质性审查的内容和方法

1. 获取或编制长期股权投资明细表，复核加计正确，并与总账数和明细账合计数核对相符；结合长期股权投资减值准备科目与报表数核对相符。

2. 根据有关合同和文件，确认股权投资的股权比例和持有时间，检查股权投资核算方法是否正确。

3. 对于重大的投资，向被投资单位函证被审计单位的投资额、持股比例及被投资单位发放股利等情况。

4. 对于应采用权益法核算的长期股权投资，需获取被投资单位已经审计人员审计的年度财务报表；如果未经审计人员审计，则应考虑对被投资单位的财务报表实施适当的审计或审阅程序：

（1）复核投资收益时，应以取得投资时被投资单位各项可辨认资产等的公允价值为基础，对被投资单位的净利润进行调整后加以确认；对被投资单位采用的会计政策及会计期间与被审计单位不一致的，应当按照被审计单位的会计政策及会计期间对被投资单位的财务报表进行调整，据以确认投资损益。

（2）将重新计算的投资收益与被审计单位所计算的投资收益相核对，如有重大差异，则查明原因，并做适当调整。

（3）检查被审计单位按权益法核算长期股权投资，在确认应分担被投资单位发生的净亏损时，应先冲减长期股权投资的账面价值，再冲减其他实质上构成对被投资单位净投资的长期权益账面价值（如长期应收款等）。如果按照投资合同和协议约定，被审计单位仍需承担额外损失义务的，应按预计承担的义务确认预计负债，并与预计负债中的相应数字核对无误；被投资单位以后期间实现盈利的，被审计单位在其收益分享额弥补未确认的亏损分担额后，恢复确认收益分享额。审计时，应检查被审计单位会计处理是否正确。

（4）检查除净损益以外被投资单位所有者权益的其他变动是否调整计入所有者权益。

5. 对于采用成本法核算的长期股权投资，应检查股利分配的原始凭证及分配决议等资料，以确定会计处理是否正确；对被审计单位实施控制而采用成本法核算的长期股权投资，比照权益法编制变动明细表，以备合并报表使用。

6. 对于成本法和权益法相互转换的，应检查其投资成本的确定是否正确。

7. 确定长期股权投资的增减变动的记录是否完整。

（1）检查本期增加的长期股权投资，追查至原始凭证及相关的文件或决议及被投资单位验资报告或财务资料等，确认长期股权投资是否符合投资合同、协议的规定，并已确实投资，会计处理是否正确。

（2）检查本期减少的长期股权投资，追查至原始凭证，确认长期股权投资的收回有合理的理由及授权批准手续，并已确实收回投资，会计处理是否正确。

8. 期末对长期股权投资进行逐项检查，以确认长期股权投资是否已经发生减值。

（1）核对长期股权投资减值准备本期与以前年度计提方法是否一致，如有差异，查明政策调整的原因，并确定政策改变对本期损益的影响，提请被审计单位做适当披露。

（2）对长期股权投资逐项进行检查，根据被投资单位经营政策、法律环境的变化，市场需求的变化，行业的变化，盈利能力的变化等各种情形予以判断长期股权投资是否存在减值迹象。确有出现导致长期股权投资可收回金额低于账面价值的，将可收回金额低于账面价值的差额作为长期股权投资减值准备予以计提，并与被审计单位已计提数相核对，如有差异，查明原因。

（3）将本期减值准备计提金额与利润表资产减值损失中的相应数字进行核对。

（4）长期股权投资减值准备按单项资产计提，计提依据充分，应得到适当批准。减值损失一经确认，在以后会计期间不得转回。

9. 结合银行借款等的检查，了解长期股权投资是否存在质押、担保情况。如有，则应详细记录，并提请被审计单位进行充分披露。

10. 确定长期股权投资在资产负债表上已恰当列报。与被审计单位人员讨论确定是否存在被投资单位由于所在国家和地区及其他方面的影响，其向被审计单位转移资金的能力会受到限制的情况，如存在，应详细记录受限情况，并提请被审计单位进行充分披露。

11. 在对其他股权投资查账时，其实质性审查要点如下：

（1）审查其他股权投资的真实性和合法性。首先，通过对被投资者询证，验证其他股权是否实际存在，并核对企业账面反映的其他股权是否与实际在被投资者账上反映的实际股权数相符；其次，要结合有关法令法规，检查企业用于其他股权投资的资金是否符合国家规定。

（2）审查企业用于其他股权投资的财产物资是否按照有关规定进行了正确、合理的评估，有关审批程序、账务处理是否正确。

（3）审查企业以其他股权投资入股的收益核算是否正确、真实，有关会计处理、税务核算及分配是否合理、合法。在查账时可结合对被投资者的财务状况的了解来进行。

（4）审查企业联营解散后的财产清算情况。这主要是对企业解散后，其他股权的收回情况而言的。其审查的内容包括：①被投资企业解散时，财产物资、债权债务的清算是否正确；②财产物资的分配是否符合规定；③企业收回的股权是否按规定渠道入账，有无借机转移资金的现象；④企业收回股权的财务处理是否合规。

四、常见错弊及审计案例分析

（一）长期股票投资审计中的常见错弊

1. 账户设置不正确。有些企业不根据所购入股票的特点和自身的投资意图设置账户。如企业购入非上市公司的股份（购买法人股）。由于在我国目前法人股短期内不能上市，因此，企业应根据对被投资单位的影响程度分别情况处理，其中，对被告投资单位具有控制、共同控制或产生重大影响的应放在“长期股权投资”中进行核算。对被告投资单位不具有控制、共同控制或产生重大影响的应放在“以公允价值计量且其变动计入其他综合收益的金融资产”中进行核算。有些企业将购入的股票投资不区分情况就放在长期股权投资中进行核算，这显然是不正确的。

2. 股票投资的计价不正确。按照企业会计准则的规定，企业对长期股权投资应按其取得长期股权投资时的初始投资成本作为入账价值。初始投资成本的确定应分别不同情况处理：①同一控制下企业合并形成的长期股权投资，应在合并日按照被合并方所有者权益在最终控制方合并财务报表中的账面价值的份额作为长期股权投资的初始投资成本；②非同一控制下企业合并形成的长期股权投资，应在购买日按照确定的合并成本（不含企业合并所发生的相关直接费用）作为长期股权投资的初始投资成本；③非企业合并形成的长期股权投资，应当按照实际支付的购买价款或支付的非货币性资产的公允价值作为初始投资成本（包括与取得长期股权投资直接相关的费用、税金及其他必要支出）。

在取得股票所支付的价款中，如果包括已宣告发放但尚未支取的股利，应从股权成本中扣除，作为“应收股利”处理。在股票的存续期间内，应根据占被投资企业有表决权股份的比例分别采用权益法和成本法进行处理。由于采用权益法和成本法所得出的投资收益和长期投资业务投资的账面价值是不同的，因此企业必须选择适当的方法并做出正确的账务处理。有些企业将本应采用权益法的长期投资业务投资采用了成本法进行核算，或将本应采用成本法核算的长期投资业务投资采用了权益法进行核算，这样就人为地调节了企业的利润，从而歪曲了企业的财务状况和经营成果。

3. 股票投资账实不相符。有些不法分子利用职务之便借用公款炒买、炒卖股票，赔了记在企业的账上，赚了塞进自己的腰包，损公肥私。这样就会使企业平时账面上股票的种类、数量、单价、金额和企业实际拥有的股票实物不一致。同时股票很容易变现，因此也容易被不法分子盗窃、侵吞，造成股票投资账实不相符。

4. 截留股票投资收益。有些企业的个人将企业的投资收益截留，中饱私囊；也有的企业截留投资收益作为“小金库”。

5. 股权投资手续、文件方面的错弊。有的企业的股权投资，需要签订的合同或协议未予签订，或所签订的合同或协议内容不真实、手续不健全、不符合有关规定，致使投资者蒙受经济或其他有关方面的损失。

6. 长期股权投资减值准备的确认不合规定。根据企业会计准则的规定，企业期末应对长期投资逐项进行检查。如果由于市价持续下跌或被投资企业经营状况持续恶化等原因导致其可收回金额低于账面价值，并且这种降低的价值在可预见的未来期内不可能恢复，应将可收回金额低于长期股权投资账面价值的差额作为长期股权投资减值准备。如果这类企业不按照上述规定确认长期股权投资减值准备，就会导致错弊，导致报表使用者的决策失误。

7. 长期股权投资减值准备的账务处理不正确。企业确认长期股权投资减值准备时，应借记“资产减值损失”账户，贷记“长期股权投资减值准备”账户。当企业处置长期股权投资时，应将已计提的长期投资减值准备进行结转。

对于这类问题，查账人员应首先调查询证被查单位是否与接受股权单位签订了合同或协议；审查所签订的合同、协议是否完整、真实、符合规定；同时通过审阅核对“长期股权投资业务投资”账户与相应会计凭证的有关内容，以找出企业是否存在由于投资手续、文件方面的问题而造成经济损失的现象。

（二）其他股权投资审计中的常见错弊

1. 其他股权投资的内容不正确。其他股权投资是企业除了股票投资以外的对外投资业务投资。有些企业因为业务水平，或故意将一些往来款项或无形资产等混入其他股权投资；有些企业则将本来属于其他股权投资的内容计入往来款项，歪曲了企业的财务状况。

2. 其他股权投资的计价不正确。目前我国的其他股权投资主要是联营股权，其入账金额应与投资合同中的出资金额和时间相一致。如果是向外商股权企业或股份有限公司做实物股权，还应和国有资产管理局出具的资产评估的确认书相吻合。在以后年度内应根据占被投资企业的股权比例分别采用权益法和成本法进行处理，这与长期股票投资相类似。

3. 其他股权投资账实不相符。有些企业常常利用对外投资账户进行舞弊行为，其他股权投资明细账上的被投资企业的名称、性质、股权以及对方的金额、占对方企业注册资本的比例等与投资合同往往不相符合；有些企业甚至连投资合同也没有，纯属虚构对外投资业务。有些企业虚构联营股权的合作伙伴，达到借用“合作”转移资金，进行违法犯罪活动的目的。

4. 对外投资的资产不合规，作价不合理。有些企业用超出国家规定的范围内的资产对外投资，例如某企业未经国家有关部门和上级主管部门的批准，将特准储备物资用于对外投资。当企业使用材料、固定资产、无形资产等资产对外投资时，应按合同、协议约定的价值或评估确认的金额计价，在作价时不能人为地压低或抬高资产的价值，损害当事人和国家的利益；更不能通过不合理的作价收取和给予回扣。在对外进行股权投资时，如果对外投资转出的资产是实物、无形资产等，也存在类似问题。

5. 截留其他投资收益。有些企业的个人将企业的其他投资收益截留，中饱私囊；也有的企业截留投资收益作为“小金库”。这与长期股票投资相类似。

（三）审计案例分析

[案例一]

利用对外投资名义，向职工发放实物。

资料：

查账人员通过对某企业“长期股权投资——其他股权投资”账户和有关资料文件的审查发现，该企业将500 000元向某食品公司进行对外长期投资，双方签订的合同规定：被投资单位每季度向股权企业提供低于市场价格的鸡蛋、肉类等副食品，提供副食品的总价值为500 000元，每提供一次按其同等金额相应冲减“其他股权投资”。

其会计记账凭证和登记簿记录的具体内容如下：

（1）对外投资时记账凭证的内容。

2016年4月15日10#记账凭证反映的会计分录。

借：长期股权投资　　500 000

　　贷：银行存款　　500 000

（2）2—4季度登记簿上记录的具体情况。

2季度：2016年6月15日收到××食品公司副食品200 000元，冲减“长期股权投资”200 000元。

3季度：2016年9月15日收到××食品公司副食品200 000元，冲减“长期股权投资”200 000元。

4 季度：2016 年 12 月 15 日收到 × × 食品公司副食品 200 000 元，冲减“长期股权投资”200 000 元。

2016 年累计冲减“长期股权投资”600 000 元。

要求：

审计人员通过对上述问题的审查，确认该业务的真实性和正确性，并提出账务处理意见。

审计分析要点：

由上述资料，查账人员确认，该企业以弄虚作假的手法，将国家财产转换成企业集体消费，造成了国有资产的流失。该企业应做如下处理：一是终止该项投资活动，收回股权；二是对被投资单位提供的副食品 600 000 元，该企业应向职工如数收回款项，计入企业账内，并转回被投资企业。

企业应进行如下调账处理：

（1）收回股权时的会计分录

借：银行存款　　500 000

　　贷：长期股权投资——其他股权投资　　500 000

（2）向职工如数收回 600 000 元款项的会计分录

借：库存现金　　600 000

　　贷：其他应付款——× × 食品公司　　600 000

（3）将上述款项转回食品公司的会计分录

借：其他应付款——× × 食品公司　　600 000

　　贷：银行存款　　600 000

[案例二]

未将投资收入及时足额地记入“投资收益”账户。

资料：

审计人员对某单位的一项无形资产投资活动进行查证。通过对“投资收益”及有关账户明细账的审查，了解到该企业于 2016 年 12 月 5 日收到被投资单位划来的股利收入 30 000 元，并记入“投资收益”账户中。但是，根据双方签订的合同，股权企业应收到的股利收入为 36 000 元。于是查账人员重新审核了双方签订的合同等文件资料，同时对“银行存款”、“其他应付款”等账户做了进一步查证，证实被投资单位于 2016 年 12 月 5 日，将股利收入 36 000 元划给了该企业，该企业 2016 年 12 月 5 日 180#记账凭证反映的会计分录是：

借：银行存款　　36 000

　　贷：投资收益　　30 000

　　　　其他应付款　　6 000

要求：

审计人员通过对投资收益的审查，来确认该账户的正确性（投资企业与受资企业的所得税率相同）。

审计分析要点：

通过上述查证，可以确认，该企业未及时足额地将投资收入记入“投资收益”账户，并将少记的部分截留在“其他应付款”账户，造成当年利润不实。

应做如下调账处理：

借：其他应付款　　6 000

　　贷：以前年度损益调整　　6 000

第三节　以摊余成本计量的金融资产审计

一、以摊余成本计量的金融资产审计

以摊余成本计量的金融资产是指同时符合下列条件的金融资产：（1）企业管理该金融资产的业务模式是以收取合同现金流量为目标；（2）该金融资产的合同条款规定，在特定日期产生的现金流量，仅为对本金和以未偿付本金金额为基础的利息的支付。本章主要指债券投资。债券作为融资的一种手段是市场经济发展的必然产物，它体现着投资者与筹资者之间的债权债务关系。债券投资和股票投资都是展示了经营者进行多角度经营、分散经营风险的资产管理理念，但两者还存在本质的区别。

第一，体现的经济关系不同。债券体现的是债权债务关系，而股票体现的是所有权关系。

第二，目的不同。债券投资一般重在获利；而股票投资主要是为了控制对方，作为股权一个组成部分，来分散经营风险。

第三，投资收益的风险不同。债券到期可获得固定的利息；而股票投资的收益却不稳定，没有固定的股利。

第四，期限不同。债券投资有固定的期限，到期可以收回债权本息；而股票投资的回收是通过出售或转让股权投资取得的。

第五，清偿顺序不同。若被投资单位破产，应先偿付债券持有者的本息，然后再向股权投资者清偿股权。

债券投资和股权投资一样，影响着企业的重大经营决策。企业的资产结构和股权风险是审计的主要内容。以摊余成本计量的金融资产的审计目标主要有：①审查确认企业以摊余成本计量的金融资产的实存性；②审查确认企业以摊余成本计量的金融资产是否归被投资单位所有；③审查确认企业以摊余成本计量的金融资产的增减变动及其投资收益（或损失）的记录是否完整；④审查确认企业以摊余成本计量的金融资产的计价方法（成本法和权益法）是否正确；⑤审查确认企业的以摊余成本计量的金融资产减值准备是否计提；⑥审查确定企业以摊余成本计量的金融资产的年末余额是否正确；⑦确定以摊余成本计量的金融资产是否已按照企业会计准则的规定在财务报表中作出恰当列报。

债券投资错弊的审计包括对购买债券、债券投资的计价、取得债券投资收益、债券折价或溢价的摊销、转让或卖出债券等环节的以下凭证、账簿和其他资料进行审计：债券、债券契约、经纪人通知书、企业章程及有关协议、库存现金日记账及总账、银行存款日记账及总账、银行对账单、持有至到期投资明细分类账及总账、投资收益明细分类账及总账、应收利息明细分类账及总账。

二、了解和评价内部控制制度

良好的债权投资内部控制制度应包括以下环节：

1. 合理的职责分工。债权投资业务应在授权、批准、经办、复核、保管、记录职务等方面都有严格、明确的分工，而不能由一个人同时负责上述任何两项工作。执行债权投资业务必须经过企业董事会的授权核准，并由指定的高级管理人员签批。债券的买卖应由不参与会计记录的指定的职员办理。会计部门负责股权业务的账务处理。这样，授权、批准、经办、复核、保管、记录职务相互分离、相互制约、相互牵制，可以有效地减少股权过程中的错误和舞弊，减少会计信息的差错。

对货币性债权的，应按照钱账分管、出纳会计分管、审批与经办分管的原则，坚持分工责任制，货币资金的投出的各个环节不能由一个人执行。

对债权收回的，收到的资金和收益，应比照营业收入的手续，建立营业收入手续制度。

2. 健全的资产控制制度。企业对债权投资一般有两种表示方式：①由独立的专门机构保管，如在企业拥有较大债券投资的情况下，委托银行、证券公司、信托公司等机构进行保管。这些机构有专门的保存和防护措施，可以有效地防止或减少盗窃或掩盖舞弊的可能性。②由企业自己保管，在这种方式下，必须建立严格的联合控制制度，即至少两个人同时监管，严格禁止一个人单独接触证券。对于任何债券的存入或取出，要将债券的名称、数量、价值及存取的日期等详细地记录在债券登记簿上，并由所有在场人签名，严格办理证券的签收、提取手续。

3. 详尽的会计核算制度。企业应对债券的取得、持有、转让或到期收回进行完整的记录，并对债券的增减变动及投资收益的情况进行相关的会计核算。企业债权投资应详细记录证券的名称、购入成本、取得日期、到期日期、数量、交易经纪人、利率、证书编号等；同时还应包括记录被投资企业的名称、股权额、出资方式、投资合同或协议的编号、投资收益的收取方式等。

4. 严格的记名登记制度。企业购入的债券应在购入的当日详尽地登记到企业名下，以防冒名转移企业资产或谋取私利。

5. 完善的定期进行盘点核对。债券应由独立于债券投资的授权人、债券投资的记账人，以及出纳的专职人员负责保管并有严格的防火、防盗设施。同时应由内部审计人员或其他不参与债权投资业务的人员，对债权投资的资产定期进行盘点，并与账面记录进行相互核对，检查其实存性，核对债券的编号、数量、面值、购入日期是否与账面保持一致，及时发现债权投资资产的短缺或其他舞弊行为，并进行有效的处理。

三、实质性审查的内容与方法

对债券投资的查账，主要是通过对以摊余成本计量的金融资产的成本、应计利息、利息调整、应收利息、投资收益等账户的收支和结存情况的检查来进行的。

以摊余成本计量的金融资产的实质性审查通常包括：

1. 获取或编制以摊余成本计量的金融资产明细表，复核加计是否正确，并与总账数和明细账合计数核对是否相符。

2. 获取以摊余成本计量的金融资产清单，与明细账核对，并检查其会计处理是否正确。

3. 检查持有的以摊余成本计量的金融资产并与账面余额进行核对，如有差异，应查明原因，并做出记录或进行适当调整。

4. 向相关金融机构发函询证以摊余成本计量的金融资产期末数量，并记录函证过程。取得回函时应检查相关签章是否符合要求。

5. 对期末持有的持有至到期投资资产，核实被审计单位持有的目的和能力，检查本科目核算范围是否恰当。

6. 抽取以摊余成本计量的金融资产增加的记账凭证，注意其原始凭证是否完整合法，成本、交易费用和相关利息的会计处理是否符合规定。

7. 抽取以摊余成本计量的金融资产减少的记账凭证，检查其原始凭证是否完整合法。会计处理是否正确。

8. 根据相关资料，确定债券投资的计息类型。结合投资收益科目，复核计算利息采用的利率是否恰当，相关会计处理是否正确，检查以摊余成本计量的金融资产持有期间收到的利息会计处理是否正确。检查债券投资票面利率和实际利率有较大差异时，被审计单位采用的利率及其计算方法是否正确。

9. 结合投资收益科目，复核处置以摊余成本计量的金融资产的损益计算是否准确，已计提的减值准备是否同时结转。

10. 检查当持有目的改变时，以摊余成本计量的金融资产划转为其他类别的金融资产的会计处理是否正确。

11. 结合银行借款等科目，了解是否存在已用于债务担保的以摊余成本计量的金融资产。如有，则应取证并作相应的记录，同时提请被审计单位作恰当披露。

12. 当有客观证据表明以摊余成本计量的金融资产发生减值的，应当复核相关资产项目的预期信用损失，并检查相关损失准备计提是否充分。

13. 若发生减值，检查相关利息的计算及处理是否正确。

14. 确定以摊余成本计量的金融资产的列报是否恰当。

四、常见错弊及审计案例分析

1. 金融资产分类不正确。和股票投资相似，债券投资也应根据所购入债券的“业务模式”和“金融资产合同现金流量特征”将其分为三类，并分设账户进行会计核算。但有些企业不根据所购入债券的“业务模式”和“金融资产合同现金流量特征”进行分类。

2. 债券投资的计价不正确。企业购入债券投资并作为以摊余成本计量的金融资产时，应以其公允价值和支付的佣金、手续费等各项相关税费的金额入账；取得债券所支付的价款中如包括已到付息期但尚未支取利息，应计入应收利息，不计入债券投资的入账价值。

3. 以摊余成本计量的金融资产的利息调整金额摊销不正确。债券投资利息调整的摊销是否正确，不仅关系到债券投资的计价，而且关系到损益的计量。有些企业通过改变摊销的期限和摊销的方法，人为地调节利润。例如有些企业不按债券的存续期间摊销利息调整；也有些企业不按规定采用实际利率法而采用直线法。

4. 超过国家有关股权范围的规定进行对外投资。这主要包括两种不合法行为：一是企业不顾国家有关法规法律，以国家规定不得用于投资的资产进行对外投资；二是企业在没有保证能及时、足额地向国家缴纳各种税利和国家专项资金专项运用的前提下对外投资。

对于这两种情况，查账人员可以首先通过查阅“以摊余成本计量的金融资产”账户下有关明细账摘要及有关内容，或直接根据审阅核对会计凭证时发现的问题的线索或疑点，来分析判断被查单位用来对外投资的资产形态、性质以及其他有关问题有无超出规定范围的情况。

5. 债券投资计价的错账、假账。这主要是计价金额错误，即企业以库存现金、银行存款等货币资金方式向其他单位投资，不按照实际支付的金额计价，或企业以实物、无形资产对外投资，不按投出时双方签订的合同、协议约定的价值或者由评估机构评估确认的金额计价。

对于上述问题，查账人员首先应通过审阅“以摊余成本计量的金融资产”账户下有关明细账户中的价值和摘要记录，查阅合同、协议等资料，检查股票或债券登记簿，确定其对有关投资的计价情况。然后，根据会计资料反映的有关资产形态及其他线索，研究、分析、估价以确定其真实、合理的计价，从中即可甄别不真实、不合理的计价，并进一步查证。

6. 债券投资入账不及时。这种错弊的发生，一般有两种典型情况：一是企业在进行债券投资时，没有在支付款项时就做对外投资增加的账务处理，而是要等到收到票券时才进行账务处理；二是有的企业账务处理合规，但未同时将应收票券的有关情况在“以摊余成本计量的金融资产备查簿”中进行登记，或做了登记，收到票券后又未予以注销，从而削弱了所购票券的管理和监督。

对于上述问题，查账人员应通过了解并审阅被查单位“以摊余成本计量的金融资产备查簿”登记与注销情况，并结合核对“以摊余成本计量的金融资产”账户及相应的会计凭证的有关内容，发现线索或疑点，追踪查证。

第四节　以公允价值计量且其变动计入当期损益的金融资产审计

一、以公允价值计量且其变动计入当期损益的金融资产审计的概述

以公允价值计量且其变动计入当期损益的金融资产是指以摊余成本计量的金融资产和以公允价值计量且其变动计入其他综合收益的金融资产之外的金融资产。如果能够消除或显著减少会计错配，企业也可将金融资产指定为以公允价值计量且其变动计入当期损益的金融资产。

以公允价值计量且其变动计入当期损益的金融资产一般作为现金的替代品而为企业所持有，因此作为以公允价值计量且其变动计入当期损益的金融资产的有价证券的审计目标与现金相似，其审计目标主要有：①审查确认以公允价值计量且其变动计入当期损益的金融资产是否确实存在；②审查确认以公允价值计量且其变动计入当期损益的金融资产是否归被审计单位所有；③审查确认以公允价值计量且其变动计入当期损益的金融资产的增减变动及其收益（或损失）的记录是否完整；④审查确认以公允价值计量且其变动计入当期损益的金融资产的计价方法是否正确；⑤确认以公允价值计量且其变动计入当期损益的金融资产是否有效益性，投资收益是否正确计量；⑥确认以公允价值计量且其变动计入当期损益的金融资产的后续计量是否合理；⑦确认以公允价值计量且其变动计入当期损益的金融资产是否已按照企业会计准则的规定在财务报表中作出恰当列报。

一般来说，作为以公允价值计量且其变动计入当期损益的金融资产的有价证券审计范围的具体内容包括：有关有价证券的内部控制制度；证实有价证券存在的有关内容资料，如以公允价值计量且其变动计入当期损益的金融资产明细账与总账、有价证券盘点表或询证函等；证实有价证券所有权的资料，如有价证券的购入、出售、或兑现的原始凭证；证实以公允价值计量且其变动计入当期损益的金融资产年末余额的资料，如以公允价值计量且其变动计入当期损益的金融资产的计价方法的选用、损益计算记录等资料。

二、了解和评价内部控制制度

作为以公允价值计量且其变动计入当期损益的金融资产的有价证券和作为长期股权投资的有价证券的内部控制制度的具体内容是一致的，其主要内容有：①以公允价值计量且其变动计入当期损益的金融资产的买卖的授权、执行和记录是否严格分工；②以公允价值计量且其变动计入当期损益的金融资产的买卖核准手续是否齐全；③企业有无健全的有价证券保管制度；④有关以公允

价值计量且其变动计入当期损益的金融资产的明细记录是否完整；⑤对以公允价值计量且其变动计入当期损益的金融资产的有价证券流动记录和流动是否有确实的控制制度；⑥作为以公允价值计量且其变动计入当期损益的金融资产的有价证券是否定期盘点；⑦对以公允价值计量且其变动计入当期损益的金融资产的有价证券是否定期进行内部审计。

三、实质性审查的内容与方法

以公允价值计量且其变动计入当期损益的金融资产的实质性审查程序一般包括：

1. 获取或编制以公允价值计量且其变动计入当期损益的金融资产明细表，复核加计是否正确，并与报表数、总账数和明细账合计数核对是否相符。

2. 对期末结存的相关以公允价值计量且其变动计入当期损益的金融资产，向被审计单位核实其持有目的，检查本科目核算范围是否恰当。

3. 获取股票、债券及基金等交易流水单及被审计单位证券投资部门的交易记录。与明细账核对，检查会计记录是否完整，会计处理是否正确。

4. 监盘库存交易性金融资产，并与相关账户余额进行核对，如有差异，应查明原因，并做出记录或进行适当调整。

5. 向相关金融机构发函询证以公允价值计量且其变动计入当期损益的金融资产期末数量以及是否存在变现限制（与存出投资款一并函证），并记录函证过程。取得回函时应检查相关签章是否符合要求。

6. 抽取以公允价值计量且其变动计入当期损益的金融资产增减变动的相关凭证，检查其原始凭证是否完整合法，会计处理是否正确：

（1）抽取以公允价值计量且其变动计入当期损益的金融资产增加的记账凭证，注意其原始凭证是否完整合法，成本、交易费用和相关利息或股利的会计处理是否符合规定。

（2）抽取以公允价值计量且其变动计入当期损益的金融资产减少的记账凭证，检查其原始凭证是否完整合法，会计处理是否正确；注意出售以公允价值计量且其变动计入当期损益的金融资产时其成本结转是否正确。原计入的公允价值变动损益有无调整至投资收益。

7. 复核与以公允价值计量且其变动计入当期损益的金融资产相关的损益计算是否准确，并与公允价值变动损益及投资收益等有关数据核对。

8. 复核股票、债券及基金等以公允价值计量且其变动计入当期损益的金融资产的期末公允价值是否合理，相关会计处理是否正确。

9. 关注以公允价值计量且其变动计入当期损益的金融资产是否存在重大的变现限制。

10. 确定以公允价值计量且其变动计入当期损益的金融资产的列报是否恰当。

四、常见错弊及审计案例分析

1. 以公允价值计量且其变动计入当期损益的金融资产计价不正确。表现为被审单位在对以公允价值计量且其变动计入当期损益的金融资产业务核算上不按企业会计准则的规定来计量，而是根据需要来多计以公允价值计量且其变动计入当期损益的金融资产。

2. 长期投资与以公允价值计量且其变动计入当期损益的金融资产之间的界限划分不严格。表现为有些被审单位为了增大资产的流动性，将长期投资划入以公允价值计量且其变动计入当期损益的金融资产，加大了资产的流动比例，掩盖了事实。

3. 投资收益效果差。表现为被审单位隐瞒了投资业务利润，将收到的投资收益作为“小金库”；或者以公允价值计量且其变动计入当期损益的金融资产项目选择错误，未能给企业带来效益。

第五节　以公允价值计量且其变动计入其他综合收益的金融资产审计

一、以公允价值计量且其变动计入其他综合收益的金融资产审计概述

以公允价值计量且其变动计入其他综合收益的金融资产是指同时符合下列条件的金融资产：①企业管理该金融资产的业务模式既以收取合同现金流量为目标又以出售该金融资产为目标。②该金融资产的合同条款规定，在特定日期产生的现金流量，仅为对本金和以未偿付本金金额为基础的利息的支付。

对于非交易性权益工具投资企业可以在初始确认时将其指定为以公允价值计量且其变动计入其他综合收益的金融资产，并按规定确认股利收入。但该指定一经做出，不得撤销。

以公允价值计量且其变动计入其他综合收益的金融资产的审计目标一般包括：①确定所有应当记录的以公允价值计量且其变动计入其他综合收益的金融资产是否均已记录；②确定资产负债表中记录的以公允价值计量且其变动计入其他综合收益的金融资产是否存在；③确定记录的以公允价值计量且其变动计入其他综合收益的金融资产是否由被审计单位拥有或控制；④确定以公允价值计量且其变动计入其他综合收益的金融资产是否以恰当的金额包括在财务报表中，与之相关的计价调整是否已恰当记录；⑤确定以公允价值计量且其变动计入其他综合收益的金融资产是否已按照企业会计准则的规定在财务报表中做出恰当列报。

二、了解和评价内部控制制度

作为以公允价值计量且其变动计入其他综合收益的金融资产的有价证券和作为长期股权投资的有价证券的内部控制制度的具体内容是一致的，其主要内容有：①以公允价值计量且其变动计入其他综合收益的金融资产的买卖的授权、执行和记录是否严格分工；②以公允价值计量且其变动计入其他综合收益的金融资产的买卖核准手续是否齐全；③企业有无健全的有价证券保管制度；④有关以公允价值计量且其变动计入其他综合收益的金融资产的明细记录是否完整；⑤对以公允价值计量且其变动计入其他综合收益的金融资产的有价证券流动记录和流动是否有确实的控制制度；⑥作为以公允价值计量且其变动计入其他综合收益的金融资产的有价证券是否定期盘点；⑦对以公允价值计量且其变动计入其他综合收益的金融资产的有价证券是否定期进行内部审计。

三、实质性审查的内容与方法

以公允价值计量且其变动计入其他综合收益的金融资产的实质性审查通常包括：

1. 获取或编制以公允价值计量且其变动计入其他综合收益的金融资产明细表，复核加计是否正确，并与报表数、总账数和明细账合计数核对是否相符。

2. 获取以公允价值计量且其变动计入其他综合收益的金融资产增减的记账凭证，与明细账核对，并检查其会计处理是否正确。

3. 检查企业持有的以公允价值计量且其变动计入其他综合收益的金融资产，并与相关账户余额进行核对，如有差异，应查明原因，并做出记录或进行适当调整。

4. 向相关金融机构发询证函，检查以公允价值计量且其变动计入其他综合收益的金融资产期末数量，并记录函证过程。取得回函时应检查相关签章是否符合要求。

5. 对期末持有的以公允价值计量且其变动计入其他综合收益的金融资产，向被审计单位核实其持有目的。检查本科目核对范围是否恰当。

6. 抽取以公允价值计量且其变动计入其他综合收益的金融资产增减变动的相关凭证，检查其原始凭证是否完整合法，会计处理是否正确：

（1）抽取以公允价值计量且其变动计入其他综合收益的金融资产增加的记账凭证，注意其原始凭证是否完整合法，成本、交易费用和相关利息或股利的会计处理是否符合规定。

（2）抽取以公允价值计量且其变动计入其他综合收益的金融资产减少的记账凭证，检查其原始凭证是否完整合法，会计处理是否正确。注意出售以公允价值计量且其变动计入其他综合收益的金融资产时相应的其他综合收益有无调整。

7. 复核以公允价值计量且其变动计入其他综合收益的金融资产的期末公

允价值的确定是否合理，检查会计处理是否正确。

8. 如果以公允价值计量且其变动计入其他综合收益的金融资产的信用风险自初始确认后已显著增加，企业应当按照该金融资产在整个存续期内预期信用损失的金额计量其损失准备；如果该金融资产的信用风险自初始确认后并未显著增加，企业应当按照相当于该金融工具未来12个月内预期信用损失的金额计量其损失准备。对于以公允价值计量且其变动计入其他综合收益的金融资产，企业应当在其他综合收益中确认其损失准备，并将减值损失或利得计入当期损益，且不应减少该金融资产在资产负债表中列示的账面价值。因此，应当检查被审计单位是否计提资产减值准备，计提的金额和相关会计处理是否正确。

9. 若债券等债务工具类以公允价值计量且其变动计入其他综合收益的金融资产发生减值，检查相关利息的计算和会计处理是否正确。

10. 检查以公允价值计量且其变动计入其他综合收益的金融资产出售时，其相关损益的计算及会计处理是否正确，已计入其他综合收益的公允价值累计变动额是否转入投资收益科目。

11. 复核以公允价值计量且其变动计入其他综合收益的金融资产划转为其他类金融资产的依据是否充分，会计处理是否正确。

12. 检查债券投资计入损益的利息收入计算所采用的利率是否正确。

13. 结合银行借款等科目，了解是否存在已用于债务担保的以公允价值计量且其变动计入其他综合收益的金融资产。如有，则应取证并作相应的记录。同时提请被审计单位作恰当披露列报。

14. 确定以公允价值计量且其变动计入其他综合收益的金融资产的列报是否恰当。

思考与练习

1. 股权投资与债权投资有何区别？各有什么特点？
2. 股权投资的内部控制制度有哪些？如何了解和评价内部控制制度？
3. 债权投资的内部控制制度有哪些？如何了解和评价内部控制制度？
4. 股权投资审计有哪些常见错弊？
5. 债权投资审计有哪些常见错弊？
6. 股权审计与债权审计的目标分别是什么？
7. 以公允价值计量且其变动计入其他综合收益的金融资产与其他类金融资产及长期股权投资有何区别？各有什么特点？
8. 以公允价值计量且其变动计入其他综合收益的金融资产的实质性审查程序包括哪些？

第八章　固定资产和在建工程审计

内容提要

固定资产是保证企业生产的重要物质基础，是决定企业能否参与竞争，实现目标的必备条件。在建工程是企业正在进行的建设施工项目，往往是一项重要的投资活动，也是容易滋生问题的一个源泉。本章就将分别从这两个方面展开论述。固定资产和在建工程在审计过程中应注意的问题和常用审计方法有哪些？固定资产和在建工程审计的内容、目标和基本程序是什么？有哪些主要的内部控制制度？了解和评价内部控制制度、实质性审查的内容和方法是什么？这些是本章主要阐述的问题。

第一节　固定资产和在建工程审计概述

一、固定资产与在建工程审计的概念

（一）固定资产审计的概念

固定资产是企业生产经营和持续发展的基础，对于绝大多数企业来讲都是一项重要的生产资料，固定资产的安全完整对企业的生产经营会产生直接影响。因此企业应加强对固定资产的日常管理与核算，审计人员应在审计过程中重视固定资产的审查。

固定资产是指同时具有下列两个特征的有形资产：第一，为生产商品、提供劳务、出租或经营管理而持有的。第二，使用寿命超过一个会计年度。这里的使用寿命是指企业使用固定资产的预计期间，或者该固定资产所能生产产品或提供劳务的数量。固定资产只有同时满足下列两个条件才能予以确认：第一，与该固定资产有关的经济利益很可能流入企业。第二，该固定资产的成本能够可靠地计量。

固定资产是企业正常经营所必不可少的，是企业生产能力和生产实力的反映。同时固定资产价值的转移又是通过折旧费的形式直接影响到企业的本期利润，因此企业常通过对固定资产信息的操纵或粉饰来达到其目的。固定资产信

息反映的错弊直接影响着会计信息使用者对企业预测和决策的判断。因此，真实反映企业所拥有的固定资产是审计人员应注意的问题。

固定资产审计是指审计人员根据固定资产项目的核算特点，结合企业的实际情况，针对企业内部控制制度的制定和实际执行情况，对固定资产及相关账户会计处理的真实性、合法性、一贯性进行审查和评价，从而得出审计结论的活动。

（二）在建工程审计的概念

企业的在建工程，包括施工前期准备、正在施工的建筑工程、安装工程、技术改造工程、大修理工程等。在建工程往往反映了企业的投资方向和重要的投资行为，国家有很多相关规定对工程建设进行约束，另外在工程建设过程中也容易滋生腐败现象和产生问题，因此也是审计人员审查的重点。

在建工程是企业进行基建工程、安装工程、技术改造工程、大修理工程等发生的实际支出，包括需要安装设备的价值。企业根据项目概算购入不需要安装的固定资产、为生产准备的工具器具、购入的无形资产及发生的不属于工程支出的其他费用等，不通过“在建工程”科目核算。在建工程项目列在资产负债表“固定资产清理”项目之前，是固定资产合计数的构成内容之一，是企业会计信息反映的重要内容之一。通过在建工程科目可以分析得到许多有用的企业经济活动信息，及时了解在建工程的作业进度与工程成本、费用是否相符合，并及时对其成本进行必要的控制，防止铺张浪费、以权谋私等现象的出现，给企业和国家造成不必要的损失。同时从在建工程科目的分析可以把握企业固定资产投资的方向和规模，合理预测未来发展的方向和可能取得的经济效益，为管理当局和外部会计信息的使用者提供一个可靠有效的信息。因此，在建工程科目的审计在财务报表审计中占有举足轻重的地位，是审计工作中不可忽视的一项基本内容。

在建工程审计是指审计人员根据在建工程科目的核算特点，结合企业的实际情况，针对企业内部控制制度的制定和实际执行情况，对在建工程及相关账户会计处理的真实性、合法性、一贯性进行审查和评价，从而得出审计结论的活动。

二、固定资产与在建工程的审计目标

（一）固定资产的审计目标

固定资产是一项长期资产，相对于现金、存货等其他流动资产而言，固定资产的业务量不大，并且在审计程序中不存在类似存货的变现价值评估问题，而累计折旧却是审计的一个重要方面，根据以上特点，固定资产审计目标一般包括：

1. 了解并分析评价被审计单位有关固定资产的内部控制制度是否健全、有效。

2. 验证资产负债表上的固定资产项目是否真实存在，所有权是否归属于被审计单位，其使用是否受到限制。

3. 确定固定资产的计价方法是否符合规定，资本性支出和收益性支出的划分是否正确并前后保持一致。

4. 审查企业当期所发生的固定资产业务是否及时正确入账，并如实列示于资产负债表。

5. 确定固定资产的折旧方法是否符合规定并前后保持一致，折旧年限和残值估计是否合理，折旧的计算是否正确无误。

6. 确定固定资产清理的有关会计记录是否真实、完整，期末余额是否正确，是否在财务报表上如实披露。

7. 验证固定资产原值、累计折旧、净值和固定资产减值准备项目在资产负债表上是否恰当列报。

（二）在建工程的审计目标

在建工程常常具有金额大，包含的成本、费用项目复杂等特点。因此，在审计时应从这些特点出发，着重检查在建工程的成本核算、处理手续等方面，具体来说应达到以下目标：

1. 确定在建工程是否存在。

2. 确定在建工程是否归被审计单位所有。

3. 确定在建工程增减变动的记录是否完整。

4. 确定计提在建工程减值准备的方法是否恰当。

5. 确定在建工程的期末余额是否正确。

6. 确定在建工程在财务报表上是否恰当列报。

三、固定资产与在建工程审计的内容

（一）固定资产审计的内容

固定资产审计的内容包括：

1. 审查和评价固定资产和内部控制制度。评审的重点是固定资产的增减变化是否实行授权和批准，并办理必要手续等管理制度；现有固定资产是否实行专门管理制度；固定资产的增减变化是否及时按会计制度核算，是否实行定期盘点制度，固定资产计提折旧的政策是否符合规定，有无随意变更。

2. 审查和验证固定资产当期增减变动业务。审查时，要注意有关业务的合法合理性，审查固定资产增加和减少时的计价是否正确，是否及时并按会计制度进行账务处理。

3. 验证和复算累计折旧的计提是否正确。企业采用的计提折旧的政策是否符合有关规定，是否正确确认折旧范围，是否合理预计固定资产的使用年限和净残值，计算过程是否正确等。

4. 审查固定资产清理账户，确定在固定资产减少过程中发生的收入和支出是否及时并如实的反映，有无藏匿收入或虚增支出。

5. 确认固定资产及累计折旧在资产负债表上的表达是否恰当。

（二）在建工程审计的内容

在建工程的审计内容包括：

1. 审查确定在建工程是否存在。
2. 审查确定在建工程是否属于被审计单位所有。
3. 审查在建工程增减变动的记录是否完整，计价是否准确。
4. 审查在建工程是否执行工程预算，若有差异，应查明原因。
5. 审查在建工程中的收益性支出与资本性支出是否划分正确。
6. 确认在建工程的年末余额是否正确。
7. 确认在建工程在财务报表上的披露是否恰当。

四、固定资产与在建工程审计的程序

（一）固定资产审计的程序

一般来说，固定资产的审计程序主要包括：

1. 健全性测试。了解固定资产的内部控制制度。通过采用调查表法、文字说明法、流程图法等向企业管理人员或具体业务操作人员了解内部控制的设计情况，对其健全完善程度进行评价。

2. 符合性测试。通过观察企业实际业务的操作过程或检查业务流程中形成的凭证、资料等，对内部控制制度的执行情况进行检验，对其符合程度进行评价。

3. 实质性审查。结合健全性测试和符合性测试的结果，找出企业内部控制中存在的控制重点和控制弱点（即内部控制建立不完善或内部控制实施未遵守既定标准的环节）。针对这些方面，有目的地审查相关的会计资料及经济资料，对其真实性、合法性进行鉴定和检查。具体审查时应从以下几个方面入手：

（1）验证固定资产的账面余额。首先利用审阅法、核对法核对资产负债表中固定资产项目的余额与固定资产总账余额、明细账合计余额是否一致；然后利用盘存法核实企业账面固定资产余额与实际库存是否一致，盘点时除了要注意固定资产的数量，还要留意其质量、规格等。

（2）验证固定资产的计价方法。首先结合企业生产经营的特点验证企业所选择的计价基础和计价方法是否合适，是否前后一致；然后采用抽查法和复算法检验企业具体的计算过程是否正确，有无选用了错误的计算公式或数据的情况。

（3）抽查固定资产收发记录。首先索取存货明细账，审阅账内的各项内容，如账簿记录是否完整；业务摘要是否完整清楚，数据是否与有关会计凭证相符等，发现其中的重要业务和可疑业务；然后根据分析结果，选择相应记账凭证，审查凭证的处理是否符合经济业务的实际情况；会计分录是否符合会计制度的规定，凭证编制审核的手续是否完整；最后调阅原始凭证，重点注意凭证是否真实，有无经过篡改、伪造；凭证要素是否齐全，填写是否规范，有关价款和支付方式是否与合同或双方约定一致。

（4）审查固定资产的折旧计提和处理情况。根据会计制度和会计准则的要求，企业应当结合固定资产的特性采用相应的折旧方法，计算时应合理估计固定资产的使用年限和预计净残值。审计人员应对这些方面加以重视，防止企业利用折旧影响损益。

(5) 审查固定资产清理账户的发生额和余额是否正确。企业对固定资产进行清理必须有合理的理由，并经过上级主管部门的审批同意后才能做相关处理。对于清理过程中发生的各项收入和支出要严格审核其真实性，是否确实为清理收入和支出，有关账务处理是否正确。

(6) 查实固定资产核算的截止日期。对年度财务报表审计来说，核算的截止日期就是12月31日。企业在会计核算时，应将截止日之前的所有业务如实入账，截止日后的业务应等到以后的会计期间再入账。审计人员应注意存货业务的发生及入账时间，防止企业利用随意调整业务入账时间而对有关会计数据的真实性、合理性产生影响。

(二) 在建工程审计的程序

在建工程的审计程序包括：

1. 健全性测试。了解在建工程的内部控制制度。通过采用调查表法、文字说明法、流程图法等向企业管理人员或具体业务操作人员了解内部控制的设计情况，对其健全完善程度进行评价。

2. 符合性测试。通过观察企业实际业务的操作过程或检查业务流程中形成的凭证、资料等，对内部控制制度的执行情况进行检验，对其符合程度进行评价。

3. 实质性审查。结合健全性测试和符合性测试的结果，找出企业内部控制中存在的控制重点和控制弱点（即内部控制建立不完善或内部控制实施未遵守既定标准的环节）。针对这些方面，有目的地审查相关的会计资料及经济资料，对其真实性、合法性进行鉴定和检查。具体审查时应从以下几个方面入手：

(1) 验证在建工程的账面余额。首先利用审阅法、核对法核对资产负债表中在建工程项目的余额与在建工程总账余额、明细账合计余额是否一致；然后利用盘存法核实企业账面在建工程余额与实际施工情况是否一致。

(2) 验证在建工程的计价方法。在建工程的成本是在建设过程中发生的与工程有关的支出，审计人员应当完整地了解在施工过程中发生的各项材料费、人工费、制造费以及其他税费的支出情况，从而准确地核实出在建工程的实际成本。

(3) 抽查在建工程收发记录。首先索取在建工程明细账，审阅账内的各项内容，如账簿记录是否完整，业务摘要是否完整清楚，数据是否与有关会计凭证相符等，发现其中的重要业务和可疑业务。然后根据分析结果，选择相应记账凭证，审查凭证的处理是否符合经济业务的实际情况；会计分录是否符合会计制度的规定，凭证编制审核的手续是否完整。最后调阅原始凭证，重点注意凭证是否真实，有无经过篡改、伪造；凭证要素是否齐全，填写是否规范。

(4) 审查在建工程的结转是否及时。在建工程在施工结束，经过验收之后应当及时地转为固定资产。审计人员应将有关资料的内容，特别是日期进行核对，防止企业人为拖延结转时间来调整损益。

第二节 固定资产审计

一、了解和评价内部控制制度

审查固定资产，必须对其内部控制制度有充分准确的了解，固定资产的各项内部控制制度目的在于确保资产的安全完整，提高使用效率。对企业来说，特别是固定资产持有量较大的企业，固定资产的折旧、维修和改良，都会直接影响到当期收益的确定。为了确保固定资产的真实、完整、安全和有效，提高财务报表的可信程度，企业有必要建立良好的内部控制制度。企业对固定资产常用的管理制度包括以下基本内容：

（一）固定资产预算制度

固定资产预算制度是固定资产内部控制的重要组成部分。企业应有计划地制定固定资产年度预算，控制固定资产的支出、报废，合理运用资金，防止出现盲目购入固定资产或随意处置的浪费、舞弊等不合理现象。

（二）授权审批制度

在执行固定资产的具体业务时应严格执行授权审批制度，即企业的固定资产支出预算只有经过董事会或其他权力机构的批准方可生效。所有固定资产业务，不论取得（购买、自制、租赁）或是废弃（报废、出售、转移）都要经过适当的授权与审核，授权人和被授权人应有明确的分工和完整、规范的授权程序。

（三）凭证和记账制度

所有的固定资产均应设置专门的固定资产登记卡、固定资产明细账，并在总账中设置固定资产账户。所有固定资产业务在发生时都应取得真实、充分的原始凭证，及时地编制记账凭证、明细账和总账，以保证完整的记录固定资产的所有增减业务。

（四）明确资本性支出和收益性支出的界限

企业应当以书面形式确定资本性支出和收益性支出的界限，明确资本性支出的范围和标准。凡不属于资本性支出范围之内、金额小于既定标准的支出，应当以费用形式列支。

（五）明确的职责分工

固定资产的保管、记录、使用、维修、取得、处置、出售等事项，均应进行责任划分，由专人负责。所有采购业务由专门采购部门执行，并由独立的验收、检查和支付等职能部门或人员执行相应的工作，若发现执行过程中存在任何差异，应及时查明原因并处理。

（六）定期的盘点制度

企业应当组织专门人员定期对固定资产进行清点。一方面验证账面记录的资产是否真实存在，存放地点和保管情况是否适当，临时保管但所有权不属于企业的资产以及未入账但实际存在的资产处理是否正确；另一方面及时发现固定资产使用和管理过程中存在的弊端，有利于加强管理，提高资产的使用年限。

（七）科学的保养制度

由于固定资产价值较高，如果产生问题会给企业带来较大损失，一些生产、加工、管理用的设备仪器日常使用频繁，如果遇到一些意外损害，也会影响企业正常的生产经营。因此企业应建立良好科学的保管、使用、维修和保养制度，以防止其因火灾、水淹、破坏、毁损、盗窃等遭受的损失。一些企业对一些设备有必要办理财产保险，以降低财产的损失。

（八）完善的资产处置制度

固定资产在特定情况下会发生减少的业务，如对外投资、盘亏、毁损等，在发生处置的必要时，应当由专门的使用部门或职能部门提出要求，经审批部门审批其处置原因和处置途径，然后才由专门部门实施处置。

（九）定期的分析和报告制度

企业应当组织专门人员定期对固定资产的使用情况、实际与预算的差距、创造收益的能力进行科学的分析和计算，为管理人员和使用部门提供参考的数据，以提高企业对固定资产的整体利用水平。

二、实质性审查的内容与方法

（一）验证固定资产的期末余额

1. 索取或编制固定资产及累计折旧汇总表。审计人员可以向企业或根据有关会计记录自己编制固定资产及累计折旧汇总表，通过这项工作底稿审计人员可以大体了解固定资产期初、期末余额，本期新增、出售、报废以及固定资产折旧计提情况，借以分析固定资产账户余额变动情况，并为后期审查固定资产的增减业务提供进一步审查的证据。固定资产及累计折旧汇总表的格式如表 8－1：

表 8－1　　固定资产及累计折旧汇总表

年　　月　　日

编制人：　　　　　日期：

被审计单位：＿＿＿＿＿＿　　复核人：　　　　　日期：

编号	固定资产类别	固定资产				累计折旧					备注
		期初余额	增加额	减少额	期末余额	折旧方法	折旧率	期初余额	提取额	期末余额	
	合计										

2. 审核固定资产账簿记录的正确性。将固定资产明细账余额与固定资产总账余额、有关固定资产台账、卡片进行核对，验证金额是否相符，如有差异，要寻找产生差异的原因，并在会计资料上作相应调整。

3. 盘点固定资产的实有数，验证其所有权归属。采用盘点法检验固定资产的实物数量和金额，并与固定资产台账、明细账核对，确认账实是否相符。在盘点的同时还要注意固定资产的使用情况和保管情况，是否做到安全生产、合理使用、有效保管。

另外审计人员还要特别注意账面所记录的固定资产所有权是否属于企业。验证的方法是查阅合法契约、产权保证书、财产税单、抵押贷款的还款收据、保险单、购货发票等书面文件，必要的时候还要从企业的律师处获得证明资料。

（二）固定资产增加业务的审查

审查固定资产的取得，是固定资产实质性审查的重要步骤之一，固定资产的来源和取得方式主要包括投资者投入、购入、新建、改建、扩建、盘盈和接受捐赠等，审计人员应根据企业的具体情况对不同方式增加的固定资产采用不同的确认方法。一般来说，审查增加时可以从以下几方面入手：

1. 列示固定资产增加分析表。由于固定资产增加审计是固定资产审计的重要方面，审计人员可以通过分析表来提高审计效率和把握审计重点，通过固定资产增加分析表可以达到以下目的：

（1）明确本期增加固定资产的时间分布，为分析购置是否正常、折旧计提是否正确打下基础。

（2）明确本期增加固定资产的金额比重，找到较重要的业务，确定下一步审计重点。

（3）明确本期增加固定资产的类别，了解本期新增固定资产的目的是发展生产、改善管理，还是改善职工生活等。

新增固定资产分析表的格式如表 8－2：

表 8－2

______年度新增固定资产情况分析表

年　　月　　日

编制人：　　　　日期：

被审计单位：__________　　复核人：　　　　日期：

名称	单位	数量	原值	规定使用年限	残值	开始使用月份	计提折旧月份	折旧率	月折旧额	已提折旧	调整折旧	调整后折旧

2. 检查固定资产增加的手续。审计人员根据上述新增固定资产分析表选择一些金额较大或存有疑问的业务进行抽查，主要看新增固定资产是否经过批准，手续是否齐备，购入后是否经过验收等。

3. 确定新增固定资产的所有权。企业新增的固定资产，除了融资租入固定资产外，其余方式下必须拥有产权证明方可入账。具体来说，对外购入的固定资产可以通过审核采购发票确定所有权是否属于企业；对于房地产类固定资产可查阅有关合同、产权证明、财产税单、抵押贷款的还款凭证、保险单等书面文件；汽车等运输工具，则应验证有关执照；接受投资或捐赠取得的固定资产可以通过审阅有关投资、捐赠协议来确认所有权。至于融资租入固定资产，应验证有关租赁合同，证明其租赁性质。

4. 审查新增固定资产的计价。固定资产在取得时，应当按照取得时的成本入账。取得时的成本包括买价、进口关税、运输和保险等相关费用，以及为使固定资产达到预定可使用状态前所必要的支出。企业购买固定资产所支付的增值税按规定可以作为进项税额抵扣的不计入固定资产的成本，不能作为进项税额抵扣的，应将支付的增值税一并计入固定资产的取得成本中。固定资产的增加有购置、自制自建、投资者投入、更新改造增加、债务人抵债增加等多种途径，审计中应注意：

（1）从外部购置的、不需要经过建造过程即可直接使用的固定资产按实际支付的买价、包装费、运输费、安装成本、交纳的有关税金等，作为入账价值。应通过核对购货合同、发票、保险单、发运凭证等文件，抽查测试其计价是否正确，授权批准手续是否齐备，会计处理是否正确。如果是房屋，还应检查契税的会计处理是否正确。

（2）企业自行建造的固定资产，按照建造该项资产达到预定可使用状态以前所发生的全部支出，作为入账价值。这部分支出首先在“在建工程”科目中归集，待建造完工交付使用时，再转入“固定资产”科目。应检查竣工决算、验收和移交报告是否正确，与在建工程相关的记录核对是否相符，借款费用资本化金额是否恰当；对已经在用或已经达到预定可使用状态但尚未办理竣工决算的固定资产，检查其是否已经暂估入账，并按规定计提折旧；竣工决算完成后是否及时调整。

（3）接受投资取得的固定资产按投资各方确认的价值作为入账价值。应检查其入账价值与投资合同中关于固定资产作价的规定是否一致，须经评估确认的是否有评估报告并经国有资产管理部门等确认；固定资产交接手续是否齐全。

（4）融资租入的固定资产，按租赁开始日租赁资产的公允价值与最低租赁付款额的现值两者中较低者加上初始直接费用，作为入账价值。

（5）更新改造增加的固定资产的入账价值，按原固定资产的账面价值，加上由于改建、扩建而使该项资产达到预定可使用状态前发生的支出，同时，应当终止确认被替换部分的账面价值。应查明增加的固定资产原值是否真实；重新确定的剩余折旧年限是否恰当。

（6）接受捐赠固定资产的入账价值视具体情况而定。如果捐赠方提供了有关凭据（发票、合同、账单）等，按凭据上标明的金额加上应支付的相关税费，作为入账价值；捐赠方没有提供有关凭据，按如下顺序确定入账价值：①同类或类似固定资产存在活跃市场的，应该按照同类或类似固定资产的市场价格估计的金额，加上应支付的相关税费，作为入账价值；②同类或类似固定资产不存在活跃市场的，应该按照该接受捐赠的固定资产的预计未来现金流量现值，作为入账价值；如果接受捐赠的是旧的固定资产，按照上述方法确认的价值，减去按该项资产的新旧程度估计的价值损耗后的余额，作为入账价值。

（7）盘盈的固定资产应该按照同类或类似固定资产的市场价格，减去该项资产的新旧程度估计的价值损耗后的余额，作为入账价值。

5. 检查固定资产增加的账务处理。不同的固定资产增加业务，在会计处理时借方一律计入“固定资产”账户，贷方要视不同情形分别计入“银行存款”、“在建工程”、“实收资本”、“资本公积”、“以前年度损益调整”等科目。审计人员应根据具体业务的实际情况，按照会计制度等有关规定的要求对企业的会计处理进行审查。

（三）固定资产减少业务的审查

固定资产的减少通常有以下几种方式：固定资产的出售、固定资产的清理报废、固定资产的投资转出、固定资产的盘亏等。审计人员也应当根据不同的减少业务从以下几方面着手审计。

1. 编制固定资产减少分析表。借以对固定资产的减少情况加以了解，并进一步确定审计的方向和重点。

2. 审核固定资产减少的批准手续。无论是何种减少，均应有具体职能部门，有审批部门的批准，方可处置；若是投资转出的固定资产一般还要签订投资合同和资产转让协议，规定作为投资转出的名称、数量、时间和金额等。

3. 检查减少固定资产的计价。固定资产应当按照原始成本入账，因此在处置、减少固定资产时应当按照当初计入固定资产价值的原始成本和累计折旧进行处理。

4. 检查减少固定资产的账务处理。不同的固定资产减少方式，应做不同的账务处理，可能会涉及“固定资产清理”、“长期投资”、“待处理财产损益”等账户。审计人员应当结合整个处理过程审核企业的账务处理，发现是否存在截流收入或隐匿费用等现象。

（四）固定资产折旧的审计

1. 审查企业折旧方法的选用是否恰当。企业应当根据固定资产的性质和消耗方式以及科技发展、环境和其他因素，选择合理的固定资产折旧方法，并按照管理权限，经股东大会或董事会或经理（厂长）会议或类似机构批准，作为计提折旧的依据。同时，按照法律、行政法规的规定报送有关各方备案，并备置于企业所在地，以供投资者等有关各方查阅。固定资产的折旧方法可以采用年限平均法、工作量法、年数总和法、双倍余额递减法，折旧方法一旦确定，就不能随意变更。如需变更，应按规定程序经批准后报送有关各方备案，并应在财务报表附注中予以说明。审计人员应根据有关具体规定审查企业的折旧方法选择是否恰当，有无随意变更。

2. 审查累计折旧的计提总额是否正确。企业所计提的累计折旧总额一般受固定资产原值、预计折旧年限和预计净残值的影响。企业应根据有关规定合理估计后两项内容。因此，审计人员应注意企业是否利用夸大或缩小净残值来调整折旧费用进而影响损益。除对某些特殊行业、在某些特殊情况下需经过税务部门批准外，企业不得擅自缩小估计净残值或不留净残值来计算折旧。

3. 审查固定资产的折旧年限是否合理。当折旧计提总额确定之后，预计的使用年限会直接影响到各期折旧的大小。固定资产的估计使用年限可以参考财务制度以及有关法律法规的规定，企业应当在规定的参考范围内选择一个较合理的计提年限。如果短于规定年限即为加速折旧，审计人员应格外加以注意，要核实是否符合规定，是否经过税务部门批准。

4. 审查计提折旧固定资产的时间和范围。应计提折旧的固定资产有：房屋建筑物、机器设备、仪器仪表、运输工具、工具器具、季节性停用、大修理停用的固定资产、融资租入和以经营租赁方式租出的固定资产、已达到预定可使用状态的固定资产。已达到预定可使用状态的固定资产，如果尚未办理竣工决算的，应按估计价值暂估入账并计提折旧；待办理了竣工决算手续后，再按照实际成本调整原来的暂估价值。不应计提折旧的固定资产有以经营方式租入的固定资产；已提足折旧继续使用的固定资产；按规定单独估价作为固定资产入账的土地。企业一般应按月提取折旧，计提折旧的时间为本月增加的固定资产从下个月开始计提折旧，本月减少的固定资产从下个月开始停止计提折旧，超龄使用的固定资产和提前报废的固定资产不再计提折旧。

5. 复核固定资产折旧的计算是否正确。抽查不同类别或不同使用部门的固定资产折旧计提过程的计算是否正确无误，是否存在人为或无意的差错。审计人员应当严格按照计算公式和过程检验企业计算的正确性。具体计算方法如下：

平均年限法：年折旧率 = （1 - 预计残值率）/预计使用年限

月折旧率 = 年折旧率/12

月折旧额 = 固定资产原值 × 月折旧率

工作量法：每一工作量折旧额 = 固定资产原值 × （1 - 残值率）/预计工作量

月折旧额 = 当月工作量 × 每一工作量折旧额

双倍余额递减法：年折旧率 = 2/预计使用年限 × 100%

月折旧率 = 年折旧率/12

月折旧额 = 固定资产账面净值 × 月折旧率

年数总和法：年折旧率 = 尚可使用年限/预计使用年限的年数总和

6. 审查累计折旧的账务处理是否正确。企业应根据固定资产的使用场所和收益对象不同，分别计入不同的科目，包括“制造费用”、“管理费用”、“销售费用”等。审计人员应防止企业随意调整入账科目而影响当期及以后各期的损益。

（五）审查固定资产和累计折旧报表披露

固定资产在资产负债表上作为长期资产列示，其金额为“固定资产”账户期末借方余额，减去“累计折旧”和“固定资产减值准备”两个账户贷方余额的差额，即按固定资产的账面价值列示。

财务报表附注通常应说明固定资产的标准、分类、计价方法和折旧方法，融资租入固定资产的计价方法，固定资产的预计使用年限和预计净残值。如果被审计单位是上市公司，应在其财务报表附注中按类别分项列示固定资产期初余额、本期增加额、本期减少额及期末余额；说明固定资产中存在在建工程的转入、出售、置换、抵押或担保等情况；披露通过融资租赁租入的固定资产每类租入资产的账面原值、累计折旧、账面净值；披露通过经营租赁租出的固定资产每类租出资产的账面价值。如果被审计单位是上市公司，应在其财务报表附注中按固定资产类别分项列示累计折旧期初余额、本期计提额、本期减少额及期末余额。

（六）审查固定资产的清理

1. 获取或编制固定资产明细表，复核验算结果是否正确，并与报表、总账、明细账合计数核对。

2. 检查固定资产清理发生的理由是否合理，是否经过有关部门的鉴定和批准，相应的会计处理是否正确。

3. 检查固定资产清理收入和清理费用的发生是否真实、准确，清理结果（净损益）的计算是否正确。与施工有关的，是否计入工程成本；属于筹建期间的，是否计入管理费用；属于生产经营期间的，是否计入营业外收支；属于清算期间的，是否计入清算损益；属于出售职工住房的，是否计入营业外收支；因债务重组或非货币性资产交换发生的，其清理净损益是否计入营业外收入或营业外支出。

4. 检查固定资产清理在清理结束后是否及时转销，有没有长期挂账而调整损益。

5. 确定固定资产清理是否在资产负债表上恰当列报。

（七）固定资产减值准备的审查

《企业会计准则》规定，企业应当在期末或者至少在每年年终终了对固定资产逐项进行检查，如果由于市价持续下跌或技术陈旧、损坏、长期闲置等原因导致其可收回金额低于账面价值的，应当将可收回金额低于其账面价值的差额作为固定资产减值准备。固定资产减值准备应按单项资产计提。

1. 获取或编制固定资产减值准备明细表，复核加计正确，并与报表数、总账数和明细账合计数核对是否相符。

2. 检查固定资产减值准备的计提和核销的批准程序，取得并核对书面报告等证明文件。主要应查明固定资产减值准备的计提方法是否符合制度规定，计提的依据是否充分，计提的数额是否恰当，相关会计处理是否正确，前后期是否一致。特别应关注以下几点：

（1）是否按单项资产计提固定资产减值准备。

（2）当存在下列情况之一时，应按照该项固定资产的账面价值全额计提固定资产减值准备：①长期闲置不用，在可预见的未来不会再使用，且已无转让价值的固定资产；②由于技术进步等原因，已不可使用的固定资产；③虽然固定资产尚可使用，但使用后产生大量不合格品的固定资产；④已经毁损，以至于不再具有使用价值和转让价值的固定资产；⑤其他实质上已经不能再给企业带来经济利益的固定资产。

（3）已全额计提减值准备的固定资产，是否不再计提折旧。

3. 运用分析性复核的方法，分析本期末固定资产减值准备数额占期末固定资产原价的比率，并与期初数比较。如有异常波动，查明波动原因，判断波动的合理性。

4. 检查实际发生固定资产损失时，相应固定资产减值准备的转销是否符合有关规定，会计处理是否正确。

5. 确定固定资产减值准备的披露是否恰当。企业应当在财务报表附注中清晰地说明固定资产减值准备的确认标准和计提方法。按照《企业会计准则》的要求，计提资产减值准备的企业应按年填报资产减值准备明细表。因此，检查固定资产减值准备的披露是否恰当，除了关注其在财务报表附注披露上的恰当性以外，还应当关注企业资产减值准备明细表中有关固定资产减值准备内容披露的恰当性。如果被审计单位是上市公司，其财务报表附注中还应分项列示计提的固定资产减值准备金额、增减变动情况以及计提原因。

三、常见错弊及审计案例分析

（一）固定资产审计中的常见错弊

由于固定资产的性质和特点，在核算中若出现错弊，将对整个企业的会计信息产生严重的影响，所以对固定资产账户的检查务必引起我们的注意。固定资产账户经常会发生以下错弊：

1. 混淆固定资产确认界限。固定资产为使用期限 1 年以上，单位价值在规定标准以上并在使用过程中保持原来物质形态的资产。

2. 固定资产种类划分不清。生产经营用固定资产、非生产经营用固定资产、租出固定资产、不需用固定资产、未使用固定资产、土地、融资租入固定资产等界限区分不清。

3. 盲目购进固定资产。固定资产账户是否明显失调，出现大量资产闲置。

4. 固定资产计价不准。购入固定资产计价、自行建造固定资产计价、其他单位投资转入固定资产计价、融资租入固定资产计价、改建、扩建固定资产计价、接受捐赠固定资产计价、盘盈固定资产计价等存在的错误。

5. 财务处理错弊。

6. 任意变动已入账的固定资产。随意调增、调减固定资产账面价值。

7. 累计折旧计提计算错误。计算折旧时企业有无随意估计固定资产残值和使用年限，从而人为调整折旧的计提金额；计算过程和数据是否存在技术性错误；有无随意采用加速折旧法计提从而调整各期税负的分摊；是否混淆各类固定资产折旧率；混淆各类固定资产计提折旧的范围。

8. 累计折旧账务处理混乱。是否按使用部门和受益对象将折旧计入相应成本或费用；有无利用累计折旧随意调整各项成本费用的数额。

（二）审计案例分析

[案例一]

资料：审计人员于2017年3月8日对某企业上一年度的财务报表进行审计，在审查固定资产时发现该企业于2016年2月将一台生产用设备投入使用，该设备的原始价值为25万元，预计净残值4万元，预计使用年限为5年，企业采用年数总和法计提折旧。审计人员还发现企业其他固定资产均采用年限平均法计提折旧，且该企业未对这一事实在财务报表附注中加以说明。

要求：根据以上情况，确定在企业固定资产中发现的问题的性质，并指出对企业财务报表的影响。

审计分析要点：

1. 企业采用年数总和法计算的年折旧额 =（25万 - 4万）×5/15 = 7万元

企业采用年限平均法计算的年折旧额 =（25万 - 4万）/5 = 4.2万元

由于折旧方法的改变，使本年度多计提折旧2.8万元（7万 - 4.2万 = 2.8万），因此使得资产负债表中"固定资产"余额少计2.8万元，利润表中的"利润总额"少计2.8万元。

2. 企业固定资产折旧方法出现不一致，且未在财务报表中做出合理解释，这是违反会计准则和会计制度的。

[案例二]

资料：四湖会计师事务所接受委托对新成立不久的W公司进行审查，发现在其固定资产总账中存在着如下业务：

借：固定资产——房屋	1 800 000	
贷：应付票据——抵押票据		1 500 000
长期股权投资		300 000

经审计人员抽查有关凭证，发现该公司以转让其所持普通股10万股给Y公司及承担Y公司建造房屋的抵押借款150万元为条件获得办公楼一幢。

要求：审计人员应当采取哪些审计程序对该项固定资产进行检验？

审计分析要点：W公司接受了Y公司转让的股份，因此这两个企业之间很可能是关联企业关系，审计人员应对其之间的业务格外加以注意。对于该项固定资产审计人员检查的重点应该是房屋实际成本的认定。据此，审计人员应从以下几方面入手：

1. 审计人员应向建筑施工单位或有关管理部门索取详细的工程施工记录，仔细核对所发生的成本费用，包括原材料、人工和制造费用等各项原始凭证。

2. 审计人员可以向相关行业主管部门询问，了解同类建筑工程的正常利润率，进而确定该项固定资产的实际价值。

3. 审计人员应向企业索取抵押合同及附件，因为这些资料上可能有房屋的建筑成本。

4. 审计人员可以聘请法定的资产评估机构确定该办公楼的现值。

通过以上程序，审计人员掌握了房屋的建筑成本、正常利润和现值的确切证据。如果建筑成本和正常利润之和超过房屋的现值，则应按照有关规定以现值作为评价依据。如与账面价值有差异，还应调整有关账户。

第三节　在建工程审计

一、了解和评价内部控制制度

在建工程从预算计划到正式投产施工，到竣工验收这一系列过程中都要采取各种措施加强控制，以保证工程计划的合理性、施工过程的节约合法性以及验收的规范性。在建工程和固定资产的管理措施基本相似，除了以上提到的方面以外，在建工程控制还应特别强调以下方面：

（一）完善的审批预算制度

在建工程的建设往往是企业一项重要的投资行为，需要投入大量的人力、物力，有时候还需要管理部门和国家资金的投入。如果事前不经过认真的计划和审批，就有可能给企业和国家带来严重的经济损失。因此企业对计划上马的工程建设应严格把关，客观合理地编制预算，层层审批，防止出现不合理工程、管理人员贪污舞弊等现象。

（二）严格的支出控制制度

在工程施工过程中会发生各种支出，这些支出直接构成了工程的成本，因此企业应当控制一些不必要的开支，以缩减工程成本，提高工程效益。同时还要特别注意是否将一些本不应由工程来承担的支出挤入工程成本，是否严格区分资本性支出和收益性支出的界限。

二、实质性审查的内容与方法

（一）获取或编制在建工程明细表，复核加计正确，并与报表数、总账数和明细账合计数核对相符

应当注意，在建工程报表数反映企业期末各项未完工程的实际支出，包括交付安装的设备价值，未完建筑安装工程已经耗用的材料、工资和费用支出、预付出包工程的价款、已经建筑安装完毕但尚未交付使用的工程等的可收回金额，应根据在建工程科目的期末余额减去在建工程减值准备科目的期末余额后的金额填列。因此，其报表数应同在建工程总账数和明细账合计数减去相应的在建工程减值准备总账数和明细账合计数后的余额核对相符。

（二）检查本期在建工程的增加数

1. 对于重大建设项目，应取得有关工程项目的立项批文、预算总额和建设批准文件，以及施工承包合同、现场监理施工进度报告等业务资料。

2. 对于支付的工程款，应抽查其是否按照合同、协议、工程进度或监理进度报告分期支付，付款授权批准手续是否齐备，会计处理是否正确。

3. 对于领用的工程物资，应抽查工程物资的领用是否有审批手续，会计处理是否正确。

4. 对于借款费用资本化，应结合长短期借款、应付债券或长期应付款的审计，检查借款费用（因借款而发生的利息、利息调整的摊销和辅助费用，以及因外币借款而发生的汇兑差额）资本化的起讫日的界定是否合规，计算方法是否正确，资本化金额是否合理，会计处理是否正确。

5. 对于工程管理费资本化，应结合管理费用等的审计工作，检查工程管理费资本化的金额是否合理，会计处理是否正确。

6. 对于计缴的土地开发费，应检查土地开发费的合法性、真实性，并检查其会计处理是否正确。

7. 对于已取得土地使用权的，待该项土地开发时，应检查是否将其账面价值转入相关工程成本。

（三）检查本期在建工程的减少数

1. 了解在建工程转固定资产的政策，并结合固定资产审计，检查在建工程转销额是否正确，是否存在将已交付使用的固定资产挂列在建工程而少计折旧的情形。

2. 检查已完工程项目的竣工决算报告、验收交接单等相关凭证以及其他转出数的原始凭证，检查会计处理是否正确。

（四）检查在建工程项目期末余额的构成内容

同时，实地观察工程现场，确定在建工程是否存在；了解工程项目的实际完工进度；检查是否存在实际已使用但未办理竣工决算手续、未及时进行会计处理的项目。

（五）查询在建工程项目保险情况

在此项检查中，要复核保险范围和金额是否足够。

（六）检查在建工程减值准备的计提

主要应查明在建工程减值准备的计提方法是否符合制度规定，计提的依据是否充分，计提的数额是否恰当，相关会计处理是否正确，前后期是否一致。特别应关注以下几点：

1. 当存在下列一项或若干项情况时，是否按规定计提了在建工程减值准备：第一，长期停建并且预计在未来 3 年内不会重新开工的在建工程；第二，所建项目无论在性能上，还是在技术上已经落后，并且给企业带来的经济利益具有很大的不确定性；第三，其他足以证明在建工程已经发生减值的情形。

2. 运用分析性复核的方法，分析期末在建工程减值准备数额与在建工程期末账面余额的比率，并与期初数比较。如有异常波动，查明波动原因，判断波动的合理性。

3. 检查实际发生在建工程损失时，相应减值准备的转销是否符合有关规定，会计处理是否正确。

（七）检查有无与关联方相关的工程建造或代开发业务

若有此类业务，要检查是否经适当授权，是否按正常交易价格进行结算。

（八）结合对银行借款等的检查了解在建工程是否存在抵押、担保情况

如发现有此类情况，则应取证记录，并提请被审计单位作必要披露。

（九）检查在建工程合同

通过此项检查，确定是否存在与资本性支出有关的财务承诺。

（十）确定在建工程在资产负债表上的披露是否恰当

如果企业计提了在建工程减值准备，则应当在财务报表附注中清晰地说明在建工程减值准备的确认标准和计提方法。按照《企业会计准则》的要求，计提资产减值准备的企业应按年填报资产减值准备明细表，因此，检查在建工程减值准备的披露是否恰当，除了关注其在财务报表附注披露上的恰当性以外，还应当关注企业资产减值准备明细表中有关在建工程减值准备内容披露的恰当性。

如果被审计单位是上市公司，其财务报表附注中应分项列示在建工程的名称、预算数、期初余额、本期增加额、本期转入固定资产额、其他减少数、期末余额、资金来源、工程投入占预算的比例；分项列示期初余额、本期增加额、本期转入固定资产、其他减少数和期末余额中所包含的借款费用资本化金额。其中，工程项目资金来源应区分募股资金、金融机构贷款和其他来源等，用于确定利息资本化金额的资本化率应单独披露。如果上市公司计提了在建工程减值准备，还应分项列示计提在建工程减值准备金额、增减变动情况以及计提的原因。

三、常见错弊及审计案例分析

（一）在建工程审计中的常见错弊

在建工程科目列在资产负债表“固定资产清理”项目之后，是固定资产合计数的构成内容之一，是企业会计信息反映的重要内容之一。从在建工程科目可以分析得出许多有用的企业经济活动信息，及时了解在建工程的作业进度与工程成本、费用是否相符合，并及时对其成本进行必要的控制，努力接近工程预算，防止造成工程成本与预算相脱节，给企业和国家造成不必要的损失。同时，从在建工程分析中可以得出企业固定资产投资方向和投资规模，确定企业发展趋势是否符合国家有关产业政策及有关固定资产投资建设方向，并合理地预测未来发展方向和可能取得的经济效益，为企业管理当局和会计信息的外部使用者提供了一个可靠有效的经济信息。因此，在建工程项目在财务报表体系中有举足轻重的作用，是审计工作不可忽视的一项基本内容，常见的在建工程项目会计舞弊有以下形式：

1. 在建工程项目未经充分论证而投资上马。检查有关工程项目的各项材料，核实企业的论证是否充分。

2. 在建工程预算的错弊。概预算是否经过批准的设计任务书、工程量计算表、设备清单等为依据；概预算编制计算是否正确无误。

3. 资本性支出和收益性支出划分不清。是否划分资本性支出和收益性支出的界限。

4. 在建工程计价陷阱。是否按已完工程的实际成本计价。

5. 在建工程账务处理陷阱。是否按规定进行明细分类核算；借贷记录是否正确；账户对应关系是否清晰、正确；是否在竣工结算交付使用后及时结转。

（二）审计案例分析

资料：某审计小组接受A公司的主管部门的委托，对A公司的某建设项目进行审查。该建设项目为新建一厂房，审计人员通过企业提供的资料发现工程造价相对其他项目明显偏高。通过详细分析工程支出的明细账，发现其中包括了一些其他支出，经调查了解到是同时建造的一排经营用房的建设支出。该经营用房的成本累计为28万元，其中材料费15万元，人工费9万元，其他费用4万元。企业做了如下会计处理：

借：在建工程——厂房	280 000	
贷：原材料		150 000
应付职工薪酬		90 000
银行存款		40 000

要求：根据以上情况，说明存在的问题，编制调整分录。

审计分析要点：企业将经营用房成本计入在建工程，一方面使得厂房的成本增加，另一方面使企业隐藏了经营用房的存在，即形成了账外资产。

企业应做如下调整：

借：在建工程——经营用房	280 000	
贷：在建工程——厂房		280 000

思考与练习

1. 固定资产的审计目标是什么？
2. 固定资产和在建工程审计的步骤是怎样的？
3. 固定资产内部控制制度的主要内容是什么？
4. 在建工程内部控制制度的主要内容是什么？
5. 审计人员应当如何对企业固定资产的内部控制制度进行了解和评价？
6. 审计固定资产时审计人员应当从哪些方面对其进行实质性审查？
7. 审计人员应当如何对固定资产应当计提的累计折旧进行审查？
8. 审计在建工程时审计人员应当从哪些方面对其进行实质性审查？

第九章 无形资产和商誉审计

内容提要

无形资产和商誉都是没有实物形态，但都与企业发展密切相关的重要资产。加强对这两种资产的审计监督，对如实反映资产状况，反映企业盈亏，维护各方权益具有重要意义。无形资产和商誉的特点是什么？无形资产和商誉审计的内容、审计目标、审计的程序、审计的方法是什么？这是本章首先要阐述的问题。无形资产的内部控制要点及其符合性测试的内容是什么？实质性审查的方法与内容是什么？有哪些常见错误与舞弊？这是本章要阐述的第二个问题。商誉的内部控制要点及其符合性测试的内容是什么？实质性审查的方法与内容是什么？这是本章要阐述的最后一个问题。

第一节 无形资产和商誉审计概述

一、无形资产和商誉的审计目标

（一）无形资产的概念及基本特征

无形资产是指企业拥有或者控制的没有实物形态的可辨认非货币性资产。包括专利权、非专利技术、商标权、著作权、土地使用权等。

与有形资产相比，无形资产一般具有如下特征：

1. 由企业拥有或者控制并能为其带来未来经济利益的资源。预计能为企业带来未来经济利益，是作为一项资产的本质特征，无形资产也不例外。通常情况下，企业拥有或者控制的无形资产应当拥有其所有权并且能够为企业带来未来经济利益。但在某些情况下并不需要企业拥有其所有权，如果企业有权获得某项无形资产产生的经济利益，同时又能约束其他人获得这些经济利益，则说明企业控制了该无形资产，或者说控制了该无形资产产生的经济利益，具体表现为企业拥有该无形资产的法定所有权，或者使用权并受法律的保护。比如，企业自行研制的技术通过申请依法取得专利权后，在一定期限内拥有了该专利技术的法定所有权；又比如企业与其他企业签订合约转让商标权，由于合约的签订，使商标使用权转让方的相关权利受到法律的保护。

2. 无形资产不具有实物形态。无形资产通常表现为某种权利、某项技术或是某种获取超额利润的综合能力，它们不具有实物形态，比如，土地使用权、非专利技术等。企业的有形资产例如固定资产虽然也能为企业带来经济利益，但其为企业带来经济利益的方式与无形资产不同，固定资产是通过实物价值的磨损和转移来为企业带来未来经济利益，而无形资产很大程度上是通过自身所具有的技术等优势为企业带来未来经济利益。

3. 无形资产具有可辨认性。符合以下条件之一的，则认为其具有可辨认性：

（1）能够从企业中分离或者划分出来，并能单独用于出售或转让等，而不需要延时处置在同一获利活动中的其他资产，表明无形资产可以辨认。某些情况下无形资产可能需要与有关的合同一起用于出售转让等，这种情况下也视为可辨认无形资产。

（2）产生于合同性权利或其他法定权利，无论这些权利是否可以从企业或其他权利和义务中转移或者分离。如一方通过与另一方签订特许权合同而获得的特许使用权通过法律程序申请获得的商标权、专利权等。

4. 无形资产属于非货币性资产。非货币性资产是指企业持有的货币资金和将以固定或可确定的金额收取的资产以外的其他资产。无形资产由于没有发达的交易市场，一般不容易转化成现金，在持有过程中为企业带来未来经济利益的情况不确定，不属于以固定或可确定的金额收取的资产，属于非货币性资产。

（二）无形资产的审计目标

无形资产的审计目标如下：

1. 确定无形资产是否存在。

2. 确定无形资产是否归被审计单位所有。

3. 确定无形资产增减变动及其摊销的记录是否完整。

4. 确定无形资产的摊销政策是否恰当。

5. 确定无形资产减值准备的计提是否正确。

6. 确定无形资产的期末余额是否正确。

7. 确定无形资产是否已按照企业会计准则的规定在财务报表中做出恰当列报。

（三）商誉的审计目标

商誉是核算企业合并中的商誉价值，商誉的审计目标如下：

1. 确定资产负债表中记录的商誉是否存在。

2. 确定所有应当记录的商誉是否均已记录。

3. 确定资产负债表记录的商誉是否由被审计单位拥有或控制。

4. 确定记录的商誉是否以恰当的金额包括在财务报表中，与之相关的计价调整是否已恰当记录。

5. 确定商誉是否已按照企业会计准则的规定在财务报表中做出恰当列报。

二、无形资产的审计内容

无形资产的取得或形成，可以促进企业生产和经营的正常运转，促进提高劳动生产率，引进的技术可以节约消耗，减少费用，降低成本，提高产品的性能和质量。在流通领域，可以提高产品的商业信誉，起到占领市场，扩大推销，满足顾客心理要求的作用，使企业在激烈的市场竞争中处于优势，为企业带来较多的经济效益。同时，这两部分资产存续时间一般都超过一个会计年度，耗费的价值需要在受益期限内逐期摊销计入各期的期间费用，直接影响企业各期所实现的损益。因此加强对无形资产的审计监督对如实反映资产状况和企业损益，具有十分重要的意义。

无形资产审计是指对无形资产的形成、计量、摊销、转让和实存情况的真实性和合法性所进行的审查鉴证。

根据无形资产的特点及构成，其审计的内容包括以下几个方面：

1. 审查无形资产的确认情况。
2. 审查无形资产的计量情况。
3. 审查无形资产的摊销情况。
4. 审查无形资产的转让情况。
5. 审查无形资产投资情况。
6. 审查无形资产在资产负债表中应披露的事项。

三、无形资产的审计程序

无形资产的审计程序如下：

1. 获取或编制无形资产明细表，复核加计正确，并与报表数、总账数和明细账合计数核对是否相符。

2. 获取有关协议和董事会纪要等文件、资料，检查无形资产的性质、构成内容、计价依据，其所有权是否归被审计单位所有；检查无形资产各项目的摊销政策是否符合有关规定，是否与上期一致，若改变摊销政策，检查其依据是否充分。

3. 检查无形资产的增加：对股东投入的无形资产，检查是否符合有关规定，并经过适当的检查批准，无形资产的价值是否分别与验资报告及资产评估结果确认书或合同协议等证明文件一致；会计处理是否正确；对自行取得或购入的无形资产，检查其原始凭证，确认计价是否正确，法律程序是否完备（如依法登记、注册及变更登记的批准文件和有效期），会计处理是否正确。

4. 检查无形资产转让的会计处理是否正确，注意转让的是所有权还是使用权。

5. 检查本期摊销额是否正确，会计处理是否正确。

6. 检查无形资产减值准备的计提是否正确。根据《企业会计准则》，当存在下列一项或若干项情况时，应当将该项无形资产的账面摊余价值全部转入当期损益：某项无形资产已被其他新技术所替代，并且该项无形资产已无使用价值和转让价值；某项无形资产已超过法律保护期限，并且已不能为企业带来经济利益；其他足以证明某项无形资产已经丧失了使用价值和转让价值的情形。当存在下列一项或若干项情况时，应当计提无形资产的减值准备：某项无形资产已被其他新技术所替代，但其仍然具有部分使用价值；某项无形资产的市场价值逐年下跌，在可预见的未来无回升的希望；某项无形资产已超过法律保护期限，但仍然具有部分使用价值；其他足以证明某项无形资产实质上已经发生了减值的情形。

7. 检查无形资产的披露是否恰当。

四、无形资产的审计方法

根据无形资产所具有的特点，无形资产审计的难点是估价，重点是检查其合法性。为把无形资产审计工作搞好，审计人员必须采取相应的审查方法。

1. 调查分析被审计单位可能拥有的无形资产，做到心中有数。如工业企业由于进行物质资料的生产和技术及工艺的改进，一般会拥有专利权和非专利技术；生产经营名牌产品的企业可能拥有商标权；而规模较大、信誉好或经营有方的企业可能存在商誉，等等。了解了企业的情况，便于进一步有针对性地开展审查工作。

2. 应熟练掌握各种无形资产的特征。为使无形资产的审计能顺利进行并取得成效，审计人员必须熟知各种无形资产的特征及有关法律规定，必要时请有关专家或专业人员协助参与此项审查工作。

3. 索取契约、合同及有关证明。企业从不同方式取得无形资产，均应有相应的文件资料作为证明，通过对索取的文件进行审查，可验证其拥有的无形资产的所有权及合法性。

4. 注意从相关内容审查中发现线索或疑点。审计人员可以从对管理费用、实收资本、资本公积、长期投资及收入的审查中，注意涉及无形资产的有关线索或疑点，为确认无形资产打下基础。

5. 注意在测试内部控制中发现线索。在调查测试内部控制的过程中，有时也会发现无形资产在管理和核算中存在的问题，在此基础上即可追踪审查，查证落实。

需要注意的是，审计人员在掌握了上述情况之后，应先将有关资料收集齐备，再实施审查，以保证取得良好的审计效果。

第二节　无形资产审计

一、了解和评价内部控制制度

根据无形资产的特性及管理和核算的要求，其内部控制的主要内容应包括下列各项：

（一）审批与授权控制

企业取得无形资产是一项重大的决策，它关系到企业付出相当的代价是否能带来经济效益的问题，因此必须有严格的计划与报批手续。要进行充分的市场调研，要编制可行性研究方案和其他修改计划，防止盲目购入。研究计划要经企业最高管理部门批准后方可办理手续。

（二）责任控制

企业对取得的无形资产支出，应实施责任控制，即由各有关部门分工负责，从立项、付款以至形成，确定由各部门各环节负责，分别从技术性能，可带来效益及合法性、真实性，核算的完整性方面确定责任，通过落实责任实施控制。

（三）作价审核控制

企业购入无形资产的价值，一般是通过双方协商确定。协商议定的价格是否合理，企业应由有关部门加以审核。此外，还要审核对未来收益的预测和价格确定（或支出数额）的科学性，必要时要作深入的调查，如商誉的作价，可调查转让企业原获利能力，生产经营环境，在同行业中的水平等方面，以保证作价的合理性。

（四）合同控制

无形资产的购入与转让要通过签订合同的方式办理。企业在签订合同时，应审查无形资产有无证明文件，如专利证书、商标注册证书、土地使用权证书，同时应审查无形资产是否在有效期内，以及必要的手续是否齐备。

（五）及时入账控制

取得无形资产应根据有关的凭证及时正确入账。企业应分别设置“无形资产”，在此科目下应分别按无形资产的种类设置明细科目。

（六）定期复核控制

企业对无形资产的每期摊销和期末余额应定期复核其摊销期限是否合理，摊销额计算是否正确，期末余额是否真实。定期复核也包括总分类账与明细分类账的核对，必要时与记账凭证核对，以确保账簿记录的正确性。

（七）转让控制

企业的无形资产转让应经过企业最高管理部门的批准，转让的作价要合理，转让的收入要及时入账。为防止私自转让商标权等无形资产从中渔利的现象，必须对转让加以严格的控制。

二、实质性审查的内容与方法

在了解和评价无形资产的内部控制制度的基础上，一般运用审阅、复核、账户分析、查询等方法对无形资产进行实质性审查，其一般步骤和方法如下：

1. 对涉及无形资产的有关证书、批文、合同、协议及其他有关资料的原始凭证、记账凭证、账簿等资料进行审阅，通过审阅，发现疑点。

2. 对无形资产的入账价值及其每期摊销情况和有效期限的确立等运用复

算、核对的方法，验证其正确性。对无形资产价值的评估往往还采用评估法、分析法及市价法。评估法是对那些投资成本不好确定，或者投资成本与其实际效益差异很大的无形资产，结合其能为企业带来有效的收益，评估其价值。分析法则是通过对无形资产的增减变化情况和利用效果进行分析，评估其价值。市价法就是按照无形资产在市场上的成交价格，评估其价值。

3. 为证实无形资产的所有权及存在性，往往可运用查询的方法进行了解，尤其是对于外购的无形资产，查询法往往显得更加重要。

以上是无形资产实质性审查的方法，下面详细介绍无形资产实质性审查的内容。

（一）确认无形资产存在的真实性、合法性

由于无形资产不具有实物形态，其是否合法、真实地存在，需要通过审查有关文件和会计核算资料与财务手续及采取询证等方式加以确认。

1. 审计人员应自行编制或向被审单位索取无形资产明细表，与总账、明细账进行核对，检查账面余额的正确性。同时索取无形资产入账的有关手续、文件，审查其合法性与所有权。一般应通过无形资产购入有关手续，如审批授权的证明文件，购买合同、证明无形资产合法性证书或文件和付款凭证、发票等，审查购入业务手续的真实性，核实数据的正确性和期限的有效性。依据专利法、商标法、经济合同法，确定无形资产存在的真实性与合法性，在以上基础上，还应查明构成无形资产各项目在促成企业获得经济利益方面的作用。

2. 审计人员可以对专利权、专有技术、商标权、土地使用权等无形资产采取询证方式了解企业是否与对方发生了转让关系，目前是否超期限等，以此确定其是否确实存在。对无法询证和验证其所有权的商誉，可通过查明与商誉相联系的企业的信誉和业务水平，以确定其是否应继续按其记录的金额计价无形资产。通过审查上述资料，如发现有疑点的事项，也可向企业领导、有关当事人、卖方及经纪人调查核实。

（二）审查无形资产入账价值的合规性

无形资产作为无形非货币项目，在确认时必须满足的一个条件，就是取得该项目的成本能够可靠地计量。由于无形资产提供经济利益的不确定性，为审慎起见，把能够确认为取得无形资产而发生的支出，作为无形资产的成本入账。审计时要特别注意为取得无形资产而发生支出的确定性，即使企业确实拥有某项无形资产。如果无法确认取得该项无形资产的支出，就不能将其资本化，作为无形资产入账。例如，为树立商标权而发生的广告费用；无需付出费用便可获得的商标许可使用权，按照合同规定，受让方为了取得商标权，定期支付给出让方一定数额的报酬等等。

我国企业会计准则规定，除商誉外，企业从外部取得的无形资产入账价值原则上应根据取得时的总支出确定，但不同的取得方式，规定不同的计量方法。所以，审查入账价值时，应分别不同情况进行审查评价。

1. 购入的无形资产，按购入时发生的总支出确定。总支出包括所付价款、聘请律师费用及其他支出等，但不包括支付的可以作为进项税额抵扣的增值

税。以出让方式单独取得的土地使用权的成本，应根据土地出让合同约定支付的土地使用权出让金和相关支出确定。作为整批资产的一部分取得且能独立发挥作用的其他无形资产的成本，应根据所取得各单项资产的公允价值，将总支出按比例分配确定。审查时应对发生的总支出，土地使用权和相关支出，公允价值及分配比例等逐一核实。

2. 其他单位作为资本或者合作条件投入的无形资产，应根据投资各方确定的价值作为实际成本。审查时，应当依照法规确认各方确定价值的合法性和有效性，并分析其使用评估方法的合规性，复核其金额确定的正确性。

3. 内部研发活动形成的无形资产成本由可直接归属于该资产的创造、生产并使该资产能够以管理层预定的方式运作的所必要支出组成。可直接归属成本，包括：开发该无形资产时耗费的材料、劳务成本、注册费、在开发该无形资产过程中使用的其他专利权和特许权的摊销，以及按照借款费用的处理原则可资本化的利息支出。但应注意的是内部开发无形资产的成本，仅包括自满足资本化条件时点至达到预定用途前所发生的支出总额，对于以前期间已经费用化计入当期损益（管理费用）的支出不再调整。

4. 企业以非货币性资产交换换入的无形资产的成本，若交易具有商业实质且换入或换出资产的公允价值能可靠计量，应根据换出资产的公允价值加上应支付的相关税费作为无形资产的实际成本。如涉及补价的，按以下规定确定换入无形资产的实际成本：收到补价的，应根据换出资产的公允价值加上支付的相关税费减去补价后的余额，作为无形资产的实际成本；支付补价的，应根据换出资产的账面价值加上应支付的相关税费和补价，作为无形资产的实际成本。审查时，应验证换出资产的公允价值的正确性，并核实所发生的其他金额。

若非货币性资产交换不具有商业实质，则按换出无形资产的账面价值加上应支付的相关税费入账。

5. 企业接受的债务人以非现金资产抵偿债务方式取得的无形资产，则应按无形资产的公允价值入账，与应收债权的账面价值的差额计入当期损益。

6. 企业接受捐赠的无形资产，应按以下规定确定其实际成本：第一，捐赠方提供了有关凭据的，按凭据上标明的金额加上应支付的相关税费，作为实际成本。第二，捐赠方没有提供有关凭据的，按如下顺序确定其实际成本，一是同类或类似无形资产存在活跃市场的，按同类或类似无形资产的市场价格估计的金额，加上应支付的相关税费，作为实际成本；二是同类或类似无形资产不存在活跃市场的，按该接受捐赠的无形资产的预计未来现金流量现值，作为实际成本。审查时，应核实凭据的金额和估计金额的正确性。

在审查无形资产入账价值的合规性时，应予注意：是否将不属于无形资产成本内容的费用包括在内，是否把应计入无形资产成本的费用计入期间费用。还应查明无形资产价值有无偏低或偏高的情况，以防资产和收益的虚增虚减，如有营私舞弊行为，也应一并查明。

（三）审查无形资产摊销的合规性

无形资产可以长期使用，在若干个会计年度受益，其价值逐步丧失，所以一般而言，无形资产价值应在多个受益期间内进行分摊，借以合理地确定各个会计期间的企业经营损益。无形资产摊销数额正确与否，会影响企业费用和利润的真实，并影响国家税收。因此，在通过无形资产计价审查核实的基础上，根据企业会计准则的规定，审查其摊销期限和摊销方法的合规性，确认摊销数额的正确性。具体包括以下各项内容：

1. 审查无形资产摊销期限。企业财会制度规定的摊销期限，是审查评价的依据。由于无形资产摊销期的确定有一定难度，一般应按下列原则确定：

（1）源自合同性权利或其他法定权利取得的无形资产，其使用寿命不应超过合同性权利或其他法定权利的期限。如果合同性权利或其他法定权利能够在到期时因续约等延续，且有证据表明企业续约不需付出大额成本，续约期应当计入使用寿命。

（2）合同或法律没有明确规定使用寿命的企业应当综合各方面情况，如聘请相关专家进行论证、或与同行业的情况进行比较以及企业的历史经验等，来确定无形资产为企业带来未来经济利益的期限。

（3）经过上述努力，仍无法合理确定无形资产为企业带来经济利益期限的才能将其作为使用寿命不确定的无形资产。

无形资产的摊销年限一经确定，不应随意变更。

审查时，应对照法律和合同及企业申请书中的规定，查明企业对各种无形资产是否按规定的期限分期摊销，有无提前或逾期摊销的情况。除审阅合同及企业申请书外，还应对无形资产账户的记录进行分析，以确认其摊销期限实际执行的正确性。

2. 审查无形资产摊销额。无形资产摊销通常采用直线法，即将无形资产取得成本在一定的期限内等额摊销。审查时，主要应查明摊销额计算的正确性和账务处理的合规性。审计人员应通过查阅有关记录，并运用复算、核对等方法，证实摊销方法和数额的正确性，并确定每期摊销费用是否按规定转入管理费用、制造费用、其他业务成本、研发支出等，尤其要注意查明企业有无利用无形资产摊销，人为地调节当期损益的情况。

（四）审查无形资产转让的真实性和合规性

企业的无形资产除了留作自用外，还可以向其他单位转让。无形资产是企业资产的一个组成部分，将它转让时，应由企业领导研究，做出决策，与有关单位签订合同、协议，由管理部门办理转出手续，会同财会部门按协议确定的价格，收取价款。审计人员应当用追踪审查的方法，通过审查转出是否经过领导审批，手续是否齐全，议定的价格是否合理，账务处理是否合规等，对其内部控制的效果做出验证。在审查时，应注意转让无形资产使用权和无形资产所有权的不同情况，借以确认其处理的合规性。

无形资产使用权的转让仅仅是将部分使用权让渡给其他单位或个人，出让方仍保留对该项无形资产的所有权，因而仍拥有使用、收益和处置的权利。受让方只能取得无形资产的使用权，在合同规定的范围内合理使用而无权转让。在转让无形资产使用权的情况下，由于转让企业仍拥有无形资产的所有权，因而，不应注销无形资产的账面摊余价值，转让取得的收入计入其他业务收入，发生的与转让有关的各种费用支出及摊销无形资产的价值，计入其他业务成本。审查转让无形资产的使用权时，应重点核实与转让有关的各种费用支出的正确性。

无形资产所有权的转让即为出售无形资产，企业应将实际取得的转让收入和该项无形资产已计提的减值准备与无形资产的账面余额和应支付的相关税费之间差额，计入当期损益（记入“营业外收入——处置非流动资产利得”或“营业外支出——处置非流动资产损失”科目）。

审查转让无形资产的所有权时，应注意查明有无不按规定冲销其账面价值及错转损益的情况。

在对以上各业务情况的审查中，应注意对“无形资产”账户的贷方记录及相对应账户的记录进行审阅分析，以便发现疑点深入审查。

（五）审查无形资产投资的合规性

投资审计的重点是确认投资入账价值的正确性及账务处理的合规性。审查时应区分不同情况的投资方式进行：

对企业用专利权、商标权、外购非专利技术或国家出让的土地使用权等无形资产对外投资的，应查明投资入账价值是否与无形资产的合同、协议约定的价值或评估确定的价值（公允价值）一致。

对企业以非专利技术等未入账的无形资产对外投资的，应查明投资入账价值是否按投资合同、协议约定或评估确认的金额确定。

企业用以划拨方式取得的土地使用权对外投资的，应查明是否先按补交的出让金将土地使用权登记入账，再核实投资入账价值是否根据无形资产的公允价值确定。

（六）审查无形资产减值准备的计提的正确性

根据《企业会计准则》的规定，当存在下列一项或若干项情况时，应当将该项无形资产的账面摊余价值全部转入当期损益：某项无形资产已被其他新技术所替代，并且该项无形资产已无使用价值和转让价值；某项无形资产已超过法律保护期限，并且已不能为企业带来经济利益；其他足以证明某项无形资产已经丧失了使用价值和转让价值的情形。当存在下列一项或若干项情况时，应当计提无形资产的减值准备：某项无形资产已被其他新技术所替代，但其仍然具有部分使用价值；某项无形资产的市场价值逐年下跌，在可预见的未来无回升的希望；某项无形资产已超过法律保护期限，但仍然具有部分使用价值；其他足以证明某项无形资产实质上已经发生了减值的情形。

（七）审查在财务报表中无形资产应披露事项列示的正确性

按企业会计准则规定，在资产负债表中，无形资产应单列项目反映。财务报表附注中，应披露下列与无形资产有关的事项：

1. 各项无形资产的摊销年限。

2. 本期无形资产的摊销额。

3. 本期转让无形资产使用权和所有权的情况。

4. 本期对外投资的无形资产账面金额（如无形资产未入账，则应说明无形资产的入账价值）。

5. 用作抵押品的土地使用权的金额。审计人员应根据前述审计内容，审查财务报表中应披露事项列示的真实性、完整性。

三、常见错弊与审计案例分析

（一）无形资产审计中的常见错弊

1. 错列营业外收支。无形资产的出租与出售，会计处理是不同的。只有在出售无形资产时，才与营业外收入与营业外支出科目有关。而出租无形资产时，与其他业务收入与其他业务成本有关。

2. 无形资产的涵盖范围不正确。根据新的会计准则规定，商誉不属于无形资产。

（二）审计案例分析

资料：审计人员在审查无形资产转让有关情况时，了解到企业向外转让专有技术使用权，取得转让收入 50 000 元和应收取的增值税 3 000 元。发生的与转让该专有技术使用权有关的各种费用支出为 25 000 元。但在审阅其他业务收入和其他业务成本明细账时，并无此项业务，而在营业外收支明细账中发现此笔记录，其会计分录如下：

1. 借：银行存款	53 000	
贷：营业外收入		53 000
2. 借：营业外支出	25 000	
贷：无形资产		25 000

要求：审计人员应建议企业如何调账。

审计分析要点：显然，该企业将本应记入其他业务收入及其他业务成本的项目错列作营业外收支。

审计人员应建议企业进行如下调账。

若问题是在发生当月查证的，可做如下账务处理：

（1）借：营业外收入	53 000	
贷：其他业务收入		50 000
应交税费——应交增值税（销项税额）		3 000
（2）借：其他业务成本	25 000	
贷：营业外支出		25 000

若问题是在发生当月以后查证的，则调账为：

（1）借：营业外收入	3 000	
贷：应交税费——应交增值税（销项税额）		3 000

第三节　商 誉 审 计

商誉的内部控制制度及符合性测试与无形资产基本类似，此处不再赘述。

关于商誉的实质性审查的内容与方法：

第一，要获取或编制商誉明细表和商誉减值准备明细表，复核加计是否正确，并与总账数和明细账合计数核对相符；结合商誉减值准备科目与报表数核对是否相符。

第二，检查商誉的增加：①获取有关合并协议和合并双方的董事会决议等文件、资料，结合企业合并的审计，判断合并是否属于非同一控制的企业合并，了解企业合并的目的；检查商誉增加是否真实，如果合并属于非同一控制的企业合并，判断购买日的确定是否正确。②获取企业合并的相关审计报告、资产评估报告，结合企业合并的审计，分析被购买方可辨认净资产公允价值份额的合理性，检查会计处理是否正确。③特别关注分步实现企业合并时，商誉的计算是否正确。

第三，检查本期商誉减少原因，分析是否合理，会计处理是否正确。

第四，检查商誉减值准备计提和转销的批准程序，取得书面报告等证明文件。

第五，检查被审计单位是否在期末结合与商誉相关的资产组或资产组组合对商誉进行了减值测试；计提商誉减值准备的依据是否充分，会计处理是否正确；检查减值是否一经确认，不予转回。

第六，检查商誉减值准备的计算和会计处理是否正确。

第七，检查商誉减少时，相应的减值准备是否一并结转，会计处理是否正确。

第八，检查期后事项，评价商誉减值准备的合理性。

第九，检查商誉是否已按照企业会计准则的规定在财务报表中做出恰当列报，商誉的形成来源、账面价值的增减变动等情况。

思考与练习

1. 简述无形资产和商誉审计的内容。
2. 简述无形资产和商誉的审计目标。
3. 简述无形资产和商誉的审计程序。
4. 简述无形资产和商誉审计的方法。
5. 简述无形资产和商誉内部控制要点。
6. 简述无形资产和商誉的符合性测试。
7. 简述无形资产实质性审查的方法与内容。
8. 简述商誉实质性审查的方法与内容。

第十章 负债审计

内容提要

负债审计是资产负债表审计的重要环节。负债按其流动性的不同，可分为流动负债和非流动负债两大部分。因此，本章也主要讨论流动负债的审计和非流动负债的审计。负债审计与资产审计有何不同？负债审计的主要内容是什么？在对负债的审计过程中，主要应如何结合负债的特点采取恰当的审计策略？流动负债和非流动负债审计的主要审计步骤和审计方法各自如何？这是本章阐述的主要问题。

第一节 负债审计概述

一、负债审计的特点

负债是指企业过去的交易或者事项形成的，预期会导致经济利益流出企业的现时义务。负债是资产负债表的基本要素之一，对企业财务报表的反映有着直接、重大的影响。为了正确反映企业的财务状况和经营成果，必须把企业的负债完整地列示于资产负债表中，并正确地予以计价。

负债审计是指审计机构和审计人员对被审单位在经济活动中形成的各项负债的真实性、合法性和正确性进行的审查。从审计角度看，它有着不同于其他财务报表要素的特点：

第一，负债审计的重点在于揭示与纠正负债的低估或漏列。因为，财务报表的主要弊端往往是高估收益或财务实力，这既可能来自高估资产，也可能来自低估负债。实际上，负债方面的错误或弊端多为低估而非高估。低估或漏列流动负债，可以人为地改变流动比率，从而获得信贷上的好处，同时，由于低估负债往往伴随着低估成本费用，从而高估企业的利润。所以，低估负债正如高估资产一样，不仅影响企业财务状况的反映，而且还会极大地影响企业财务成果的反映。应当指出，以漏列来低估负债的弊端往往较难发现和判断。高计资产的手段往往是采用篡改会计记录，虚构业务，致使某项资产账户的余额夸大，一般的审计方法往往是通过分析账户的构成内容，将报表、账簿、凭证上所载金额加以核对等，一般可发现此类问题。相比较而言，低估负债的手段往往是漏记发生债务的业务，致使某项负债账户的余额少计，这种负债不入账的情况较难查出，也就成为负债审计的重点和难点。

第二，一个企业的债务即为其他企业的债权，债权企业必有完整的会计记录。如果债务企业不按期清偿，将会受到债权企业的直接催讨。这在某种意义上可以保证负债记录的正确性。这既说明在多数情况下，负债的金额都是事实，同时也说明对负债项目的内部控制和账务处理相对资产项目而言较为简单。

第三，各项流动负债应当按实际发生数额记账。负债计价的一个显著特征是：负债的未来清偿价值一般在成立时即明确规定了，根据交易活动中形成负债的实际数额作为企业的负债，一经形成就不受外界环境因素（如价格变动、市场供应等）影响。所以，负债不存在不同计价基础与方法问题，对其审核验证的工作量可以适当减少。

二、负债审计的目标

通过对负债的审计，应达到以下目标：

第一，了解并确定负债的内部控制是否存在、有效且一贯遵守。

第二，确定被审单位在特定期间内发生的负债业务是否均已记录完毕，有无遗漏。

第三，确定被审单位所记录的负债在特定期间内是否确实存在，是否为被审单位所承担。

第四，确定被审单位各项负债的发生是否符合有关法律的规定，被审单位是否遵守了有关债务契约的规定。

第五，确定被审单位所有负债的会计处理是否正确。

第六，确定被审单位有关负债的会计处理是否正确。

第七，证实各项负债余额在财务报表上的列报是否恰当。

三、负债的审计内容

根据企业会计准则的规定，负债按其流动性质可分为流动负债和非流动负债。流动负债是指将在 1 年或超过 1 年的一个营业周期内偿还的债务。它主要是为了弥补企业日常经营活动中的流动资金的不足而向内外筹措所形成的，其还款期限短，因而企业的财务风险较大。包括：短期借款、应付款项（应付票据、应付账款、应付职工薪酬、应交税费、应付股利、其他应付款等）和预收账款等。非流动负债是指偿还期在 1 年或超过 1 年的一个营业周期以上的债务，包括长期借款、应付债券、长期应付款、预计负债等。一般来说，企业举借非流动债务，主要是为了增添大型固定资产、增建或扩建厂房、扩大经营规模等的需要。非流动负债项目虽少，但其发生额却很大，是企业融资的重要手段。

对于所有这些负债项目，被审计单位均必须毫无遗漏地列示于资产负债表中，以正确反映企业的财务状况。因此，负债审计的内容包括上述所有项目。

虽然，各项负债的审计重点、程序和方法各不相同，但其基本审计步骤和方法大体上是一致的，主要有以下内容：

第一，执行分析性程序，确定审计重点领域和主要会计问题。

第二，按负债项目或业务循环，调查、了解其内部控制制度，并通过对初步了解内部控制制度，对内控制度得出总体评价，找出内部控制的强点和弱点，判断计划的实质性审查程序的合理性，并进行适当的调整。

第三，进行实质性审查，审查账表项目记录是否真实、合法、合规。采用抽查法抽取一定数量的样本，对抽取的样本运用验算、核对、函证、监盘等方法，进行实质性审查，并根据抽样评价结果，推断总体，得出审计结论。

四、负债的审计策略

一般而言，负债的低估情况在企业较为严重，所以负债审计的重点应放在验证负债入账的完整性上。而对于账上未记录的债务的查找较为困难，因此这成为负债审计业务的难点。根据负债业务的特点，我们在审查过程中可采取以下审计策略：

第一，采用分析性复核的审计方法，发现疑点和审计重点。例如：将被审单位各项负债项目与上年度进行比较，或将被审单位的流动比率、资产负债率与同行业水平进行比较，从而判断企业各负债项目是否合理，找出疑点。

第二，从利息入手，发现隐瞒负债的情况。负债当中的有息负债，其利息费用与之应有对应关系。因此，可查找各项利息费用产生的原因，是否存在没有借款记录，却有借款利息的情况。或者，分析企业利息率与同期银行的借款利率是否相近，发现重点审计项目。

第三，向企业外部债权人调查、函证。企业的债务也即是其他企业的债权，债权企业一般有完整的会计记录，债务到期后会进行追讨。因此，向企业的主要客户（不论账户期末余额的大小）进行函证，有助于审计人员查找被审单位未入账负债。

第二节　流动负债审计

一、流动负债审计概述

流动负债是企业审计中的重要一环，流动资产与流动负债的比率，反映了企业的短期偿债能力。企业流动负债业务的正确核算和处理，可以防止企业低计或漏列流动负债项目，在一定意义上，可防止流动比率被人为改变、财务状况及经营成果不实的情况发生。

流动负债项目较多、性质各异，不同流动负债项目的审计目标也有所不同。尽管如此，对各流动负债的审计，基本目标还是一致的，其具体审计目标主要有：

第一，了解并确定有关流动负债的内部控制是否存在、有效且一贯遵守。

第二，确定在特定期间内发生的流动负债业务是否均已记录完毕，有无遗漏。

第三，确定所记录的流动负债在特定期间内是否确实存在，是否为被审单位所承担。

第四，确定各项流动负债的发生是否符合有关法律的规定，被审单位是否遵守了有关债务契约的规定。

第五，确定各项流动负债的会计处理是否正确。

第六，确定有关流动负债的会计处理是否正确。

第七，证实各项流动负债余额在财务报表上的列报是否恰当。

流动负债一般以应付金额是否确定为标志来进行分类，并且在审计过程中对不同类别的流动负债其审查的重点也有所不同。其具体分类和审计重点见表 10－1。

表 10－1　　不同类别流动负债的审计重点

流动负债类别	具体内容	审计重点
应付金额确定的负债	短期借款、应付账款、应付票据、短期债券、预收账款、其他应付款等	审计重点在于证实流动负债的真实性
应付金额视经营情况而定的负债	应付职工薪酬、应付股利、应交税费、其他应交款等	审计重点在于验证流动负债计算的正确性

二、了解和评价内部控制制度

（一）内部控制要点

1. 授权和审批控制。即指所有重要的流动负债的发生及其变更都应经过适当的批准或授权，按规定程序办理。无论是贷款、交易或结算发生的债务，总有一定的经济业务根据，具有协议、合同、规章、凭证或有关文件，因此都应由有关主管人员批准后，才能据以执行业务活动。而且，当这些债务发生时，也要经过一定的主管人员批准，债务才能成立。审批控制包括：①各项采购业务合同的执行和请购单的处理，应经过领导的审批；②当商品、材料购进后发现不符合要求或质量较差要求退货或给予折让时，在对方同意后，应经企业领导或业务部门负责人批准；③借款和债券发行计划应交主管领导批准；④负债的清偿付款应经有关负责人批准。

2. 职能分离控制。即指经办流动负债业务人员与记录人员、审批或授权人员等严格分工。

3. 定期核对流动负债。定期由专人核对流动负债业务的真实性、实有数额及到期日等。将流动负债总账和明细账按月对账，相互核对，出现差异时，应编制调节表进行调节；按月向供货方或债权人取得对账单，与应付账款明细账或其他明细账核对调节，发生差异时应查明原因。通过对账确保债务的真实性和正确性，维护企业和债权人双方的利益。

4. 所有发生的流动负债均及时登记入账。偿还负债是企业的义务，及时登记所有发生的流动负债是财务制度的一项重要内容，同时在一定程度上还可以节省企业的资金。例如：及时记录应付账款，并在一定期间内付清货款，可以取得购货折扣，从而减少实付金额。

（二）内部控制制度的了解和评价

1. 了解、描述流动负债的内部控制。审计人员通过对被审单位流动负债各项目的内部控制的流程和控制环节的了解、描述，初步评价其健全性和有效性。通常可以通过编制流程图、撰写内部控制说明、设计问答式调查表等方式进行。表 10－2 为该类业务内部控制调查表的格式及内容。

表 10－2　　内部控制调查表——流动负债

客户名称：＿＿＿＿＿审计人员签名：＿＿＿＿日期：＿＿＿＿

资产负债表日：＿＿＿＿复核人员签名：＿＿＿＿日期：＿＿＿＿

调查问题	是	否		不适用	备注
		较轻	较重		
短期借款：					
1. 是否有借款计划？					
2. 借款计划是否经主管人员审批？					
3. 是否按计划借款？					
4. 是否签订借款合同？					
5. 是否按计划使用借款？					
6. 借款是否进行明细分类核算？					
7. 是否定期利用银行借款对账单与短期借款余额核对？					
8. 短期借款余额是否经债权人认可？					
应付票据：					
1. 票据的签发是否由两个以上的人员批准？					
2. 票据到期时出纳员是否自动付款？					
3. 是否设置应付票据登记簿？					
4. 是否由票据签发或出纳员以外人员登记票据？					
5. 是否由专人控制空白的、作废的、已付讫退回的票据？					
6. 是否由不从事票据记录的人员定期对账？					
7. 是否有专人复核票据利息核算？					
8. 应付票据是否编号保存？					
9. 签发票据与订货单、验收单、发票核对吗？					
应付账款：					
1. 企业采购、验收、应付账款记账和现金或银行存款支付是否由不同部门或不同人员独立办理？					
2. 企业是否建立应付账款的登记簿管理制度？					
3. 企业是否建立应付账款明细账和总账的定期核对制度，并于会计期末编制应付账款试算表，同总账余额核对一致？					

续表

调查问题	是	否		不适用	备注
		较轻	较重		
4. 企业是否按月从供货方取得对账单，并与应付账款余额和未付凭单相调节？					
5. 发票价格、数量或计算上的差异，是否向供货方签发借项通知单？					
6. 企业是否按月编制应付账款试算表？					
7. 预付供货方的款项是否已记入预付账款或应付账款账户并适当控制，该预付款项是否从供货方发票中扣减？					
8. 赊销部门和采购部门是否了解供货方账户的借方金额？					
9. 货物的入库是否严格履行验收手续，计价、入账是否及时？					
应付职工薪酬：					
1. 企业人事部门对员工增减及职务升降事项是否书面通知劳资部门？					
2. 劳资部门是否以人事部门的书面通知和工资标准、工时记录为依据编制员工工资单？					
3. 财务部门是否以劳资部门的工资单为依据发放工资？					
4. 编制工资单和发放工资是否由两个以上的部门负责？					
5. 是否定期将工资单与人事部门的职工名册核对？					
6. 是否建立了人工支出预算控制制度？					
7. 是否有专人复核工资业务？					
问题与评价：					

2. 查阅制度、实地观察、检查。

（1）走访、观察各流动负债项目的记录与业务经办是否独立，职责分工是否科学合理。业务的授权审批人、经办人、记账人、验收人等是否由不同的人分别负责。

（2）了解各流动负债项目总账与明细账是否定期核对，并且和债权人提供的有关记录相调节。

3. 抽查各流动负债项目明细记录。查明债务确认、付款、记录、过账的及时性、正确性。记录和过账时所附的原始凭证是否完备，手续是否齐备；核对原始凭证金额与明细账记录的一致性。

4. 评价各流动负债项目的内部控制制度。在了解和掌握以上方面的各流动负债项目的内部控制制度之后，就应根据收集的证据对内部控制进行评价，在审计工作底稿中表明哪些属于较强的部分，哪些属于较弱的部分，并根据对各流动负债项目内部控制可以依赖的程度，确定核实各流动负债项目实质性审查程序和重点。

三、实质性审查的内容与方法

（一）短期借款审计

短期借款是指企业为了生产经营的需要，弥补流动资产的不足，而向银行和其他金融机构借入的偿还期在一年以内的各种借款。包括流动资金借款、临时借款、票据贴现借款、结算借款和卖方信贷借款等。企业维持正常的生产经营应当具备足够的流动资金，以供经营周转，但有时在资金短缺、周转失灵的情况下，不得不暂时向银行或其他金融机构融通部分资金。

根据企业会计制度规定，企业向银行等金融机构借入的期限在一年以内的各种借款应设置“短期借款”科目进行核算。企业取得借款时，记入贷方；归还借款时，记入借方；期末贷方余额，反映企业尚未偿还的短期借款的本金。该账户一般按债权人设置明细账，并按借款种类进行明细核算。

审计人员根据企业短期借款期末余额的多少，占负债总额比例的大小，往年审查发现问题的概率，相关内部控制制度的强弱等情况，确定对于短期借款审计的程序和方法。并通过对借款合同或协议、短期借款总账与明细账、财务费用总账与明细账、银行存款日记账与总账、银行对账单等主要凭证和账簿的审核，查明短期借款期末余额的真实性、入账的完整性、有关业务的合法性等。

1. 确定短期借款期末余额的真实性。

（1）获取或编制短期借款明细表。复核明细表本身的加计数是否正确无误，并将明细表中数据与总账、明细账余额核对，看其是否相符。审查有关借款的账簿记录、借款凭证及有关文件，查明企业在汇总、归集的会计核算过程中是否存在有意或无意改变、记错数据等问题。

（2）函证短期借款。审计人员为核实短期借款的实有数，在短期借款期末余额较大或审计人员认为必要时，应向银行或有关债权人进行函证。

（3）利用银行借款对账单与短期借款余额核对，编制调节表进行调节。

2. 检查企业短期借款偿还的及时性、真实性。进行短期借款的偿还的审计，应将各项短期借款的归还会计凭证或明细账中记录的归还日期与计划、协议、契约中规定的还款日期相核对。以进一步查明该企业是否存在短期借款已到期，而没有相应的还款凭证或短期借款明细账中没有本期借方发生额或还款日的发生额，即表明企业存在拖欠未还的借款。对于企业拖欠未还的借款，审计人员应该进一步调查分清是暂时无力，还是故意拖欠不还，并更进一步查明原因和责任。若存在借款转期的情况，则应查明是否已向银行提出申请并经同意后办理延期手续，旧款和新款是否同时都在账上有正确的反映。为了更清晰地了解其意义短期借款偿还情况，可以编制按每笔借款分类的借款偿还情况分析表，如表 10 – 3 所示。

表 10 – 3　　短期借款偿还情况分析表

××××年××月××日

借款种类	规定偿还期	实际偿还期	已拖欠日数	原　因

3. 检查短期借款入账的完整性。

（1）审查各项短期借款的日期、利率、还款期限或其他条件，确定企业有无隐瞒或少计短期借款，或将短期借款计入非流动负债的情况。

(2) 向客户开户银行或其他债权人函证，确定有无未登记的短期借款负债。审计人员应向客户在所审计的会计年度内借过款的银行或其他债权人发出函证书，其中包括余额为零的账户。

(3) 分析利息费用账户。审计人员应根据短期借款的利率和期限，复核被审计单位短期借款的利息，验证利息支出是否合理。如果存在账外借款，若利息由企业支付，将借款与利息支出相比较，则会出现利息支出过大的情况，其利息计算单上的内容与账簿上的借款本金会不一致。对此应注意仔细检查，证实有无隐瞒借款的情况。

4. 检查短期借款的合法性。企业借入的短期借款必须按合法手续借入，并按规定用途使用，在使用中必须遵守各项法律法规和财经纪律。在对短期借款的合法性审查时，应注意以下内容：

(1) 审查短期借款的取得是否符合规定。审计人员应审查被审单位短期借款的理由是否真实、合理；是否严格执行现行的信贷制度；是否按照批准的银行借款计划取得借款。如果发现合同规定利率明显高于市场利率，审计人员应进一步审查，以便确定借款业务发生各种舞弊行为、违法行为的可能性。

(2) 审查短期借款的使用是否合法、合理。无论何种短期借款都必须按照协议、契约或制度规定的用途使用，但企业往往不按照规定使用借款。审计时，应根据借款申请、协议或契约、制度中规定的用途，核对相应银行存款日记账中同用途支出的数额，然后累加该数额，如果该数额大于该项用途借款，说明借款被用于非规定用途。审计人员应审查短期借款是否按规定用于弥补流动资产的不足，借款的用途是否合理。注意是否存在用短期借款用于固定资产、发放工资、弥补亏损等不合理的情况。

5. 验证利息计算及账务处理的正确性。审计人员应根据短期借款的利率和期限，复核被审计单位短期借款的利息计算是否正确，有无多算或少算的情况。发生的短期借款利息是否按期直接计入当期财务费用，借记“财务费用”科目，贷记“应付利息”、“银行存款” 等科目。

6. 确定短期借款在资产负债表上的反映是否恰当。企业的短期借款在资产负债表上通常设“短期借款”项目单独列示，对于因抵押而取得的短期借款，应在资产负债表附注中揭示，审计人员应注意被审计单位对短期借款项目的反映是否充分。

(二) 应付票据审计

应付票据是指企业采用商业汇票结算方式，进行采购物资活动及其他交易行为，所形成的企业负债。目前，商业汇票一般分为银行承兑汇票和商业承兑汇票。商业汇票的承兑期限，通常由交易双方商定，但按中国人民银行的现行规定，最长不超过 6 个月。由此可见，尽管商业汇票的承兑人不同，但作为付款人的现存义务不会受到影响，在其到期偿还前都应作为企业的一项流动负债。商业汇票按是否带息，可以分为带息票据和不带息票据。带息商业汇票票面一般都会注明利息率，当票据到期时企业除应支付本金外，还应按票面利率支付利息。

为了总括反映企业商业汇票的签发和支付情况，企业应该设置“应付票据”账户。该账户的贷方登记所签发的票据面额以及带息票据的应付利息，借方登记到期支付应付票据本息金额，期末贷方余额表示企业持有尚未到期的应付票据本息。

审查应付票据时，主要应审核的凭证和账簿有请购单、订货单、验收单、购货发票、应付票据登记簿、银行对账单、付款凭证、银行存款日记账和总账、应付票据总账和明细账、财务费用总账和明细账等。

1. 确定应付票据的实有数。

（1）编制获取的决算日应付票据明细表（或应付票据备查簿）。应付票据明细表应列示票据类别及编号、出票日期、面额、到期日、受款人名称、利息率、付息条件、抵押品名称、数量、金额等。其格式见表 10-4。

表 10-4　　应付票据余额明细表

单位名称＿＿＿＿＿＿　　　　单位：元

出票日期	票据种类	经济业务内容	受票单位	约定利率	到期日期	抵押情况		票面金额	备注
						物品名称	金额		
合计									

将应付票据明细表合计数与结账日的应付票据总账、明细账和报表相核对，检查其是否相符。若不相符，则应进一步查明原因。常见的原因有：未将应付票据偿付款入账；过入总账错误；会计分录不正确；遗漏或虚设应付票据。

（2）分析并检查应付票据账户。应付票据的借项一般包括票款的偿付、票据换新（延期支付）等。审查借项时，应审阅票据备查簿是否将已付清的票据予以注明。同时注意查明，企业开出银行承兑汇票无力支付时，应作为短期借款处理；开出商业承兑汇票无力支付时，应转作应付账款处理。另外，审计人员应注意核对票据到期日与实际付款日是否相符。如果票据到期未能及时偿付，说明企业偿债能力有问题或工作失误；如果未到期付清票款，应查明票据注销是否正确，带息票据节省的利息支出是否正确入账。

应付票据账户贷项一般是指企业实际签发、承兑的票据。审查贷项时，应将应付票据凭证与应付票据备查簿及有关账户进行核对，检查是否相符。如果票据已经签发，但在票据备查簿或银行存款日记账中并没有记录，则应详细查明原因。还应注意不正常的应付票据利息支出以及记入资产账户中的特殊借项或贷项。

（3）函证确认发行在外的应付票据及其担保物。对应付票据及期末未偿付的余额，可直接向票据持有人函证确认。以支票偿付的应付票据，可向银行函证，以查明是否存在未入账的应付票据。通过审阅银行所列的借款抵押品，对其中各项也可一一得到询证。

审查应付票据业务的合法性。

审查企业应付票据的合同、凭证，检查企业开出的应付票据是否属于企业业务正常需要。按照我国银行结算制度和《票据法》的规定，签发应付票据必须以合法的商品交易为基础，不允许签发劳务供应、借入现金之类无商品交易的票据。

2. 审查带息票据的利息支付的正确性。检查利息支出的主要目的在于查找企业有无未入账的应付票据。为此，审计人员可着重审查结账日后至审计结束前的一段期间，企业所付票据及利息支出与结账日的应付票据账目作一比较。同时，检查所支付的利息是否都有相应的应付票据与之对应。此外，还应审查利息计算的正确性，有无利用带息票据进行营私舞弊活动。

3. 审查应付票据在资产负债表上的列示是否恰当。应付票据在资产负债表中列示在流动负债类下，“应付票据”项目应根据“应付票据”科目的期末余额填列。并且，应在资产负债表的附注中充分揭示其余额、利息率、到期日和担保抵押资产等。

（三）应付账款审计

应付账款是企业在正常经营过程中，因赊购商品、劳务和服务而引起的短期债务。这是买卖双方在购销活动中由于取得物资与支付货款在时间上不一致而产生的负债。

为了及时反映企业的应付账款的发生和归还情况，企业应该设置“应付账款”账户。该账户是一个典型的负债账户，账户的贷方登记企业在购买物资以及接受劳务供应时所产生的应付款项；借方则登记企业偿还或以商业汇票抵付及转销无法支付的应付账款；期末贷方余额表示企业尚未支付的应付账款。

应付账款属于过渡性账户，容易被人利用进行弄虚作假和营私舞弊。因此，应把应付账款列为审计重点。由于应付账款是伴随着赊购业务而发生的，所以审计人员应结合请购、订货、验收、付款等业务对其进行审查。审核的凭证和账簿主要有请购单、订货单、验收单、购货发票、付款凭证、银行对账单、现金和银行存款日记账、应付账款总账与明细账、卖方对账单等。

1. 运用分析对比的方法揭示应付账款期末余额的变动是否合理。具体措施有：

（1）将本期各个主要应付账款账户与上年比较。

（2）将本期外购商品，材料物资或劳务的有关成本费用账户金额与上年比较。

（3）使用采购金额占应付账款的比率、应付账款占当年流动负债的比率进行对比分析。

经过比较发现应付账款期末余额变动不合理，应在下面的审计程序中作为重点加强审核。

2. 核实应付账款的实有数。审计人员核实应付账款的实有数，通常应当决算日之后进行。对于核实应付账款实有数，审计人员应做好以下工作：

（1）取得或编制应付账款明细表，复核加总数是否准确，并与总账、明细账的余额核对相符。审计人员核实应付账款的实有数时，通常都必须从被审单位取得或自己编制应付账款明细表，以确定被审单位资产负债表上应付账款的数额与其明细记录是否相符。应付账款明细表的格式如表10－5所示。通过应付账款明细表，审计人员主要应查明以下问题：①审查应付账款明细表上的数字计算是否正确，并和总账相互调节。如两者之间出现差异，应查明原因。②审查应付账款明细表上应付账款的分类是否正确，是否包含不应记入应付账款的负债，如应付职工薪酬。③审查应付账款明细表上有无过期但仍未支付的款项，如存在这类负债，应查明原因。

表10－5　　应付账款明细表

编制日期：

编制人员：

债权人名称	交易日期	购货数量	购货金额	应付账款金额	备　注

（2）抽查应付账款明细账。因企业应付账款明细账户数目繁多，审计人员可以抽查其中一部分账户，核对其是否与原始凭证以及库存现金日记账、银行存款日记账和购货日记账的有关项目相符。

在抽样过程中，测试的样本量主要取决于应付账款的重要性、未清偿账户数量、以前年度审计结果以及内部控制系统的健全性、有效性。抽样审查有困难时，可以把下列应付账款作为重点进行审查：①应付账款明细账贷方发生额较大或账面余额累计数较大的账户；②应付账款明细账余额长期未能清结的账户；积欠已久而突然全部清结的账户；③同一账户应付已付业务发生频繁的账户；④应付账款明细账未标明欠款单位或欠款单位不明确的账户；⑤应付账款明细账账面余额很小，而又长期没有变动的账户；⑥没有月结单可供核对的账户；⑦具有特殊交易的账户；⑧提供资产担保的账户；⑨母公司或子公司的账户。

（3）发函询证应付账款。虽然，应付账款和应收账款都是往来结算款项，但是，应付账款的函询检查程序远不及应收账款的重要。一般情况下，应付账款不需要函证，这是因为函证对象只能从已入账的客户中选择，所以函证程序不能保证查出未入账的应付账款。况且审计人员能够取得购货发票等可靠程度较高的外部证据来证实应付账款余额的真实存在性。但如果控制风险较高，某应付账款账户金额较大或被审单位处于经济困难阶段，则应进行应付账款的函证程序。

进行函证时，审计人员应选择金额较大的债权人，以及那些在资产负债表日金额不大、甚至为零，单位企业重要供货人的债权人，作为函证对象。此外，还应考虑向上年度债权人及不送对账单的债权人进行函证。函证一般采用肯定式函证，并根据应付账款内部控制制度的强弱确定函证数量，直接函证被审单位所欠各供货单位的债务总额。同应收账款的函证程序一样，审计人员必须对函证的过程进行控制，并要求直接回函。根据回函情况编制与分析函证结果汇总表，对未回函的，决定是否再次函证。

如果存在未回函的重大项目，审计人员应采用替代程序，确定其是否真实。通常可检查决算日后应付账款明细账及现金和银行存款日记账，核实其是否已支付，同时检查该笔债务的相关凭证资料，核实交易事项的真实性。

3. 审查应付账款业务的合法性。审计人员审查应付账款业务的合法性的内容和方法是：

（1）审查应付账款的合理、合规性。应付账款业务是随着企业赊购交易的发生而发生的，因此，审计人员应结合购货业务进行审查。首先，检查企业的商品采购业务是否合理。主要可以通过审查采购合同、请购单、验收单等，以查明采购业务是否合理。其次，应检查应付账款结算手续和账务处理是否符合银行结算、信贷和财务管理制度规定。主要可以通过审查各项应付账款的具体内容、凭证以及对应账户的勾稽关系，以查明应付账款中有无违法行为。

（2）审查应付账款的会计处理和计算的正确性。首先，审计人员应通过有关应付账款的账簿记录或据以编制的应付账款明细试算表和应付账款的原始凭证、记账凭证的审查，查明会计处理是否正确。其次，通过应付账款账户与其对应账户的审查，凭证的附件是否齐全等，查明计算有无差错。

（3）审查企业有无未入账的应付账款。在审核应付账款的全部过程中，审计人员应随时警惕未入账负债的任何征兆。上述几项程序均直接或间接的与揭示未入账的应付账款有关。审计人员还应采取以下的专门程序，以发现企业有无未入账的应付账款：①检查被审单位在资产负债表日未处理的不相符的购货发票（如抬头不符，与合同某项规定不符等）及有材料入库凭证但未收到购货发票的经济业务。②检查资产负债表日后收到的购货发票，确认其入账时间是否正确。③检查资产负债表日后应付账款明细账贷方发生额的相关凭证，确认其入账时间是否正确。④审核卖方对账单，追查应付账款明细表。或者函证那些余额为零的应付账款项目，查明有无未入账的负债。如果审计人员通过这些程序发现某些未入账的应付账款，应将有关情况详细计入审计工作底稿，然后根据其重要性程度确定是否需建议被审计单位进行相应的调整。

（4）检查应付账款是否存在借方发生额，决定是否进行重分类。企业因重复付款、付款后退货、预付货款等导致某些明细账户借方出现较大余额时，审计人员应在审计工作底稿中编制重新分类的分录，以便将这些借方余额在资产负债表中列为资产，而不是以其抵消应付账款的贷方余额。

（5）审查有无长期挂账的应付账款。对于无法偿还的应付账款，按制度规定，应转入营业外收入。因此，审计人员应检查被审单位有无长期挂账的应付账款，并查明原因，做出记录，必要时予以调整。

（6）审查现金折扣处理的合理、合规性。现金折扣是销货单位为了尽早收回应收账款而允许购货单位在一定还款期限内给予规定的折扣优惠。审计人员可以通过计算当期所获现金折扣与进货总额的比率，然后与以前各期相比较的方法审查现金折扣。注意查清企业是否存在在现金折扣期内按发票原价支付货款，然后从债权人处取得退款支票或现金。

4. 审查应付账款在资产负债表上的列示是否恰当。应付账款单独列示在资产负债表中流动负债类下。其余额应根据“应付账款”和“预付账款”科目所属明细科目期末贷方余额的合计数填列。审计过程中，如审计人员发现被审计单位因重复付款、付款后退货、预付货款等导致某些明细账户借方出现较大余额时，审计人员应在审计工作底稿中编制重新分类的分录，以便将这些借方余额在资产负债表中列为资产。

另外，还应注意企业以提供资产作为担保而取得的应付账款，是否在资产负债表的附注中予以揭示，并在担保资产项下加注交叉索引。

（四）应付职工薪酬审计

职工薪酬是指企业为获得职工提供的服务而给予各种形式的报酬或补偿。包括：短期薪酬、离职后福利、辞退福利和其他长期职工福利。①短期薪酬是指企业在职工提供相关服务的年度报告期间结束后十二个月内需要全部予以支付的职工薪酬，因解除与职工的劳动关系给予的补偿除外。具体包括：职工工资、奖金、津贴和补贴，职工福利费，医疗保险费、工伤保险费和生育保险费等社会保险费，住房公积金，工会经费和职工教育经费，短期带薪缺勤，短期利润分享计划，非货币性福利以及其他短期薪酬。②离职后福利是指企业为获得职工提供的服务而在职工退休或与企业解除劳动关系后，提供的各种形式的报酬和福利，短期薪酬和辞退福利除外。③辞退福利是指企业在职工劳动合同到期之前解除与职工的劳动关系，或者为鼓励职工自愿接受裁减而给予职工的补偿。④其他长期职工福利是指除短期薪酬、离职后福利、辞退福利之外所有的职工薪酬，包括长期带薪缺勤、长期残疾福利、长期利润分享计划等。

应付职工薪酬的实质性审查通常包括：

1. 获取或编制应付职工薪酬明细表，复核加计是否正确，并与报表数、总账数和明细账合计数核对是否相符。

2. 实施实质性分析程序。

（1）针对已识别需要运用分析程序的有关项目，并基于对被审计单位及其环境的了解，通过进行以下比较，同时考虑有关数据间关系的影响，以建立有关数据的期望值：①比较被审计单位员工人数的变动情况，检查被审计单位各部门各月薪酬费用的发生额是否有异常波动，若有，则查明波动原因是否合理。②比较本期与上期薪酬费用总额，要求被审计单位解释其增减变动原因，或取得公司管理当局关于员工薪酬标准的决议。③结合员工社保缴纳情况，明确被审计单位员工范围，检查是否与关联公司员工薪酬混淆列支。④核对下列相互独立部门的相关数据：A. 薪酬管理部门记录的薪酬支出与出纳记录的薪酬支付数；B. 薪酬管理部门记录的工时与生产部门记录的工时。⑤比较本期应付职工薪酬余额与上期应付职工薪酬余额，是否有异常变动。

（2）确定可接受的差异额。

（3）将实际的情况与期望值相比较，识别需要进一步调查的差异。

（4）如果其差额超过可接受的差异额，调查并获取充分的解释和恰当的佐证审计证据（如通过检查相关的凭证）。

（5）评估分析程序的测试结果。

3. 检查短期薪酬。

（1）计提是否正确，依据是否充分，将执行的工资标准与有关规定核对，并对工资总额进行测试；被审计单位如果实行工效挂钩的，应取得有关主管部门确认的效益工资发放额认定证明，结合有关合同文件和实际完成的指标，检查其计提额是否正确，是否应作纳税调整。

（2）检查分配方法与上年是否一致，除因解除与职工的劳动关系给予的补偿直接计入管理费用外，被审计单位是否根据职工提供服务的受益对象，分别下列情况进行处理：①应由生产产品、提供劳务负担的职工薪酬，计入产品成本或劳务成本；②应由在建工程、无形资产负担的职工薪酬，计入建造固定资产或无形资产；③作为外商投资企业，按规定从净利润中提取的职工奖励及福利基金，是否相应计入“利润分配——提取的职工奖励及福利基金”科目；④其他职工薪酬，计入当期损益。

（3）检查发放金额是否正确，代扣的款项及其金额是否正确。

（4）检查是否存在属于拖欠性质的职工薪酬，并了解拖欠的原因。

（5）检查社会保险费（包括医疗、工伤、生育保险费）、住房公积金、工会经费和职工教育经费等计提（分配）和支付（或使用）的会计处理是否正确，依据是否充分。

（6）检查非货币性福利。①检查以自产产品发放给职工的非货币性福利，检查是否根据受益对象，按照该产品的公允价值，计入相关资产成本或当期损益，同时确认应付职工薪酬；对于难以认定受益对象的非货币性福利，是否直接计入当期损益和应付职工薪酬。②检查无偿向职工提供住房的非货币性福利，是否根据受益对象，将该住房每期应计提的折旧计入相关资产成本或当期损益，同时确认应付职工薪酬。对于难以认定受益对象的非货币性福利，是否直接计入当期损益和应付职工薪酬。③检查租赁住房等资产供职工无偿使用的非货币性福利，是否根据受益对象，将每期应付的租金计入相关资产成本或当期损益，并确认应付职工薪酬。对于难以认定受益对象的非货币性福利，是否直接计入当期损益和应付职工薪酬。

4. 检查离职后福利。

（1）设定提存计划（包括养老保险和失业保险等）的计提和会计处理是否正确，依据是否充分。

（2）设定受益计划的确认、计量及会计处理是否正确，依据是否充分。

5. 检查辞退福利下列项目：

（1）对于职工没有选择权的辞退计划，检查按辞退职工数量、辞退补偿标准计提辞退福利负债金额是否正确；

（2）对于自愿接受裁减的建议，检查按接受裁减建议的预计职工数量、辞退补偿标准（该标准确定）等计提辞退福利负债金额是否正确；

（3）检查实质性辞退工作在一年内完成，但付款时间超过一年的辞退福利，是否按折现后的金额计量，折现率的选择是否合理；

（4）检查计提辞退福利负债的会计处理是否正确，是否将计提金额计入当期管理费用；

（5）检查辞退福利支付凭证是否真实正确。

6. 检查其他长期职工福利。

（1）检查企业向职工提供的其他长期职工福利。采用设定提存计划进行会计处理的是否符合相关条件，计提和会计处理是否正确。采用设定受益计划进行会计处理的，其确认、计量和会计处理是否正确。

（2）检查长期残疾福利的确认、计量和会计处理是否正确，依据是否充分。

7. 检查以现金与职工结算的股份支付。

（1）检查授予后立即可行权的以现金结算的股份支付，是否在授予日以承担负债的公允价值计入相关成本或费用。

（2）检查完成等待期内的服务或达到规定业绩条件以后才可行权的以现金结算的股份支付，在等待期内的每个资产负债表日，是否以可行权情况的最佳估计为基础，按照承担负债的公允价值金额，将当期取得的服务计入成本或费用。在资产负债表日，后续信息表明当期承担债务的公允价值与以前估计不同的，是否进行调整，并在可行权日，调整至实际可行权水平。

（3）检查可行权日之后，以现金结算的股份支付当期公允价值的变动金额，是否借记或贷记“公允价值变动损益”。

（4）检查在可行权日，实际以现金结算的股份支付金额是否正确，会计处理是否恰当。

8. 检查应付职工薪酬的期后付款情况，并关注在资产负债表日至财务报表批准报出日之间，是否有确凿证据表明需要调整资产负债表日原确认的应付职工薪酬事项。

9. 检查应付职工薪酬是否已按照企业会计准则的规定在财务报表中做出恰当的列报。

（1）检查是否在附注中披露与职工薪酬有关的下列信息：①应当支付给职工的工资、奖金、津贴和补贴，及其期末应付未付金额；②应当为职工缴纳的医疗、养老、失业、工伤和生育等社会保险费，及其期末应付未付金额；③应当为职工缴存的住房公积金，及其期末应付未付金额；④为职工提供的非货币性福利，及其计算依据；⑤应当支付的因解除劳动关系给予的补偿，及其期末应付未付金额；⑥其他职工薪酬。

（2）检查因自愿接受裁减建议的职工数量、补偿标准等不确定而产生的预计负债（应付职工薪酬），是否按照《企业会计准则第 13 号——或有事项》进行披露。

（五）应交税费审计

应交税费是指那些与税务机关发生清算或结算关系，并且要预计应交数额的税金，包括增值税、消费税、所得税、资源税、土地使用税、房产税、土地增值税、车船使用税、固定资产投资方向调节税、城乡维护建设税等。但不需要预计应交数额的税金，不应列入应交税费范围，例如印花税和耕地占用税。

为了总括反映和监督企业各种税金的计提和缴纳情况，在会计核算时，企业应设置“应交税费”账户。该账户的贷方记录企业按规定计提的应交纳的各项税金，借方则记录企业实际交纳的税金，期末贷方余额表示企业尚未缴纳的税金，而期末借方余额则表示企业多交的税金。应交税费账户应按应纳税金的种类设置明细分类账户进行明细分类核算。

由于企业应交税费的种类较多，缴纳方式也有所不同，内容较为复杂，因此在审计工作中，应将应交税费审计作为重点。对应交税费审计的主要内容和程序如下：

1. 审查企业纳税范围是否正确。获取或编制未交税金明细表，复核加计数是否正确，并与明细账、总账的余额相核对。审查企业纳税税种是否符合国家税法的规定，是否按规定填报、缴纳了应交的税金，有无未报、错报、错交、漏交的情况。

2. 审查企业各种税金的计税依据是否正确。是否存在虚报、缩小计税依据而少交税金的行为，例如，隐瞒收入，少计计税利润，达到偷漏所得税的目的。

3. 审查应交各种税金使用的税率是否正确。有无将高税产品或劳务的税率用于低税产品或劳务。

4. 审查各种应交税费的计算和账务处理的正确性。根据已审定的计税依据和税率，采用复算法验证企业各项税金的计算是否正确。查明计税、纳税业务的账务处理是否正确，有无不按规定列支税金的情况，例如将逾期缴纳税款的滞纳金列入税金账户。

5. 审查减免税是否符合规定。查阅被审单位的减免税批准文件，确定被审单位减免税的范围与期限是否正确无误。

6. 审查完税的及时性。根据税务机关退交给企业的缴纳收据或完税凭证，结合“应交税费”科目借方发生额和银行存款日记账，查明企业是否按税法规定按时足额缴纳或代缴了应交税费。

由于应交税费的种类较多，较之篇幅所限，不可能对每一种税金的审计作详细说明，本文就较复杂的应交增值税的审查作详细介绍。

7. 应交增值税的审查。增值税是对从事生产产品或提供劳务的单位和个人就其产品或劳务销售金额中的增值额为对象所征收的一种流转税，根据《增值税暂行条例》规定，凡在我国境内销售货物或提供劳务，以及进口货物的单位和个人，为增值税的纳税义务人。对应交增值税的主要检查程序有：

（1）审查纳税范围的正确性。充分调查企业生产经营范围，核实企业的生产经营项目是否属于增值税的纳税范围。通过对生产经营过程中的一些原始凭证（如发票、出库单、入库单等）的审查，查明有无将产品销售与提供劳务混淆而少纳增值税；销售货物有无与销售不动产混淆而少纳增值税。

（2）审查销项税额计算的正确性。所谓销项税额是按税率计算并向购买方收取的增值税税额。销项税额等于销售额和税率的乘积，销售额是销项税的税基，因而也是增值税审查的重点。按增值税条例规定，销售额为纳税人销售货物和提供应税劳务时从购买方收取的全部价款和价外费用，但不包括收取的销项税额。审查销售额的重点是核实企业对销售货物和提供应税劳务的确认是否正确。

①审查销售货物确认的正确性。

A. 审查销售收入的范围、时间及数额是否正确。审计人员可从“销售发票”、“产品出库单”上查清发出商品的时间，与“主营业务收入明细账”、“增值税纳税申报表”相对照。具体关于企业产品销售收入正确性审查的内容和方法，请参见营业收入审计中的有关说明。

B. 审查企业在销售货物时收取的价外费用是否包括在销售额中。审查时，应将企业的“销售发票”、“银行收款通知单”或“应收账款明细账”与“主营业务收入明细账”相核对，有无遗漏、少计情况。

C. 审查随同产品销售的包装物是否按规定并入了销售收入。可将“销售发票”、“主营业务收入明细账”、“其他业务收入明细账”与“包装物明细账”相核对，审查有无应并入而未并入销售收入的问题。尤其是单独计价的包装物和逾期未归还的包装物押金收入，是通过“其他业务收入”科目核算，容易漏计销售额。

D. 以旧换新和以物易物业务是否正确确认销售收入。企业财务上是否分别作购入、销售两笔经济业务处理。

E. 审查企业有无将存货用于投资、无偿馈赠他人、分配给股东、转移产品以及将自产、委托加工的产品用于非应税项目。按增值税暂行条例的规定，以上事项都应视同销售。审查重点是企业的“产品出库单”、“产成品明细账”和相对应科目，审查有无库存商品不作销售处理的情况。

F. 审查废品、下脚料的销售收入是否并入应税销售额。企业往往把这部分收入直接冲减“制造费用”或计入“营业外收入”，检查时应注意企业“制造费用”和“营业外支出”明细账的贷方发生额，看其是否按规定处理。

②审查应税劳务确认的正确性。

A. 审查应税劳务是否真实存在。可以从核实加工合同、修理修配协议等有关单据入手，并通过对车间有关的业务生产记录加以查证来确认其应税劳务的真实性。审查时应注意，由受托方提供原材料生产的货物，或者受托方先将原材料卖给委托方，然后再接受委托加工的产品，以及由受托方名义购进原材料的货物，都不能作为委托加工货物，而应作销售自制货物计算应税销售额。

B. 通过对“主营业务收入”明细账内容进行详细审阅核实应税劳务确认的正确性。

③查明税率的运用是否符合规定。我国增值税采取了基本税率再加一档低税率的模式。一般纳税人采用的基本税率为17%，若企业销售的是粮食、食用植物油、图书、报纸、杂志、农药、化肥等货物以及销售不动产、提供交通运输、建筑安装等劳务，按税率11%计征增值税；提供现代服务业（金融服务、物流辅助服务、信息技术服务等）、生活服务业（文化体育、教育医疗、

旅游娱乐、餐饮住宿、居民日常等）以及销售无形资产等按6%计征增值税。审计人员应根据被审单位的生产经营范围、业务项目、经营方式、货物品种及性质、材料构成等内容，对照税法规定，审核运用的税率是否正确。

同时，按增值税法规定，我国实行出口货物税率为零的优惠政策。若被审单位存在出口业务，则审计人员应查明出口业务的真实性，核实企业向海关办理的报关出口手续，审阅出口报关单等有关凭证的正确性，以了解企业是否按规定向税务机关申报办理进项税额的退税。在此基础上，复核企业是否如实反映出口退税。查明企业有无将非出口货物按出口货物计税的情况。

若企业存在兼营及混合销售行为，应重点审查其税率使用是否恰当。属于兼营不同税率的货物或应税劳务的项目，确定企业是否分别核算不同税率货物或应税劳务的销售额，若未分别核算销售额的，应从高适用税率。

（3）审查进项税额的正确性。所谓进项税额是指当期购进货物或应税劳务缴纳的增值税额。对进项税额正确性的审查应从以下几个方面进行：

①查明进项税额反映及计算的正确性。核实从销售方取得的增值税专用发票上注明的增值税额的正确性；核实从海关取得的完税凭证上注明的增值税额的正确性，并复算进口货物计税价格的组成是否符合规定；对于购进免税农业产品准予抵扣的进项税额，可按买价的10%的扣除率进行复算，以验证进项税额的正确性。

②查明进项税额从销项税额中抵扣的范围是否符合规定。按条例规定，下列项目的进项税额不得从销项税额中抵扣：

A. 用于非应税项目的购进货物或者应税劳务。

B. 用于集体福利或者个人消费的购进货物或者应税劳务。

C. 用于免税项目的购进货物或者应税劳务。

D. 非正常损失的购进货物。

E. 非正常损失的在产品、产成品所耗用的购进货物或者应税劳务。

F. 纳税人购进货物或者应税劳务，未按规定取得并保存增值税扣税凭证，或者增值税扣税凭证上未按规定注明增值税及其他有关事项的。

审查时，可结合对“固定资产”、“无形资产”、“在建工程”、“待处理财产损溢”、“管理费用”、“营业外支出”等科目所反映的内容的审查，查明企业是否超范围抵扣销项税额。

（4）审查小规模纳税人的增值税计算的正确性。我国对小规模纳税人实行简易办法计缴增值税。审查时，首先应注意小规模纳税企业购入货物及接受应税劳务支付的增值税额是否直接计入有关货物及劳务的成本，有无冲减应交增值税的情况。其次，应注意小规模纳税企业是否按销售额的3%计算应纳增值税额，有无计算错误。

（5）审查增值税的减免是否符合规定。对于增值税的减免，国家有严格的规定，例如直接用于科学研究、科学试验和教学的进口仪器、设备可以免税。所以，审计人员应注意查明免税、减税的项目是否在增值税条例和国务院规定的范围之内，有无擅自减免的情况，确定减免税的项目是否真实、合法。

（6）审查应交增值税缴纳的及时性。审计人员应根据税务机关退交给企业的缴纳收据或完税凭证，结合“应交税费”科目借方发生额和银行存款日记账，查明企业是否按税法规定按时足额缴纳了增值税，有无拖欠税款的情况。

（7）审查应纳税金账务处理的正确性。①审阅“应交税费——应交增值税”明细账中是否按规定设置“进项税额”、“已交税金”、“转出未交增值税”、“减免税款”、“销项税额”、“出口退税”、“进项税额转出”、“出口抵减内销产品应纳税额”、“转出多交增值税”、“简易计税”各专栏；②审阅“应交税费——未交增值税”、“预缴增值税”、“待抵扣进项税额”、“待认证进项税额”、“待转销项税额”各明细账；③审计人员应分别抽取“应交增值”各专栏及其他各明细账的发生额和期末余额进行审查，并进一步追查到其相应的记账凭证和原始凭证，以确定企业应交增值税的账务处理是否符合现行会计制度的规定。

（六）预收账款审计

预收账款是企业按照合同、协议规定向购货单位、接受劳务单位预先收取的账款。预收账款与应付账款相类似，同属于结算过程中的负债，因此，审计过程中可参照应付账款中的审计方法进行。

在企业预收账款不多的情况下，预收账款可以不单独核算，而应并入企业的应收账款进行核算。由于应收账款是随着企业赊销业务的发生而发生的，审计人员应结合企业销售业务对预收账款进行审计。

1. 审查预收账款的实有额。

（1）获取或编制预收账款明细表，复核其加计数是否正确，并与其明细账和总账余额核对相符。

（2）选择预收账款的各主要大户发询证函。根据回函与预收账款明细账核对，若不相符，应查明原因。若未回函的，应再次函证或通过检查决算后已转销的预收账款是否与仓库发货单、销售发票相一致等替代程序，确定其是否真实正确。

2. 审查预收账款发生和结算事项的真实性、合法性。

（1）审查预收账款发生的真实、合法。抽查收款凭证及其他业务凭证，查明业务事项是否符合销售业务和其他管理制度规定，是否经过审批手续，内容是否完善，在计算和账务处理上有无差错。

（2）审查预收账款结算业务的真实、合法。可注意审查预收账款是否按销货合同及时转销；预售业务结束时，是否及时结清余额；是否存在长期挂账不作处理的情况。

（七）其他应付款审计

其他应付款是指企业应付、暂收其他单位或个人的款项，包括应付经营租入固定资产和包装物租金、存入保证金、职工未按期领取的工资、应付暂收所属单位、个人的款项和其他应付、暂收款等。在审查其他应付款时，应注意以下几点：

1. 其他应付款发生的审查。

(1) 审查各项其他应付款发生的原因和具体内容。是否属于本单位正常业务范围，有无利用其他应付款账户打掩护，挪用公款、贪污舞弊或虚增企业盈亏的情况。

(2) 分别与债权人核对证实。对于外部客户可发询证函，内部债权人员则可通过面询核实取证。

2. 其他应付款清结的审查。

(1) 审查其他应付款是否通过银行结算。其他应付款往往成为贪污挪用款项时所用的一个过渡性账户。因此，审计过程中应特别注意用提取现金的方式减少其他应付款的情况。

(2) 审查其他应付款是否及时归还，有无长期挂账的情况，应注意查明原因。

(八) 应付股利审计

应付股利核算企业经董事会或股东大会，或类似机构决议确定分配的现金股利或利润。公司发放股利一般有现金股利、股票股利、财产股利和负债股利等几种形式。一般情况下，现金股利的支付需要在下一会计年度进行，因此，这部分已宣布需要用现金支付的股利，在尚未分配到股东手里之前，就形成了企业的流动负债。其他形式发放的股利，都不通过应付股利账户核算，如企业分配的股票股利。对应付股利的审查主要应注意以下几点：

1. 通过审阅董事会编制的利润分配方案及会议记录，确定其股利分配方案及每股利息、股利宣布发放日期和支付日期，查明应付股利是否经过授权、批准。

2. 审查股利计算的正确性。审计人员可以采用复算法，用每股股利乘以发行在外的股数，确定宣布发放股利的总额计算是否正确。

3. 审查股利支付业务的真实性。主要通过审查股利支付的对象是否为股票持有者；股利支付日期是否与股利记录日期相符。审计人员可以通过抽查一部分付款业务进行审查，确定经办人员有无贪污、挪用现金股利。

四、常见错弊及审计案例分析

(一) 流动负债审计中的常见错弊

1. 短期借款审计中的常见错弊。

(1) 短期借款程序和手续不完备、不合规。企业发生的短期借款业务，一般都需经过批准借款、签订借款合同或协议、取得借款、计算利息、偿还借款等一系列程序。在实际工作中，取得借款不经有关管理当局批准，签订借款合同条款不完备等，导致借款失控，给企业带来损失。

(2) 短期借款未按规定用途使用。将短期借款用于非规定用途的基建工程、职工福利设施、抵交税款以及发放职工工资等；将短期借款转借给其他企业以及个人，牟取高额利息收入；短期借款被内部不法分子用来牟取私利、营私舞弊、违法经营。

（3）故意隐匿、漏列短期借款。企业管理当局为了美化企业财务状况，授意经办人员故意低估负债或漏列债务。将企业当期向银行或其他金融机构借入的短期借款不入账或延期入账。

（4）短期借款利息处理不合理。按照企业会计制度规定，如果短期借款利息是按期（按季度、按半年）支付或在本金到期一并归还，并且数额较大的，应按月计提利息费用。在实际中，有的企业为了完成利润指标，大额的短期借款利息也不预提，特别是对跨年度的短期借款利息更容易发生这种不正确的会计处理方法。

2. 应付票据审计中的常见错弊。

（1）企业对应付票据管理不严，“应付票据备查簿”的记录不及时。企业签发票据时，不及时在“应付票据备查簿”上逐笔登记每笔应付票据的种类、号数、签发日期、到期日、票面金额、收款单位、付款日期、应付利息、付款金额等，造成应付票据少计、漏列，低估负债；企业已偿还的应付票据不及时在“应付票据备查簿”上注销，造成企业负债虚增。

（2）应付票据利息的舞弊。在企业未到期付清票款时，不及时注销应付票据，从而贪污带息票据节省的利息。或者，企业在平时计提票据利息时，不正确计算票据应付利息，从而多计或少计企业财务费用，调整企业利润。

（3）企业签发不合法票据。如企业签发劳务供应、借入现金之类无商品交易的票据，而不是以合法的商品交易为基础。

3. 应付账款审计中的常见错弊。

（1）隐匿销售收入。有些企业为了隐匿销售收入，从而减少税收负担，挪用、贪污现金。对于已经实现的销售收入，不记入有关销售收入账户，而在“应付账款”中记录。

（2）购货退回不冲减应付账款。企业购入货物后，可能会因各种原因部分或全部退回货物，这时应相应地减少对供货方的欠款。但有的企业却没有冲减相应的欠款，除无意没有调账外，有可能是利用购货退回或假购进货物，贪污货款。

（3）应付账款长期挂账。企业对应付账款不及时进行清理和处理，购销双方存在合同纠纷，不及时解决，造成会计信息失真。

（4）利用应付账款，贪污现金折扣。如对规定付款期内付款的应付账款，先按总价借记“材料采购”等，贷记“应付账款”，在付款期内付款时，对享有的现金折扣不予扣除，按发票原价支付货款，然后从债权人处取得退款支票或现金。

4. 应付职工薪酬审计中的常见错弊。

（1）应付职工薪酬的计算不正确。如企业计时工资的考勤不准，造成计时工资计算不正确；计件工资的产量、质量记录不准，造成计件工资计算不正确；有关津贴的支付不符合国家规定的标准；代扣款项的计算不准确。

（2）应付职工薪酬的发放管理不严。发放工资的手续不健全，职工领取工资后未签章；冒领工资；按应发职工薪酬数额向银行提取现金，造成提取过多；对未领的应付职工薪酬处理不当，由出纳保管，未作“其他应付款”入账。

(3) 虚列工资，从中私分或挪作他用。虚拟职工姓名、人数，多计、多发工资；虚列工资从中私分或挪作他用；职工在本企业内部各车间和部门之间调动，在调出、调入单位重复列支工资。

(4) 混淆工资列支范围，把不包括在工资总额内的发放给职工的款项计入。

(5) 职工福利费的支出超越规定范围。以福利费名义滥发奖金、福利。

5. 应交税费审计中的常见错弊。

(1) 低列或漏列税金。主要表现在企业采用的计税依据不正确、企业选用的税率不恰当或税收的减免不符合规定，从而造成应交税费账户被低列，偷漏国家税金。

(2) 应交税费长期挂账。表现在企业长期拖欠不交的各项税金，造成国家税收的入库困难。审计人员若发现被审单位应交税费账户期末余额较大，并且挂账时间较长，应督促企业尽快结清所欠税款，以防国家税收的流失。

(二) 审计案例分析

[案例一]

资料：审计人员2017年初在审查某企业的短期借款时，发现2016年12月一张预提借款利息的记账凭证，在摘要栏内注明“预提市建设银行短期借款利息”，预提金额为45 000元。审计人员通过审阅向市建设银行借款的协议，并与借款时的账务处理相核对。查明被审单位是在本年度12月向市建设银行借入短期借款1 500 000元，年利率为6%，借款期为半年，到期一次还本付息，利息总额为45 000元。

要求：根据上述资料，指出错弊并提出处理意见（假设该企业所得税率为25%）。

审计分析要点：该企业向市建行的短期借款为1 500 000元，年利率为6%，借款期为半年，到期一次还本付息。因此，被审单位每月应预提利息7 500元，而其为了虚减本年利润总额，逃避所得税，而将全部借款利息计入2016年12月份。

审计人员针对以上情况，应建议被审单位作以下调整分录：

借：应付利息	37 500	
贷：应交税费——应交所得税		9 375
以前年度损益调整		28 125
借：以前年度损益调整	26 250	
贷：利润分配——未分配利润		26 250

[案例二]

资料：审计人员在审查某公司应付账款业务时，通过实施分析性复核审计程序，发现本年度该公司应付账款比上年同期大幅减少，经过进一步调查，得知该公司有200万元材料已验收入库，货款尚未支付，而在该公司应付账款明细账中没有记录。

要求：根据上述资料，指出存在错弊并分析其所带来的影响，提出处理意见。

审计分析要点：在采购业务过程中，只要所购买的货物的所有权已经发生了转移，企业就应该确认该项资产，并且同时确认由此产生的债务。由于该公司所购买材料已验收入库，则其应同时记录由此产生的应付账款入账。该公司故意将应付账款不及时入账，从而达到隐瞒负债，粉饰公司财务状况的目的。

审计人员应要求该公司调账，补记应付账款账户：

借：原材料　　2 000 000

　　应交税费——应交增值税　　340 000

　　贷：应付账款　　2 340 000

支付货款时，作如下分录：

借：应付账款　　2 340 000

　　贷：银行存款　　2 340 000

[案例三]

资料：审计人员2017年初在审查甲公司2016年度“应付职工薪酬”账户时，发现甲公司2016年度共计提了职工福利费560 000元，实际发生职工福利费支出200 000元。

要求：根据上述资料，指出存在问题并提出处理意见。

审计分析要点：按照《企业会计准则——职工薪酬》的规定，职工福利费应按实际发生额列支，不再按工资总额的比例计提。甲公司仍按工资总额的一定比例计提福利费，因而多计了费用，虚减了利润，少交了所得税。

审计人员应建议甲公司作如下调整（假设甲公司的所得税率为25%）：

借：应付职工薪酬　　360 000

　　贷：以前年度损益调整　　360 000

借：以前年度损益调整　　90 000

　　贷：应交税费——应交所得税　　90 000

借：以前年度损益调整　　270 000

　　贷：利润分配——未分配利润　　270 000

第三节 非流动负债审计

一、非流动负债审计概述

非流动负债是指偿还期在1年或超过1年的一个营业周期以上的债务，包括长期借款、应付债券、长期应付款、预计负债等。它是企业筹措大额资金的重要手段，是企业在较长时期内用于发展生产技术或扩大经营规模的资金来源。非流动负债项目虽少，但其发生额却很大，是企业融资的重要手段。与流动负债相比，非流动负债审计具有以下特点：

第一，非流动负债是企业有计划、有目标地加以筹集和使用的一种资金来源。审计过程中应以企业举债的计划、决策、方案等为审计依据。

第二，债务偿还的期限较长、金额较大，由此产生的利息数额一般较大。审计过程中应注意对利息的审查。

第三，一般企业的非流动负债项目较少，每笔金额较大，且非流动负债形成之后，在偿还期间变动不大。所以审计过程中应注意对本期非流动负债的发生、增减变动的每一项目重点审查。

第四，一般企业为保证按期归还数额较大的非流动负债，在债务成立后，一般需要筹集偿债准备金。所以，对偿债准备金的审查，是评价企业非流动负债偿还能力的重要审计程序。

第五，非流动负债一般有比较稳固的担保品。对债务担保品的审查也应作为对非流动负债审查的重要项目。并注意其在报表中的披露是否充分。

企业举借非流动负债，一方面可以为扩大生产规模筹措资金；另一方面，也可为投资人带来获利机会。但若投资决策或投资不当，则会成为企业沉重的财务负担，影响企业经营目标的实现，同时也会损害投资者的利益。因此，我们在进行非流动负债审计时，应注意达到以下审计目标：

第一，了解并确定有关非流动负债的内部控制制度是否存在、有效且一贯遵守。

第二，确定被审单位是否将所有的非流动负债予以恰当记录，有关非流动负债的计价是否正确。

第三，非流动负债的利息费用和应计利息是否正确计算及适当支付。

第四，确认各项非流动负债的发生是否符合有关法律的规定，被审计单位是否遵守了有关债务契约的规定。

第五，确认被审计单位非流动负债是否在财务报表上合理表述和充分揭示相关信息。

二、了解和评价内部控制制度

（一）内部控制制度要点

非流动负债内部控制制度，是指企业在举措非流动负债业务中，为保证其筹资目标的实现，对其业务活动全过程进行严格监督和制约的组织、程序、方法和措施的总称。非流动负债内部控制制度一般应有以下部分组成：

1. 授权和契约控制。建立授权和契约控制，要求企业最高管理者对非流动负债业务的授权应慎重，对一项非流动负债做出决策后，应对其决策承担直接责任，并将具体执行的权利授予总会计师及财务会计部门。在具体执行中，企业必须与债券方签订契约，以明确双方的责任和义务。

2. 法规及制度控制。建立法规及制度控制，要求企业在处理非流动负债业务时，执行国家有关法规和制度，使非流动负债业务活动在法规和制度的规范下进行。如企业发行债券，要执行《企业债券暂行管理条例》；企业取得长期借款时，要执行金融部门颁布的有关规定；企业进行非流动负债业务的会计核算时，要执行《企业会计准则》等企业财务会计制度。为贯彻执行国家有关法规、制度，企业应建立相应的内部管理制度。

3. 业务处理程序控制。建立非流动负债的业务处理控制，要求对非流动负债的取得、使用和归还等业务环节均做出明确规定，用文字加以说明。下面以长期借款为例。

企业长期借款业务处理程序应由以下内容组成：

（1）企业对长期债务筹资进行投资的项目必须进行可行性研究，明确款项用途、数额、测算预期的经济效益。决策后，授权财务部门执行。

（2）财会部门向金融机构提交借款申请，说明借款原因、借款用途、借款金额、使用时间、使用计划、归还期限和归还计划，办理借款审批手续。

（3）财会部门与金融机构签订借款合同，并明确保证条款。

（4）取得借款后，款项存入银行存款账户；贷款使用部门在贷款限额内按计划和实际需要支用借款；财会部门监督借款按其用途使用。

（5）贷款到期，财会部门按借款合同规定归还本金及利息，或办理延期还款的手续。

4. 借款记录控制。借款记录控制，要求企业对长期借款的取得、使用及归还，应及时、完整的根据有关凭证入账。业务处理和会计记录等职责严格分工，利息支出手续应当完备。

5. 定期检查控制。定期检查控制，要求企业对以长期借款方式取得资金的使用及归还情况进行经常性检查，以保证借入资金的合理使用和借款及利息的及时归还。

（二）了解和评价内部控制制度

1. 了解、描述非流动负债业务的内部控制系统。审计人员应首先通过调查表法、流程图法和文字说明法，了解客户非流动负债业务控制系统的流程及控制环节，并对其加以描述，也可以向客户索取非流动负债内部控制的说明。

对非流动负债内部控制制度的调查表可如表 10－6 所示。

表 10－6 非流动负债内部控制调查表

非流动负债

客户名称：________审计人员签名：________日期：________

资产负债表日：________复核人员签名：________日期：________

调查问题	是	否		不适用	备注
		较轻	较重		
1. 所有非流动负债是否经企业管理机构批准？					
2. 所有非流动负债资金使用项目是否均进行可行性研究？					
3. 有无非流动负债的举债计划和偿债计划？					
4. 非流动负债业务经办和会计记录是否分别由不同人员负责？					
5. 债务利息计算是否有专人复核？					
6. 办理利息支出是否经过两道以上手续？					
7. 非流动负债形成以后，对其资金使用经常检查吗？					
问题与评价：					

2. 查阅制度、实地观察、抽查有关文件资料。

（1）走访管理部门，了解举债筹资的过程，查明企业是否把提出问题、确定目标、拟定方案、评估选优等程序作为举债决策程序；了解举债程序是否符合规定。

（2）了解非流动负债经办人员与记录人员是否独立。

（3）抽查负债记录，查明举债的审批手续。

（4）了解债务利息计算、记录、复核、支付业务人员职责分工情况。

3. 抽查并核对负债形成、偿还的有关记录和文件，验证发生日期与记录日期是否接近或一致，金额是否正确，确定记录控制的有效性。

通过对非流动负债内部控制制度的符合性测试，评价其健全性、有效性，确定内部控制系统的可信赖程度，并据以确定对非流动负债的实质性审查的性质、时间和范围。

三、实质性审查的内容与方法

（一）长期借款审计

长期借款是指企业向金融机构和其他单位借入的偿还期在一年或超过一年的一个营业周期以上的各种借款。一般用于固定资产的购建、固定资产改扩建工程及固定资产大修理工程以及流动资产的正常需要等方面。

企业应设置“长期借款”科目，核算企业借入的各种长期借款的本金、利息以及外币折合差额，这点与短期借款不同，“短期借款”科目只核算本金，其利息一般通过应付利息账户进行核算。企业在取得长期借款时，应借记“银行存款”、“在建工程”、“固定资产”等科目，贷记本科目；当归还时，借记本科目，贷记“银行存款”科目；当计提利息费用时，按不同情况分别借记“在建工程”、“财务费用”等科目，贷记“应付利息”、“长期借款”科目。

1. 长期借款合法性、合规性的审查。

（1）长期借款取得的合法性、合规性审查。审计人员应检查企业在向金融机构和其他单位借入长期借款时是否符合借款条件，并进一步检查借款合同和审批手续是否齐全、符合规定。

首先，检查企业向银行或其他金融机构借款时是否具备以下条件：①借款单位具有法人资格，能独立承担经济责任，有健全的管理机构和相应的企业管理技术人才；②借款企业经营方向和业务范围符合国家政策，借款用途属于银行贷款办法规定的范围并提供有关借款项目的可行性报告；③借款企业具有一定的物资和财产保证，担保单位应具有相应的经济实力；④借款企业具有偿还贷款本息的能力；⑤借款企业财会管理和经济核算制度健全，资金使用效益和企业经济效益良好；⑥借款企业在有关金融部门开立账户、办理结算。

其次，查明企业借入长期款项时是否已履行以下审批手续：①首先企业需向贷款部门提出借款申请，说明借款原因、借款用途、借款金额、使用时间、使用计划、归还期限和计划等；②然后由金融部门根据企业的申请，按照贷款条件进行贷前调查，按照企业的合理需要，结合贷款单位还款能力，按照审计审批权限，予以核定企业申请的贷款申请和用款计划；③贷款批准后，借贷双方签订借款合同明确借贷双方的权利和义务，同时还必须说明有关保证条款。

通过对上述内容的审查，评价借款单位借款取得履行的程序是否合法、合规。

（2）借款使用的合法性、合规性审查。在发放长期借款时，金融机构对借款单位附加了种种限制，制定了相关规定，这些规定都具体体现在借贷双方借款时签订的借款合同之中，特别明确了债务人对借款的使用和归还必须履行的经济责任和义务；金融部门的权益主要是依法以借款合同加以保护。所以，对借款使用的合法性、合规性审查，主要是审查借款的使用是否符合借款合同的规定。

借款合同签订后，在贷款部门核定的贷款指标范围内，企业可根据用款计划和实际需要，一次或分次将借款资金转入企业的存款账户中，以备支用。审计人员可根据“长期借款”有关明细账贷方记录与相应的会计凭证进行核对，检查对应账户是否合理。如果企业先将长期借款转入“银行存款”账户，应根据实际工程价值的增加和长期借款的增加进行核对，通过比较分析，查明有无挪用借款或长期占用借款的问题。同时，还应查明长期借款项目之间是否相互占用资金，无法使项目正常进行。

（3）长期借款偿还的合法性、合规性审查。借款偿还的审查应以借款合同及归还计划、核算资料为依据。重点审查到期未还、金融部门催收的款项，以及从被审单位银行存款中扣还的款项及罚息，审查未及时偿还的原因。对企业无偿还能力、金融部门依法处理作为借款担保的被审单位的财产物资情况，审计人员更应严格按照合同及法律规定审查，以维护债权债务双方的合法权益。

审计人员应通过编制长期借款偿还情况分析表，了解企业是否按期偿还本息，有无长期拖欠不还的情况。审查还款来源的明细账或相关账簿资料，以审查企业有无利用短期借款偿还长期借款等不合规的行为。

2. 长期借款真实性、存在性的审查。

（1）获取或编制长期借款明细表，复核其加计数是否正确，并与明细账和总账核对相符。

（2）将长期借款明细账的本期贷方发生额与“银行存款”日记账、“在建工程”明细账和“固定资产”明细账等的相应项目的借方发生额逐一核对相符。

（3）将长期借款明细账与相应的借款对账单核对，确认两者是否一致。

（4）向银行或其他债权人函证重大的长期借款。

3. 长期借款入账完整性的审查。

（1）审阅企业管理当局的会议记录，了解企业决定筹集的全部债务资金的来源。

（2）向客户索取债务说明书。

（3）向债权人函证负债金额。

（4）分析利息费用账户，验证利息支出是否合理，确定实际支出利息是否大于账面反映的应付利息，以查明有无支付的利息来自未入账的非流动负债。

（5）审查取得资产的融资方式、复核货币资金的收入来源等，查明有无资产大量增加、但银行存款账户和应付账款上均无反映的现象。审计人员可通过认真审核银行存款余额调节表的未达账项，确认借款不入账、支出不入账的现象。

4. 长期借款费用计算和账务处理正确性的审查。

（1）根据借款合同，复核已计借款利息是否正确。根据《企业会计准则——借款费用》的规定，每一会计期间专门借款利息资本化金额的计算公式如下：

专门借款利息资本化金额

= 专门借款当期实际发生的利息费用 - 尚未动用的借款资金存入银行取得的利息收入或者进行暂时性投资取得的投资收益

为购建或者生产符合资本化条件的资产而占用了一般借款的，企业应当根据累计资产支出超过专门借款部分的资产支出加权平均数乘以所占用一般借款的资本化率，计算确定一般借款应予资本化的利息金额。资本化率应当根据一般借款加权平均利率计算确定。其计算公式如下：

一般借款利息费用资本化金额 = 累计资产支出超过专门借款部分的资产支出加权平均数 × 所占用一般借款的资本化率

累计资产支出超过专门借款部分的资产支出加权平均数

= Σ(占用一般借款的每笔资产支出 × 每笔支出当期所占用的天数/当期天数)

所占用一般借款的资本化率（加权平均利率）

= 所占用一般借款当期实际发生的利息之和 ÷ 所占用一般借款本金加权平均数

所占用一般借款本金加权平均数 = Σ（所占用每笔一般借款本金 × 每笔一般借款在当期所占用的天数/当期天数）

对此，审计人员应核对“应付利息”、“长期借款——应计利息”明细账下对各期借款利息的计算是否正确，并与借款计划核对，以查明其准确性。

（2）检查不同时期的借款费用（包括利息、汇兑损失等）的账务处理是否正确。企业发生的借款费用，属于筹建期的，应计入管理费用；属于生产经营期间的，计入财务费用；企业发生长期借款一般是为固定资产更新改造的，根据有关规定，企业为购建某项固定资产而借入的专门借款所发生的利息，同时满足以下三个条件的，在所购建的固定资产达到预定可使用状态前所发生的，应当开始资本化，计入所购建固定资产的成本：①资产支出（只包括为购建固定资产而以支付现金、转移非现金资产或者承担带息债务形式发生的支出）已经发生；②借款费用已经发生；③为使资产达到预定可使用状态所必要的购建活动已经开始。

在所购建的固定资产达到预定可使用状态后所发生的，应于发生当期直接计入当期财务费用。“达到预定可使用状态”，是指固定资产已达到购买方或建造方预定的可使用状态。当存在下列情况之一时，可认为所购建的固定资产已达到预定可使用状态：①固定资产的实体建造（包括安装）工作已经全部完成或者实质上已经全部完成；②已经过试生产或试运行，并且其结果表明资产能够正常运行或者能够稳定地生产出合格产品时，或者试运行结果表明能够正常运转或营业时；③该项建造的固定资产上的支出金额很少或者几乎不再发生；④所购建的固定资产已经达到设计或合同要求，或与设计或合同要求相符或基本相符，即使有极个别地方与设计或合同要求不相符，也不足以影响其正常使用。

如果某项固定资产的购建发生非正常中断，并且中断时间连续超过 3 个月（含 3 个月），应当暂停借款费用的资本化，其中断期间所发生的借款费用，不计入所购建的固定资产成本，将其直接计入当期财务费用，直至购建重新开始，再将其后至固定资产达到预定可使用状态前所发生的借款费用，计入所购建固定资产的成本。

如果中断是使购建的固定资产达到预定可使用状态所必要的程序，则中断期间所发生的借款费用仍应计入该项固定资产的成本。

如果某项建造的固定资产的各部分分别完工（指每一单项工程或单位工程，下同），每部分在其他部分继续建造过程中可供使用，并且为使该部分达到预定可使用状态所必要的购建活动实质上已经完成，则这部分资产所发生的借款费用不再计入所建造的固定资产成本，直接计入当期财务费用；如果某项建造的固定资产的各部分分别完工，但必然等到整体完工后才可使用，则应当在该资产整体完工时，其所发生的借款费用不再计入所建造的固定资产成本，而直接计入当期财务费用。

审计人员应根据上述规定，注意企业长期借款费用的账务处理是否符合规定，应该资本化的费用是否已作资本化处理。

5. 审查长期抵押借款的抵押资产的所有权。审计人员应主要查明该用于抵押借款的抵押资产是否确实存在，该资产抵押前的所有权是否为企业所有，资产价值和实际状况是否与借款合同的规定相一致；若企业是以某种收入作为借款的担保时，审计人员应重点审查企业作为担保的收入是否可靠。

6. 长期借款在资产负债表上列示的恰当性审查。长期借款在资产负债表中列示于非流动负债类下，该项目应根据“长期借款”科日的期末余额扣除将于一年内到期的长期借款后的数额填列，该项目扣除数应当填列在流动负债类下的“一年内到期的非流动负债”项目单独反映。审计人员应根据审计结果，确定被审计单位长期借款在资产负债表上的列示是否恰当，并注意长期借款的抵押和担保是否已在财务报表注释中作了充分的说明。

（二）应付债券审计

债券是债务人依法定程序发行，承诺在一定时期内还本付息的一种债务凭证。企业为筹集资金而发行的债券，称为应付债券。

根据企业会计制度规定，企业应设置“应付债券”科目来核算发行的长期债券和应付利息。

债券作为有价证券，具有期限长、有偿使用、到期无条件归还本息和可以转让的特点。与银行借款不同，应付债券可向银行以外的单位、个人筹集资金，而且可以在资金市场上流通转让，应付债券所融通资金也通常不限制用途。应付债券融资通常包括发行、使用、收回或归还等环节。

对应付债券检查时，审核的凭证和账簿主要包括债券契约、合同、债券承销或包销协议、付款凭证、银行对账单、银行存款日记账与总账、应付账款明细账与总账、在建工程明细账与总账、财务费用明细账与总账、债券利息调整摊销计算表等。

1. 审查债券发行合法性。

（1）审查债券发行主体的合法性。国家对公司债券的发行有严格的规定。《公司法》规定，公司债券的发行主体只限于股份有限公司、国有独资公司和两个以上国有企业或两个以上国有投资主体设立的有限责任公司。其他任何企业都不能发行公司债券。

（2）检查债券发行的手续和条件的合法性。审计人员还应审查企业发行债券时是否有国务院证券管理部门的正式批文，是否有企业权力机关的正式批文；企业发行债券时是否符合下列发行条件，只有符合条件的企业才能发行债券。①股份有限责任公司的净资产额不低于人民币 3 000 万元；有限责任公司的净资产额不低于人民币 6 000 万元；②累计债券总额不超过公司净资产的 40%；③最近三年平均可分配利润足以支付公司一年的利息；④筹集的资金投向符合国家产业政策；⑤债券利率不超过国务院限定的利率水平；⑥国务院规定的其他条件。

2. 取得或编制债券面值、利息调整、利息等的明细表。审计人员可以向被审单位索取也可自行编制明细表，该明细表主要应包括企业债券的面值、实收金额、发行日、到期日、利息、利息调整等项目。在取得明细表的基础上，审计人员应重点对以下内容进行审查：

（1）审查企业债券价值计算的正确性。企业债券价值需要按一定的方法和依据计算。其价值计算正确与否，对债权人的利益有直接影响，同时对企业会计信息的正确性及真实性也产生影响。因此，有必要对企业债券发行价值计算进行审计。企业债券的价值，就是到期偿还的债券面值以发行时实际利率计算的现值加上债券按票面利率各期所发放的利息以实际利率换算的现值。审计人员在对债券价值审查时，可以采用核对法和复算法进行。重点审查债券利率及债券价值计算是否合规、正确。

（2）审查企业债券价格确定的合理性。企业债券的发行，可以分为溢价发行、平价发行和折价发行三种情况，这是由于市场利率与债券的票面利率不一致所造成的结果。当债券的票面利率高于债券发行时的市场利率时，企业债券应按高于债券面值的价格出售，按高于票面价值的价格发行称为溢价发行。其出售价格高于面值的部分成为债券溢价。溢价发行表明企业以后期多付利息而事先得到的补偿。当票面利率低于市场利率时，企业债券应按低于债券面值的价格出售，按低于票面价值的价格发行称为折价发行。其出售价格低于面值的部分成为债券折价，折价发行表明企业以后期少付利息而预先给投资者的补偿。当票面利率与市场利率相一致时，企业债券应债券面值发行，按票面价值的价格发行称为按面值发行。审计人员在审查过程中，应注意审查企业是否按照金融市场的实际情况确定企业债券的发行价格。

（3）审查企业债券利息调整是否正确。

3. 函证“应付债券”账户期末余额。为了确认“应付债券”账户期末余额的真实性，审计人员可以直接向债权人及债券的承销人或包销人进行函证。函证内容应包括应付债券的名称、面值、票面利率、发行日、发行价格、到期日、已付利息期间、年内偿还的债券、结账日尚未偿还的债券及审计人员认为应包括的其他重要事项。审计人员应根据函证结果与所取得或编制的明细表相核对，查明企业应付债券账面余额的真实性。

4. 审查发行收入的完整性。审查企业债券发行所收入现金的收据、汇款通知单、送款登记簿及相关的银行对账单和债券存根簿，确定债券发行收入是否实际收到，入账金额是否完整。如果有部分债券尚未发行，则债券必然存在，或者留在企业，或者交存承销机构，审计人员应予以盘点或函证承销机构，查明未发行的实有数额是否与账面记录一致，应收数额与实收数额是否一致，以证实有无出售债券而不入账的问题。

5. 审查债券的使用是否超出章程范围。企业发行的债券具有明确的目的和用途。在审查债券的使用时，可通过发行债券企业公布的债券募集办法中规定的发行债券的目的，以及债券融资总额与银行存款用于相同目的的支出数额相核对。若两者不一致，可能意味着债券筹资未按发行目的使用，应进一步查明用资方向。

6. 审查债券偿还情况。长期债券根据发行债券时订立的合同条款偿还本金，有一次偿还、分期偿还、提前偿还、发行新债券赎回旧债券、可转换债券的转换等形式。在审计过程中，不同的偿还形式其审计重点也各不相同。

（1）一次偿还，应重点审查债券本金是否在到期日全额偿还，有无逾期不还。

（2）分期偿还，应重点审查企业除在各偿还期作偿还债券本金的账务处理外，是否还计算偿还本金后应转销的利息调整，并予以入账。

（3）提前偿还，应重点审查支付的利息计算是否正确；提前偿还部分的债券与相应的未摊销利息调整是否予以注销；提前偿还债券所付出的价款与应付债券账面价值的差额是否作为财务费用。

（4）发行新债券赎回旧债券，应重点审查新旧债券差价的处理是否合法、正确。

（5）可转换债券的转换，应重点审查是否按照发行转换债券办法向债券持有人换发股票。所转换的股本和支付的不可转换股票的部分价款与应付债券账面价值的差额是否作为其他权益工具。

审查中如果发现有违反偿还规定的情况，违约严重时应要求企业将有关事项反映在财务报表中，并提请企业将应付债券有非流动负债转作流动负债处理。如果企业发行债券时已将某些资产抵押或担保，应对抵押或担保资产的处理情况进行核实。

7. 审查应付债券是否已在资产负债表上充分披露。

（三）长期应付款审计

长期应付款是指企业除长期借款、应付债券以外的其他各种非流动负债。包括应付融资租入固定资产的租赁费、以分期付款方式购入固定资产发生的应付款项，采用补偿贸易方式引进国外设备价款等。

长期应付款是企业负债筹资的一种方式。举借此种负债，对解决企业在现有资金不足的情况下，引进先进技术，扩大生产规模，提高生产能力，发展企业生产，无疑是有利的。但是，这种筹资方式涉及的业务手续较繁琐，债券、债务双方权利义务关系复杂，涉及筹资预测、决策问题。因此，有必要对企业长期应付款进行审查，从而促进企业设备购置及引进技术的先进性及经济性、合理性，保证固定资产造价计算的正确性、真实性，维护企业在购置、引进设备中的合法权益，监督企业长期应付款的真实性。

为了核算企业除长期借款和应付债券以外的其他各种长期应付款项，应设置“长期应付款”账户，其贷方登记有关长期应付款项，借方登记归还的长期应付款项，贷方余额表示尚未归还的长期应付款项。

长期应付款的利息支出和外币折算差额，与购建固定资产有关的、在资产交付使用之前发生的，计入有关固定资产购建成本，借记“在建工程”、“原材料”等科目，在固定资产交付使用之后发生的利息支出和外汇折算差额，计入当期损益，借记“财务费用”科目，贷记“长期应付款”科目。

1. 审查长期应付款计价的正确性。

（1）审查采用补偿贸易方式引进国外设备价款计价的正确性。按我国有关会计法规的规定，企业按照补偿贸易方式引进设备时，应按设备、工具、零配件等的价款以及国外运杂费的外币金额和规定的折合率计入“长期应付款科目”；而用人民币支付的关税、国内运杂费、安装费等各种支出，则直接记录银行存款的减少或“长期借款”科目的增加。从这样的规定可以看出，“长期应付款——补偿贸易引进设备应付款”科目核算的内容应为引进设备时发生的外币借款事项，而不包括人民币借款和国内用人民币支付的相关支出。所以，在检查过程中应尤为注意对引进设备款的计算是否正确，有无将国内部分的借款、支出计入“长期应付款”账户。审计过程中，审计人员主要应通过审查引进设备项目经济合同及有关凭证、账簿，查明外币折算过程及应引进外国设备价款计算是否正确。

（2）审查融资租入固定资产的租赁费计价的正确性。按《企业会计准则——租赁》的规定，企业融资租入固定资产时，在租赁开始日，承租人通常应当将租赁开始日租赁资产公允价值与最低租赁付款额的现值两者中较低者作为租入资产的入账价值，将最低租赁付款额作为长期应付款的入账价值，并将两者的差额记录为未确认融资费用。最低租赁付款额是指，在租赁期内，承租人应支付或可能被要求支付的各种款项（不包括或有租金和履约成本），加上由承租人或与其有关的第三方担保的资产余值；在租赁谈判和签订租赁合同过程中承租人发生的、可直接归属于租赁项目的初始直接费用，如印花税、佣金、律师费、差旅费等，应当确认为计入融资租入固定资产成本。

首先，应通过审查融资租赁合同及其他各项原始凭证，确定最低租赁付款额的现值。若被审单位在计算最低租赁付款额的现值时，知悉出租人的租赁内含利率，则应当采用出租人的租赁内含利率作为折现率；否则，应当采用租赁合同规定的利率作为折现率。若出租人的租赁内含利率和租赁合同规定的利率均无法知悉，则应当采用同期银行贷款利率作为折现率。验证最低租赁付款额的计算是否正确。

其次，确定在租赁谈判和签订租赁合同过程中承租人发生的、可直接归属于租赁项目的初始直接费用，如印花税、佣金、律师费、差旅费等，是否确认为资产的入账价值，而有无错误地计入“管理费用”账户。

2. 审查长期应付款的核算的合规性。审计人员应重点审查企业的各项长期应付款发生的各项原始凭证与企业会计记录是否相符；长期应付款的账务处理是否合规、正确；长期应付款本息计算是否正确；偿还长期应付款的本息是否与相关的支票存根金额相符；长期应付款本金、利息费用以及采用长期应付款方式购置的资产价值的计算是否正确等。

3. 审查长期应付款利息支出处理是否合规。按企业会计准则的规定，长期应付款的利息支出和有关费用，除与购建固定资产有关的，在所购建的固定资产达到预定可使用状态前所发生的，应当予以资本化，计入所购建固定资产的成本外，其他利息和有关费用，应于发生当期直接计入当期财务费用。审计人员在审查过程中，应重点注意这些问题。

4. 审查租赁合同、引进设备经济合同的履行情况。

(1) 审查合同规定的固定资产是否按期到货，其质量、数量、品种规格是否与合同规定一致，是否办理了验收手续。

(2) 审查应付款项是否按合同规定的期限和方式、数额归还债款，偿还债款本息与相关的支票存根金额是否相符，有无违约行为。合同执行发生纠纷时，应查明原因和责任。

5. 函证长期应付款余额的正确性。审计人员为了验证结算日长期应付款余额的正确性，揭示有无漏列负债项目，可以向租赁公司、国外供货商等进行函证，以获得有力的证据。审计人员应根据函证结果与企业长期应付款的账面余额核对，查明企业长期应付款的正确性。

6. 审查长期应付款在资产负债表上列示的恰当性。长期应付款项目在资产负债表的非流动负债类下的列示，应根据“长期应付款”科目的期末余额，扣除将于一年内到期的长期应付款的数额填列，该扣除数应当填列在流动负债类下的“一年内到期的非流动负债”项目之中，以便单独反映。审计人员对此应重点审查。

(四) 预计负债审计

预计负债主要因企业确认的对外担保、未决诉讼、产品质盘保证、重组义务、亏损性合同等形成。预计负债的审计是或有事项审计的一部分。

预计负债的实质性审查通常包括：

1. 获取或编制预计负债明细表。复核加计是否正确，并与报表数、总账数和明细账合计数核对是否相符。

2. 向相关银行函证担保事项。

3. 对已涉诉并已判决的对外担保，取得并审阅相关的法院判决书。

4. 对已涉诉但尚未判决的对外担保，取得被审计单位律师或法律顾问的法律意见。

5. 检查预计负债的估计是否准确，会计处理是否正确。

6. 检查预计负债的列报是否恰当。

四、常见错弊及审计案例分析

(一) 非流动负债审计中的常见错弊

1. 长期借款审计中的常见错弊。

(1) 在借入长期款项时，未按规定履行必要的审批手续或手续不完备。如：项目在可行性研究未批复前即向金融机构借款；项目资金不落实，完全依靠金融机构长期借款负债建设。

(2) 企业未按规定合理使用借款或擅自改变借款用途。如将用于固定资产更新改造的借款用于购买股票、债券。

(3) 长期借款的利息不按期及时计提。

（4）利息的计算、账务处理不正确。将应予资本化的借款利息计入财务费用。

（5）长期借款本息长期拖欠不还，归还不及时。

2. 应付债券审计中的常见错弊。

（1）企业未经批准擅自发行债券或编造、包装资料骗取审批手续。

（2）虚报债券发行费用，从中获取好处。

（3）债券利息调整的入账与摊销不正确，故意混淆资本性支出与收益性支出的界限，调节企业损益。

（4）发行债券所筹集资金的实际用途与债券发行目的不符，挪用通过发行债券筹集的资金。

3. 长期应付款审计中的常见错弊。

（1）将属于本期收益的各项收入，隐匿列入其他应付款，用以调节利润，或截留收入，或隐藏收入用于其他不正当的开支。如将出售废旧物资收入，计入“其他应付款”后用于其他开支，形成小金库。

（2）虚报费用，使长期应付款的计价不正确，如引进设备款的计算时，将国内部分的借款、支出计入“长期应付款”账户。

（3）长期应付款利息支出处理不合规，混淆资本性支出与收益性支出的界限。

（二）审计案例分析

[案例一]

资料：某审计人员接受委托对D公司2016年财务报表进行审计。在该年度内，D公司向银行申请到了一笔长期贷款。贷款合同规定：第一，贷款以公司存货和应收账款为担保。第二，D公司债务与所有者权益之比例不高于2∶1。第三，非经银行同意不得派发股利。第四，2019年7月1日起分期归还贷款。

要求：如果不考虑相关的内部控制制度，该审计人员在审查上述长期借款项目时，应包括哪些审计程序？

审计分析要点：该审计人员应执行如下审计程序：第一，查阅D公司有关会议记录，查明借款是否经公司董事会核准。第二，取得长期借款合约，研究合约中的所有限制条件。第三，复核长期借款利息费用和应计利息的计算，并检查相关的会计记录是否正确。第四，计算债务和所有者权益之比，审查是否低于2∶1的比例。第五，计算并重新分类长期借款1年内到期的部分，查实资产负债表分类和反映的恰当性及正确性。第六，抽查存货和应收账款明细记录中有无“充作担保”的记录。

[案例二]

资料：审计人员在审查甲公司2016年12月31日资产负债表的长期应付款项目时，发现该公司于2016年4月1日以补偿贸易方式引进设备一台，该设备的价款为500 000美元，国外运杂费为5 000美元，当日的汇率为1:6.50，企业用人民币支付的关税、国内运杂费、安装费等各种支出共计60 000元。该公司对该业务的账务处理为：

借：在建工程　　3 282 500

　　贷：长期应付款　　3 282 500

借：销售费用　　60 000

　　贷：银行存款　　60 000

该项设备于2016年6月10日投入使用，企业确定其预计使用年限为10年，采用直线法折旧。该企业于当年7月开始计提折旧，其会计分录为：

借：制造费用　　164 125

　　贷：累计折旧　　164 125

要求：根据上述资料，指出错弊并提出处理意见（假设甲公司的所得税率为25%）。

审计分析要点：按我国有关会计法规的规定，企业以补偿贸易方式引进设备的入账金额应包括设备、工具、零配件等的价款以及国外运杂费的外币金额和用人民币支付的关税、国内运杂费、安装费等各种支出。甲公司仅将设备的价款以及国外运杂费的外币金额入账，而用人民币支付的关税、国内运杂费、安装费等未记入该项设备的成本。企业这样做使得当期资产少计，费用多计，利润虚减，最终达到少交所得税的目的。

审计人员应建议被审单位进行调账，调账分录如下：

借：固定资产　　60 000

　　贷：以前年度损益调整　　57 000

　　　　累计折旧　　3 000

借：以前年度损益调整　　14 250

　　贷：应交税费——应交所得税　　14 250

借：以前年度损益调整　　42 750

　　贷：利润分配——未分配利润　　42 750

思考与练习

1. 简述流动负债审计的内容。
2. 短期借款的审计目标和审计内容有哪些？
3. 简述应付票据的性质及其审计过程。
4. 如何进行应付账款审计？
5. 比较应收账款和应付账款函证的异同。
6. 审计人员除了注意账面负债之外，对未入账负债如何审计？
7. 对应付职工薪酬和应付福利费的审计应注意哪些问题？
8. 简述应交税费的审计要点。
9. 为什么要对应付股利、预提费用和预收账款进行审计？

10. 试述预计负债的性质及其审计方法。
11. 简述非流动负债的审计内容和方法。
12. 长期借款的审查方法有哪些?
13. 简述应付债券的审查要点。
14. 简述如何审查债券发行的合法性?
15. 如何进行长期应付款的审计?

第十一章　所有者权益审计

内容提要

所有者权益是指所有者在企业资产中享有的经济利益，包括投资者对企业的投入资本以及企业存续过程中形成留存收益。会计上将其分为实收资本（或股本）、其他权益工具、资本公积、其他综合权益、盈余公积和未分配利润六部分。本章就将分别从这六个方面展开对所有者权益的讨论。所有者权益审计有何意义？所有者权益审计的特征是什么？实收资本（或股本）、其他权益工具、资本公积、其他综合收益、盈余公积和未分配利润分别应如何进行审查，主要的审计步骤和方法有哪些？这些是本章主要阐述的问题。

第一节　所有者权益审计概述

所有者权益是指所有者在企业资产中享有的经济利益，又称产权、资本，包括投资者对企业的投入资本以及企业存续过程中形成的资本公积、其他综合收益、盈余公积和未分配利润。所有者权益是企业经营活动成果的具体表现，是企业所有者因对企业投资而享有的权益和因此所负担的经济责任的直接体现，也是会计恒等式中连接资产、负债两大会计要素的桥梁，是编制资产负债表的基础。

与负债相同，所有者权益也是对企业资产的所有权，但所有者权益与负债在性质上是有区别的。负债是指债权人对企业资产的所有权，而所有者权益是所有者对企业资产扣除负债后的净资产的所有权；债权人无权参与企业管理，而所有者则因其对企业的投资而享有对企业法定的管理权或委托他人管理企业的权利；所有者权益在企业经营期间无需偿还，而负债则必须按期偿付。总之，在对企业承担经济责任以及参与企业经营管理方面，所有者权益与企业的联系更加紧密。

企业所有者权益的增减变动通常具有这样一些特点：第一，审计年度所有者权益增减变动的次数极为有限，有时企业的实收资本甚至整年没有变动。第二，所有者权益增减变动的金额都较大，漏计或不恰当地进行会计处理，会导致重大错误，从而对企业财务报表的公允反映产生较大影响。第三，所有者权益的增减变动，必须遵守国家法律和法规的规定。由于存在这些特点，审计人员审计时，通常采用详查的方式，一般不需要对其内部控制制度进行了解和评价。尽管如此，审计人员仍需了解企业所有者权益的内部控制，并进行一定的评价。

（一）所有者权益审计的目标

1. 评价被审计单位有关所有者权益内部控制制度是否存在、有效且一贯遵守。

2. 验证投入资本的形成、增减及其他有关经济业务会计记录的合法性与真实性，确认投入资本权益界定的正确性及投资数额的真实性和合法性。

3. 验证资本公积的构成及各项目的形成原因，确认其形成、增减及其他有关经济业务会计记录的合法性与真实性。

4. 验证盈余公积和未分配利润的形成和增减变动的合法性、真实性。

5. 确认所有者权益在资产负债表和财务报表附注中各事项披露的真实性和合规性。

（二）所有者权益测试的主要内容

所有者权益审计，就是对被审单位所有者权益及其增减变动的公允性、合法性进行审计，目的在于在资产负债审计基础上进一步验证企业的净资产。对所有者权益测试的主要内容包括：

1. 测试有关所有者权益内部控制制度的健全性与有效性。包括对投资有关的协议、合同和企业章程条款，利润分配的决议、分配方案，会计处理程序等方面的审查，为被审单位改善内部控制提供意见或建议。

2. 审查实收资本、其他权益工具、资本公积的形成、增加及其他有关经济业务会计记录的合法性、公允性。为投资者及其他有关方面研究企业的财务结构，进行投资信贷决策提供依据。

3. 审查其他综合收益、利润分配的会计处理，查明其他综合收益、盈余公积和未分配利润的形成和增减变动的合法性、公允性。为投资者及其他有关方面了解企业资本的增值、积累情况等提供资料。

4. 确定资产负债表上所有者权益的表达是否公允、合理，能否满足各利害关系人了解企业财务状况的需要。

（三）所有者权益审计的一般程序和方法

由于企业经济业务中，影响所有者权益的业务数量较少，审计所有者权益通常只在资产、负债审计的基础上花费较少的时间进行，一般采用详查法，不需通过内部控制制度的符合性测试来确定审计范围。但为了揭露管理上的薄弱环节，促进企业加强管理，制约资本的保值，审计人员评价内部控制制度时，仍应测试所有者权益的内部控制制度。因此，对所有者权益的审查的一般程序和方法如下：

1. 通过对投资有关的协议、合同和企业章程条款，利润分配的决议、分配方案，会计处理程序等方面的审查，调查、了解企业有关所有者权益的内部控制制度情况，并通过对初步了解内部控制制度，对内控制度得出总体评价，找出内部控制的强点和弱点，为被审单位改善内部控制提供意见或建议。

2. 进行实质性审查，采用详查法对所有者权益各项目逐笔检查验证，审查账表项目记录是否真实、合法、合规。运用审阅法，对涉及形成所有者权益的各种书面资料进行审查。如对反映注册资本的营业执照、验资证明及账面资料等进行审阅。运用核对法，对反映所有者权益的各种书面资料记载的数额和内容通过核对加以验证。如对表、账和凭证所记载的数额进行核对，证实其是否一致。运用复算法，比如对出资比例、对资本汇率折算通过复算加以验证。运用账户分析法，对各项业务及其账务处理是否符合规定进行检验。最后，根据审查结果，做出审计结论。

第二节 投入资本审计

一、投入资本审计概述

投入资本是指企业的所有者投入企业的无须偿还、供长期周转使用的资产，这部分资本是所有者权益的组成部分，表明了企业所有者对企业应负担的义务和享有的权力。它主要包括国家投资、其他单位投资、个人投资以及外商投资等。企业发行的其他权益工具（如优先股、永续债等），也属于投入资本范畴。

由于企业组织形式不同，所有者投入资本的会计核算方法也有所不同。除股份有限责任公司对股东投资本应设置“股本”账户外，其余企业及所有者投入的资本，集中在“实收资本”账户中反映，核算企业实际收到的投资者投入的资本。企业发行其他权益工具的，还应设置“其他权益工具”账户，核算企业发行的除普通股以外的归类为权益工具的各种金融工具。

一般企业实收资本应按以下规定核算：第一，投资者以现金投入的资本，应当以实际收到或者存入企业开户银行的金额作为实收资本入账。实际收到或者存入企业开户银行的金额超过其在该企业注册资本中所占份额的部分，计入资本公积。第二，投资者以非现金资产投入的资本，应按投资各方确认的价值作为实收资本入账。为首次发行股票而接受投资者投入的无形资产，应按该项无形资产在投资方的账面价值入账。第三，投资者投入的外币，应当采用交易发生日即期汇率折算，不得采用合同约定汇率和即期汇率的近似汇率折算，外币投入资本与相应的货币性项目的记账本位币金额之间不产生外币资本折算差额。第四，中外合作经营企业依照有关法律、法规的规定，在合作期间归还投资者投资的，对已归还的投资应当单独核算，并在资产负债表中作为实收资本的减项单独反映。

股份有限责任公司股本应按以下规定核算：第一，公司的股本应当在核定的股本总额及核定的股份总额的范围内发行股票取得。公司发行的股票，应按其面值作为股本，超过面值发行取得的收入；其超过面值的部分，作为股本溢价，计入资本公积。第二，境外上市公司以及在境内发行外资股的公司，按确定的人民币股票面值和核定的股份总额的乘积计算的金额，作为股本入账，按收到股款当日的即期汇率折合的人民币金额与按人民币计算的股票面值总额的差额，作为资本公积处理。另外，为提供企业股份的构成情况，企业应在“股本”科目下，按普通股和优先股及股东单位或姓名设置明细账，进行明细分类核算。

企业发行的优先股、永续债等权益工具，应当按照金融工具准则和相关规定作为其他权益工具进行初始确认和计量；而且，对于作为其他权益工具的优先股还是永续债，无论其名称中是否包含“债”，其利息支出或股利分配都应当作为发行企业的利润分配处理；其权益工具回购、注销等作为权益的变动处理。企业发行其他权益工具发生的手续费、佣金等交易费用，应当从权益中扣除。企业应设置“其他权益工具”账户，核算企业发行的除普通股以外的归类为权益工具的各种金融工具，并按发行权益工具的种类等进行明细核算。

由于投入资本不仅体现资本金制度，并且占所有者权益主要部分，决定企业的资本结构，是利润分配的基础。所有者按此分享利润和分担企业的风险及亏损，因而投入资本审计具有重要意义，是所有者权益审计的重点。对投入资本审查是主要应获取的账簿和凭证有：公司章程、投资合同、协议、收款凭证、政府批文、股东会议记录、资产评估报告、实收资本（或股本）总账和明细账、资本公积总账和明细账等。

（一）实收资本的审计内容

1. 企业设立时，实际收到投资者的投资业务是否按照国家有关法规和企业章程规定，报经有关部门批准或经企业最高权力机构批准。同时还应对实收资本入账金额是否遵循了会计制度的规定进行审计。

2. 企业增资扩股时，新的投资者交纳的出资额的核算是否正确，计入实收资本的金额是否为其应当拥有的企业投资比例，是否有损害原有投资者利益的情况。

3. 企业资本公积、盈余公积转增资本时，增资行为是否经过批准，增资金额是否符合有关规定。

4. 减少资本时，减资行为是否经国家有关部门批准或由董事会批准。

（二）股本的审计内容

1. 股份有限公司设立时，公司的注册资本是否等于股本总额，股本总额是否达到国家规定的最低标准。股东是否按公司章程、合同、协议规定的出资方式出资、各种出资方式的比例是否符合规定。

2. 公司是否已按照规定设置了股本备查簿，登记了股本总额、股份总额、每股面值等。已发行股票的面值与超面值缴入部分是否分别表示。股本在资产负债表上是否按不同类别分别列示。

3. 国有企业改组为股份有限公司时，是否存在将国有资产低价折股、低价出售或无偿分给个人的情况。

4. 股本的增减变动是否符合国家有关法律、法规。

(三) 其他权益工具的审计内容

1. 企业发行的优先股、永续债等作为其他权益工具核算，是否符合金融工具准则和相关规定的分类原则。

2. 其他权益工具计提的利息或股利分配处理是否符合相关规定。

3. 权益工具的回购、注销等变动的处理是否符合相关规定。

4. 企业发行其他权益工具发生的手续费、佣金等交易费用的会计处理是否正确。

(四) 各项投入资本业务审查应达到的目标

1. 确定投入资本的内部控制是否健全、有效且一贯被遵守。

2. 确定账面记录的各项投入资本账户余额是否确实存在，有无虚构、高估资本的情况。

3. 确定被审单位发生的所有投入资本业务均已登记入账，确定投入资本的完整性。

4. 确定投入资本业务发生的合法性。

5. 确定投入资本在财务报表中的披露的充分性、恰当性。

(五) 投入资本业务审计可采取的策略

1. 从对投入资本业务的合法性审查入手，在此基础上再进一步验证其真实性、正确性。由于投入资本业务直接关系到各投资者所享有的利益，任何不恰当的处理，可能严重影响到投资者的利益，因此，国家对投入资本业务制定了严格的法律、法规和规章制度。在审计过程中，即使证实投入资本业务是真实存在的，核算结果也是正确无误，但却不符合国家的法令和企业的规章制度，审计结论也不能对投入资本给予确认。所以投入资本的合法性是审计重点。

2. 重点详细审查投入资本账户的本期增减变动业务。投入资本账户具有业务量少，交易金额大的特点。企业设立之后，一般来说资本变动的次数极为有限，使采用详查法具有可能性。同时，一旦企业资本发生变动，其增减变动的金额都较大，对财务报表的公允反映有较大影响，也使审计人员需要采用详查法，以降低审计风险。

二、了解和评价内部控制制度

测试投入资本的内部控制制度，是所有者权益审计的一项重要内容。但是，由于资本投入业务量少，甚至有时在一个会计年度内可能根本不发生。因此，对投入资本内部控制的研究与评价，应侧重于揭露管理上的薄弱环节，促进企业加强管理，制约资本的保值，而不是单纯的根据内部控制制度的评审结果去确定资本投入实质性审查的审查范围和重点。采用的方法主要是审阅有关投资业务的管理制度，进行询问调查、实地观察，并进性符合性抽查测试，对投入资本内部控制制度的健全性和有效性做出评价。

(一) 审查批准控制

由于企业的投入资本影响资本结构，决定利润分配的比例，以及企业清算或改组时投资者的责任与财产分配权，也是企业投资者对企业享有决策权的依据，因此，无论企业成立时资金成本的投入或在期后的增资、减资，以及企业在经营结束或破产清算时的结算、分配、归还资本金，都必须依照国家有关法律或企业章程的规定，报经企业的最高权力机构（如董事会）及国家有关管理部门批准，这些资本金的活动才允许发生，有关财务事项才能成立。

（二）授权核准控制

所有的资本交易事项，如股本交易的股票登记、发行、股份转让等，都必须经过股东会或董事会的事先审核与授权，方可办理。企业其他行政管理部门无权自行决定资本交易事项。

（三）职责分工控制

在企业内部需经股东会授权并以章程形式明确有关部门与人员的职责，划分不相容职务，充分明确责任。包括：

1. 通过企业章程等书面文件明确企业最高权力机构（如董事会）与企业管理部门之间的职责。

2. 管理部门内部经营管理人员之间的职责分工。如股票交易中的现金收支、会计记录和股票的保管应由不同的人员负责。

（四）评估审核控制

资本金的投入和其后增资以及清算退还，都可能会通过各种不同形式，如货币资产、实物资产、证券或无形资产等形式实现，这些不同的资本金形式都需经过验证和评估，加以认定，保证其真实、合法、正确。《中华人民共和国公司法》规定："股东全部缴纳出之后，必须经过法定的验资机构验资并出具证明。"

（五）记账与定期检查控制

企业应按投资者设置资本投入的明细账和备查簿，将出资者投入的资本金及时地登记入账，并将其后所发生的增资、减资变动及时、完整地登记在明细账与备查簿中。在登记时，应根据评估、验证并核实后的凭证进行。企业对资本金的筹集、存留、增减情况和股息、红利的分配以及尚存权益都应定期进行检查清理，验证这些投资活动和会计处理是否真实、合法、正确，以确保产权关系明确，保护投资者的合法权益。

三、实质性审查的内容与方法

除股份有限公司对股东投资本应设置"股本"账户外，其余企业及所有者投入的资本，集中在"实收资本"账户中反映，核算企业实际收到的投资者投入的资本。因此，对投入资本的实质性审查，主要是对"股本"或"实收资本"账户进行的审查。由于投入资本业务数量较少，有时甚至整年没有变动。所以应采用详细审查的程序和方法，对企业设立和增资扩股而发生的实收资本变动进行测试。企业发行优先股等其他权益工具的，还应对"其他权益工具"账户进行审查。其具体内容和步骤如下：

（一）股本的实质性审查

对于股本的实质性审查，审计人员应通过“股本”账户进行，其程序一般包括：

1. 审阅公司章程、实施细则和股东大会、董事会会议记录。审计人员应向被审单位索取公司章程、实施细则和股东大会、董事会会议记录的副本，认真研究其中有关股本的规定。被审单位每次发行股票、收回股票或从事其他类型的股票交易，均须经过股东大会或董事会的授权和批准。审计人员主要可通过收集核定股数和已发行股份的股数、股票面值、股票收回、股票分割以及认股权证等资料，进一步确定被审单位股本的交易是否按照有关的法律、法规的规定以及股东大会或董事会的决定办理，也可对企业的财务报表是否对各类股本的发行等予以恰当披露做出评价。

2. 索取或编制股本明细表。审计人员可向被审单位索取或自行编制股本明细表，以了解被审单位股本的总体状况。股本明细表的内容主要应包括各类股本变动的详细记录及有关的分析评价。编制时应将每次变动情况逐一记载并与有关的原始凭证和会计账簿进行核对。

3. 审查股票的发行、收回等交易活动。审计人员主要应通过审查与股票发行、收回有关的原始凭证和会计记录，查明股票发行、收回是否确实存在。应审查的原始凭证包括以发行股票登记簿、向外界收回的股票、募股清单、银行对账单等。会计记录则主要包括银行存款日记账与总账、股本明细账与总账等。

4. 函证发行在外的股票。我国目前股票发行和转让大多都由企业委托证券交易所和金融机构进行，由证券交易所和金融机构对发行在外的股票份数进行登记和控制。因而这些机构一般既了解公司发行股票的总数，又掌握公司股东的个人记录以及股票转让情况。所以，审计人员要查明被审单位已发行股票的数量是否真实，是否均已收到股款和资产，应采取向证券交易所和金融机构函证和查阅的方法。对个别企业自己发行股票、自己进行有关股票发行数量、金额及股东情况登记的企业，由于企业已在股票登记簿和股东名单上进行了记录，则进行股本审计时，可在检查这些记录的基础上，抽查其记录是否真实有据，核对发行的股票存根，看其数量是否与股东账上数额相符。

5. 审查股票发行费用的账务处理。发行股票时，一般要发生股票的印刷费和委托其他单位发行股票的手续费、佣金等。根据企业会计制度规定，溢价发行股票时，各种发行费用从溢价中抵消；无溢价或溢价不足列支的，冲减留存收益。审计人员应审查相关会计记录和原始凭证，确定被审单位对股票发行费用的会计处理是否正确。

6. 确定股本在资产负债表上披露的充分性。股本应在资产负债表中单项列示，审计人员应对被审单位资产负债表中股本项目的数字是否与审定数相符，并检查是否在财务报表附注中披露与股本有关的重要事项，如股本的种类、各类股本金额及股票发行的数额、每股股票的面值，本会计期间发行的股票等。

（二）实收资本的实质性审查

对于投入资本的实质性审查，主要应通过“实收资本”账户进行，其审计程序一般包括：

1. 索取被审单位合同、章程、营业执照及有关董事会会议记录。审计人员应向被审单位索取合同、章程、营业执照及有关董事会会议记录，并认真阅读其中有关规定。企业合同、章程对投资各方的出资方式、出资期限及其他要求作了详细规定，一经国家审批部门批准，就具有法律效力，投资各方均不得随意更改，应严格履行合同、章程所规定的出资义务。国家授权有关部门的批准证书是批准企业成立的法律性文件，投资各方应遵照执行。营业执照是由国家工商行政管理机构批准发给企业的合法经营的许可证，它规定企业成立和终止的日期。

2. 索取或编制实收资本明细表。审计人员应向被审单位索取或自行编制实收资本明细表，作为永久性档案存档，以供本年和以后年度审查投入资本时使用。实收资本明细表应当包括投入资本变动的详细记载及有关分析评价。编制时需将每次变动情况逐一记载并与有关原始凭证和会计记录进行核对。

3. 审查出资期限和出资方式、出资额。进行实收资本的实质性审查，审计人员应检查投资者是否已按合同、协议、章程约定时间缴付出资额，其出资额是否经有验资资格的中国审计人员的验证，已验资者，应查阅验资报告。

出资期限是投资者缴足其认缴资本的时间界限，包括合同期限和法律期限。合同期限是投资者根据企业筹建、开业的需要，在企业合同、章程中规定的出资期限。法律期限是国家有关法律、法规中要求的出资期限。合同期限要符合法律期限的要求。例如我国财务制度以及国务院关于《中外合资经营企业合营各方出资的若干规定》等制度中规定的法律期限为：企业合同、章程中规定分期出资的，最后一期出资应当在营业执照签发之日起 3 年内交清；第一次筹集的投资不得低于出资额的 15%，可以在营业执照签发之日起 3 个月内筹集。如果合同或章程中规定一次出资的，可以允许在营业执照签发之日起 6 个月内筹足。不论何种出资方式，如在出资中违约，不如期交足资金，企业可依法追究投资者的违约责任。违反法律期限，将可能使投资者失去继续执行合同、章程的权利。如投资各方未按期缴付一次性缴清的出资额或第一次出资额的，则由工商行政管理机关进行处罚。批准的合同、章程或批准证书将会失效。工商行政管理机关在一定条件下还有权吊销其营业执照。

出资方式是指各投资者认缴资本所采用的方式。一般企业的出资方式包括货币资金方式出资、实物、知识产权、土地使用权等可以用货币估价并可以依法转让的非货币财产作价出资。但投资者不得以劳务、信用、自然人姓名、商誉、特许经营权或者设定担保的财产等作价出资。投入资本的出资方式除国家规定者外，应在企业成立时经批准的企业合同、章程中有详细规定。对于外商投资企业的出资，我国的《外商投资企业法》还做出了更加严格的规定：外商的货币资金出资限于投资者在中国已投资的外商投资企业的合法利润所得可用作人民币出资，其他一般应以可以自由兑换的外国货币（如美元、英镑、日元等）出资；外商以无形资产方式出资的，要求该项无形资产为外国投资者所有的，能生产我国急需的新产品或出口适销产品，或能显著改进现有产品的性能、质量，提高生产效率，或能显著节约原材料、燃料、动力，并对作价年限有一定限制；外商以实物资产方式出资的，要求该实物资产为被投资企业生产经营所必不可少，我国不能生产或虽能生产，但价格过高或在技术性能和供应时间上不能保证需要，价格不得高于同类机器设备或其他物料当时的国际市场价格。投资者的出资方式必须严格遵守国家规定和企业合同、章程，不得擅自改变出资方式，否则将构成违反合同、章程的行为，但已经董事会补充修改并报原审批机关批准的除外。

4. 审查投入资本的真实存在性。审计人员应通过对有关原始凭证、会计记录的审阅和核对，向投资者函证实缴资本额，对有关财产和实物的价值进行鉴定，确定投资本的真实存在。

（1）货币资金投资检查。查明投入货币资金的所有权，检查开户银行或货币资金汇出银行的相关凭证。审查实收资本账簿，核对所附原始凭证，查明投资凭证有无“投资款”字样。若原始凭证上未注明投资款，须请投资者出具陈述函，证明该笔款项确为投资款。查明投资者有无以接受投资企业的名义或者以接受投资企业为担保人，向银行或其他金融机构借款，并以该借款作为投资。

（2）实物投资检查。投资者以房屋、建筑物投资时，应索取有关所有权或使用权的证明文件，查明投资者与企业是否按规定办理了产权转移手续，必要时可现场实地确定房屋、建筑物的实存性。投资者以机器设备、原材料等实物投资时，应查阅原始发票、投资协议，确定该类实物资产的所有权。通过现场观察、实物盘点、核对投资清单，查明此类实物的存在性。审阅有关凭证，查明投入实物资本是否办理了验资手续，实际投入的机器设备等与合同或协议规定是否相符。

（3）无形资产投资检查。检查无形资产账户及其相关凭证，查明无形资产有无合法的证明文件，例如，专利权证书、商标权证书等，查明无形资产的有效年限、技术的特征、使用价值、作价依据；审阅投资者与企业签订的作价协议等文件，必要时向有关专家咨询，查明无形资产的真实性和所有权。

5. 审查实收资本的增减变动。对于实收资本的增减变动，审计人员应查明原因，查阅其是否与董事会纪要、补充合同、协议及有关法律文件的规定一致。按照我国《企业法人登记管理条例》规定，除国家另有规定者外，企业的注册资本应与实有资本相一致。并规定，企业法人实有资本比原注册资本数额增加或减少超过 20% 时，应持资金证明或验资证明，向原登记机关申请变更登记。

股份有限公司股本增加时，必须满足以下条件：①由股东大会做出决议并修订公司章程；②前一次发行的股份已募足，并间隔一年以上；③公司在最近三年内连续盈利，并可向股东支付股利（公司以当年利润分配新股，不受此限）；④公司在最近三年内财务会计文件无虚假记载；⑤公司预期利润率可达到同期银行存款利率报经有关部门批准。

我国财务制度明确了资本保全原则，要求企业筹集资本金后，在生产经营期间内，投资者依法转让外，一般不得抽回投资，减资行为在有关企业法律中已有严格限制。公司因特殊情况减少注册资本时，应具备一定的条件：①经股东会议批准，有限责任公司未设股东会的，由董事会做出决议；②公司应在做出减少注册资本之日起10日内通知企业债权人，并于30日内在报纸上至少公告3次；③减少注册资本时，必须编制资产负债表及财产清单；④公司减资后的注册资本，不得低于法定注册资本的最低限额；⑤公司减资须修订公司章程，向原登记机关办理变更登记手续。

6. 审查实收资本业务账务处理正确性。

（1）检查实物资产投资业务处理的合规性。按规定，评估确认价值小于投出单位的账面原价，按投出单位的固定资产账面原价作为接受固定资产的账面原价，按评估价值反映投资者投资的增加，按账面原价与评估确认价值的差额作为累计折旧。评估确认的价值等于或大于投出单位的账面原价，按评估确认的价值一方面作为受投资方所接受的固定资产原价，另一方面作为实收资本入账，同时反映投资者投资的增加，不存在累计折旧记账的问题。

（2）检查转增资本账务处理的正确性。将资本公积金、盈余公积金转作资本金的账务处理后，所有者权益总额不变，但各投资者明细账的资本数额应按原有投资的比例增加，审计人员应注意其处理的正确性。

（3）检查外币出资时实收资本折算的汇率的正确性。企业对实际收到的外币出资，应按收到出资当日的即期汇率折算。

7. 确定实收资本在资产负债表上的披露的充分性、恰当性。企业的实收资本应在资产负债表上单独列示，同时还应在财务报表附注中说明实收资本期初至期末间的重要变化，如所有者的变更、注册资本的增加或减少、各所有者出资的变动等。审计人员应在实施上述审计程序的基础上，确定被审单位资产负债表上的实收资本的反映是否正确，并确定有关投入资本是否在财务报表附注中予以分类揭示。

（三）其他权益工具的实质性审查

对于发行优先股、永续债等其他权益工具的企业，还应对其他权益工具进行实质性审查，审计人员应通过“其他权益工具”账户进行，其程序一般包括：

1. 审阅公司股东大会、董事会会议记录。审计人员应向被审单位索取股东大会、董事会会议记录的副本，认真研究其中有关发行优先股、永续债等其他权益工具的规定。被审单位每次发行优先股、永续债等其他权益工具的交易，均须经过股东大会或董事会的授权和批准。审计人员主要可通过收集核定优先的股数、永续债的面值和已发行股数、面值等资料，进一步确定被审单位发行优先股、永续债等其他权益工具的交易是否按照有关的法律、法规的规定以及股东大会或董事会的决定办理，也可对企业的财务报表是否对各类优先股、永续债等其他权益工具行予以恰当披露做出评价。

2. 索取或编制优先股、永续债等其他权益工具明细表。审计人员可向被审单位索取或自行编制的优先股、永续债等其他权益工具明细表，以了解被审单位优先股、永续债等其他权益工具的总体状况。优先股、永续债等其他权益工具明细表的内容主要应包括各类优先股、永续债等其他权益工具变动的详细记录及有关的分析评价。编制时应将每次变动情况逐一记载并与有关的原始凭证和会计账簿进行核对。

3. 审查优先股、永续债等其他权益工具的发行、收回等交易活动。审计人员主要应通过审查与优先股、永续债等其他权益工具发行、收回有关的原始凭证和会计记录，查明优先股、永续债等其他权益工具发行、收回是否确实存在。应审查的原始凭证包括以发行优先股、永续债等其他权益工具登记簿、向外界收回的优先股或永续债等其他权益工具清单、银行对账单等。会计记录则主要包括银行存款日记账与总账、优先股或永续债等其他权益工具明细账与总账等。

4. 函证发行在外的优先股、永续债等其他权益工具。我国目前优先股、永续债等其他权益工具发行和转让大多都由企业委托证券交易所和金融机构进行，由证券交易所和金融机构对发行在外的优先股、永续债等其他权益工具的份数进行登记和控制。因而这些机构一般既了解公司发行优先股、永续债等其他权益工具的总数及其转让情况。所以，审计人员要查明被审单位已发行优先股、永续债等其他权益工具的数量是否真实，是否均已收到发行款项或资产，应采取向证券交易所和金融机构函证和查阅的方法。

5. 审查优先股、永续债等其他权益工具发行费用的账务处理。发行优先股、永续债等其他权益工具时，一般要发生委托其他单位发行优先股、永续债等其他权益工具的手续费、佣金等。根据企业会计准则等相关规定，发行费用应直接抵减其他权益工具。审计人员应审查相关会计记录和原始凭证，确定被审单位对优先股、永续债等其他权益工具发行费用的会计处理是否正确。

6. 确定优先股、永续债等其他权益工具在资产负债表上披露的充分性。优先股、永续债等其他权益工具应在资产负债表中单项列示，审计人员应对被审单位资产负债表中其他权益工具项目的数字是否与审定数相符，并检查是否在财务报表附注中披露与优先股、永续债等其他权益工具有关的重要事项，如优先股、永续债等其他权益工具的种类、发行的数额、面值，本会计期间发行的优先股、永续债等其他权益工具等。

四、常见错弊及审计案例分析

（一）投入资本审计中的常见错弊

实收资本不仅表现为企业的所有者投入企业的资本，而且是企业的所有者分配利益承担风险的依据。企业不论采取何种方式筹集资本金，都必须符合国家法律、法规的规定，但是企业经常违反这些规定，弄虚作假，损害企业的所有者和债权人的合法权益。一般情况下，实收资本账户常见的错弊有：

1. 办理公司登记时虚报注册资本，提交虚假证明。有些企业弄虚作假，办理公司登记时，搞虚假投资，没有相应的原始单据，企业伪造、涂改、变造投资的原始单据，提交虚假证明。例如，投资者伪造投入的货币资金存入或汇入指定银行的进账单或转账支票，房地产类固定资产所有权或使用权的证明文件和过户手续等。

2. 未经有关主管部门批准，擅自制作招股说明书募集或发行股份。

3. 企业在出资过程中的违规行为。

（1）出资的数额和比例不合规。有些企业不具备符合国家规定并与其生产经营和服务规模相适应的资本数额。投资比例表明投资各方各自应负的责任、义务或风险大小，企业章程合同必须注明各自出资比例。不同性质的企业对投资比例的规定和要求不同。例如，中外合资经营企业的外方投资者的投资不得低于企业注册资本总额的25%；以募集方式设立公司的发起人认购的股份数额必须达到公式股份总额的35%，否则公司不能成立等等，以免损害其他利益集团的利益。

（2）出资缴纳期限不合规。出资期限是对投资者缴足其认缴资本的时间界限。投资者如不能如期缴纳所认缴的股本，投资者如不能如期缴纳所认缴的股本，甚至故意拖欠所认缴的股本，将损害其他投资者的利益，也影响了企业正常运营。例如，如果采用一次筹集方式，应在营业执照签发之日起6个月内筹足资本金。超过期限，则视为不合规。

（3）出资方式与出资形式不合规。出资方式是指各投资方认缴资本所采用的方式，根据有关规定，投资者可用货币、实物和无形资产等方式。在企业的所有者出资时经常出现以下不合规的情况，造成实收资本账户的会计信息失真：

A. 投资者以抵押物作为投入资本，骗取企业的投资收益，给接受投资的企业带来了经营风险和损失，也给企业的其他投资者带来了潜在的风险，同时也损害了企业债权人的利益。

B. 在中外合资企业和中外合作企业中，外方投资者以陈旧、落后的机器、设备出资或以我国已有的工业产权或专有技术出资。

4. 投入资本的作价不合理。《公司法》规定，投资者投入实物、工业产权、非专利技术和土地所有权必须评估作价。有些企业对投入的实物或无形资产未经审计人员验资并出具验资报告，而是由企业或投资者任意作价；或故意高估个人和外商投资而低估国家投资；或审计人员未按国家规定的程序和方法对投入的实物或无形资产进行验资，造成验资报告和验资结果不真实不正确。

有些企业，在接受外商投资的外币投资时，不按照合同、协议约定的外汇汇率折算资本，而是故意用高汇率折算多计外商投资额，从而损害了国家利益和其他投资者的利益。

5. 投入资本的增减变动不合规。股本的增减业务尽管比较少，但此类业务非常敏感、非常重要，我国的法律法规都对此有严格的规定。但是，有些企业不符合增资或减资的条件而增资或减资，或不履行增资或减资的手续而任意增资或减资；有些企业的投资者随意抽走资本。例如，投资者投入的货币资金待验资后又抽回，以借款等名义向受资企业借款而长期占用受资企业的资金达到变相抽走资本的目的。

6. 投入资本的分类不正确。企业按照“谁投资，谁所有”的原则根据投资者的投资比例或协议对投资主体的投资进行分类记录。有些企业常将国家投资转入其他投资主体的账户，普通股和优先股的分类不正确，投入资本和借入资金的划分不正确，实收资本和资本公积的划分不正确。

（二）审计案例分析

资料：某审计人员接受委托审计甲公司，他现在开始审计股本。本年度内甲公司有关股本业务仅两笔，一是于 6 月 1 日发行面值为 100 元的普通股股票 100 000 张；二是于 9 月 30 日购回以前年度发行的面值为 10 元的股票 10 000 张。

要求：假如您是该审计人员，您准备执行哪些审计程序？

审计分析要点：该审计人员应该执行下列审计程序：

第一，向被审计单位索取公司章程、实施细则和股东大会、董事会会议记录的副本，审查股票的发行和购回是否经过批准，了解核定股份和已发行股票的股数、股票面值、股票购回等情况。

第二，审查有关原始凭证与会计记录，确定股票发行和购回是否确实存在。

第三，函证发行在外的股票。

第四，审查股票发行费用的会计处理是否正确。

第五，确定股本是否已在资产负债表上恰当披露。

第三节　资本公积审计

一、资本公积审计概述

资本公积是企业收到投资者的超出其在企业注册资本（股本）中所占份额的投资，以及直接计入所有者权益的利得和损失等。资本公积主要包括：资本（或股本）溢价和直接计入所有者权益的利得和损失（即其他资本公积）等内容。资本公积实质上是一种资本储备形式，或者是一种准资本。

在符合有关法规、制度的条件下，经办理增资手续后，资本公积可以转增实收资本或股本，一般按投资者在注册资本中所占比例转增各投资者的投资金额。资本公积是所有者权益的一个组成部分，对资本公积的审计也是所有者权益审计的一项重要内容。资本公积审计，就是审查资本公积形成和使用的合法性和真实性，并对资本公积期末余额的公允性加以验证。在对资本公积金的审计中，应着重审查以下几点：

1. 资本公积的来源是否正当。

2. 对资产增值部分的计量是否正确。

3. 资本公积的余额是否在财务报表中得到准确、充分的反映。

4. 有无将应转作资本公积金的资产转作他用。

5. 资本公积金转增资本时是否按规定程序办理。

通过对资本公积的审查，应达到以下目标：

1. 确定资本公积的增减变动是否符合法律、法规和章程、合同的规定、记录是否完整。

2. 确定资本公积的年末余额是否正确。

3. 确定“资本公积”项目在财务报表上的披露是否恰当。

二、了解和评价内部控制制度

由于资本公积是在发行股票、吸收新的投资者、外币资本折算以及进行股权投资等业务中所形成的，归企业投资者共享的、非收益转化形成的资本准备金。因此，资本公积的内部控制制度可参见与其相关的各项业务的控制制度，此处不再赘述。

三、实质性审查的内容与方法

资本公积是所有者权益的一个组成部分，对资本公积的审计也是所有者权益审计的一项重要内容。由于资本公积与实收资本同属资本投入业务，所以有关资本公积的内部控制制度的评审与实收资本基本相同，可参见实收资本部分。审计人员主要应通过对“资本公积”账户记录及其有关凭证的审阅、核对进行资本公积的实质性审查。对资本公积审计的主要内容和检查程序如下所示：

（一）资本公积实有额的正确性审查

1. 编制或取得资本公积明细表。该明细表包括资本公积的种类、金额、形成日期及原因等。并核对其与总账、明细账是否一致。

2. 将审核无误的明细表与资产负债表中有关资本公积项目进行核对，检查其是否一致，如不一致应查明原因。

3. 将资本公积明细账借贷方发生额与记账凭证、原始凭证相核对，查明其是否相符。

（二）资本公积形成的审查

资本公积的形成有资本（或股本）溢价、直接计入所有者权益的利得和损失（即其他资本公积）等。审查应区分不同情况查明形成中是否存在问题。

1. 资本（或股本）溢价的审查。资本（或股本）溢价，是指企业投资者投入的资金超过其在注册资本中所占份额的部分。资本溢价与股本溢价的审查过程各不相同，具体如下：

（1）资本溢价：审查投资合同、协议、公司章程及账簿记录、凭证，确定资本溢价的真实性；审查企业创立后投资者追加资本时，投入资本转为实收资本与资本公积比例的合理性；审查积计价的准确性和账务处理的正确性。

（2）股本溢价：审查股票溢价发行是否经过有关部门批准；审查发行价格，及其发行价格与面值的差额是否是扣除发行费用后全部计入资本公积；审查股本溢价的账务处理的正确性。

2. 直接计入所有者权益的利得和损失的审查。直接计入所有者权益的利得和损失是指不应计入当期损益、会导致所有者权益发生增减变动的、与所有者投入资本或向所有者分配利润无关的利得或损失。应结合其他资本公积各项目的有关业务，重点审查其他资本公积的在结转时的会计处理是否正确。

（三）资本公积使用的审查

资本公积只能用作转增资本。审计人员应检查资本公积明细账的借方发生额及有关凭证，账户的对应关系，查明资本公积的使用的合法性。主要应关注以下几个方面的内容：

1. 转增资本是否经董事会决定并报工商行政管理机关依法办理增值手续。

2. 各资本公积准备项目是否被用于转增资本（或股本）。

3. 有无将资本公积擅自挪作他用的违法现象，如将资本溢价收入用来发放现金股利，将资本公积用于集体、职工福利，或利用资本公积进行各种营私舞弊活动。

（四）审查资本公积在资产负债表上的披露的充分性、恰当性

审计人员应进一步核实企业的资本公积是否在资产负债表中单项列示，并在财务报表附注中说明资本公积的期末余额及期初至期末间的重要变化。

四、常见错弊及审计案例分析

（一）资本公积审计中的常见错弊

一般情况下，资本公积账户中常见的错弊主要有：

1. 资本公积账户的内容不完整。资本公积账户的内容不完整是指企业将应作为资本公积的内容未列入资本公积。例如：将资本溢价或股本溢价作为当期收益或计入实收资本，损害了其他投资者的利益。

2. 资本公积账户的内容不真实。资本公积账户的内容不真实主要是指企业将本不应该计入资本公积的内容计入了资本公积。例如：企业为了逃避所得税，将本应计入当期损益的项目计入资本公积。例如有些企业将资产盘盈作为资本公积，或将对外投资的收益作为资本公积，或将汇兑损益作为资本公积。

3. 资本公积的使用不合规。有些企业在不符合增资条件、未经批准、未办理有关手续的情况下擅自将资本公积转增资本；将各资本公积准备项目用于转增资本（或股本）；有些企业竟将资本公积挪作它用，用于集体或职工福利。

（二）审计案例分析

资料：审计人员在审查某企业“资本公积”明细账时，发现一笔业务为贷方发生额4 000元，摘要内容为“偿付进口原材料外汇价差”。审计人员了解到该公司是一年前开业的，而且投入资本早已到位。经查阅，该业务对应的对方科目为“应付账款”，调阅了该业务的记账凭证，该记账凭证为2016年

11 月 6 日 166#，反映的会计分录为：

借：应付账款　　340 000

　　贷：银行存款　　336 000

　　　　资本公积　　4 000

11 月 6 日的汇率为 1:6.60，欠应付原材料款为 40 000 美元。审计人员还调阅出 166#记账凭证中所反映应付账款的贷方发生额所对应的记账凭证，该记账凭证为 11 月 1 日 138#，反映的分录是：

借：原材料　　268 000

　　贷：应付账款　　268 000

11 月 1 日的汇率为 1:6.70。审计人员还查阅了进货发票，发票表明进口了价值为 40 000 美元的原材料。

要求：根据上述资料指出存在的问题，并提出处理意见。

审计分析要点：由于外汇价差是在生产经营期间产生的，该价差应记入“财务费用”中，作为期间费用处理，不应作为资本公积。

审计人员针对上述问题，应建议被审计单位作如下调整分录：

借：资本公积　　4 000

　　贷：财务费用　　4 000

第四节　其他综合收益审计

一、其他综合收益审计概述

其他综合收益是指企业根据企业会计准则规定未在当期损益中确认的各项利得和损失。包括以后会计期间不能重分类进损益的其他综合收益和以后会计期间满足规定条件时将重分类进损益的其他综合收益两类。其中以后会计期间不能重分类进损益的其他综合收益的项目有：重新计量设定受益计划净负债或净资产导致的变动和按照权益法核算因被投资单位重新计量设定受益计划净负债或净资产变动导致的权益变动，投资企业按持股比例计算确认的该部分其他综合收益。以后会计期间满足规定条件时将重分类进损益的其他综合收益的项目有：①权益法下在被投资单位以后将重分类进损益的其他综合收益中享有的份额；②以公允价值计量且其变动计入其他综合收益的金融资产公允价值变动损益；③以摊余成本计量的金融资产和以公允价值计量且其变动计入当期损益的金融资产重分类为以公允价值计量且其变动计入其他综合收益的金融资产的差额；④存货或自用房地产转为公允模式下的投资性房地产转换当日房地产的公允价值大于其账面价值的差额；⑤以公允价值计量且其变动计入其他综合收益的外币非货币性项目的汇兑差额；⑥现金流量套期损益的有效部分；⑦外币财务报表折算差额。

其他综合收益是所有者权益的一个组成部分，对其他综合收益的审计也是所有者权益审计的一项重要内容。其他综合收益审计，就是审查其他综合收益形成和结转的合法性和真实性，并对其他综合收益期末余额的公允性加以验证。在对其他综合收益的审计中，应着重审查以下几点：

1. 其他综合收益的形成是否恰当。

2. 对其他综合收益的计量是否正确。

3. 其他综合收益的余额是否在财务报表中得到准确、充分的反映。

4. 有无将不能重分类进损益的其他综合收益结转至损益。

5. 将其他综合收益结转至损益是否恰当，会计处理是否正确。

通过对其他综合收益的审查，应达到以下目标：

1. 确定其他综合收益的增减变动是否符合法律、法规的规定、记录是否完整。

2. 确定其他综合收益的年末余额是否正确。

3. 确定“其他综合收益”项目在财务报表上的披露是否恰当。

二、了解和评价内部控制制度

由于其他综合收益是企业根据会计准则规定对相关业务中形成的未在当期损益中确认的各项利得和损失，它归企业所有投资者共享。因此，其他综合收益的内部控制制度可参见与其相关的各项业务的控制制度，此处不再赘述。

三、实质性审查的内容与方法

其他综合收益是所有者权益的一个组成部分，对其他综合收益的审计也是所有者权益审计的一项重要内容。由于其他综合收益是企业相关业务所发生的应直接计入所有者权益的利得和损失，所以有关其他综合收益的内部控制制度的评审与资本公积基本相同，可参见资本公积部分。审计人员主要应通过对“其他综合收益”账户记录及其有关凭证的审阅、核对进行其他综合收益的实质性审查。对其他综合收益审计的主要内容和检查程序如下所示：

（一）其他综合收益实有额的正确性审查

1. 编制或取得其他综合收益明细表。该明细表包括其他综合收益的种类、金额、形成日期及原因等。并核对其与总账、明细账是否一致。

2. 将审核无误的明细表与资产负债表和利润表中有关其他综合收益项目进行核对，检查其是否一致，如不一致应查明原因。

3. 将其他综合收益明细账借贷方发生额与记账凭证、原始凭证相核对，查明其是否相符。

（二）其他综合收益形成和结转的审查

其他综合收益的形成有以后会计期间不能重分类进损益的其他综合收益和以后会计期间满足规定条件时将重分类进损益的其他综合收益两类。审查应区分不同情况查明形成中是否存在问题。

1. 以后会计期间不能重分类进损益的其他综合收益的审查。由于以后会计期间不能重分类进损益的其他综合收益包括：重新计量设定受益计划净负债或净资产导致的变动和按照权益法核算因被投资单位重新计量设定受益计划净负债或净资产变动导致的权益变动，投资企业按持股比例计算确认的其他综合收益两部分。其主要审查企业的账簿记录和凭证，确定该类其他综合收益形成的真实性；审查该类其他综合收益计价的准确性和账务处理的正确性。

2. 以后会计期间满足规定条件时将重分类进损益的其他综合收益的审查。以后会计期间满足规定条件时将重分类进损益的其他综合收益的审查，应结合其他综合收益各项目的有关业务，重点审查其他综合收益结转至当期损益时的会计处理是否正确。

（三）审查其他综合收益在资产负债表和利润表上的披露的充分性、恰当性

审计人员应进一步核实企业的其他综合收益是否在资产负债表和利润表中单项列示，并在财务报表附注中说明其他综合收益的期末余额及期初至期末间的重要变化。

四、常见错弊及审计案例分析

（一）其他综合收益审计中的常见错弊

一般情况下，其他综合收益账户中常见的错弊主要有：

1. 其他综合收益账户的内容不完整。其他综合收益账户的内容不完整是指企业将应作为其他综合收益的内容未列入其他综合收益。例如：将存货或自用房地产转为公允模式下的投资性房地产转换当日房地产的公允价值大于其账面价值的差额计入当期损益。

2. 其他综合收益账户的内容不真实。其他综合收益账户的内容不真实主要是指企业将本不应该计入其他综合收益的内容计入了其他综合收益。例如：将以公允价值计量且其变动计入其他综合收益的外币非货币性项目产生的汇兑差额计入当期损益财务费用中。

3. 其他综合收益结转不合规。其他综合收益结转不合规是指企业将不能重分类进损益的其他综合收益转入当期损益，或将应该在相关资产处置时结转的其他综合收益提前结转。例如，企业可以将非交易性权益工具投资（如企业购买的对被投资单位没有重大影响的非上市公司的股权投资）指定为以公允价值计量且其变动计入其他综合收益的金融资产，在处置金融资产时将原计入其他综合收益的累计公允价值变动额结转计入当期损益。

（二）审计案例分析

资料：审计人员在 2016 年 12 月审查某公司“其他综合收益”明细账时，发现一笔业务为借方发生额 60 000 元，摘要内容为“结转以公允价值计量且其变动计入其他综合收益的金融资产的公允价值累计变动”。审计人员了解到该项结转业务是因处置一原指定为以公允价值计量且其变动计入其他综合收益的非交易性权益工具投资所做的结转处理。经查阅，该业务对应的对方科目为“投资收益”，调阅了该业务的记账凭证，该记账凭证为 2016 年 7 月 8 日188#,反映的会计分录为：

借：其他综合收益　　60 000

　　贷：投资收益　　60 000

要求：根据上述资料指出存在的问题，并提出处理意见。

审计分析要点：由于原指定为以公允价值计量且其变动计入其他综合收益的非交易性权益工具投资，按企业会计准则的规定，在处置该项金融资产时不得将原计入其他综合收益的累计公允价值变动额结转计入当期损益。

审计人员针对上述问题，应建议被审计单位作如下调整分录：

借：投资收益　　60 000

　　贷：利润分配——未分配利润　　60 000

第五节　盈余公积和未分配利润审计

一、盈余公积和未分配利润审计概述

盈余公积和未分配利润合称留存收益，是投资者投入资本金的增值。留存收益与资本公积和投入资本共同构成所有者权益。投资者投入资本后获得的经济利益，一部分以股利或红利形式直接分配给投资者，另一部分则留存在企业，以公积金和未分配利润形式为投资者共享。

盈余公积是企业按照国家有关规定，从净利润中提取的积累资金。提取盈余公积的主要目的是为了对投资者的利润分配进行限制，增强企业自我发展和承受风险的能力。一般企业和股份有限公司的盈余公积包括：法定盈余公积、任意盈余公积。

未分配利润是指未作分配的净利润。它有两层涵义，一是这部分净利润没有分配给企业投资者，二是这部分净利润未指定用途。未分配利润是企业当年税后利润在弥补以前年度亏损、提取公积金和公益金以后加上上年末未分配利润，再扣除向所有者分配的利润后的结余额，是企业留于以后年度分配的利润。它是企业历年积存的利润分配后的余额，也是所有者权益的一个重要组成部分。

盈余公积审计是审查企业净利润的分配是否符合规定的程序，分配的标准与数额是否真实、正确，从而证明投资者投入的资本金是否得到增值。对未分配利润审计，实际上包括对实现利润和利润分配全部业务与数据的审计。所以，应结合利润审计和利润分配审计进行。

通过对盈余公积和未分配利润的审查，应达到下列目标：

1. 确定留存收益的存在性。

2. 确定留存收益的完整性。

3. 确定留存收益业务的合法性。

4. 确定留存收益分类的正确性。

5. 确定留存收益在财务报表上披露的恰当性。

二、了解和评价内部控制制度

（一）审查批准

企业实现的税后利润应按国家规定的程序和标准进行分配，留存收益中盈余公积金的提取和使用也要按国家以及企业制度规定，由股东大会或董事会做出决定办理。

（二）结算分拨

企业的留存收益主要包括盈余公积金和公益金以及未分配利润。这三部分性质与用途不同。盈余公积金主要用于弥补亏损或转增资本，公益金用于集体福利支出，而未分配利润是可供分配的利润。企业的资本盈余要按规定进行分配，留存收益也应按规定加以分拨，专户记录，而不应混淆在一起。

（三）限制使用

留存收益中各部分的使用都应经董事会的授权批准，特别是对公积金和公益金应限制使用，即应按制度中规定的范围使用，特别应限制用公积金与公益金发放股利。

（四）及时入账

留存收益是所有者权益，应建立完善的会计核算程序与账簿组织，加以及时、正确地记录与反映。

（五）定期清理

企业应建立良好的控制制度，对向投资者分配的股利，以及公积金、公益金和未分配利润账户定期地检查清理，验证其真实性、正确性，以正确评价资本的增值。

三、实质性审查的内容与方法

（一）盈余公积实质性审查的内容与方法

对“盈余公积”账户进行检查，依据主要是《企业会计准则》、《企业财务通则》中的有关盈余公积的各项规定，以及国家和有关部门颁布的与盈余公积有关的一系列法律、法规和规章制度等。

按照我国企业会计制度、财务制度规定，企业法定盈余公积按税后利润（已作一定的扣除）的10%提取，但法定盈余公积金已达到注册资本的50%时，可不再提取。任意盈余公积金（仅有股份有限公司提取）按股东大会的决议确定的比例提取。

根据企业财务制度的规定，企业税后利润的分配顺序为：

第一，用于抵补被没收财物损失、支付违反税法规定的各项滞纳金和罚款。

第二，弥补超过用所得税前利润抵补期限，按规定需用税后利润弥补的亏损。

第三，按净利润扣除前两项后的10%提取法定盈余公积金。

第四，向投资者分配利润（企业以前年度未分配的利润，可以并入本年度向投资者分配）。其中，股份有限公司向投资者分配利润时，首先应按优先股利率，分配优先股股利；按后按公司章程或股东会议决定，提取任意盈余公积金；再根据公司的股利政策，向普通股股东支付股利。

可见，法定盈余公积应在税后利润抵补被没收财产损失、支付各项税收滞纳金和罚款，弥补以前年度的超期亏损后提取。任意盈余公积应在支付优先股利之后，分配普通股利之前提取。

根据企业财务制度的规定，盈余公积的使用必须经过一定的授权批准手续。

法定盈余公积和任意盈余公积用于弥补企业亏损、转增资本和经特别批准后支付股利，但转增资本、分配股利后法定盈余公积不得低于注册资本的25%，支付股利时支付比例不得超过股票面值的6%；转增资本还必须经批准依法办理增资手续，取得合法的增资文件；弥补亏损也必须按批准数额转账。

盈余公积的实质性审查是所有者权益审计的一项重要内容，主要就是审查盈余公积的提取、使用及其期末余额的公允性和合法性。

1. 编制或获取盈余公积明细表。编制或获取的盈余公积明细表的格式如表11－1所示。

表11－1　　　　**盈余公积明细表**

盈余公积明细表

客户名称：________注册会计师签名：________日期：________

资产负债表日：________复核人员签名：________日期：________

项　目	期初余额	本期增加	本期减少	期末余额
法定盈余公积				
法定公益金				
任意盈余公积				
合　计				

如果盈余公积明细表由客户自行编制，审计人员应对明细表总数进行验算，将该表与盈余公积总账核对，查明其一致性。如果两者金额不符，应要求编制部门查明原因。

将编制或取得的盈余公积明细表与资产负债表、利润分配表中有关项目核对，检查其是否一致；将明细表余额与总账、明细账核对相符。在此基础上，对盈余公积各明细项目的发生额，逐项审查其原始凭证。

2. 审查盈余公积的提取。对盈余公积的提取，审计人员主要应审查盈余公积提取是否符合规定并经过批准，提取手续是否完备，提取的依据（即税后利润弥补以前年度亏损、扣除没收财产损失、支付滞纳金和罚款后的余额）是否真实、正确，提取项目是否完整，提取比例是否合法。

3. 审查盈余公积的使用。对盈余公积的使用，审计人员应主要审查盈余公积的使用是否符合规定用途并经过批准。按规定盈余公积的使用必须经过一定的授权批准手续，法定盈余公积和任意盈余公积用于弥补亏损、转增资本和特别批准后支付股利，但必须符合国家规定的限制条件；转增资本还必须经批准，依法办理增资手续，取得合法的增资文件；弥补亏损也必须按批准数额转账。

4. 确定盈余公积是否已在资产负债表上恰当披露。企业的法定盈余公积、任意盈余公积应合并在盈余公积中在资产负债表中列示，股份有限公司盈余公积项目则在资产负债表中分项列示，同时还应在财务报表附注中说明各盈余公积的期末余额及其期初至期末间的重要变化。

（二）未分配利润实质性审查的内容与方法

未分配利润审计是所有者权益审计的一项重要内容，主要审查年末未分配利润的合法性、公允性。由于未分配利润是年终结算时企业当年实现利润与已分配利润在“利润分配”明细账中调整的结果，其计算方法可以用下列公式表示：

年末累计的未分配利润 = 上年末累计未分配利润 + 本年全年实现利润总额 − 应交所得税 − 本年已分配利润数

本年已分配利润数 = 被没收财产损失和滞纳金 + 弥补以前年度亏损 + 提取盈余公积 + 分配给投资者的利润

因此，对未分配利润的实质性审查，应按上述公式稽核其数额的正确性，进而对实现利润和利润分配的合法性、公允性进行审计。实现利润和利润分配的测试涉及收入、费用及所得税等项目的审查，内容很广泛。其具体内容将在后面几章中讲述，这里仅对未分配利润的实质性审查作简单介绍。

未分配利润的实质性审查程序一般包括：

1. 检查利润分配比例是否符合合同、协议、章程以及董事会纪要的规定，利润分配数额及年末未分配数额是否正确。

2. 根据审计结果调整本年损益数，直接增加或减少未分配利润，确定调整后的未分配利润数。

3. 确定未分配利润是否已在资产负债表上恰当披露。

四、常见错弊及审计案例分析

（一）盈余公积和未分配利润审计中的常见错弊

1. 盈余公积审计中的常见错弊。

（1）盈余公积的内容不真实。有些企业为了逃避所得税，将本应该计入当期损益的项目计入盈余公积。常见的做法有将无法支付的应付账款计入盈余公积；将资产盘盈、罚没收入等计入盈余公积。

（2）盈余公积的提取不正确。

A. 提取的顺序和基数不正确。按现行制度规定，盈余公积应在税后利润弥补以前年度亏损、扣除没收财产损失、支付滞纳金和罚款后的余额提取。

B. 提取比例不正确。根据规定，企业按10%的比例提取法定盈余公积金，但法定盈余公积未达到企业注册资本的50%时，不得停止计提；

C. 列支的渠道不正确。有些企业直接从成本费用中提取。

（3）盈余公积的使用不正确。

A. 使用的审批手续不全，不符合国家规定的条件。

B. 将盈余公积挪作他用，用于发放奖金、用于弥补超支的应付福利费等。

2. 未分配利润审计中的常见错弊。

（1）未分配利润账户的形成不合规。有些企业为了逃避所得税，将本应该计入当期损益的其他业务收入、营业外收入、汇兑损益、投资收益等直接计入未分配利润；有些企业通过多计费用少计收益的方式使未分配利润的会计信息失真；也有些企业好大喜功，虚夸利润，故意多计收入少计费用，多计未分配利润，也造成未分配利润的会计信息失真。

（2）未分配利润的分配不合规。有些企业不经过企业权力机构的批准就分配利润；有些企业将未分配利润用于发放奖金和职工福利，损害投资者的利益。

（二）审计案例分析

资料：审计人员在对甲公司的盈余公积进行审查时，发现“盈余公积——任意盈余公积”明细账中有一笔贷方发生额400 000元，摘要栏里说明为“收到股利收入”。该笔业务的记账凭证，为2016年5月5日210#，记账凭证显示的会计分录为：

借：银行存款　　400 000

　　贷：盈余公积——任意盈余公积　　400 000

审计人员审查记账凭证所附的原始凭证，原始凭证为银行通知单，显示对方付款理由为“乙公司年底分派股息”。再查阅该公司“长期股权投资”账户，确有对乙公司长期股权投资。

要求：根据上述资料，指出错弊并提出处理意见。

审计分析要点：甲公司将本应作为投资收益的股利收入，错误地记入了盈余公积账户，该企业这样做的目的为，故意隐瞒收入，虚减企业当年利润，少缴纳所得税。

审计人员应建议甲公司编制如下调整分录（假设甲公司的所得税率为25%）：

借：盈余公积——任意盈余公积　　40 000

　　贷：以前年度损益调整　　40 000

借：以前年度损益调整　　40 000

　　贷：利润分配——未分配利润　　40 000

思考与练习

1. 所有者权益审计与资产负债审计有何区别？

2. 简述投入资本的审计目标。
3. 对投入资本审计可采取哪些审计策略？
4. 简述股本（实收资本）审计的内容和程序。
5. 股本（实收资本）业务处理中常见的错弊有哪些？
6. 如何对资本公积和其他综合收益进行审计？
7. 如何对盈余公积进行审计？
8. 试述未分配利润实质性审查的一般程序。

第十二章 收入审计

内容提要

收入是指企业在日常活动中形成的、会导致所有者权益增加的、与所有者投入资本无关的经济利益的总流入，包括主营业务收入和其他业务收入等，本章主要从这两个方面展开论述。主营业务收入和其他业务收入的审计目标是什么？审计范围、审计内容、审计程序与方法有哪些？各种收入内部控制制度及其符合性测试、实质性审查的程序以及常见错弊有哪些？这些是本章主要阐述的问题。

第一节 收入业务审计概述

一、收入的概念及分类

收入是指企业在日常活动中形成的、会导致所有者权益增加的、与所有者投入资本无关的经济利益的总流入。其中，日常活动是指企业为完成其经营目标所从事的经常性活动以及与之相关的其他活动。企业发生的既不属于经常性活动也不属于与经常性活动相关的其他活动，如工业企业处置固定资产、无形资产等形成的经济利益的总流入不属于收入，应当确认为营业外收入。

收入可以有不同的分类。

按照企业从事日常活动的性质，可将收入分为销售商品收入、提供劳务收入、让渡资产使用权收入、建造合同收入等。其中，销售商品收入是指企业通过销售商品实现的收入，如工业企业制造并销售产品、商业企业销售商品等实现的收入。提供劳务收入是指企业通过提供劳务实现的收入，如咨询公司提供咨询服务、软件开发企业为客户开发软件、安装公司提供安装服务等实现的收入。让渡资产使用权收入是指企业通过让渡资产使用权实现的收入，如商业银行对外贷款、租赁公司出租资产等实现的收入。建造合同收入是指企业承担建造合同所形成的收入。

按照企业从事日常活动在企业的重要性，可将收入分为主营业务收入、其他业务收入等。其中，主营业务收入是指企业为完成其经营目标从事的经常性活动实现的收入。如工业企业制造并销售产品、商业企业销售商品、保险公司签发保单、咨询公司提供咨询服务、软件开发企业为客户开发软件、安装公司提供安装服务、商业银行对外贷款、租赁公司出租资产等实现的收入。这些活动形成的经济利益的总流入构成收入，属于企业的主营业务收入，根据其性质的不同，分别通过“主营业务收入”、“利息收入”、“保费收入”等科目进行核算。其他业务收入是指与企业为完成其经营目标所从事的经常性活动相关的活动实现的收入。例如，工业企业对外出售不需用的原材料、对外转让无形资产使用权等。这些活动形成的经济利益的总流入也构成收入，属于企业的其他业务收入，根据其性质的不同，分别通过“其他业务收入”科目核算。

本章主要按照这种分类分别介绍主营业务收入审计和其他业务收入审计。

二、收入审计的目标

收入是利润的主要来源，它反映了企业财务成果，收入的审计目标有：

- 确认收入实现的目标是否合理；
- 确定各项收入的记录是否完整；
- 确定各项收入的计算是否正确；
- 确定各项收入是否与相关的费用配比；
- 确定收入是否在财务报表上恰当的披露。

三、收入审计的范围

（一）主营业务收入审计的范围

主营业务收入是指企业为完成其经营目标从事的经常性活动实现的收入。而产品是指企业用原材料生产的产成品和对外出售的自制半成品；工业性劳务是指外单位委托本单位承办的代制、代修等业务。

其审计的范围有：主营业务收入总账和明细账、库存商品总账和明细账、应收账款总账和明细账、银行存款总账和日记账、现金总账和日记账、应收票据总账和明细账、应交税费总账及明细账、税金及附加等。涉及的资料有：销售发票、订货单、发货单、产品销售的销货合同、协议等资料；工业性劳务收入明细资料、销售汇总表等。

（二）其他业务收入审计的范围

其他业务收入是指与企业为完成其经营目标所从事的经常性活动相关的活动实现的收入。例如，工业企业对外出售不需用的原材料、对外转让无形资产使用权等。

对其他业务收入进行审计，其审计资料和范围主要有相关的账户主要有其他业务收入总账和明细账、其他业务成本总账和明细账、无形资产总账和明细账、原材料总账和明细账、其他应收款、现金总账和日记账、银行存款总账和明细账等。相关的资料有：被检查单位产品价格目录、等级品及等外品定价政策等文件；销售退回、折扣与折让等记录资料；销售发票、提货单、运输单等资料。

第二节 主营业务收入审计

一、了解和评价内部控制制度

（一）内部控制要点

收入业务的内部控制制度主要有：

1. 销售计划的控制。企业销售应当根据市场需求及企业自身的生产经营状况有计划地进行。销售计划是生产经营计划的重要组成部分，也是制定生产计划和供应计划的重要依据。因此，合理、科学的销售计划是企业生产经营战略实施的有效保证。销售计划的控制主要有：以可靠的市场预测为销售计划的制定依据；运用科学合理预测方法编制销售计划；销售计划的各项指标要确定要合理，并保持一定的行进性和合理性；要有严格的审批手续。

2. 销售合同审查与销售授权。销售合同是确保销售实现有效保证，是联系供需双方活动的纽带。企业销售合同的签订应由专人负责；签订合同的程序、形式、及合同的内容要符合经济法的要求签订的合同必须经部门负责人审批，并经公证机构的公证，使之具有法律效力。

3. 严格岗位责任制。销售业务是由企业的销售部门、仓库部门和财会部门，以及各部门内不同的专职人员共同执行和完成。为防止错弊的发生，应实施严格的部门、岗位责任制，即在合理分工的基础上，严格划分各部门及部门成员之间的权限及职责，严格执行不相容职务的分工，充分发挥内部牵制制度的功能。

4. 销售发票的控制。发票是在购销业务、提供或接受劳务以及从事其他经济活动中，开具、收取的收付款凭证和进行会计核算的重要依据。它具体地记录着货币收付业务，明确执行者的经济责任。企业对发票的领购、开具和保管要有严格的控制，以有效地保证企业销售业务的合法性、真实性和正确性。

5. 发货控制。商品产品作为企业的主要生产成果，是企业财产的重要组成部分，必须保证其安全与完整。在产品销售业务活动中，应按合同发出商品，及时、合规地履行手续，并完成凭证的传递，及时办理商品产品所有权的转让。因此，建立、健全产品发出的规章制度，并严格发货的程序，是企业销售业务中不可少的内部控制制度。

6. 严格结算制度。商品产品发出后，由财务部门及时收回货款，并严格结算制度，加速资金的周转。结算应以对各种单据进行认真核算为基础，即审核验证销货发票中所列示产品品种、规格、数量等与合同是否相符；产品质量、技术等级和价格，与销售合同及企业现行规定是否一致；销货发票的要素的填写是否符合要求；结算方式的选用是否符合合同条款的规定，以确保结算的正确无误。

7. 会计核算的控制。为了保证收入核算的合规性和正确性，企业应根据内部控制的基本原则和企业的实际情况，合理地设置会计科目、账簿和完整的核算流程，按规定的控制程序和方法进行会计账务处理，并检验其结果的正确性。

（二）符合性测试与评价

企业营业收入符合性测试的主要内容和方法包括：

1. 了解并描述营业收入内部控制系统。审计师通过收集和审阅与企业营业收入有关的资料、文件，结合实地观察及向有关人员调查、询问，了解内部控制系统的流程及控制环节，采用适当方法（调查表法、流程图法、文字描述法等）将其描述出来，并纳入审计工作底稿。

2. 抽查评价销售计划。采用抽查法（必要时运用详查法）对主要产品（或全部产品）销售计划编制的依据（如市场调查报告、销售预测报告、企业综合生产能力、资源供应等）的客观性和可靠性、编制方法的科学性和合理性、计划指标的正确性和可行性、销售计划与其他有关计划（生产计划、供应计划、利润计划）的协调性以及年度销售计划与季度、月份销售计划在时间上的衔接情况等进行审查和测试。在计划执行过程中和结束后，分析和评价其执行的情况和结果。

3. 审查销售合同。采用抽查法对销售合同签订的必要性、签约的程序和形式的合法性、合同内容的完整性、合同中有关双方权利和义务条款的明确性以及合同的履约率等进行审查和评价。

4. 了解销售业务管理系统中的职务划分和职责。采用实地观察法和询问法了解销售业务进行过程中各有关部门及各岗位专职人员责任制的执行情况和协调配合情况，以及不相容职务和内部牵制制度的执行情况。

5. 测试有关制度执行情况。采用观察法、审阅法检查有关发票制度、发货制度、结算制度的执行情况。

6. 测试会计处理程序的正确性。抽取若干项经济业务，运用观察法、审阅法和实验法，验证收入业务是否按规定的核算程序及时、正确地进行会计处理，证证、账证、账账是否相符。

7. 评价营业收入内部控制系统。在对营业收入内部控制系统进行了符合性测试的基础上，应对其健全性、符合性和功能性进行评价，确定内部控制系统的可信赖程度。据此，确定营业收入的实质性审查的范围、重点和方法，同时还应根据符合性测试中发现的问题，向被审计单位提出改进的建议。

二、实质性审查的内容与方法

（一）检查分析收入项目的变动趋势

在审计工作中，审计人员选择运用下列分析性复核方法，可获得收入整体合理性的依据，并根据存在的异常现象确定由一步检查的范围，以便查明有无故意隐瞒或虚增收入和收入分类不恰当的现象。

1. 将本期与上期的主营业务收入进行比较，分析产品销售的结构和价格的变动是否正常，并分析异常变动的原因。

2. 比较本期各月各种主营业务收入的波动情况，分析其变动趋势是否正常，并查明异常现象和重大波动的原因。

3. 计算本期重要产品的毛利率，分析比较本期与上期同类产品毛利率变化情况，注意收入与成本是否配比，并查清重大波动和异常情况的原因。

4. 计算重要客户的销售额及其产品毛利率，分析比较本期与上期有无异常变化。

（二）检查主营业务收入确认的正确性

审查时主要依据主营业务收入凭证和记录（产品发运单、销售发票副本、各种结算单据、大型产品的生产进度表、有关记账凭证、主营业务收入明细账及总账、应收账款明细账等），检查企业销售实现的确认是否遵循了权责发生制原则，并根据生产经营与结算方式的不同特点，真实完整地计入销售收入。

1. 直接交款提货销售时，应在客户取得相关商品控制权时确认收入。即以收到货款或取得收款权利并将发票账单和提货单交给买方时作为销售收入的实现。重点审查有无将当期收入转到下期入账；虚记收入，将当期未实现收入记账，又在下期冲销的问题。

2. 采用预收账款销售方式，应于商品已经发出（客户取得相关商品控制权）时，确认收入的实现。对此，审计人员应重点检查被审计单位是否收到了货款；商品是否已经发出。应注意是否存在对已收货款并已将商品发出的交易不入账、转为下期收入，或开具虚假出库凭证、虚增收入等现象。

3. 采用托收承付结算方式，应于商品已经发出，劳务已经提供（客户取得相关商品控制权），并已将发票账单提交银行、办妥收款手续时确认收入的实现。对此，审计人员应重点检查被审计单位是否发货，托收手续是否办妥，货物发运凭证是否真实，托收承付结算回单是否正确。

4. 委托其他单位代销商品的，应在客户取得相关商品控制权时确认收入。其中：如果代销单位采用视同买断方式，应于代销商品已经销售并收到代销单位代销清单时，按企业与代销单位确定的协议价确认收入的实现。对此，审计人员应注意查明有无商品未销售、编制虚假代销清单、虚增本期收入的现象；如果代销单位采用收取手续费方式，应在代销单位将商品销售、企业并已收到代销单位代销清单时确认收入的实现。

5. 采用分期收款结算方式，企业分期收款销售商品（通常为超过 3 年），实质上具有融资性质的，企业应当按照假定客户在取得商品控制权时即以现金支付的应付金额（即现销商品的价格）确定交易价格。该交易价格与合同对价之间的差额，应当在合同或协议期间内，按照应收款项的摊余成本和实际利率计算确定的摊销金额，冲减财务费用。对此，审计人员应重点检查现销商品的价格的确定是否合理，收入的确认是否符合准则的规定，应收的合同或协议价款与其现销商品的价格之间的差额的分摊是否正确等，是否存在收入不入账、少入账、缓入账的现象。

6. 长期工程合同收入，一般应按照履约进度合理确认收入。审计人员应重点检查收入的计算、确认方法是否合乎规定，并核对应计收入与实际收入是否一致，注意查明有无随意确认收入、虚增或虚减本期收入的情况。

7. 委托外贸代理出口、实行代理制方式的，应在收到外贸企业代办的发运凭证和银行交款凭证时确认收入。对此，审计人员应重点检查代办发运凭证和银行交款单是否真实，注意有无内外勾结，出具虚假发运凭证或虚假银行交款凭证的情况。

8. 对外销售商品房的，根据企业会计准则的规定，满足下列条件之一的，应当在一段时间内按照履约进度确认收入，但履约进度不能合理确定的除外。企业应采用产出法或投入法确定恰当的履约进度。①客户在企业履约的同时即取得并消耗企业履约所带来的经济利益；②客户能够控制企业履约过程中在建的商品；③企业履约过程中所产出的商品具有不可替代用途，且该企业在整个合同期间内有权就累计至今已完成的履约部分收取款项。对此，审计人员应重点检查履约进度的确定是否符合规定要求，发票账单是否已交对方。注意查明被审计单位有无有意抬高履约进度提前确认收入，有无开具虚假发票的行为，防止从中贪污货款。

（三）审查主营业务收入会计处理的正确性

在审查企业销售收入时，应核查其收入的会计处理过程。审计人员应抽取部分销售发票，追查销货合同、销售收入明细账，检查其记账、结账的正确性，并与“应收账款”、“应收票据”以及“银行存款”等账户核对，看其是否相符。

1. 发票和销货合同的审查。发票和销货合同是审查销售收入的主要原始依据，但因其数量大，一般采用重点抽查法。审查发票时应注意：审查发票的真伪（特别是增值税专用发票）；发票本的连续编号是否完整无缺；发票是否按规定顺序使用，发票的填写是否符合要求；作废发票是否加盖“作废”章并全联保存。还应审查其购货单位、商品名称、销售单价；数量、金额与销货合同的一致性。抽取部分发票与发货记录相核对，检查仓库发出商品的品名、规格、数量、购货单位等与发票的相符性。

审查销货合同时应注意：审查签订合同的双方是否具有法人资格，是否加盖与签订单位名称一致的公章；合同中的交易事项是否符合规定的经营范围；合同签订的程序和形式是否符合国家法律的规定；签订的合同是否经过司法机关的公证处公证；履行中的合同是否按合同规定办理；对未履行或未完全履行的合同应查明原因，落实责任，等等。

2. 主营业务收入账目的审查。主营业务收入正确性审查的重点应放在账目的审查上。实施审查时可采用时间抽样，即选取审计期内某几个时间段落，对全部产品的销售收入账表进行检查。对主营业务收入账目进行检查时，可按结算方式的不同选用不同的方法与相关账户进行对比、核查。如：

以现金或支票结算方式销售产品时，可将销货发票存根与“主营业务收入明细账”、“库存现金日记账”、“银行存款日记账”相核对；

以分期收款方式销售产品时，先按银行对账单收款项目检查托收款是否记入“长期应收款明细账”和“主营业务收入明细账”，然后再审查已收货款是否转入银行存款户。

以托收承付结算方式销售产品时，根据“银行对账单”（或银行收款通知单）、托收凭证、“应收账款明细账”与“主营业务收入明细账”核对。

采用其他结算方式销售产品时，可将“主营业务收入明细账”与“应收票据”、“应收票据备查簿”、“应收账款”等账簿进行核对。

审查中还应核对“主营业务收支明细表”中“主营业务收入”栏金额与“主营业务收入明细账”贷方发生额中各种产品的金额及总额是否相符。

（四）检查产品主营业务收入截止日的合规性

截止期核实在收入、存货、对外投资、期间费用、货币资金等审查中被广泛应用，尤其在主营业务收入审查中更为重要。检查决算日前后一周或十天的有关收入记录，核对、比较有关的发票、运单以及收据，确认收入的截止期是否准确。审计中注意关键日期：发票开具日期、记账日期、发货日期，这三个日期在同一会计期间则表明记录是正确的。如果发货运单显示货物是在本报告期发运的，而相应的收入是在下一报告期计入的，是属于低估收入；相反，如果已计入本期的收入是“应收账款”账户的日期，而相应的产品出库单存根与运单或提货单日期在下一会计期间，表明是高估了收入。对不正当的收入记录要进行调整，在确定了正确的截止期基础上再进行有关方面的进一步审查。审查时可以明细账为起点追查决算日前后会计凭证，也可以以决算日前后销售发票为起点追查发运单和明细账，或者以发运单为起点追查销售发票和明细账。

（五）检查产品主营业务收入计价的合法性

1. 索取部分销售发票及主营业务收入明细账，检查售价是否符合价目表规定的价格。

2. 检查企业是否遵守定价权限的规定，所走价格是否符合产品定价规定，实际执行是否与价格目录相符。

3. 检查企业执行浮动价格产品的价格浮动幅度是否合理，所发生的销售折让和折扣是否按照规定程序审批并按规定程序入账核算。

4. 检查企业是否利用等级产品差价、等内外品差价，将一等品作为二等品，等内品充当等外品，低价将产品售给有关关系户或私分给本企业职工；有无以次充好、任意提价牟取暴利的情况。

5. 对于非正常业务，如将产品及试制产品售给本单位职工或关系单位、关系人，应检查其价格的合理性，有无以试吃、试穿、试用为名或以处理品为名擅自削价出售的现象。

6. 检查企业销售给所属于门市部、集体企业或其他关联企业的产品定价是否合理，注意有无低价结算转移收入现象。

7. 检查企业从购货方取得的价外补贴收入是否按规定入账。

（六）销售退回、折扣与折让的审查

销售退回、销售折让和销售折扣在企业的产品销售业务中是经常遇到的，且其又往往被用作调节销售收入和利润水平的手段。因此，在进行主营业务收入审计时，审计人员应当给予必要的关注。

1. 销货退回的审查。销货退回是指产品售出后，购买者因产品质量或规格不符合规定要求，而将该部分产品退回给销售单位，销售单位退回全部货款的业务。销售退回审查的要点是：

（1）审查销售退回原因的合理性。由于销售单位的责任，售出产品的品种、规格、质量不符合规定要求，购货单位提出全部或部分退货是合理的。如果在市场需求变化或价格波动的情况下，购货单位购入产品后因产品滞销或价格下跌，为转嫁损失而要求退货则是不合理的。审计人员在审查中，应对销售退回的原因及批准手续进行检查分析，特别是注意查明有无内外勾结，营私舞弊，从而给企业带来经济损失的问题存在。

（2）审查销售退回账务处理的准确性。发生并确认销售退回时，不论属于本年度还是属于以前年度销售的，都应冲减本期营业收入，同时冲减营业成本，增加库存商品，发生的销货退回费用，作期间费用列入销售费用。审查工作可从以下两方面进行：

通过“主营业务收入明细账”与退货凭证、退货入库凭证的核对，揭露企业借助销售退回人为调节销售收入的非法行为。如果存在退货凭证，而在“主营业务收入明细账”中未予以记录，说明有可能存在虚增主营业务收入，调高利润水平的问题；如果在“主营业务收入明细账”中有销售退回的记录，而无相关退货的原始凭证，则说明有可能存在隐匿主营业务收入、虚减利润、偷漏税金的问题。针对上述情况，应进一步深入调查，查明原因，提出处理意见。

通过“主营业务收入明细账”“主营业务成本明细账”“库存商品明细账”等有关账目的核对，审查销售退回账务处理的准确性，查明有无只冲减当期主营业务收入，而未相应冲减主营业务成本；因计算错误多冲销售收入或销售成本等导致当期损益不真实、不正确的问题。如存在上述问题，应提出处理意见。

除此之外，还应当注意审查期末及下期期初发生的销售退回业务的真实性。有的企业为追求本期销售计划的完成，往往采用期末虚构销售，开出“空头发票”，下期期初再用红字发票冲回的不当手法弄虚作假。结合应收账款询证程序，检查是否存在未经认可的大额销售。

2. 销售折让与折扣的审查。销售折让是指产品售出前后，购买者发现产品品种、规格、质量不符合要求，不要求退货而提出在价格上给予折让的业务。企业若为了扩大销售和及时收回货款，按照一定条件，给予购买单位一定比例的折扣，从而减少的价款称为销售折扣。审计人员应首先取得或编制折让与折扣明细表，复核加计其准确性，并与报表、总账、明细账核对相符。在此基础上进一步审查：

（1）销售折让、折扣业务的真实性。审计人员可以通过审阅有关凭证，检查其审核手续的完备性，进而确认该项业务是否真实存在。重点对折让、折扣额大的项目进行审查。

（2）折让、折扣比例的合理性。销售折让和销售折扣均冲减当期主营业务收入，进而影响企业利润数额，因而折让和折扣的比例应当合理并符合制度规定。审计人员可以通过对折让、折扣原因的调查和分析，进行必要的询证，确定合理的折让、折扣比例。通过对比，如发现异常应作进一步研究分析，以判明其合理性。

（3）折让、折扣业务账务处理的及时性和准确性。企业会计准则规定，发生销售折让应作为主营业务收入的抵减项目处理，但不应涉及“库存商品”和“主营业务成本”账户。审计人员应审查“主营业务收入明细账”和有关记账凭证，以查明会计处理的准确性。如发现问题，应进行扩大范围的审查。

三、常见错弊及审计案例分析

（一）主营业务收入审计中的常见错弊

1. 销售业务的内控制度不健全。

（1）合同制度不健全。某些企业对于产品销售业务没有建立健全的合同制度，即使对于已签订合同的订货，也没有专人负责登记和控制，合同意识非常淡薄。这不仅会影响到企业的销售，而且还会使销售业务失去有效的控制。

（2）开票、发货和结算制度不健全。某些企业并没有建立一套严密、有效的开票、发货和结算制度。开票无专人负责，发货时，常常出现计量不准、规格不符，货款的结算无专人负责。

（3）退货、销售折让与折扣制度不健全。①某些企业并没有设专人负责销售退货的核准、审批，往往会与购货方发生纠纷，会使企业的财产遭受不应有的损失。②某些企业没有制订严格的销售折让标准，具体执行时具有较大的随意性。③某些企业销售折扣时间、幅度很不合理，制订时并没有充分考虑企业实际情况和产品市场销售行情，也没有专人负责销售折扣业务。

（4）主营业务收入核算制度不健全。某些企业在销售业务发生后，财务部门没有按现行《企业会计准则——收入》，及时、准确地进行会计核算。

2. 利用发票作弊。发票是经济活动中法定的原始凭证，一切单位和个人在销售商品、提供劳务以及其他业务活动取得收入时，均应开出发票。它不仅是企业登记有关收入账的原始凭证，也是税务机关征税的主要凭据。

涉及主营业务收入范畴的发票常见弊端有：

（1）销售发票“大头小尾”。一式数联的发票，不一次复写，“存根联”少开，从而达到少报销售额、偷税的目的，或为对方作弊提供方便。

（2）以收据代替发票，或不开发票。采用该种手段的最主要目的是偷税，同时，也往往会使此类收入形成账外收入，会造成个人的贪污、挪用，或形成了“小金库”等。如，购销双方以货易货，相互串通不开发票，以收据结算差额，隐匿主营业务收入。

（3）涂改发票。发票开出收款后，涂改发票存根，以大改小，虚减主营业务收入，以达到偷税的目的。

（4）发票内容虚假。如，销售的是高档大宗商品，发票存根上只写低档小额商品，以此少计收入、偷税。

（5）开“空头发票”。有的企业在年末为了达到虚增本年利润的目的，在未实现销售的情况，开出虚假销售发票作应收账款处理，下年初用红字冲回作销售退回。

3. 主营业务收入确认不合规。《企业会计准则——收入》规定，对于在某一时点履行的履约义务，企业应当在客户取得相关商品控制权时点确认销售商品收入。在判断客户是否已取得商品控制权时，企业应当考虑下列迹象：

（1）企业就该商品享有现时收款权利，即客户就该商品负有现时付款义务。

（2）企业已将该商品的法定所有权转移给客户，即客户已拥有该商品的法定所有权。

（3）企业已将该商品实物转移给客户，即客户已实物占有该商品。

（4）企业已将该商品所有权上的主要风险和报酬转移给客户，即客户已取得该商品所有权上的主要风险和报酬。

（5）客户已接受该商品。

（6）其他表明客户已取得商品控制权的迹象。

但是，某些企业为了达到某些目的，人为确定销售实现的时间，常见的有：①在交款提货销售方式下，已收到货款，同时，也已开出提货单和发货票，但借购货方未从仓库提货之故，而未作销售入账。②采取预收销售方式下，有的企业为了虚增当期主营业务收入，在没有向对方发货时而记作销售入账。③在分期收款销售方式下，有的企业人为规定按合同约定的收款时间和比例确认收入，而不是按现销商品的价格确认收入。④在托收承付销售方式下，有的企业不是在商品发出并办妥托收手续时，确认销售实现，而是在收到对方的承付通知时才确认收入入账。

4. 主营业务收入会计处理不合规。

（1）将已实现的主营业务收入不计入“主营业务收入”账户，而长期挂在“应收账款”、“应付账款”等账户上。

（2）以浮动价或议价销售的产品，按平价入账，将其价差不记入“主营业务收入”账户，而列入“营业外收入”等账户或不入账。

（3）企业内部在建工程、福利等部门领用本企业产品不视同销售，从而偷税。

（4）将企业产品低价分给职工，不作销售入账。

（5）月末时，违背配比原则少转、不转、或多转主营业务成本。

（6）期末结账时，“主营业务收入”账户留有余额，或将余额转入“预收账款”等账户，从而虚减本期利润。

5. 利用销售退回、折让和折扣调节主营业务收入和利润，或某些人员从中营私舞弊。

（二）销售折扣与折让常见的错弊

1. 把属于销售收入的金额以“折让”、“折扣”名义转至“营业外收入”账户或私自截留纳入“小金库”。

2. 折让折扣不合理。虚冲主营业务收入。

3. 销售退回的运杂费并混入销售冲销等。

（三）审计案例分析

资料：审计人员于 2017 年 4 月 10 日对甲企业上年度销售业务进行审查时，发现 2016 年 12 月 30 日售给乙公司 A 产品 8 000 公斤，销货金额 800 000 元（不含增值税），以应收账款入账。其会计分录如下：

借：应收账款　　800 000
　　贷：主营业务收入　　800 000

要求：审计人员对该企业的收入业务进行审计，以确定销售收入的真实性和正确性。

审计分析要点：审计人员在审查相应的产成品账户时，却没有对应的产品发出，继续审查 2017 年初的销售账户，发现该笔销售退回，以红字冲销；同时审计人员未发现有销售合同。经调查取证，被审计单位终于承认该笔销售是虚构的。

审查人员根据上述情况作如下调账处理（若所得税率为 25%，盈余公积按 10% 计提）：

（1）借：以前年度损益调整　　800 000
　　　　贷：应收账款　　800 000

（2）借：应交税费——应交所得税　　200 000
　　　　贷：以前年度损益调整　　200 000

（3）借：利润分配——未分配利润　　600 000
　　　　贷：以前年度损益调整　　600 000

（4）借：盈余公积　　60 000
　　　　贷：利润分配——未分配利润　　60 000

第三节　其他业务收入的审计

其他业务收入是企业营业收入中的一部分，它是相对于主营业务收入提出来的。对于工业企业来说，其他业务收入是指除了产品销售、工业性劳务以外的材料销售、技术转让、固定资产出租、包装物出租、运输劳务等非工业性劳务等。

其他业务收入审计是指对其他业务收入真实性、正确性、合规性、合法性、合理性、有效性的审查。

随着改革开放的不断深化，大多企业已由一业经营转为多种经营，其他业务项目日益繁多，数额日益增大，对企业损益的影响也越来越大。所以，客观上要求对其他业务收入的审计应给予必要的重视。

其他业务收入的审计目标及内部控制环节与主营业务收入基本相同。但由于其他业务收入中有些发生率低，有些则为不定期收入，其内部控制环节一般不如主营业务收入那么全面具体，特别是计划控制难以实施。为此，审计人员在实施其他业务收入审计时，应充分考虑到其审计的特殊性，合理安排审计的程序、方法。

一、其他业务收入审计的内容

其他业务收入具有时间不定、数额不稳的特点，所以，对于此项业务的审查，应主要以其他业务收入明细账为中心，采用审阅法、核对法、分析法等技术方法，选取一些发生额大、发生频繁、摘要不清等业务进行审查。同时，还应结合银行存款、库存现金、其他应收款等账户对照检查。具体审查内容如下：

（一）其他业务收入列示内容、范围的审查

在此项目审查时，应主要以现行《企业会计准则——收入》为标准，应注意有无将“主营业务收入”列入其中等现象。

（二）其他业务收入入账数额真实性的审查

1. 审查销售材料的数量是否正确，有无多发少计而套吃量差或好处费。

2. 审查固定资产、包装物的出租合同，查明租金数额是否真实、正确。

3. 审查运输工作量并与其收入额相比较，查明有无少计、不计的现象。

（三）其他业务收入入账时间的审查

1. 审查材料的出库日期、发票的开出日期及收入的入账日期，视其是否相符。

2. 以出租固定资产、包装物合同条款中的租金收取时间为审计标准，查明租金收入的确认时间是否正确。

（四）其他业务收入会计处理合规性的审查

其他业务收入发生后，应遵循权责发生制原则和配比原则，及时做出相应的账务处理。

二、其他业务收入实质性审查

（一）材料销售的审查

1. 检查材料销售的原因是否合理，查明企业销售的材料是否是超储积压物资，或边角余料、废料等，有无以产品顶替材料销售，或借材料销售之名倒卖其他紧俏物资牟取暴利的现象。

2. 检查企业材料销售是否开具销售发票，填制了出库单，并按规定交税。

3. 检查材料销售的数量是否正确，注意有无多发、少计、套吃量差或好处费等情况。

4. 检查销售材料的价格是否合理，有无擅自削价，个人吃回扣的现象。

5. 检查销售材料收入是否及时收款入账，财务处理是否正确恰当，有无收款不入账，形成账外“小金库”或列入“营业外收入”或直接冲销生产成本偷税漏税的行为。

（二）无形资产转让收入的审查

1. 检查无形资产转让收入的范围、价格和账务处理是否真实、正确、合法。

2. 检查无形资产的转让是否按规定经过批准并签订转让合同，所转让的无形资产有无国家有关部门认定的证明。

3. 检查无形资产的作价是否符合国家有关政策的规定和企业的实际情况，是否存在因国家规定免税限价而低价转让无形资产的情况。

4. 检查无形资产转让收入的账务处理是否正确恰当，有无存款不入账，形成账外“小金库”或收款后直接冲减费用，或列作营业外收入等情况。

（三）技术转让收入的审查

1. 转让的技术、商标是否经过国家有关部门的认定，有无弄虚作假，骗取国家优惠政策的情况。

2. 技术转让收入是否真实、正确，有无隐匿或转移的行为。

3. 技术转让收入入账是否及时。

（四）运输劳务收入的审查

1. 检查运输劳务业务是否经过有关部门审批，收费标准是否合理、合规，有无擅自利用企业运输工具谋取个人或小团体利益的现象。

2. 检查企业的劳务收入与提供的劳务量是否成正比，核实收入的真实性。

3. 检查劳务收入是否全部、及时入账，有无隐匿或转移收入的问题。

4. 检查劳务收入的有关税务处理是否正确、合规。

（五）固定资产出租收入的审查

1. 固定资产出租的范围、租金及账务处理是否真实、正确、合法。

2. 出租的固定资产是否是企业生产经营不需要的，经过出租是否能增加企业的经济效益。

3. 固定资产出租是否签订了租赁合同，是否有专人负责登记和管理。

4. 固定资产的租金是否合理，收入是否及时足额入账。

5. 出租固定资产的收入账务处理是否正确、恰当，有无将其收入直接列入营业外收入的情况。

三、常见错弊及审计案例分析

（一）其他业务收入的常见错弊

1. 其他业务收入列示的内容、范围不合规。各个企业在列示其他业务收入时，必须严格遵守现行《企业会计准则——收入》的规定。而有些企业为了达到少交税金的目的，把基本业务收入列入其他业务收入中。

2. 其他业务收入的列支数额不真实。

（1）多列或虚列固定资产出租、包装物出租等其他业务收入，从而达到虚增利润的目的。

（2）少计或不计其他业务收入（尤其是一些不经常发生的收现业务），从而达到隐瞒利润、私设“小金库”，或达到个人贪污、挪用的目的。

3. 其他业务收入入账时间提前或滞后。

（1）入账时间提前。有的企业往往在月末或年末为完成利润指标、掩饰亏损，而把应在下月或下年度入账的收入列入本期。

（2）入账时间滞后。有的企业对已实现的收入长时间不入账（尤其是现金收入）。这样，一方面会造成当月利润不实，另一方面也会造成个人挪用、贪污或形成“小金库”。

4. 其他业务收入的会计处理不合规。

（1）其他业务收入实现后，直接冲销“其他业务成本”、“管理费用”等账户。

（2）其他业务收入实现后，没有计入“其他业务收入”账户，而计入“营业外收入”账户。

（3）其他业务收入实现后，只计“其他业务收入”账户，没有相应结转成本和支出，违背了配比原则。

应注意有无下列不正常的账务处理：

①计入其他账户，少交税金。

借：库存现金
　　银行存款
　　其他应收款等账户
　　贷：营业外收入等账户

②蓄意转移资金。

借：库存现金
　　银行存款
　　其他应收款等账户
　　贷：应付账款
　　　　其他应付款等账户

③调整本期损益。月末多转、少转或不转相关的成本或支出。

5. 其他业务收入具体错弊形式。

（1）材料销售检查中常见的错弊：①将材料或随同产品销售但单独计价的包装物的销售收入，直接记“原材料”或“周转材料”，而漏记其他业务收入。②将材料销售收入长期在往来账户挂账，私设“小金库”，用于职工福利，甚至贪污、私分。③利用紧俏物资进行以物易物，不开发票，隐匿销售收入，或者进行不正当交易，拉关系。④不如实结转材料销售成本，随意分配销售材料应负担的材料成本差异。

（2）技术转让收入检查中常见的错弊：①不签订转让合同，任意抬高或压低价格，从中捞取好处，贪污受贿。②以收据形式收取技术转让或无形资产收入，不计入其他营业收入，放置账外，成为“小金库”。③不开票，以库存现金或实物的形式直接收取技术转让收入或无形资产收入，为企业职工谋福利、搞创收。④将商品的价外收入转作技术转让收入，少计主营业务收入。

(3) 固定资产出租收入检查中常见的错弊：①出租业务手续不完备，无专人负责；出租、续租及出租期满收回，不按规定登记“出租固定资产登记簿”，以致造成固定资产流失。②出租固定资产的收入或长期在往来账户挂账，或转入“小金库”，最终达到隐匿、转移租金收入的目的。

(4) 运输劳务收入检查中常见的错弊：运输劳务收入未按规定记入“其他业务收入”账户，而是在往来财户长期挂账，以转移收入，流入“小金库”；将应由对外经营分摊的运输劳务成本、费用挤入对内服务的成本，从而影响当期损益的真实性。

(二) 审计案例分析

[案例一] 隐瞒其他业务收入

资料：审计人员在审查某企业其他业务收入时，发现企业销售积压A材料一批，售价为20 000元（不考虑增值税），该批材料的账面实际成本为16 000元。企业的账务处理为：

借：银行存款　　20 000

　贷：其他应付款　　4 000

　　原材料　　16 000

要求：审计人员对上述业务的账务处理的正确性和真实性进行审查，并做出调整分录。

审计分析要点：上述会计处隐瞒了其他业务利润，虚减了所得税。

若审计人员是在结账前发现的错误，应作如下会计调整：

借：其他应付款　　4 000

　贷：其他业务收入　　4 000

若审计人员是在结账后发现的，应作如下调整（假如所得税率为25%，盈余公积按10%计提）：

借：其他应付款　　4 000

　贷：以前年度损益调整　　4 000

借：以前年度损益调整　　1 000

　贷：应交税费——应交所得税　　1 000

借：以前年度损益调整　　3 000

　贷：利润分配——未分配利润　　3 000

借：利润分配——未分配利润　　300

　贷：盈余公积　　300

[案例二] 其他业务收入不符合配比原则

资料：审计人员在审查某企业其他业务收入账时，发现企业在转让无形资产时，只记收入 80 000 元，而未摊销无形资产价值 50 000 元。其会计处理如下：

借：银行存款　　80 000

　　贷：其他业务收入　　80 000

要求：审计人员运用配比原则对其他业务利润的真实性进行确认。

审计分析要点：其他业务收入未能与其他业务成本配比，虚增了其他业务利润。

若审计人员是在结账前发现的问题，应作如下调整：

借：其他业务成本　　50 000

　　贷：累计摊销　　50 000

若审计人员是在结账日后发现的，应作如下会计处理（假如所得税率为 25%，盈余公积计提比例为 10%）：

（1）借：以前年度损益调整　　50 000

　　　　贷：累计摊销　　50 000

（2）借：应交税费——应交所得税　　1 250

　　　　盈余公积　　375

　　　　利润分配——未分配利润　　3 375

　　　　贷：以前年度损益调整　　5 000

思考与练习

1. 企业收入审计业务包括哪些内容？
2. 收入审计的依据主要有哪些？
3. 收入的内部控制制度包括有哪些？如何了解和评价内部控制制度？
4. 主营业务收入审计包括哪些内容？其常见错弊主要有哪些？
5. 其他业务收入审计包括哪些内容？其常见错弊主要有哪些？
6. 收入的审计目标有哪些？

第十三章　成本和费用审计

内容提要

成本和费用是反映生产经营状况和经营成果的综合性指标。通过对成本费用的审计，对保证成本费用核算的真实、正确，减少损失浪费，提高成本费用的管理水平，具有重要意义。什么是成本费用审计，其特征是什么？成本费用的审计目标是什么？成本费用账户内部控制制度主要内容有哪些？如何了解和评价内部控制制度？审计程序与方法技巧有哪些？这是本章首先要阐述的问题。企业生产成本的核算内容是什么？核算中有哪些常见错弊？实质性审查的内容与方法有哪些？这是本章阐述的第二个问题。企业期间费用核算的内容是什么？核算中有哪些常见错弊？实质性审查的内容与方法有哪些？这是本章要阐明的最后一个问题。

第一节　成本和费用审计概述

费用是指企业在日常活动中发生的、会导致所有者权益减少的、与向所有者分配利润无关的经济利益的总流出，包括成本和费用。成本是指企业为生产产品、提供劳务而发生的各种耗费，包括为生产产品、提供劳务而发生的直接材料费用、直接人工费用和各种间接费用。费用一般是指企业在日常活动中发生的营业税费、期间费用和资产减值损失等：营业税费，也称销售税金，是指企业营业活动应当负担并根据销售收入确定的各种税费，如消费税、城建税和教育费附加等；期间费用包括销售费用、管理费用和财务费用；资产减值损失是指企业计提的坏账准备、存货跌价准备和固定资产减值准备等所形成的损失。

对成本费用类账户的审计不仅是利润表审计的主要内容，而且与资产负债表审计有密切的联系。

（一）成本类账户审计的特征

1. 对成本类账户的审计还必须注意权责发生制的运用，注意被审计单位成本的内部控制制度是否健全、有效。

2. 对成本类账户的审计必须注意稳健性原则的运用是否正确、合理。对成本的低估或高估均不利于对利润表的正确表示，不利于有关利益关系人保护自己的权益。

3. 对成本类账户的审计应注意运用分析性复核的方法，通过趋势分析、对比指标来寻找和发现问题，提出改进意见。

4. 对成本类账户的审计还要以被审计单位的预算、计划、定额作为重要审计依据。

（二）期间费用审计的特征

在进行期间费用的审计时应注意结合其特点来进行，期间费用及其审计的特征表现在以下几个方面：

1. 期间费用总是和一定的期间相联系的，审计的对象局限于特定期间的实际耗费，审计的重点是期间费用支出的合规性、合法性和费用归属期的正确性。

2. 期间费用分为销售费用、管理费用和财务费用三部分，各部分间相互独立，但明细项目众多。期间费用的发生受到管理机构和人员编制、费用开支范围和标准的制约。对期间费用的内部控制通常是采用费用预算的总额控制。因此，可以通过对期间费用内部控制制度的符合性测试来评价费用预算控制制度的健全性和有效性，并据以确定期间费用抽查的范围和重点。

3. 期间费用是利润表中的重要项目，其大小影响到企业的盈利水平。对期间费用的审计必须注意稳健性原则的运用是否正确、合理。对期间费用的低估或高估均不利于对利润表的正确表示，不利于有关利益关系人保护自己的权益。

4. 期间费用项目较多，业务发生频繁，在对其进行审计时，应采用分析性复核的方法，编制期间费用分析表，比较分析各项主要期间费用的实际额与预算额，本期发生额与上期发生额，寻找差距较大的项目，作为进行抽样审计的重点，以保证审计工作的质量，提高审计工作的效率。

（三）成本费用审计的目标与内容

对成本费用类账户的审计，主要是为了确定各项成本费用是否真实、公允，收入和成本是否相互配比，是否与《企业会计准则》相符合，所选用会计方法是否前后一致，成本的披露是否恰当。

1. 对企业进行成本费用审计主要是为了完成以下审计目标：

（1）审查成本发生和费用支付的合规性、合法性。

（2）审查成本费用归集、分配和计算的真实性、正确性。

（3）审查成本费用业务截止期的正确性。

（4）审查成本费用业务记录及账务处理的完整性。

（5）审查财务报表披露的恰当性。

2. 成本和费用审计的主要内容包括生产成本、销售费用、管理费用和财务费用的内部控制制度、会计核算以及它们在利润表上的列示。

（四）成本费用审计的步骤与方法

对成本费用类账户进行的审计一般按照以下步骤进行：

首先，了解和评价内部控制制度，内容主要是审查企业是否建立并遵守了成本费用内部控制制度；

其次，进行内控制度评价，这将影响实质性审查的范围和重点；

最后，进行实质性审查，主要针对成本费用的公允性、合法性和在利润表上披露的恰当性进行审查。

多数企业成本费用业务发生频繁、计算复杂、涉及面广，存在较高的固有风险和控制风险，容易引起舞弊，审计人员需要重视对成本费用业务的审计。对企业成本费用的审计一般按制度基础审计的程序进行，采用抽查、倒推、计算、复核、分析、直查等方法来进行。在采用分析性复核的方法时，可以编制成本费用分析表，比较分析各项主要成本费用的实际额与预算额，本期发生额与上期发生额，寻找差距较大的项目，作为进行抽样审计的重点，以保证审计工作的质量，提高审计工作的效率；在采用直查法时，可以从成本费用类明细账户入手，通过抽查审阅成本费用的明细支出及摘要，寻找可疑点，然后分别向总账、报表和记账凭证、原始凭证延伸，查找其原因和对报表的影响。

第二节　成本审计

一、成本审计概述

任何企业要进行生产经营活动都会发生各种耗费，成本是企业进行生产经营活动的基本条件，其核算在企业会计核算中占有非常重要的位置。企业成本业务的核算是否遵循了真实性、公允性、一贯性原则，直接关系到企业上缴国家的税收，关系到企业的利润分配，关系到各方面的经济利益。因此，对企业成本业务的审计是企业财务审计的重要内容之一。通过对它们的审计，有利于及时、足额地上缴应缴财政的税金；有助于提高企业成本业务的管理和核算水平；有利于正确反映企业的损益，为各方面提供及时、可靠的会计信息，维护股东、债权人的合法权益；有助于企业的健康和持续发展。

企业的成本通常是指生产成本。生产成本是指企业进行工业性生产所发生的各项生产费用，包括制造各种产成品、提供劳务、自制半成品、自制设备、自制材料及自制工具等所发生的直接材料成本、直接人工成本和制造费用等。企业的生产成本一般通过“生产成本”账户进行核算。

成本业务的审计目标包括：

1. 确定成本的确认是否符合权责发生制和配比原则。即本期负担的成本是否都已入账，已记录的成本是否都应由本期负担；有关成本的归集和分配是否符合配比原则。

2. 确定有关成本的内部控制制度是否存在、有效并被严格遵守。

3. 确定有关成本的分类处理是否正确，有无任意归类或分类不当的问题发生。

4. 确定各项成本的记录和计算是否完整和正确。

5. 确定各项成本在财务报表上的披露是否恰当。

二、了解和评价内部控制制度

企业成本类业务项目众多，发生频繁，需要设立相应的内部控制制度以预防和减少成本支出与核算中错弊的发生。

企业成本业务内部控制制度要点有：

1. 企业应建立产品成本计划，并对成本指标进行分解，建立成本的归口分级责任控制系统。

2. 企业应建立明确的成本开支范围和标准，对资源性消耗是否制定消耗定额（料、工、费定额）并按制度规定对各项成本支出进行审核。

3. 企业应对成本支出进行严格的授权审批制度，包括对生产指令的授权批准，领料单的授权批准及工资的授权批准。

4. 企业应对成本进行适当的分类、归集与分配，建立健全的成本明细分类账。

5. 企业应建立成本的考核与评价制度，对成本的归集、分配数据进行复核，并定期进行成本分析、查明成本变动的原因。

审计人员在进行实质性审查前，首先应对被审计单位的相关内部控制制度进行了解和评价，即审查内部控制的健全性和有效性，并评价其可信赖程度。

三、实质性审查的内容与方法

对企业成本进行实质性审查，一般是在对成本类业务内部控制符合性测试的基础上，采用抽样审计方法来确定成本的公允性。抽样的规模可以依据分析性复核的结果来确定。成本的分析性复核，可以通过编制成本分析表进行。其分析方法与前述营业收入的分析性复核相类似。可以分别列示出主要成本的各期间发生额，并运用对比分析法做出判断，通过比较成本的实际支出数与预算数（或上年数），确定成本的发生和变动是否正常，对异常项目进一步分析发生差异的原因，从而确定成本审计的重点领域。

对成本类账户进行实质性审查时，审计人员必须注意被审计单位是否按权责发生制确定成本的归属期限。分清不同期间成本的界限，还要注意被审计单位的成本支出，是否分清了收益性支出与资本性支出、营业支出与营业外支出、制造费用与期间费用以及各产品成本的界限。对上述各项成本之间界限的正确划分是进行成本归集和分配的基础，也是审计人员审计的重点。

生产成本实质性审查的主要内容可分为如下几部分：

（一）直接材料成本的实质性审查

1. 抽查产品成本计算单，审查直接材料成本的计算是否正确。

2. 审查直接材料耗用数量是否真实，有无把非生产用料混入直接材料成本。

3. 审查直接材料费用的分配标准与计算方法是否真实合理，材料计价及材料费用分配是否正确，是否与材料费用分配汇总表中该产品分摊的直接材料费用相符。

4. 比较前后期同一产品的直接材料成本是否有较大波动，如有，分析其原因。

5. 抽查材料发出及领用的原始凭证，检查领料单的签发是否经过授权，材料发出汇总表是否经过复核，材料成本是否及时入账。

6. 对采用定额成本或标准成本，应检查直接材料成本差异的计算、分摊、账务处理是否正确，以及直接材料定额成本、标准成本在本会计期间有无重大变更。

（二）直接人工成本的实质性审查

1. 抽查人工成本计算单，审查薪酬费用组成项目是否合规，薪酬费用的计算方法及分配标准是否合理，是否与人工成本分配汇总表中该产品分摊的直接人工成本相符。

2. 审查薪酬费用计算及分配是否公允正确。

3. 审查薪酬费用和应付职工薪酬会计记录及会计处理是否正确。

4. 审查职工福利费列支的正确性。

5. 比较前后期同一产品的直接材料成本是否有较大波动，如有，分析其原因。

6. 若采用标准成本法，应抽查直接人工差异的计算、分摊、账务处理是否正确，以及直接人工标准成本在本会计期间有无重大变更。

（三）制造费用的实质性审查

1. 获取或编制制造费用汇总表，复核其计算是否正确，并与报表、总账和明细账中相关数据核对，看是否相符。如不相符，审计人员应查明原因，并做出记录或调整。

2. 审阅制造费用明细账，审查其核算内容及范围的合理、合法性，若发现异常会计记录，应追查至原始记录。

3. 抽查制造费用中的大额或例外项目，注意其是否合理。

4. 审查制造费用分配的合理性，看其是否与企业本身的情况相符，是否体现受益原则和一致性原则，分配率的确定是否合理，分配额的计算是否正确。

5. 必要时实施截止日测试，审查资产负债表日前后若干天的制造费用明细账和凭证，确定有无跨期记录制造费用的现象。

6. 如果采用标准成本法，应抽查制造费用的确定是否合理，计入制造费用计算单的数额是否正确，制造费用差异的计算、分摊和账务处理是否正确，并检查标准制造费用在本会计期间有无重大变更。

四、常见错弊及审计案例分析

（一）企业成本审计中的常见错弊

“生产成本”审计通常发生如下一些错弊：

1. 产品所耗用材料的成本核算不正确，利用共同材料等费用的分摊，人为调节产品生产成本，最终达到调节利润的目的。

2. 企业将非生产用原材料混入直接材料成本或将不应列入成本费用的支出（如罚款支出、违约金、投资支出等）挤入制造费用，各期间划分费用不正确，任意调节产品生产成本。

3. 对因计划成本核算造成的材料成本差异不能正确分摊，甚至用计划成本代替实际成本。

4. 企业对辅助生产成本和制造费用的划分不正确。各项费用在各项产品之间（如合格品与不合格品、完工产品与在产品、赢利产品与亏损产品之间）划分不正确，导致产品成本核算失实。

5. 企业不能及时正确地结转已完工产品的实际生产成本，有的还“张冠李戴”，将不同产品的成本进行错误的结转，任意调节成本。

（二）审计案例分析

资料：审计人员在对凯维公司2016年度产品直接材料成本进行审计时，了解到如下信息：该公司2016年计划生产轴承5 000根，每根消耗钢材定额为2公斤，计划成本每公斤1元，实际生产轴承6 000根，每根消耗钢材定额为2.2公斤，计划成本每公斤0.8元。

要求：根据上述资料确定该公司产品直接材料成本审计的重点。

审计分析要点：

审计人员应先计算产量、单位消耗、单位成本对直接材料成本的影响：

（1）原材料成本计划数为：$5\ 000 \times 2 \times 1 = 10\ 000$ 元

（2）产量增加影响成本上升为：$(6\ 000 - 5\ 000) \times 2 \times 1 = 2\ 000$ 元

（3）单位消耗上升影响成本上升为：$6\ 000 \times (2.2 - 2) \times 1 = 1\ 200$ 元

（4）单位成本下降影响成本下降为：$6\ 000 \times 2.2 \times (0.8 - 1) = -2\ 640$ 元

通过上述分析可以发现，产量增加、单位消耗上升使材料成本超支 $2\ 000 + 1\ 200 = 3\ 200$ 元，单位成本下降使材料成本节约2 640元，综合作用使材料成本超出计划560元。其中，产量增加和单位原材料成本下降对材料成本的影响是正常的，而单位消耗上升则属异常因素，应进一步审查造成单位消耗上升的可能原因：

（1）材料质量低劣致使单位消耗上升；

（2）有意采用假投料等造成单位消耗上升，意图人为调节产品的直接材料成本；

（3）计量器具不准或计量员操作失误导致单位消耗上升；

（4）生产人员为获得超产奖金而片面追求产量上升，生产中损失浪费和废次品增多造成单位消耗上升；

（5）废料利用后未冲账而导致单位消耗上升；

（6）月末未办理退料而造成单位消耗上升。

对上列可能原因，审计人员可采用逐个排除法审查确定具体原因，并建议被审计的公司采取相应有效的措施进行改善。

第三节　期间费用审计

一、期间费用审计概述

期间费用是指企业所发生的不能直接归属于特定产品成本的费用，这些费用较易确定其发生的期间和归属期间，但难以判别其归属对象，因而归入当期损益。企业的期间费用一般包括企业行政管理部门为管理和组织生产经营活动而发生的管理费用、为筹集资金而发生的财务费用以及为销售产品或提供劳务而发生的销售费用。

期间费用项目较多，业务发生频繁，是利润表中的重要项目，其大小影响到企业的盈利水平。对期间费用的审计有利于判断利润表的披露是否正确，有利于有关利益关系人保护自己的权益；

对企业期间费用的审计，主要是为了确定各项期间费用是否真实、公允，期间费用归属是否正确，是否与《企业会计准则》相符合，所选用会计方法是否前后一致，期间费用的披露是否恰当。具体的审计目标包括：

1. 确定期间费用的确认是否符合权责发生制原则。即本期负担的期间费用是否都已入账，已记录的期间费用是否都应由本期负担。

2. 确定有关期间费用的内部控制制度是否存在、有效并被严格遵守。

3. 确定期间费用业务发生的合规性、合法性和账面发生额的真实性、正确性。

4. 确定各项期间费用的账务处理和计算是否正确。

5. 确定期间费用在报表上披露的公允性、合理性和完整性，有无虚增或虚减的情况。

二、了解和评价内部控制制度

期间费用项目众多，发生频繁，企业必须要建立内部控制制度以预防和减少错弊的发生。

期间费用内部控制要点有：

1. 企业应建立期间费用预算，对期间费用指标进行分解并建立费用的归口分级责任控制系统。

2. 企业应建立明确的期间费用开支范围、标准和分级审批报销制度。

3. 企业应对期间费用进行适当的分类，建立健全的期间费用明细分类账。

4. 企业应建立期间费用的考核与评价制度，对期间费用的数据进行复核，并定期进行期间费用分析、查明期间费用变动的原因。

审计人员在进行实质性审查前，首先应对被审计单位的相关内部控制制度进行了解和评价，即审查内部控制的健全性和有效性，并评价其可信赖程度。

三、实质性审查的内容与方法

（一）销售费用的实质性审查

对于销售费用的实质性审查，需要应首先审阅“销售费用”及其明细账，并结合抽查与销售费用有关的凭证，来确定其核算的公允性和合法性。销售费用的实质性审查的主要内容如下：

1. 获取或编制销售费用明细表，复核其加计是否正确，并与报表、总账和明细账中相关数据核对，看是否相符，审查明细项目设置是否符合《企业会计准则》规定的核算内容与范围。

2. 审查销售费用项目是否合规、合法，是否划清了销售费用与其他费用的界限，有无将超支的管理费用、佣金回扣挤入销售费用等现象。

3. 审查销售费用是否符合企业及有关会计制度规定的开支标准，有无乱提福利费等现象。

4. 审查销售费用的结转是否符合有关规定，有无任意多转、少转或不转销售费用，造成利润不实的情况。

5. 审查销售费用的确认是否符合权责发生制原则，开支数额是否真实、正确。对于销售业务中发生的数额较大的项目，应重点注意是否属当期应负担的费用。同时，还应结合审查预付的待摊费用、预提的应付费用摊提数的正确性。

审查销售费用的结转是否符合有关规定。按照会计制度规定，企业期末应将本期发生的所有与销售有关的费用转入当期损益，结转后应无余额。审计人员应审查销售费用的结转是否符合期间配比的原则，有无任意多转、少转或不转销售费用，造成利润不实的情况。

（二）管理费用的实质性审查

管理费用的实质性审查应从其本身特点出发，根据管理费用总账及按具体项目设置的明细账，对照《企业会计准则》和相关财务制度的规定进行审计。可以在分析性复核的基础上，对重点项目进行抽查。管理费用实质性审查的主要内容包括：

1. 获取或编制管理费用明细表，复核加计是否正确，并与报表、总账和明细账中相关数据核对相符。

2. 审计管理费用所列项目是否符合有关规定，注意有无将超规定的费用挤列其中。

3. 审计管理费用的各个具体项目中，项目金额是否合理，有无开支不实、虚列或人为少列费用的情况。

4. 审计管理费用各项目实际支出数是否符合规定的开支标准，特别是业务招待费是否在限额内据实列支。

5. 审计管理费用是否按规定在期末转入当期损益。

6. 审计管理费用是否已在利润表上恰当披露。

（三）财务费用的实质性审查

财务费用的实质性审查应根据财务费用账户资料及相关原始凭证，结合“短期借款”、“应付利息”等账户，对照《企业会计准则》和相关财务制度的规定进行审计。财务费用实质性审查的主要内容如下：

1. 获取或编制财务费用明细表，复核加计是否正确，并与报表、总账和明细账中相关数据核对相符。

2. 审计财务费用所列项目是否符合有关规定，注意有无将超规定的费用挤列其中。要注意区分筹集生产经营资金发生的财务费用与购建固定资产筹集资金发生的费用、筹建期发生的财务费用与生产经营期发生的财务费用。

3. 审计财务费用是否为抵减利息等收入后的净支出。特别是汇兑损益的计算，应抵减汇兑收益，以净支出列入财务费用。

4. 审计财务费用是否按规定在期末转入当期损益。

5. 审计财务费用是否已在利润表上恰当披露。

四、常见错弊及审计案例分析

（一）期间费用审计中的常见错弊

1. 销售费用审计中的常见错弊通常有：

（1）把购进固定资产、专项投资用的材料和设备的运输费计入“销售费用”账户。

（2）有关人员以广告费之名，从中索取回扣。

（3）虚开单据上的抬头，将销售费用与其他费用混杂。

（4）将企业产成品以自用的名义直接列入广告、展览样品费等。

（5）虚列运输费，把不属于运输费的开支混入产品运输费。

2. 管理费用审计中的常见错弊。“管理费用”核算内容繁多，是最容易发生错弊的账户之一，其常见错弊有：

（1）应计入管理费用的相关费用计入资产成本。

（2）存货损失计算有误，或虚列存货盘盈盘亏、毁损和报废，应由当事人赔偿的款项不作扣除。

（3）不按规定计费，不按规定摊销无形资产和长期待摊费用。

（4）未按规定计提固定资产折旧。

（5）有关管理费用虚列或虚增。

（6）任意在管理费用中列支其他有关费用，人为地调节当期利润。

3. 财务费用审计中的常见错弊有：

（1）计算和支付利息不正确，任意计提利息费用，从而达到人为地调节利润的目的。

（2）错误地计算汇兑损益，或利用汇兑损益，有意多计或少计财务费用等。

（3）将利息收入转作“小金库”，不冲销财务费用；利息支出在开办费、财务费用与清算损益之间分配不清。

（4）企业将应计入固定资产等的利息费用（如固定资产尚未完工交付使用前发生的长期借款的利息支出）列作财务费用，或将应计入财务费用的利息支出计入固定资产等账户。

（二）审计案例分析

资料：审计人员在对凯维公司 2016 年度财务报表进行审计时，了解到如下信息：

（1）公司经营性租入机器 3 台，每月付租金 80 000 元，并按机器原价 8 000 000元逐月计提折旧，一年共计提 400 000 元，两项均计入管理费用。

（2）由于 2016 年出纳员轮岗，该年银行存款利息收入 63 000 元一直未做处理。

（3）凯维公司 2016 年仓库失火，火灾损失共计 200 000 元，该公司会计处理为：

借：管理费用——其他管理费用　　200 000

　　贷：库存商品　　200 000

（4）公司的职工宿舍全年水电费 90 000 元，企业组织职工外出修养支出 10 000 元，该公司会计处理为：

借：管理费用——其他管理费用　　100 000

　　贷：银行存款　　100 000

要求：指出上述事项中存在的问题，并提出审计意见。

审计分析要点：

（1）经营性租入的固定资产不应计提折旧，该公司多提折旧 400 000 元，导致虚增管理费用，虚减利润，漏交所得税，应提请公司调整。

（2）未处理的存款利息 63 000 元属应冲未冲财务费用，导致期间费用虚增 63 000 元，利润虚减。

（3）凯维公司仓库失火，按会计制度规定其损失应列入营业外支出。该公司将损失挤占管理费用，使管理费用虚增 200 000 元，应提请公司更正。

（4）公司的职工宿舍水电费应由职工个人承担，职工外出修养支出应由职工福利费列支，两项共虚增管理费用 100 000 元。

以上事项导致期间费用虚增 763 000 元，其中应由“营业外支出”负担 200 000 元，因此，多计期间费用使利润虚减 563 000 元，应提请公司调整，并补交所得税和滞纳金。

思考与练习

1. 什么是成本费用，它们有哪些组成部分？
2. 什么是生产成本，它核算的内容是什么？
3. 企业成本费用类账户的审计有哪些特征？
4. 对企业成本费用类账户进行审计的目标是什么？
5. 企业成本内部控制制度符合性测试的主要内容有哪些？

6. 对成本费用类业务如何了解和评价内部控制制度？

7. 对成本费用类账户的审计应按什么审计程序进行？

8. 对生产成本进行实质性审查的主要内容与方法有哪些？

9. 企业生产成本的核算中有哪些常见错弊？

10. 什么是期间费用，它有哪些组成部分？

11. 企业期间费用核算的内容有哪些？

12. 如何对企业的销售费用、管理费用、财务费用进行实质性审查，其主要测试内容有哪些？

13. 企业的销售费用、管理费用、财务费用的核算中有哪些常见错弊？

第十四章 损益审计

内容提要

损益是企业一定时期内实现的盈利或亏损总额，它是财务经营成果的综合反映，是衡量企业经营管理效益的重要综合指标。什么是损益审计？其目标和内容是什么？应该怎样执行审计程序及策略？这是本章中首先要阐明的问题。什么是利润形成审计？如何了解和评价内部控制制度？实质性审查的内容与方法是什么？常见错弊包括哪些方面？这是本章中要阐明的第二方面内容。什么是利润分配审计？如何了解和评价内部控制制度？实质性审查的内容与方法是什么？常见错弊包括哪些方面？是本章所要阐明的第三方面问题。

第一节 损益审计概述

损益是企业一定时期内实现的盈利或亏损总额，是企业的收入扣除成本费用后的余额。它是财务经营成果的综合反映，是衡量企业经营管理效益的重要综合指标。本章所述损益审计是在对收入、成本费用及其最终成果——利润和利润分配的合法性公允性一贯性的审计。损益审计对保证收入的正确确定，经营成果的合法公允认定，合理地分配利润，正确处理经营者、股东及其他报表使用人的关系均有重要的意义。

损益的审计目标是证实利润形成及分配的真实性、合法性；证实利润分配顺序的合法合规性；证实利润分配数额的真实性；证实利润形成及分配账务处理的正确性。

损益审计可以分为利润形成审计和利润分配审计两大部分。

企业在生产经营的过程中，通过销售过程将商品卖给购买方实现收入，收入扣除当初的成本以及一系列费用，再加减非经营性质的收支及投资收益，即为企业的利润总额。相关计算公式如下：

营业利润 = 主营业务收入 + 其他业务收入 - 主营业务成本 - 其他业务成本 - 税金及附加 - 销售费用 - 管理费用 - 财务费用 + 公允价值变动收益 + 投资净收益 + 资产处置收益 + 其他收益

利润总额 = 营业利润 + 营业外收入 - 营业外支出

净利润 = 利润总额 - 所得税费用

对利润形成的审计应综合考察公式中的各个项目，对利润的形成情况逐项加以审计。

执行利润分配审计时，从企业会计制度看，“利润分配”科目核算的内容包括盈余公积补亏、提取盈余公积、分配利润和未分配利润等方面。因此，在对利润分配进行审计时，可以根据利润分配项目开展审计。

第二节 利润形成审计

一、利润形成审计概述

利润是企业在一定时期内从事生产经营活动所获得的收益（或亏损），它综合反映企业生产经营的最终结果，是企业财务成果的集中体现，是企业会计核算的重要组成部分，是分配经营成果的重要依据，并直接关系经营者、所有者、债权人的利益分配关系。利润形成审计是指在对收入成本费用审计的基础上审查利润的计算结转，从而确定利润形成情况及结果的合法性、公允性、一贯性。

利润形成的审计目标是：

1. 评价企业利润形成过程中的内部控制制度的健全完善程度，促进企业进一步强化内控。

2. 审查营业收入和成本的确认、计算结转的真实性正确性，防止舞弊行为。

3. 审查企业期间费用开支的真实性合法性正确性，促使企业节约费用开支，降低费用水平，为形成正确计算的利润打好基础。

4. 审查利润的计算是否合法公允，有无错漏和舞弊行为，确保为各利益主体参与利润分配提供可靠依据。

二、了解和评价内部控制制度

利润形成的内部控制制度是建立在收入内部控制制度和成本费用控制制度基础上的，包括计划控制、职责分工控制、审核控制、账务处理控制。利润计算是否合理取决于收入和成本费用的配比是否正确。因此，对利润形成内部控制制度的测试，主要是核实有关收入和成本费用的计算和结转是否建立了合理的控制制度，是否有随意虚计损益的情况；审查岗位责任制和不相容职务分离的执行；查验会计处理程序和方法是否符合内部会计控制的要求。

其符合性测试的主要方法是：调查了解相关内部控制制度；绘制或取得利润形成的流程图；抽查相关损益核算的会计记录；评价企业利润形成的内部控制的有效性。

三、实质性审查的方法与内容

利润形成的实质性审查是在收入和成本费用实质性审查的基础上进行的，目的是验证损益表中各项数据是否公允地反映了损益的形成情况，以便对损益表的公允性发表意见。实质性审查的步骤如下：

1. 编制或取得利润分析表，分析比较企业利润各组成项目的变化趋势，查明本年度利润与预算数或上年数的差异，找出异常波动，并进一步分析其原因，确定重点审查的项目。

2. 取得“本年利润”账户，将其构成项目分别与损益表有关项目数据进行核对。

3. 确定各损益类发生额的真实性和正确性，将其分别与“本年利润”有关数据进行核对。应注意审查主营业务利润、其他业务利润、投资净收益、营业外收支净额等项目，确定企业利润形成是否真实和正确。

4. 确定利润结算的真实性和正确性，应注意审查本年利润、利润分配等项目的借贷方向和数额。

5. 确定利润形成在损益表及其附表中的披露是否恰当。

实质性审查的方法与内容可以根据利润形成的公式分项目进行，主要包括以下几点：

（一）主营业务收入的审查

此部分内容前章已述，此处不再重复。

（二）主营业务成本的审查

主营业务成本是指和主营业务收入相关的、已经确定了归属期和归属对象的各种支出。“主营业务成本”用于核算企业销售各种商品产品（包括产成品、自制半成品、代修品、代制品等）所发生的销售成本以及提供工业性劳务的成本。

在对主营业务成本进行实质性审查时，应该在对生产成本进行审查的基础之上，根据“主营业务成本”账户的记录，结合“库存商品”账户核算资料以及销货发票、产品出库单等，审计主营业务成本与主营业务收入的配比性、成本计算方法的一致性和成本数额的真实性。

主营业务成本的实质性审查主要包括如下内容：

1. 获取或编制主营业务成本明细表，复核其计算是否正确，并与总账和明细账中相关数据核对，看是否相符。

2. 编制产品生产成本及主营业务成本倒轧表，并与总账核对，看是否相符；审查主营业务成本的结转与主营业务收入的确认在品种、数量上是否一致。

3. 审查主营业务成本结转的时间与主营业务收入确认的时间是否一致。

4. 审查主营业务成本的计算方法是否前后一致。

5. 审查有无人为或无意地错转、漏转主营业务成本的情况。

（三）税金及附加的实质性审查

税金及附加的实质性审查，应在先查明企业应交纳的税种，然后结合“税金及附加”账户及其明细账和有关凭证，以及该账户对应的“主营业务收入”、“应交税费”等账户进行审查。审查时，审查人员应依据国家税法的有关规定，对照主管税务机关纳税鉴定书的规定，重点审查其合法性。税金及附加的实质性审查的主要内容如下：

1. 获取或编制税金及附加明细表，复核加计是否正确，并与报表、总账和明细账中相关数据核对相符。

2. 审查各种税金计税依据是否正确，有无虚报或缩小计税依据而偷漏税金等情况。

3. 审查各种税金使用的税率是否正确，有无混淆，税金计算有无错误。

4. 审查减免税项目是否真实合法，理由是否充分，手续是否完备，有无税务机关的授权和批准文件。

5. 审查税款是否按期足额交纳，有无拖欠税款的情况。

6. 审查税金及附加是否按照产品类别进行了明细核算，是否相互混淆，在期末是否按规定结转到当期损益。

7. 审查税金及附加是否已在利润表上恰当披露。

（四）其他业务成本的实质性审查

作为损益类账户，“其他业务收入”账户的贷方登记本期已确认的材料销售、包装物出租等各项其他业务收入，借方反映期末转到“本年利润”账户的金额，结转后期末无余额。该账户应按类别设置明细账进行核算。对其他业务收入的审查前章已述。

“其他业务成本”账户用于核算企业为取得其他业务收入而发生的各项支出，该账户借方登记本期已确认其他业务收入对应的各项支出，贷方反映期末转到“本年利润”账户的金额，结转后期末无余额。该账户性质同上。

其实质性审查的一般程序如下：

1. 获取或编制其他业务成本明细表，复核其加计是否正确，并与报表、总账和明细账合计数核对相符。

2. 注意审查其他业务收入是否有相对应的其他业务成本数，二者是否相配比。

3. 从其他业务成本中抽取大额或例外项目，审查原始凭证是否齐全，有无授权批准，会计期间划分是否恰当，会计处理是否正确。注意其他业务成本的内容是否真实、合法，计算是否正确，是否符合配比原则；进行分析性复核，了解重大波动的原因，分析其合理性。

4. 必要时实施截止期测试，追踪到发票、收据，确定其截止期划分是否恰当，尤其注意重大跨期项目的记录是否正确。

5. 审查其他业务成本是否已在利润表上恰当披露。

（五）营业利润的实质性审查

营业利润是从营业收入出发，减去营业成本、税金及附加和销售费用、管理费用、财务费用、资产减值损失等项目后加上公允价值变动收益、投资净收益、资产处置收益和其他收益得出。对营业利润的实质性审查包括两个方面：

核实其构成的真实性与合法性；确定其期末结转账务处理的正确性。一般步骤如下：取得或编制相应项目的明细表，复合加计正确，并与报表数、总账数及明细账数合计数核对相符；审查相应项目的核算内容与范围是否合规；对有重大波动和异常情况的项目应查明原因，必要时作适当处理；选择项目中数额较大的及本期与上期相比变化异常的追查至原始凭证；审阅项目有无跨期入账的现象，对重大跨期项目做必要调整；审查披露是否恰当。

（六）投资净收益的实质性审查

投资收益是指企业对外投资取得的收入或发生的损失，包括对外投资分得的利润、股利和债券利息（若有购入债券的折价摊销额，其应为债券上应计利息与折价摊销额的合计，若有购入债券的溢价摊销额，其应为债券上应计利息扣除溢价摊销额后的差额）、投资到期收回或者中途转让、出售股票、债券时取得的实际款项高于账面价值的差额，以及按照权益法核算的股权投资在被投资单位实现净损益中所拥有的份额等。

“投资收益”账户属于损益类账户，其贷方记录已实现的各项投资收益，期末从借方将余额转入“本年利润”账户，结转后期末无余额。该账户应按投资收益种类设置明细账进行核算。“投资收益”账户本期发生额应列于利润表营业利润之后，作为加项处理，若为借方余额，则以“－”号表示。

投资净收益是投资收益与投资损失相抵后的净额。实施投资收益实质性审查时，应依照《企业会计准则》和有关财务制度的规定，审阅金融资产有关账户及“长期股权投资”、“投资收益”和“银行存款”等账户及有关原始凭证，必要时进行相应的调查和分析，从而查明投资收益是否真实、合法。投资收益账户实质性审查的主要内容如下：

1. 获取或编制投资收益明细表，复核加计是否正确，并与报表、总账和明细账中相关数据核对相符。

2. 审查投资收益来源是否合法，资产所有权是否属于该企业，是否根据评估确认资产价值，投资的协议及利润分配办法是否合法，有无损害国家利益，有无转移或贪污投资收益的行为。

3. 审阅核对“投资收益”、“以公允价值计量且其变动计入当期损益的金融资产”、“以摊余成本计量的金融资产”、“以公允价值计量且其变动计入其他综合收益的金融资产”、“长期股权投资”、“银行存款”、“其他应收款”和“其他收益”等账户，查明投资收益的确认是否正确，是否符合权责发生制原则，是否有将投资收益列入“资本公积”、“其他业务收入”或将投资损失列入“营业外支出”的情况，投资收益一经确认是否及时入账；审查投资收益的计算是否正确。

4. 审查投资收益是否已在利润表上恰当披露。

（七）营业外收支净额的实质性审查

营业外收支净额是营业外收入与营业外支出相抵后的净额。应确定营业外收支净额账务处理的恰当性。着重审查年末是否全部转入“本年利润”，有无故意少转、多转。

经过上述测试，最终验明损益表上所列的利润总额的合法性、公允性。

（八）所得税的实质性审查

企业所得税的审查，贯穿于企业生产经营活动的全过程。凡是直接或间接对利润的增减有影响的都是企业所得税审计的内容。而且，由于企业会计利润与税务会计应税利润的计算口径不一致，在计算企业所得税时，还需对企业会计计算的利润总额进行调整，因此，使企业所得税的审查显得更为复杂。

所得税的实质性审查应对照《企业会计准则》和相关财务制度的规定，审阅“所得税费用”和“应交税费”、“递延所得税负债”、“递延所得税资产”、“银行存款”等账户资料及相关原始凭证，必要时作相应的调查和分析，从而查明所得税费用的正确性、合法性。所得税费用账户实质性审查的主要内容如下：

1. 获取或编制所得税费用明细表，复核加计是否正确，并与报表、总账和明细账中相关数据核对相符。

2. 审计应纳税所得额的计算是否正确。应注意企业收入总额的确认是否正确、应扣除的项目是否正确，有无将利息收入、租赁收入等不计入收入总额或将罚款支出、滞纳金、赞助支出等从收入总额任意扣除等情况，在具体审计时应注意以下几个方面：

（1）审查核实企业取得的各项收入是否真实、正确。

（2）审查企业成本费用是否合规，计算是否正确，有无违反国家规定增设开支项目，扩大费用开支范围，改变开支项目标准等问题。

审查企业营业外收支的内容和开支标准是否符合国家规定。

（3）审查纳税人应税所得额中扣除的项目和金额是否真实合规。

（4）审查应税所得额的调整是否正确，应特别注意下述调整：计税工资与实发工资的调整；与工资调整相应的是计提职工工会经费（2%），职工教育经费（1.5%），在计算应税所得额时，亦要相应调整；税法允许扣除的保险费与企业实际发生的保险费的调整（税法规定自然灾害或在意外事故得到保险赔款的部分不得扣除）；税法允许扣除的业务招待费与企业实际发生的业务招待费的调整；税法允许扣除的利息额与企业实际支付的利息额的调整；新技术开发费的调整；营业外支出项目的调整。

3. 审计暂时性差异和永久性差异的确定是否正确；递延所得税负债和递延所得税资产的确认是否准确；应纳税所得额和应交所得税的计算确定是否正确；所得税费用的确定是否正确合理。审查企业账务处理是否坚持一贯性，尤其注意审查企业是否采用资产负债表债务法进行所得税核算。

4. 审计税率的选用是否正确、合法。

5. 审计减免税是否正确，有无超范围、超期限、超审批权限任意减免所得税费用的情况。

6. 审计所得税费用的计算是否正确。在资产负债表债务法下，利润表中的所得税费用由两个部分组成：当期所得税和递延所得税。

当期所得税是指企业按照税法规定计算确定的针对当期发生的交易和事项，应交纳给税务部门的所得税金额，即应交所得税。

当期所得税（应交所得税）=应纳税所得额×当期适用税率

应纳税所得额=会计利润+按会计准则确认费用但税收不允许税前扣除的费用−税法规定不征税的收入±会计费用与税法规定可予税前扣除金额之间的差额±会计收入与税法规定应计入纳税所得的收入之间的差额±其他需要调整的因素

递延所得税是指按照准则规定应予确认的递延所得税资产和递延所得税负债在期末应有的金额相对于原已确认金额之间的差额，即递延所得税资产和递延所得税负债的当期发生额，但不包括计入所有者权益的交易或事项及企业合并的影响。

递延所得税=（递延所得税负债期末余额−递延所得税负债的期初余额）−（递延所得税资产的期末余额−递延所得税资产的期初余额）

应予注意的是如果某项交易或事项按照会计准则规定应计入所有者权益，由该交易或事项产生的递延所得税资产或递延所得税负债及其变化亦应计入所有者权益，不构成利润表中的所得税费用。

所得税费用=当期所得税+递延所得税

7. 审计所得税费用是否已在利润表上恰当披露。

（九）根据“本年利润”、“所得税费用”借贷方发生额，验算净利润计算的正确性

四、常见错弊及审计案例分析

企业的利润，就其形成来说，既有通过生产经营活动而获得的，也有通过投资活动而获得的，还包括那些与生产经营活动无直接关系的事项所引起的盈亏。因此，利润形成反映的信息牵涉到各损益类科目。各项损益类科目的内容都会影响到净利润的正确形成，因此利润形成反映的会计信息是各项损益类科目反映信息的最终结果。

（一）利润形成中常见的错弊

1. 形成利润的各项损益类科目核算内容、期末余额不正确、不合规。利润的形成是以各项损益类科目的核算为基础的，因此，损益类科目核算的正确、合规是利润形成正确、合规的基础。如果损益类科目核算出现不正确、不合规的现象，则必然影响到利润形成核算的正确性和合规性。

2. 年末损益类科目没有如实结转本年利润，留有不应有的余额。有的企业采用不及时结转各项收入，不按与收入相配比的原则结转成本、费用及其他支出等方式人为地调节会计期间的利润。其主要表现就是年末在不应该出现余额的损益类科目出现余额。

3. “主营业务成本”常见错弊有：

（1）企业对已销产品不做成本结转或未销产品多转成本。前者的常见做法是当产品已销售后，对产成品明细账的贷方数量不记账，这种现象常见于月终集中结转成本的场合，到下月作产成品的盘亏处理。后者的一般做法是多记产成品明细账的出库量，到下期作产成品盘盈处理。

（2）库存商品发出数中有些与销售无关，如退回生产部门返修的产品等。这些库存商品发出业务必须当即冲减库存商品明细账，否则会虚增库存商品成本，隐瞒已销商品成本。

（3）将其他业务成本与主营业务成本相混淆。企业将其他销售成本列为主要业务成本，或将主要业务成本列为其他销售成本，造成主营业务成本的虚增或虚减。

（4）违反成本结转一致性原则，随意改变成本结转方法，以调节当期成本的高低。

（5）成本计算不真实、不正确。企业可能通过成本计算来调节当期成本。不同的成本结转方法，作弊方式各异，如：①加权平均法、先进先出法、移动平均法、个别计价法的常见作弊方式为：用这些方法计算确定的单位成本与实际应结转的单位成本相差甚远；②计划成本法的常见作弊方式为：成本差异不在已售产品与结存产品之间进行合理分配，或以计划成本代替实际成本；③定额成本法的常见作弊方式为：定额成本的差额不在已售产品与结存产品之间进行合理分配，或以定额成本代替实际成本；④企业附属门市部采用售价金额法时的常见作弊方式为：少算或多算零售价与成本价的差额，或者抬高和降低差价分配率以调整当期销售成本。

4. “税金及附加”常见错弊有：企业将不同税率的应税产品混合销售时，未分别核算各自的销售额和销售量，混淆税率，高税率按低税率计算；有关税金及附加的账务处理有误；自产自销产品不按规定计税；将应计入销售额的价外收入不计入销售额；企业未及时足额交税。

5. 其他业务成本科目的结转不正确。“其他业务成本”账户会发生以下错弊：记账不实，多计、虚增其他业务成本；入账不及时，有拖延或提前入账的现象；没有注意将其他业务收入与其他业务成本相配比，不符合权责发生制原则等；对其他业务成本与主营业务成本以及期间费用划分不清，甚至人为地混淆各类成本和费用。

6. 投资收益常见错弊如下：“权益法”下的长期股权投资，到期末不按规定确认投资收益，人为调节当期利润；将已收到的投资收入不入账，存入账外“小金库”，或被不法分子侵吞；对于长期债券投资，不按期及时确认投资收益，不按规定及时摊销债券利息调整，利用该账户任意调节利润；对于出售股票和债券所获的售价和实际成本之差不及时足额确认为当期投资收益；企业持有的债券到期时，收回的应计利息不计入“投资收益”而转作他用。

7. 本年利润的形成包含其他利润的形成因素。有的企业可能属于利润分配的项目列入利润的形成，影响利润的正确计算。如将超过规定期限的应由税后利润弥补的亏损错误地用税前利润弥补；将上年利润调整直接计入本年利润；通过本年利润科目直接向投资者分配利润等。

8. 各月利润的计算不正确。企业在编制月度报表时，往往并不结转和损益类科目，而是在工作底稿上计算本月利润总额，应纳所得税及本月利润，据以编制利润表和资产负债表，这样可能出现由于计算错误或人为调整造成各月利润数据失真。

9. 所得税费用经常会发生以下错弊：有意或无意地调节所得税费用；应纳税所得额和应纳税额计算错误；税率选用错误；减免税不符合有关规定或未报批，或批准文件不全；不及时交纳所得税费用。

10. 资产处置收益确认和计量不准确。资产处置收益反映企业出售划分为持有待售的非流动资产（金融资产、长期股权投资和投资性房地产除外）或处置组时确认的利得或损失，以及处置未划分为持有待售的固定资产、在建工程、生产性生物资产及无形资产而产生的处置利得或损失；债务重组中因处置非流动资产产生的利得或损失和非货币性资产交换产生的利得或损失也包括在这一项目内。

11. 其他收益的确认和计量不正确。企业可能将与日常活动无关应计入营业外收入的政府补助计入其他收益，以调整企业的营业利润。

（二）审计案例分析

[案例一]

资料：审计人员对凯维公司 2016 年度主营业务成本进行审计，凯维公司对发出产品成本采用先进先出法。审计人员在审查该公司 2016 年度产成品明细账时发现其 2016 年初产成品结存有 2 000 件，单位成本 50 元。2016 年 3 月完工入库 5 000 件，单位成本 60 元；2016 年 5 月完工入库 2 000 件，单位成本 55 元；2016 年 8 月完工入库 3 000 件，单位成本 52.5 元；2016 年 11 月完工入库 5 000 件，单位成本 55 元。全年共售出产成品 12 400 件，结转主营业务成本 712 500 元。2016 年 12 月 31 日，该公司产成品结存 4 600 件，产成品成本余额 230 000 元。

要求：复核该公司对成本计算的正确性。

审计分析要点：审计人员采用先进先出法对发出产品成本进行复核。经复核发现发出产品成本计算有误：公司最后库存产成品 4 600 件，成本余额 230 000元，单位成本 50 元，其结存量小于最后入库的产成品的数量（5 000 件），库存产成品单位成本应与最后入库的产成品的单位成本（55 元）一致，但实际却是 50 元，使库存产成品成本少计 23 000 元，发出产品的主营业务成本多结转了 23 000 元。因此导致发出产品的主营业务成本虚增，利润虚减，库存产成品计价偏低，并少交所得税。审计人员应建议凯维公司调整错误的会计记录并补交所得税。

[案例二]

资料：审计人员于 2017 年 2 月 10 日对甲企业上年度销售业务进行审查时，发现 2016 年 12 月 29 日售给乙公司 A 产品 100 000 公斤，销货金额 10 000 000元（不含增值税），以应收账款入账。

据进一步审查分析，存在以下疑点：

疑点之一：甲企业所生产的 A 产品一般只作为生产某些产品辅助性材料，

而乙公司一次购量之多，不能不引起审计人员的怀疑。

疑点之二：据对该企业历年的经营销售情况分析，12 月份是 A 产品销售的淡季，而 2016 年销量却如此之大，这又不能不引起审计人员的怀疑。

疑点之三：甲企业近 3 年一直是亏损的，而在 2016 年却一下子扭亏为盈了，这更加深了审计人员对这项销售业务真实性的怀疑。

审计分析要点：针对这些疑点，审计人员又进一步进行追查。

（1）审阅 2017 年 1 月份“主营业务收入”明细账，发现上年 12 月 29 日售给乙公司的货物，因本月对方退货而冲减本月的主营业务收入。

（2）运用函询（积极函询）的方法，函询乙公司，以验证该笔业务的真实性，不久对方单位回函，回复根本没有向甲企业购入此批货物。

至此，该项业务的真相基本清楚了，极有可能是甲企业为虚列 2016 年度的损益，而采取的虚列应收账款手段。

（3）面询甲单位的财务主管人员及有关财务人员，出示了所掌握的全部证据。在事实面前，该单位的财务主管人员揭示了此笔业务的真相：

由于该企业近几年一直亏损，为了能顺利取得银行的贷款，吸引更多的债权人和投资者，在厂长的授意下，在 2016 年 12 月 29 日开假发票虚列销售，下年度用红字冲回。

[案例三]

资料：审计人员在审阅某股份公司 2016 年 12 月的投资收益总账时，发现有月末借方余额 10 000 元，怀疑有人为调增 2016 年利润的问题。审计人员为此首先查阅投资收益明细账，发现本年发生额有借方 30 000 元，贷方 100 000 元，而月末形成本年利润的转账凭证转出投资收益借方 80 000 元，因此形成本年末投资收益借方余额 10 000 元。

要求：分析投资收益余额的正确性。

审计分析要点：在本案例中，由于该公司 2016 年经营成果不佳，为了保证 2016 年的股利发放，人为地调高 2016 年度利润，形成了审计风险，审计人员通过审查，发现了问题，防范了审计风险。

[案例四]

资料：审计人员在审查某企业应纳所得税的计算时，发现有一笔赞助费 15 万元，计入营业外支出，计算所得税时未进行纳税调整。

要求：审查应纳所得税的计算。

审计分析要点：根据有关规定，赞助费不能在税前列支，在计算所得税时应进行纳税调整。企业这样处理的目的是为了逃税漏税。如果是在当年发现的，应作如下分录（假设所得税税率为 25%）：

借：所得税费用	37 500	
贷：应交税费——应交所得税		37 500

第三节　利润分配审计

一、利润分配审计概述

利润分配是通过确定的利润分配原则，对企业实现的利润按一定程序进行分配，或对亏损进行弥补。从企业会计科目看，“利润分配”科目核算的内容包括盈余公积补亏、提取盈余公积、分配利润和未分配利润等方面。因此，在对利润分配进行审计时，可以根据利润分配项目开展审计。

二、了解和评价内部控制制度

利润分配的内部控制制度主要有利润分配的计算与结转制度、利润分配的程序以及股利分派制度等。健全的利润分配制度应该严格利润分配制度，审核利润分配基数，正确编制利润分配表，分配顺序及数额经审核批准并保证利润分配及时准确入账。

其符合性测试的主要方法是：通过调查、询问利润分配业务是否有明确的分工责任制及执行情况；审阅“利润分配表”，审查分配顺序、各项公积金的计提比率是否符合规定，计提结果是否正确，是否经过审核和批准等。

三、实质性审查的内容与方法

（一）实质性审查的步骤

对利润分配的实质性审查，应以国家有关法律法规、企业章程及协议为依据，通过审阅“利润分配”的明细账，并核对相关凭证，查明利润分配程序是否合法，利润分配比例和数额是否正确。

1. 审查“利润分配”明细账户的设置是否符合会计准则。

2. 审阅“利润分配”各明细账及有关证明文件，审查分配顺序及分配标准是否正确、合法。根据相关规定，企业净利润首先用于支付各项税收滞纳金和罚款，其次用于弥补以前年度亏损，然后计提法定盈余公积，再提取法定公益金，最后向投资者分配利润。股份有限公司在提取法定公益金后，首先分配优先股股利，然后计提任意盈余公积，最后再分配普通股股利。特别应注意审查在以前年度亏损未弥补完以前，有无提取公积金和公益金；在提取公积金和公益金以前，有无向投资者分配利润；以前年度未分配的利润，是否并入本年度利润统一进行分配。

（1）审查被审计单位是否按照规定首先用净利润支付被没收财物损失，各项税收滞纳金和罚款。特别应注意审查被审计单位有无将税收滞纳金和罚款列支营业外支出或其他费用支出。为此，需要查阅“营业外支出”明细账，其他费用明细账记录及有关记账凭证和所附原始凭证，从这些费用支出中剔除出各项税收滞纳金和罚款。

（2）审查利润用于弥补以前年度亏损。查阅“本年利润”和“未分配利润”明细账及有关证明文件，审查以前年度亏损额及其弥补情况；审查用税前利润弥补亏损时间的真实性并验算弥补亏损计算的正确性。根据有关规定，企业发生的年度亏损，可以用下一年度的利润弥补；下一年度利润不足弥补的，可以在 5 年内用所得税前利润延续弥补。延续 5 年未弥补的亏损，用缴纳所得税后的利润弥补。

（3）审查法定公积金的提取。审查法定盈余公积是否按照净利润扣除被没收的财物损失、支付各项税收的滞纳金和罚款及弥补企业以前年度亏损后的 10% 提取；停止提取法定公积金的，索取其资产负债表，审查期初盈余公积占注册资金的比例是否达到财务制度规定的 50%；动用法定公积金补亏和派发股利的，审查其是否经过合法的审批手续、动用后的盈余公积占注册资金的比例是否仍然达到财务制度规定的不低于 25% 的标准；

（4）向投资者分配利润的，审查董事会会议记录、“应付股利”明细账记录及相关凭证，审查是否办理了合法的审批手续、利润分配比例是否合理、计算是否正确。

（5）股份有限公司向股东派发股利的，审查派发股利的情况。查阅“本年利润”、“未分配利润”明细账记录，审查被审计单位当年是否确有利润；是否按照《金融保险企业财务制度》规定的顺序先派发优先股股利、再提取任意公积金、最后派发普通股股利；被审计单位当年无利润而动用盈余公积派发股利的，审查其是否在用盈余公积弥补亏损时，经过股东会特别决议，按照不超过股票面值 6% 的比率分配股利，动用后的盈余公积占注册资金的比例是否仍然达到财务制度规定的不低于 25% 的标准。

3. 审查“利润分配”明细账户的账务处理是否符合企业利润分配的实际，与有关记账凭证及所附证明文件进行核对，审查其正确性。

（1）企业用盈余公积弥补亏损的，审查其是否借记“盈余公积”、贷记“利润分配——盈余公积补亏”。

（2）提取法定公积金或任意公积金的审查其是否借记“利润分配”科目下“提取法定公积金”或“提取任意公积金”，贷记“盈余公积”。

（3）分配利润或派发股利的，审查其是否借记“利润分配——应付现金股利”，贷记“应付股利”。

（4）查阅“本年利润”和“利润分配——未分配利润”，将其进行核对，审查净利润是否期末自“本年利润”全部转入“利润分配——未分配利润”。

（5）将“提取法定公积金”、“提取任意公积金”、“应付现金股利”、“盈余公积补亏”等明细账，分别与“未分配利润”明细账核对，审查其余额是否在期末时全部转入“未分配利润”。

（6）将“利润分配”的明细科目的发生额及余额分析汇总，分别与资产负债表有关项目进行核对，审查报表对应数字之间的勾稽关系。

（二）实质性审查的内容与方法

1. 盈余公积的实质性审查。

（1）获取或编制盈余公积明细表。

（2）审查盈余公积的提取手续是否完备，提取的依据是否真实正确。

（3）审查盈余公积的各明细项目（法定盈余公积、任意盈余公积）的提取比例和用途是否合法合规。

（4）审查盈余公积是否已在资产负债表上恰当披露。

2. 未分配利润的实质性审查。未分配利润是企业历年积存的未分配给股东的利润，是所有者权益的重要组成部分。未分配利润是企业当年税后利润在弥补以前年度亏损、提取公积金和公益金以后加上上年末未分配利润，再扣除向所有者分配的利润后的结余额，是企业留于以后年度分配的利润。企业的未分配利润通过“利润分配——未分配利润”明细科目核算，其年末余额反映历年积存的未分配利润（或未弥补亏损）。其实质性审查的程序有：

（1）审查利润分配比例是否符合合同、协议、章程及董事会纪要的规定，利润分配数及年末未分配利润数是否正确。

（2）根据审计结果调整本年损益数，直接增加或减少未分配利润，确定调整后的未分配利润数。

（3）确定未分配利润是否已在资产负债表上恰当披露。

四、常见错弊及审计案例分析

利润分配业务常见的错弊形式主要有：

（一）利润分配顺序不正确

在利润分配过程中，由于企业执行财务制度不严或人为的原因，可能存在未按上述顺序分配的问题，如可能在支付滞纳金前提取了公积金；在弥补亏损或进行其他项目分配以前向投资者分配了利润等。

[案例一]

资料：审计人员在审阅某商品流通企业 2016 年的利润分配时，发现该企业当年税后利润为 1 000 000 元，当年首先分配给投资者利润 500 000 元，然后按 10% 提取法定盈余公积金，提取法定盈余公积金 50 000 元。

要求：分析该企业提取法定盈余公积金的正确性。

审计分析要点：经过审计调查确认该企业是在分配投资者利润后才提取法定盈余公积金和法定公益金，其结果造成少提取法定盈余公积金 50 000 元。

（二）法定盈余公积金的提取不正确

此种错误除了由于前述分配顺序不正确而造成外，还可能由于提取标准不正确引起。如企业可能未按 10% 提取，赔款收入列作法定盈余公积，可能在未超过资本总额的 50% 时即停止提取等。

[案例二]

资料：审计人员在查阅某企业的盈余公积时，发现该企业在审计年度按5%提取法定盈余公积金124 000元。

审计分析要点：经过审计人员的详细查证，确认是该企业在法定盈余公积金未达到资本总额的50%时即降低法定盈余公积的计提比例，为此造成少提法定盈余公积金124 000元。

[案例三]

资料：审计人员对某企业上年度12月份的利润分配进行复算时发现，12月份，法定盈余公积贷方发生额比应提数额多86 000元，调阅其所附原始凭证，发现一张银行收账通知单，列示为甲公司赔款金额正好为86 000元。

审计分析要点：通过向企业的会计人员及甲公司查询，证实此款为甲公司未履行合同而交付的赔款，企业为了逃避所得税，将其计入了盈余公积。对此，审计人员要求调整账务，调整分录如下：

借：盈余公积——法定盈余公积 86 000
　　贷：以前年度损益调整 86 000

同时补交所得税（该企业所得税税率为25%）：

借：以前年度损益调整 21 500
　　贷：应交税费——应交所得税 21 500

（三）亏损弥补不正确

常见的是应由税后利润弥补的亏损计入了税前利润，从而影响应纳所得税额及净利润的正确计算。

（四）向投资者分配的利润不真实、不正确

向投资者分配利润必须在有利润的前提下，根据投资协议正确计算，并通过“应付股利”科目进行账务处理。常见错弊：分出利润所依据的投资协议不合理或已失效；多分或少分了投资者利润；账务处理上计入净利润形成而不是净利润分配，从而影响所得税的正确计算等。

（五）股份公司的股利发放不合规

1. 账务处理不正确。如企业可能把应属于利润分配的股利发放业务记入净利润形成，从而达到税前发放股利、减少所得税的目的等。

2. 在没有盈余或当年盈余不足以弥补亏损的情况下发放了股利。如企业连年亏损，在没有未分配利润的情况下，为了照顾投资者情绪而发放了股利。

3. 股利发放额度超过了有关规定。如在企业当年没有利润，用弥补亏损后的盈余公积金发放股利时，股利发放率可能超过规定的股票面值的6%等。

4. 股利发放损害了优先股股东的利益。如没有按规定先支付优先股股利，或者在未保证优先股额定股利的情况下发放了普通股股利。例如，审计人员在审计某股份有限公司的股利发放时，发现该公司使用盈余公积金发放股利，每股股利为4元，每股股票面值为50元，股利发放率为8%，违反了财务制度中有关用盈余公积金发放股利不能超过股票面值6%的规定。

（六）未分配利润的不合理利用

[案例四]

资料：审计人员在某企业的损益审计中，通过对利润分配进行测算，发现一笔特殊业务，其记账凭证处理为：

借：利润分配——未分配利润　　120 000

　　贷：应付股利——职工　　120 000

审计分析要点：该笔业务未附任何原始凭证，经询问财务科长，证实其原因是，年底了，想给职工多发些奖金，又无资金来源，就用未分配利润支付。根据审查情况，审计人员要求企业停止不合规行为，冲减原会计处理，即：

借：应付股利——职工　　120 000

　　贷：利润分配——未分配利润　　120 000

思考与练习

1. 什么是损益，其核算的内容是什么？
2. 企业利润是如何形成的？利润形成的审计目标是什么？
3. 企业利润内部控制制度符合性测试的主要内容和方法有哪些？
4. 对利润形成进行实质性审查的主要内容与方法有哪些？
5. 利润形成业务中有哪些常见错弊？
6. 企业利润分配应按什么顺序进行？
7. 对企业利润分配进行实质性审查的主要内容与方法有哪些？
8. 企业的利润分配业务中常有哪些错弊？

第十五章 财务报表审计

内容提要

财务报表是综合反映企业一定时点财务状况和一定时期经营成果以及资金变动情况的书面文件。本章主要从资产负债表审计、利润表审计、现金流量表审计、所有者权益变动表审计和合并财务报表审计五大方面展开论述。财务报表审计的内部控制制度包括哪些内容，如何对其实施符合性测试，资产负债表审计的内容有哪些，如何对其进行审计，利润表审计的内容有哪些，如何对其进行审计？现金流量表审计的内容有哪些，如何对其进行审计？合并资产负债表审计的内容有哪些，如何对其进行审计？合并利润表审计的内容有哪些，如何对其进行审计？合并现金流量表审计的内容有哪些，如何对其进行审计？如何对合并报表合并范围进行审计？这些都是本章要阐明的主要问题。

第一节 财务报表审计概述

财务报告，是指企业对外提供的反映企业某一特定日期的财务状况和某一会计期间的经营成果、现金流量等会计信息的文件。财务报告包括财务报表和其他应当在财务报告中披露的相关信息和资料。

财务报表是对企业财务状况、经营成果和现金流量的结构性表述。财务报表至少应当包括下列组成部分：①资产负债表；②利润表；③现金流量表；④所有者权益（或股东权益，下同）变动表；⑤附注。

财务报表是会计核算过程中最后提出的结果，也是会计核算工作的总结。通过财务报表能够向财务报表的使用者提供决策所需要的会计信息，因此必须对财务报表错弊的情况加以审计，以提高会计信息的相关性和可靠性，提高财务报表的质量。对财务报表错弊的审计不仅有利于企业的自身发展，有利于企业改进经营决策、提高管理水平，而且可以满足企业的投资者、债权人、政府职能部门和社会组织的需要，帮助这些财务报表使用者做出正确的决策。

财务报表审计的主要内容包括资产负债表、利润表、现金流量表、所有者权益变动表、合并财务报表及相关的附表等。

财务报表审计是指审计人员通过对财务报表进行检查，发现其中存在的问题，揭示企业财务的实际情况，促使企业向报表的使用者提供适当的会计信息，同时为正确处理企业及相关不法分子的违法乱纪行为提供了可靠的证据。

财务报表错弊的审计可以在对财务报表的内部控制制度符合性测试的基础之上，再对财务报表进行实质性审查。

一、了解和评价内部控制制度

健全有效的财务报表的内部控制制度应包括以下内容：

（一）制定合理的财务报表编制程序，明确各岗位人员的权利和责任

为了保证财务报表的编制工作有条不紊地进行，能够及时向财务报表的使用者提供相关可靠的会计信息，企业应制定合理严密的编制报表的工作程序，并且明确每一个工作程序的内容、质量要求、时间要求，明确各岗位人员的权利和责任，同时企业应在各岗位之间合理分工，以达到相互制约、相互配合的目的。

审计人员应检查企业是否制定了上述程序和制度，并在实践中做到不折不扣地执行。

（二）认真做好编制报表前的准备工作

日常会计核算所形成的总账、明细账是编制财务报表的基础。对日常会计核算造成错弊的处理方法，本书在前面的章节中已经作了说明。这里所说的认真做好编制报表前的准备工作是指在编制财务报表之前，必须认真做好以下工作：

1. 及时、正确地结账，保证报表编制的及时性和正确性。

2. 认真做好财产清查，保证货币资金和其他实物资产的账实一致。

3. 做好对账工作。对账工作主要包括将总账和明细账进行核对；将库存现金、银行存款日记账与库存现金、银行存款总账进行核对；将应收账款、应付账款明细账与债权人、债务人的对账单进行核对；将存货明细账的内容和仓库记录进行核对。企业应通过账账、账实核对，提高账簿记录的可靠性，保证财务报表的质量。

4. 编制试算平衡表，检查企业在记账、过账过程中，是否发生差错。发生差错应及时改正，这样做可以有效地防止将记账、过账过程中发生的差错带到财务报表中。企业对于总账可以编制“总分类账户发生额及余额试算平衡表”，对总账与其所属明细分类账应编制“明细分类账户发生额及余额试算平衡表”并与总账进行核对。

5. 控制报表编制过程中的工作质量。企业应建立严格按照企业会计准则和会计制度规定的种类、格式、项目及内容编制财务报表的制度；企业应选择适合企业的会计方法，遵守会计上的一致性原则；财务报表编制完毕，必须经主管会计或会计部门负责人根据编制财务报表的基本原则和要求进行审核并签章。

审计人员审计企业财务报表内部控制制度符合性测试可以通过编制内部控制制度调查表来进行。财务报表内部控制制度调查表如表 15－1：

表 15-1　　财务报表内部控制制度调查表

调查问题	是	否		不适用	备注
		轻微	严重		
1. 企业是否制定有严密的编制财务报表的程序和工作进度计划并认真执行？					
2. 对编制财务报表的每一环节的内容及质量是否有明确的规定？					
3. 编制财务报表各岗位的人员的职责和权限是否明确？					
4. 编制财务报表前是否按规定结账并复核本期发生额和余额？					
5. 是否正确地进行账证、账账、账实之间的核对工作？					
6. 编制财务报表前是否按规定编制总账发生额和余额试算平衡表？					
7. 是否编制有关明细账的明细表并与总账核对？					
8. 编制报表的方法是否有专人检查？					
9. 编表后是否对表内和表间有关项目的勾稽关系进行了检查？					
10. 是否有专人对编制完的报表进行复核并盖章？					
问题与评价：					

二、财务报表审计常见错弊

财务报表是报表使用者做出正确决策的依据。企业管理者作为经济责任的受托人，与经济责任的委托人在经济利益和各自的目标方面往往不一致，因此，企业在编制财务报表时常因各种原因弄虚作假、隐瞒真相，造成错弊。例如企业为了完成利润指标而虚夸收入，为了骗取债权人的信用而虚列资产、虚减负债。财务报表常见的错弊形式主要有：

（一）财务报表不合规

财务报表不合规主要是指企业不按照《企业会计准则》和相应的会计制度编制财务报表。例如企业在编制年度财务报表前不进行必要的财产清查、账目核对等工作就编制财务报表；有些企业不按规定的报表种类和格式编制财务报表，擅自简化，或故意少列项目；有些企业财务报表项目的内容以及会计方法发生变更时，不在财务报表或财务情况说明书中说明改变的原因及其对财务状况和经营成果的影响等。

（二）财务报表项目数字计算、填写不正确

有些企业故意或无意错算或错填财务报表内项目的数字。例如报表中小计、合计、总计等项目的数字计算不正确，各项流动资产相加之和与流动资产合计数不一致，资产总计和负债与所有者权益总计不相等，本年度资产负债表年初数与上年度资产负债表年末数不一致等。

（三）财务报表之间的勾稽关系不正确

有些企业的财务报表之间的勾稽关系不正确，主要表现在以下两个方面：

其一，各主财务报表之间的勾稽关系不正确，例如现金流量表中本期现金增加净额与资产负债表中货币资金与将在三个月内到期的债券投资之和不一

致。

其二，主表和附表之间的勾稽关系不正确，例如年末资产负债表中的“未分配利润”与所有者权益变动表中的“未分配利润”不一致；年度利润表中的“营业收入”、“营业成本”、“销售费用”、“税金及附加”与营业收支明细表中的“主营业务收入”、“主营业务成本”、“销售费用”、“税金及附加”等项目金额不符。

（四）财务报表项目数据来源不合规

企业财务报表项目数据来源于企业的总账与明细账。有些企业采用“两本账”的做法，不根据实际经济业务的记录来编制财务报表，这是目前我国会计失真的一个重要的原因。有些企业虽然没有“两本账”，但财务报表项目的数据与账户记录不相符，例如资产负债表项目的数额与资产、负债、所有者权益类账户的期末余额不相符，利润表项目的数额与收入、费用类账户的净发生额不相符。

第二节　资产负债表审计

一、资产负债表的审计目标

资产负债表是反映企业某一特定日期财务状况的会计报表，它是根据资产、负债和所有者权益之间的相互关系，按照一定的分类标准和一定的顺序，将企业在一定日期的资产、负债、所有者权益各项目予以排列而成的财务报表，它是反映企业资金状况的静态报表。它反映企业在某一特定日期所拥有或控制的经济资源、所承担的现时义务和所有者对净资产的要求权。资产负债表可以提供某一日期资产的总额及其结构，表明企业拥有或控制的资源及其分布情况，使用者可以一目了然地从资产负债表上了解企业在某一特定日期所拥有的资产总量及其结构；它可以提供某一日期的负债总额及其结构，表明企业未来需要用多少资产或劳务清偿债务以及清偿时间；它还可以反映所有者所拥有的权益，据以判断资本保值、增值的情况以及对负债的保障程度。通过审查资产负债表可以达到以下目标：

（一）证实企业真正拥有的资产和承担的债务

资产负债表中反映企业拥有的资产必须是企业所有的，而不包含他人的，并且是实际存在的，价值是正确的，也即是对资产的所有权，存在性和正确性提供证实。

同时，资产负债表表明的企业承担的债务必须是全部的、没有遗漏的，其价值是正确的，即是对负债的全面性、正确性给予证实。

（二）证实投入企业的资本是否得到保值和增值

即查明企业所拥有的投入资本未受任何损失，并给企业带来了经济效益。

（三）证实企业的偿债能力和获利能力，证实企业拥有的经济实力，表明它的发展能力

资产负债表中表达的投入资本及其享有的经济权益，包括公积金和未分配利润等项，必须是实际发生的，合乎规定的，而不是任意确定或人为结算的，即是对所有者权益的合规性和真实性要加以证实。

按企业会计制度规定，资产负债表的基本格式和内容如表15－2：

表15－2　　**资 产 负 债 表**　　会企01表

编制单位：　　年　月　日　　单位：元

资　产	期末余额	年初余额	负债和所有者权益（或股东权益）	期末余额	年初余额
流动资产：			流动负债：		
货币资金			短期借款		
以公允价值计量且其变动计入当期损益的金融资产			以公允价值计量且其变动计入当期损益的金融负债		
应收票据			应付票据		
应收账款			应付账款		
预付款项			预收款项		
应收利息			应付职工薪酬		
应收股利			应交税费		
其他应收款			应付利息		
存货			应付股利		
持有待售资产			其他应付款		
一年内到期的非流动资产			持有待售负债		
其他流动资产			一年内到期的非流动负债		
流动资产合计			其他流动负债		
非流动资产：			流动负债合计		
以公允价值计量且其变动计入其他综合收益的金融资产			非流动负债：		
以摊余成本计量的金融资产			长期借款		
长期应收款			应付债券		
长期股权投资			长期应付款		
投资性房地产			专项应付款		
固定资产			预计负债		
在建工程			递延所得税负债		
工程物资			其他非流动负债		
固定资产清理			非流动负债合计		
生产性生物资产			负债合计		
油气资产			所有者权益（或股东权益）：		
无形资产			实收资本（或股本）		
开发支出			资本公积		
商誉			减：库存股		
长期待摊费用			其他综合收益		
递延所得税资产			盈余公积		
其他非流动资产			未分配利润		
			所有者权益（或股东权益）合计		
非流动资产合计					
资产总计			负债和所有者权益（或股东权益）总计		

上述资产负债表可以向会计信息的使用者展示如下信息：

1. 企业的资产总额及其结构。资产负债表不仅能反映出企业的资产总额是多少，而且能反映出流动资产、固定资产及各具体的资产项目的数额。通过对资产负债表资产部分的分析，可以了解企业的资产结构是否合理，是否具有发展的潜力。

2. 企业的资金来源及其资本结构。资产负债表即提供企业的负债总额、所有者权益总额、流动资产合计、长期资产合计以及各具体项目的数额。通过分析企业负债的比例可以了解企业理财的保守和冒险程度，评价企业所承担的财务风险。资产负债表还能够反映企业所有者权益的情况，表明企业投资者在企业资产中所占的份额。

3. 企业资产的流动性和偿债能力等。将企业的负债与资产比较，通过计算一些财务比率，可以分析一个企业的短期和长期偿债能力。企业资产的流动性一方面和偿债能力成正比，另一方面与企业的获利能力呈反比。

二、资产负债表审查的内容和方法

（一）报表体现的主要指标可信性和有效性的审查

1. 偿债能力指标的检查。

（1）流动比率，指企业流动资产与流动负债的比率。对经营者来说，流动比率不能过高，只要能够说明有能力偿付流动负债即可。因为流动比率过高，意味着企业过多的资金停留在流动资产上。虽然流动资产的变现能力强于固定资产、长期投资等非流动资产，但其获利能力弱于固定资产，从而流动比率过高会影响企业获利能力。因此，流动资产与固定资产应保持一个合理的比例关系，这样才能充分发挥固定资产和流动资产的使用效率，提高企业的盈利水平。还应注意除非企业有意争取更多的借款，否则不宜把流动比率保持在过高的水平上。

（2）速动比率。对企业经营者来说，与流动比率相似，速动比率也不能过高。因为速动比率过高就意味着企业的资金过多地停留在现金、银行存款、应收账款、应收票据、以公允价值计量且其变动计入当期损益的金融资产等变现能力较强，但获利能力较差的速动资产上，从而影响企业的获利能力。

2. 获利能力指标的检查。

（1）资本金利润率。这是企业的股本或实收资本与当期利润总额的比率，用以衡量投入企业的资本在一年内可以实现多少利润，表明企业资本的盈利水平。

资本金利润率总是越高越好，越高则表明获利能力越强。评价一个企业的资本金利润率时，首先应将本年度资本金利润率水平与上一年度水平进行对比，以确定本年度的获利水平；其次应对连续几年的资本金利润率进行分析，以观察企业获利能力的变动趋势；另外，还可将本企业水平与其他企业水平或同行业平均水平进行对比，以具体评价本企业的获利能力水平。

（2）资本权益率。这是企业的股本或实收资本与企业存留的公积金和未分配利润的比率，标志着资本投入企业后的增值程度。若为负数，则表明资本不仅未能保值，反而减值，甚至将发生破产。

3. 经营能力指标的检查。

（1）存货周转率。一般说来，存货周转率总是越高越好。存货周转率越高，说明企业存货从投入资金到被销售收回的时间越短，其变现的速度越快，其短期偿债能力越强，企业资金利用效率越高。存货周转率的快慢，不仅反映了流动资产变现能力的好坏，企业经营管理效率的高低，同时也说明了企业的资金利用效率和盈利能力。存货周转率越快，说明企业投入存货的资金的回收速度越快，在企业营业利润相同的情况下，企业就能获取更高的利润。反之，若存货周转率慢，就反映出企业的存货可能过多或不适销对路，而过多的呆滞存货将影响资金的及时回笼，在营业利润不变的情况下，企业所得的利润将会减少。

（2）总资产利润率，即当期资产总额的期末、期初平均额与税后利润的比率，它反映企业以其投入资本和资本盈余，以及由负债取得的全部资金来源，用于全部资产而取得的税后利润的水平。若企业举债经营所负担的利率低于这一水平，则对企业是有利的。

（3）企业净资产增长率。它采用横向对比的方式，即以当期的所有者权益数额为基数，与过去年度进行逐年对比的系列指标，用以表明企业获利所得及其经营实力的增长程度。

（二）相关附表的合规性和正确性审查

根据《企业会计准则》的有关规定，企业资产负债表的附表主要有：资产减值准备明细表、应交增值税明细表等。因此，对上述两表的审查是资产负债表附表审计的主要内容。

1. 资产减值准备明细表。资产减值明细表是反映企业各项资产减值准备增减变动情况的。它向会计信息使用者全面展示了企业资产减值的详细资料，对资产负债表资产真实性做出了进一步说明，有利于读者对会计信息的全面了解。

资产减值准备明细表审查的主要内容有：

（1）审查各项资产减值准备增减变动的真实性；

（2）审查各项资产减值准备增减变动的正确性；

（3）审查各项资产减值准备增减变动的合规性和合法性。

2. 应交增值税明细表。应交增值税明细表是反映企业增值税发生、交纳和应交数具体情况的报表，详细记录增值税的本年应交数、出口退税、进项税转出、减免税款、已交税金等情况，它是对资产负债表中“应交税费——应交增值税”的进一步说明。

对应交增值税明细表的审查，主要内容有：

（1）审查应交增值税销项税额、进项税额以及应交税额的正确性；

（2）审查企业出口退税计算的正确性，以及出口退税程序操作的合法性；

（3）审查增值税款减免的合法性、适当性；

（4）审查应交增值税交纳的及时性，有无长期拖欠的情况。

三、资产负债表的实质性审查

资产负债表是企业重要的财务报表，在错弊的检查中，常常把它作为检查的重点。但资产负债表、利润表、现金流量表和所有者权益变动表是相互联系的，资产负债表中发生了差错和舞弊，往往也会影响到利润表、现金流量表和所有者权益变动表。因此在审计的过程中，应将四大会计报表作为一个整体来检查。

审计人员对资产负债表的实质性审查主要从以下几个方面进行：

（一）检查资产负债表是否平衡

审计人员首先运用复算法验证资产负债表中有关小计、合计是否正确，并在此基础上复核“资产总计”、“负债总计”和“所有者权益总计”，最后用“资产 = 负债 + 所有者权益”的平衡关系验证资产负债表是否平衡。

（二）检查资产负债表数字来源是否真实、正确

资产负债表各项目数字的来源主要通过以下几种方式取得：

1. 根据总账余额直接填列，如“以公允价值计量且其变动计入当期损益的金融资产”、“应收票据”、“应收股利”、“应收利息”、“其他应收款”、“固定资产”、“固定资产清理”、“在建工程”、“无形资产”、“递延所得税资产”、“短期借款”、“应付票据”、“其他应付款”、“应付职工薪酬”、“应交税费”、“应付股利”、“其他应付款”、“应付债券”、“实收资本”、“资本公积”等项目。

2. 根据总账余额计算填列，如“货币资金”项目就是根据“库存现金”、“银行存款”和“其他货币资金”账户的期末余额的合计数填列的；又如“存货”项目的数字是根据“材料采购”、“原材料”、“周转材料”、“材料成本差异”、“委托加工物资”、“自制半成品”、“库存商品”、“发出商品”、“生产成本”等账户的期末余额的合计数填列的。

3. 根据明细账余额计算填列，如“应收账款”项目，应根据“应收账款”、“预收账款”账户有关明细账的期末借方余额计算填列；又如“应付账款”项目是根据“应付账款”、“预付账款”账户有关明细账的期末贷方余额计算填列。此外，“预收账款”、“预付账款”等项目的填列方法也是如此。

4. 根据有关被调整和调整的关系计算填列，如“固定资产”项目是根据“固定资产”项目减去“累计折旧”和“固定资产减值准备”项目后的余额填列的。

5. 根据总账和明细账余额分析计算填列，这些资产负债表项目或者无直接的对应账户，或者不能直接根据账户的余额填列，而应根据账户的内容进行分析后才能填列，如“一年内到期的以摊余成本计量的金融资产”项目应分析“以摊余成本计量的金融资产”明细账，将一年内到期的数额填写在该项目内；又如“长期借款”项目，需要根据“长期借款”总账期末余额扣除

“长期借款”总账所属明细账中反映的将于1年内到期的长期借款部分，分析计算填列。属于这类的项目还有“一年内到期的非流动负债”等。

6. 根据备查账簿中的记录填列的，如资产负债表补充资料中的“已贴现的商业承兑汇票”项目就是根据备查账簿中记录的商业承兑汇票贴现额登记的，反映了企业的或有负债。

（三）检查资产负债表和其他财务报表之间的勾稽关系

资产负债表和其他报表之间存在着密切的关系。资产负债表和现金流量表的关系将在现金流量表的审计部分作详细说明，这里主要说明资产负债表与利润分配表的勾稽关系。审计人员应检查资产负债表“未分配利润”项目的年初数与所有者权益变动表中“年初未分配利润”项目的数额是否一致，资产负债表“未分配利润”项目的年末数与所有者权益变动表中“未分配利润”项目的数额是否一致。

（四）检查资产负债表项目的真实性、合法性

资产负债表项目真实性、合法性的检查是在资产负债表外观形式和编制技术检查的基础上，着重对重要的资产、负债和所有者权益的项目作进一步的检查。在检查中，应采用账表、账账、账证、账实、证证核对的方法，并结合审阅、询证、盘点等方法，检查资产负债表所记载的事项和金额是否真实、合法。

第三节 利润表审计

一、利润表的审计目标

利润表是反映一定时期内生产经营成果的会计报表。利润表可以反映企业一定会计期间的收入实现情况，如实现的营业收入有多少、实现的投资收益有多少、实现的营业外收入有多少等等。利润表也可以反映一定会计期间的费用耗费情况，如耗费的营业成本有多少、营业税费有多少、销售费用、管理费用、财务费用各有多少、营业外支出有多少等等。利润表还可以反映企业生产经营活动的成果，即净利润的实现情况，据以判断资本保值、增值情况。将利润表中的信息与资产负债表中的信息相结合，还可以为进行财务分析提供基本资料，如将赊销收入净额与应收账款平均余额进行比较，计算出应收账款周转率；将销货成本与存货平均余额进行比较，计算出存货周转率；将净利润与资产总额进行比较，计算出资产收益率等，这些基本资料可以表现企业资金周转情况以及企业的盈利能力和水平，便于报表使用者判断企业未来的发展趋势，做出经济决策。

现行利润表的基本格式和内容见表15-3：

表 15－3　　利　润　表　　会企 02 表

编制单位：　　年　月　　单位：元

项　目	本期金额	上期金额
一、营业收入		
减：营业成本		
税金及附加		
销售费用		
管理费用		
财务费用		
资产减值损失		
加：公允价值变动收益（损失以“－”填列）		
投资收益（损失以“－”填列）		
其中：对联营企业和合营企业的投资收益		
资产处置收益		
其他收益		
二、营业利润（亏损以“－”填列）		
加：营业外收入		
减：营业外支出		
三、利润总额（亏损总额以“－”填列）		
减：所得税费用		
四、净利润（净亏损以“－”填列）		
五、其他综合收益税后净额		
（一）以后不能重分类进损益的其他综合收益		
1. 重新计量设定受益计划净负债或净资产的变动		
2. 权益法下在被投资单位不能重分类进损益的其他综合收益中享有的份额		
……		
（二）以后将重分类进损益的其他综合收益		
1. 权益法下在被投资单位以后将重分类进损益的其他综合收益中享有的份额		
2. 可供出售金融资产公允价值变动损益		
3. 持有至到期投资重分类为可供出售金融资产损益		
4. 现金流量套期损益的有效部分		
5. 外币财务报表折算差额		
……		
六、综合收益总额		
七、每股收益：		
（一）基本每股收益		
（二）稀释每股收益		

二、利润表审查的内容和方法

（一）利润表项目真实性与合法性的审查

1. 营业收入的审查。营业收入项目包括主营业务收入和其他业务收入。

（1）主营业务收入的审查。主营业务收入是指企业销售产品，包括产成品、自制半成品、工业性劳务等所发生的收入。按照规定，企业一般应于产品已经发出或劳务已经提供，同时收讫价款或取得收取价款的凭据时，确认销售收入的实现。审查内容包括：①查阅产品主营业务收入的内部管理制度，根据检查结果抽查收入凭证和记录，确定销售收入核算的范围和内容是否符合；②抽查收入凭证和记录，确定销售收入是否根据实现原则确认，以及收入数额的可靠性。检查是否正确区分采用托收承付、支票、汇兑、商业汇票等结算方式，检查其确认销售收入实现的时间是否正确，查明采用分期收款销售商品时，是否以合同约定的日期确认和计量销售收入；③抽查收入凭证和账簿记录，查明对应实现的销售收入的账务处理是否正确，有无将销售收入直接冲减生产成本，有无通过应付账款转出产成品或长期挂账不予处理的情况；④审阅账簿记录并核对凭证，查明企业已发生的销货退回、销售折扣和销售折让的账务处理是否正确，折扣和折让是否按规定作为主营业务收入的抵减项目处理；⑤检查非属当期和应属当期收入账务处理是否正确，与上期销售收入比较并分析变动原因。

（2）其他销售收入的审查。通过抽查凭证和账簿记录，主要检查其他销售收入所包括的内容范围是否符合规定，代销业务合同及代销清算凭证和记录反映的代销业务收入是否真实，有无出售多余材料或外购商品不入账而直接作为职工福利等情况。

2. 成本和费用的审查。利润表中成本和费用项目包括营业成本、销售费用和税金及附加、管理费用和财务费用。

营业成本指已销售产成品、自制半成品和工业性劳务等的成本，其确定方法有多种。利润表中“营业成本”项目反映会计期内已销售产品的实际销售成本。

销售费用指企业在产品销售等过程中所发生的费用，包括运输费、装卸费、包装费、保险费、展览费、广告费，以及为销售本企业产品而专设的销售机构的职工工资、职工福利费、业务费等经营费用，这些费用均按实际发生数进行核算。因此，“销售费用”项目反映会计期内企业实际发生的产品销售费用。

税金及附加指企业应由已销售商品、已提供工业性劳务等负担的税金及附加，具体包括消费税、城市维护建设税、资源税、房产税、土地使用税、车船税和印花税等。利润表中，“税金及附加”项目反映会计期内应由营业收入负担的税金及附加。

管理费用和财务费用主要审查：

（1）根据有关费用审计的法规，审查企业对成本核算和费用划分的会计处理程序和方法是否正确；

（2）检查有关凭证和账簿记录，分析成本、费用的计算、归集和分配过程的方法的一致性，检查企业成本计算的基本程序是否正确，成本计算方法一经确定，有无任意变动的情况等；

（3）核对成本计算记录和生产成本账户及其他有关账户记录，确定其计算是否正确，检查成本分摊方法的正确性；

（4）审阅账簿记录并核对有关凭证，查明企业对费用的处理是否符合规定，如有无专门对期间费用开设相关账户，期末直接冲转当期损益；

（5）审阅账簿记录并核对凭证，查明成本费用列支范围是否符合规定，有无将对外投资支出、各项罚款、捐赠支出等列入成本费用。

3. 利润的审查。利润表中，利润总额包括营业利润、营业外收入和营业外支出等项目。

营业利润是企业营业活动产生的利润，也是企业利润总额的主要构成部分。它是将营业收入和相关的营业成本、营业税金及附加、期间费用等相比较后的差额，反映会计期间企业营业活动的经营成果。

利润表中，

营业利润 = 营业收入 + 营业成本 - 税金及附加 - 销售费用 - 管理费用 - 财务费用 - 资产减值损失 + 公允价值变动收益 + 投资净收益 + 资产处置收益 + 其他收益

利润总额审查的主要内容包括：

（1）查阅构成营业利润的各损益类账户记录，并核对凭证，确定营业利润核算内容及会计账务处理的正确性。

（2）审查营业外收入和营业外支出发生的数额和性质，分析发生的原因，核对有关凭证和账簿记录，确定其数额和会计处理的正确性。着重审查企业是否严格区分营业收入和非营业收入的界限，营业外支出和成本费用的界限；是否将营业外收入和营业外支出分别进行核算，有无以营业外支出直接冲减营业外收入的情况等。

（3）“所得税”项目的审查可参阅有关所得税审计的内容。

利润表中，

净利润 = 利润总额 - 所得税费用

（二）利润表所反映的主要指标的审查

1. 投资报酬率，它反映每一份股本在每年分享的股息和红利，是吸引社会投资和据以决策的重要信息。

2. 盈利水平指标，即产品成本利润率，它是产品销售利润与其销售成本的比率，表明一定的产品成本水平所产生的盈利（或亏损），是用于产品决策与市场决策的重要信息。

（三）分部报表的审查

根据《企业会计准则》的有关规定，企业应编制分部报表作为财务报表附注的构成内容之一，补充说明企业利润和资产的综合情况。

分部报表，是反映企业各营业分部经营业务的收入、成本、费用、营业利润、资产总额以及负债的情况的财务报表。它是对利润表提供的信息的必要补充。主要审查内容为：

1. 审核表中各项目数字是否与企业“营业收入”、“营业成本”等会计科目及其明细科目有关数字相符。

2. 审查分部报表各项目的数字是否正确合规。将各项目的数字与“营业收入”、“营业成本”、“期间费用”、“资产总额”、“负债总额”等资料记录的相关数据进行核对，以验证其真实性、正确性。

3. 审查分部报表与利润表之间的勾稽关系是否正确。表中产品销售各栏的合计数（如营业收入、营业成本、期间费用、资产总额、负债总额等）应与利润表或资产负债表中相应的数据（如营业收入、营业成本、期间费用、资产总额、负债总额）核对相符。

三、利润表的实质性审查

审计人员对利润表的实质性审查主要从以下几个方面进行：

（一）检查利润表有关项目计算的正确性

审计人员在检查利润表各项目填写是否完整的基础上，采用复算法检查其计算是否正确。

利润表有关的计算公式如下：

营业收入 = 主营业务收入 + 其他业务收入

营业成本 = 主营业务成本 + 其他业务成本

营业利润 = 营业收入 - 营业成本 - 税金及附加 - 销售费用 - 管理费用 - 财务费用 - 资产减值损失 + 公允价值变动收益 + 投资净收益 + 资产处置收益 + 其他收益

利润总额 = 营业利润 + 营业外收入 - 营业外支出

净利润 = 利润总额 - 所得税费用

利润分配表的有关计算公式如下：

可供分配的利润 = 净利润 + 年初未分配利润 + 盈余公积补亏

可供投资者分配利润 = 可供分配的利润 - 提取盈余公积 - 提取的职工奖励及福利基金 - 提取储备基金 - 提取企业发展基金 - 利润归还投资

未分配利润 = 可供投资者分配的利润 - 应付优先股股利 - 提取任意盈余公积 - 应付普通股股利 - 转作资本（或股本）的普通股股利

（二）检查利润表与其他报表之间的勾稽关系

利润表和其他报表之间存在着密切的关系。利润表和现金流量表的关系将在现金流量表的审计部分作详细说明，这里主要论述利润表与所有者权益变动表、分部报表的勾稽关系。审计人员应检查利润表中“净利润”项目的数额是否等于利润分配表中“净利润”项目的数额，利润表中的“营业收入”、“营业成本”、“期间费用”等项目的数额与营业收支明细表中的“主营业务收入”、“其他业务收入”、“主营业务成本”、“其他业务成本”、“期间费用”等项目的数额是否相等。

（三）检查利润表项目数据来源是否正确、可靠

审计人员应检查企业是否根据现行企业会计准则的规定正确填列了利润表中各项目的数额。

根据企业会计准则的规定，利润表项目数据的取得方式如下：

1. 利润表中“本月数”栏反映各项目的本月实际发生数，在编制年度利润表时，填列上年全年累计实际发生数，并将“本月数”栏改成“上年数”栏。利润表中“本年累计数”栏反映各项目自年初到本月末止的累计实际发生数。

2. “营业收入”项目数额应与“主营业务收入”、“其他业务收入”账户贷方发生额相符。如果有销售退回等事项，则应与贷方发生额减去借方发生额的差额相符。

3. “营业成本”项目数额应与“主营业务成本”、“其他业务成本”账户借方发生额相符。如果该账户记有销售退回等事项，则应与借方发生额减去贷方发生额的差额相符。

4. “税金及附加”项目数额应与“税金及附加”账户借方发生额相符。如果该账户记有退税或事后减免税等事项，则应与借方发生额减去贷方发生额的差额相符。

5. “销售费用”、“管理费用”、“财务费用”项目数额应与“销售费用”、“管理费用”、“财务费用”账户借方发生额相符。如果这几个账户的贷方有抵减费用，则应与借方与贷方相抵后的净发生额相符。

6. “营业外收入”项目数额应与“营业外收入”账户的贷方发生额相符。

7. “营业外支出”项目数额应与“营业外支出”账户的借方发生额相符。

8. “利润总额”项目数额应与结转至“本年利润”账户的各损益类项目数额的差额相符。

9. “所得税费用”项目数额应与“所得税费用”的借方发生额相符或者与“应交税费——应交所得税”、“递延所得税负债”、“递延所得税资产”等相关账户的贷方发生额相符。

10. “净利润”项目数额应为“利润总额”项目与“所得税费用”项目数额的差额相符。

根据企业会计准则的规定，营业收支明细表中各项目的数据应与利润表中“营业收入”、“营业成本”、“期间费用”等项目的数额和分部报表中的“营业收入”、“营业成本”、“期间费用”及有关账户所属明细账的借方或贷方发生额相符。

第四节　现金流量表审计

一、现金流量表的构成

现金流量表，是指反映企业在一定会计期间现金和现金等价物流入和流出的报表。现金流量表主要是提供企业某一时期有关现金收入和现金付出的信息，其次是在现金基础上提供企业某一时期有关经营活动、投资活动和筹资活动的信息。

现金，是指企业库存现金以及可以随时用于支付的存款。不能随时用于支付的存款不属于现金，包括外埠存款、银行汇票存款、银行本票存款、在途货币资金等。

现金等价物，是指企业持有的期限短、流动性强、易于转换为已知金额现金、价值变动风险很小的投资。期限短，一般是指从购买日起三个月内到期。现金等价物通常包括三个月内到期的债券投资等。权益性投资变现的金额通常不确定，因而不属于现金等价物。

（一）现金流量表把经营活动、投资活动和筹资活动区分为现金流入和现金流出

1. 经营活动包括除投资活动和筹资活动以外所有的交易和事项。

2. 投资活动包括：

（1）对外贷款和收回贷款；

（2）取得和出售投资及生产性耐用资产。

3. 筹资活动涉及负债和股东权益项目，包括：

（1）向债权人借入现金及偿还借入的现金；

（2）向股东筹集资本以及向其支付投资报酬或返还其投资。

现金流量表基本格式如表15－4：

表15－4　　**现金流量表**　　会企03表

编制单位：　　年　月　　单位：元

项　目	本期金额	上期金额
一、经营活动产生的现金流量：		
销售商品、提供劳务收到的现金		
收到的税费返还		
收到其他与经营活动有关的现金		
经营活动现金流入小计		
购买商品、接受劳务支付的现金		
支付给职工以及为职工支付的现金		

续表

项　　目	本期金额	上期金额
支付的各项税费		
支付其他与经营活动有关的现金		
经营活动现金流出小计		
经营活动产生的现金流量净额		
二、投资活动产生的现金流量：		
收回投资收到的现金		
取得投资收益收到的现金		
处置固定资产、无形资产和其他长期资产收回的现金净额		
处置子公司及其他营业单位收到的现金净额		
收到其他与投资活动有关的现金		
投资活动现金流入小计		
购建固定资产、无形资产和其他长期资产支付的现金		
投资支付的现金		
取得子公司及其他营业单位支付的现金净额		
支付其他与投资活动有关的现金		
投资活动现金流出小计		
投资活动产生的现金流量净额		
三、筹资活动产生的现金流量：		
吸收投资收到的现金		
取得借款收到的现金		
收到其他与筹资活动有关的现金		
筹资活动现金流入小计		
偿还债务支付的现金		
分配股利、利润或偿付利息支付的现金		
支付其他与筹资活动有关的现金		
筹资活动现金流出小计		
筹资活动产生的现金流量净额		
四、汇率变动对现金及现金等价物的影响		
五、现金及现金等价物净增加额		
加：期初现金及现金等价物余额		
六、期末现金及现金等价物余额		

（二）现金流量表的信息可以向会计信息使用者展示的资料

1. 现金流量表能分别反映出企业经营活动、投资活动和筹资活动所提供的现金流量信息，以及经营活动、投资活动和筹资活动各个具体项目所提供的现金流量信息。借助这些数据，企业财务报表的使用者可以分析企业的生存能力、发展能力和适应市场变化的能力。企业的所有者和债权人可以判断企业经过一段时期的经营后是否有足够的现金用来支付股利、利息和债务以及企业主要是依靠经营活动还是其他活动来获得现金的。

2. 现金流量表能够反映企业未来期间资产的流动程度。企业报表的使用者将不同时期的现金流量表进行比较，可以考察企业资产流动性的变化及变化程度。

3. 现金流量表最能反映企业短期偿还债务的能力。我国以前要求企业编制财务状况变动表，虽然以营运资金为基础的财务状况变动表也能反映企业短期偿还债务的能力，但由于某种营运资金中的存货和应收账款要经过较长的一段时间才能变现，有些应收账款属于潜在的坏账根本无法变现，而有些存货呆滞、冷背、陈旧，其变现能力也令人怀疑，所以现金最能反映企业偿还短期债务的能力。

二、现金流量表的审计内容和方法

（一）复核来自经营活动的净现金流量

1. 直接法计算公式。

来自经营活动的净现金流量 = 现金流入 - 现金流出

（1）检查现金流入内容是否完整，计算是否正确。现金流入主要有销售商品、产品取得的收入以及税费返还等。其中从顾客处收到的现金，既有本期现销部分得到的现金，又有以前年度赊销本期收回的现金，而本期销货净额中又有赊销部分，因此应对本期的销货净额以及期初、期末应收票据、应收账款的变动加以调整而求得。公式如下：

自顾客处收到的现金 = 本期销货净额 + 本期发生的增值税销项税额 + 应收票据减少额（或减其增加额） + 应收账款减少额（或减其增加额） + 预收账款增加额（或减其减少额）

（2）检查现金流出的正确性：现金流出的内容主要有购买存货和各种费用支出包括：购买商品、接受劳务支付的现金、支付给职工以及为职工支付的现金，支付的各项税款等。其中，用于购买商品或接受劳务的现金为：

A. 用于购货本期支出的现金，既有本期现购支出的现金，又有以前年度赊购、本期支出的现金；同时本期购货成本中还包含赊购部分，因此购货支出的现金要对本期的购货成本根据期初期末应付票据、应付账款的变动加以调整求得，公式为：

购货支出的现金 = 销货成本 + 存货增加额（或减其减少额） + 本期发生的增值税进项税额 + 应付票据减少额（或减其增加额） + 应付账款减少额（或减其增加额） + 预付账款增加额（或减其减少额）

B. 费用的现金支出

利润表中列示的费用表明了本期的销货成本和其他支出，但与费用的现金支出有很大的差异，因为利润表中列示的某些费用并不需要动用现金，如折旧费，但在应计基础上，它确实增加了计量的费用总额。这种不需现金流出的费用还包括无形资产和长期待摊费用的摊销。

另外，费用的确认和实际的现金支出也不由于短期时间差造成差异。当消耗商品或者劳务时，费用已经确认入账，然而这些费用现金的支出则可能发生在以前期间、当期或以后期间。预先支付的为预付费用，本期支出就会超出确认的费用额；以后支付现金，本期支出就低于确认的费用额。因此费用的现金支出须由应计基础转为现金基础，公式如下：

发生费用的现金支出 = 费用 - 折旧和其他非现金费用 + 预付费用增额（或减其减少额）+ 应计负债减少额（或减其增加额）

所得税费用的现金支出，转化为现金基础的公式为：

所得税费用的现金支出 = 所得税费用 + 应付所得税减少额（或减其增加额）

2. 间接法计算。间接法计算来自经营活动的净现金流量，将净收益调至净现金流量即可。

净收益和来自经营活动的净现金流量之间的差额有四种类型：

（1）实际没有支付现金的费用；

（2）实际没有收到的现金的收益；

（3）不属于经营活动的损益；

（4）经营性应收应付项目的增减变动。

上述调整项目具体包括：计提资产减值准备、固定资产折旧、无形资产和长期待摊费用的摊销、处置固定资产、无形资产和其他资产的损益、固定资产报废损失、固定资产盘亏、财务费用、投资损益、存货的增减变动、递延所得税增减变动、经营性应收应付项目等。

因此，以净收益为起点计算来自经营活动的净现金流量，不影响现金流量收支进行调整获得现金净流量。

（二）复核来自投资活动的现金流量

审查投资活动产生的现金流量计算是否正确，可以从两方面入手。

1. 投资活动现金流入量的审查。投资活动现金流入量主要包括：

（1）收回投资所收到的现金；

（2）取得投资收益所收到的现金；

（3）处置固定资产、无形资产和其他长期资产所收到的现金净额。

2. 投资活动现金流出量的审查。投资活动现金流出量主要包括：

（1）购建固定资产、无形资产和其他长期资产所支付的现金；

（2）投资所支付的现金。

对上述项目的审查，应复核各项应收项目的期初数、本期增减发生额及期末余额的正确性，同时还应对相关账目借贷发生额进行分析，才能确保投资活动现金流量真实、可靠。

（三）复核来自筹资活动的现金流量

企业的筹资活动，是指导致企业资本及债务规模发生变化的活动。影响筹资活动现金流量正确性的内容主要有：

1. 筹资活动现金流入量主要包括：

（1）吸收投资所收到的现金；

（2）借款所收到的现金。

2. 筹资活动流出的现金主要包括：

(1) 偿还债务所支付的现金；

(2) 分配股利、利润或偿付利息所支付的现金。

对来自筹资活动的现金流量，在审查各项非流动负债和所有者权益账户的基础上，可通过分析本年度有关负债和股东权益账户借贷方的变化来确定。

三、现金流量表的实质性审查

审计人员对现金流量表的实质性审查主要从以下几个方面进行：

(一) 检查现金流量表内有关项目的计算是否正确

审计人员应首先检查企业现金流量表内有关项目的计算是否正确，主要是采用复算法验证“小计”和“净额”等数字的计算是否正确，有无拼凑数据，蒙混过关的情况。

(二) 检查现金流量表与其他财务报表之间的勾稽关系

现金流量表大多数项目是根据账户分析填列的，但也有部分项目可以根据资产负债表和利润表填列，因此现金流量表与这些报表之间存在一定的勾稽关系。例如现金流量表附注中“投资损失（减收益）”项目应与利润表中“投资收益”项目相一致；现金流量表附注中“存货的减少（减增加）”项目应与资产负债表中“存货”项目的期末期初的差额相一致。

(三) 检查现金流量表项目数据来源是否正确、可靠

现金流量表项目的数据很少能直接从账户中直接取得，大多要根据有关账户分析填列。审计人员应检查企业是否是根据以下规则填写现金流量表各项目数据的。

1. 经营活动产生的现金流量各项目数据来源的审计。

(1)“销售商品、提供劳务收到的现金”项目。销售商品、提供劳务收到的现金包括本期销售商品（含销售商品产品、材料，下同）、提供劳务收到的现金（含收到的增值税销项税额），以及前期销售或前期提供劳务本期收到的现金和本期预收的账款，扣除本期退回本期销售的商品和前期销售本期退回的商品支付的现金。

审计人员可以根据“库存现金”、“银行存款”、“应收账款”、“应收票据”、“预收账款”、“主营业务收入”、“其他业务收入”等账户来进行检查。

(2)“收到税费返还”等项目。主要包括收到的增值税、消费税、所得税等各项减免税退税及教育费附加返还，以及出口商品实际收到退回的增值税。审计人员可以根据“税金及附加”、“其他收益”、“所得税费用”、“应交税费——应交增值税（出口退税）”、“库存现金”、“银行存款”等账户来进行检查。

收到除增值税以外的其他税费返还是指收到消费税、营业所得税、教育费附加等税费的返还。审计人员可以根据“库存现金”、“银行存款”和“应交税费”等账户进行检查。

(3)“收到的与经营活动有关的其他现金”项目。收到的与经营活动有关

的其他现金是指除了上述项目以外与经营活动有关的其他现金流入，例如接受捐赠现金流入、罚款收入、收到出借或出租包装物的押金收入、流动资产损失中由个人赔偿的现金收入等。审计人员可以根据“营业外收入”、“营业外支出”、“库存现金”、“银行存款”、“其他应付款”等账户进行检查。

（4）“购买商品、接受劳务支付的现金”项目。购买商品、接受劳务支付的现金包括本期购入商品、接受劳务支付的现金（含支付的增值税进项税额），以及本期支付前期购入商品、接受劳务的未付款项和本期预付款项。本期收到的发生的购货退回收到的现金应从本项目中扣除。

审计人员可以根据“在途物资”、“原材料”、“库存商品”、“应付账款”、“应付票据”、“库存现金”、“银行存款”等账户来进行审查。

（5）“支付给职工以及为职工支付的现金”项目。支付给职工以及为职工支付的现金包括本期实际支付给职工的工资、奖金、各种津贴和补贴等，以及为职工支付的养老保险、待业保险、补充养老保险、住房公积金、支付给职工的住房困难补助等。但不包括支付给在建工程人员的工资等薪酬。审计人员可以根据“库存现金”、“银行存款”、“管理费用”、“应付职工薪酬”等账户来进行检查。

（6）“支付的各项税款”项目。支付的增值税款是指企业实际交纳的增值税额，企业购入固定资产支付的增值税、小规模纳税人购入商品所支付的增值税额等不包括在本项目内。企业交纳的所得税、消费税等其他税费，及支付的教育费附加、矿产资源补偿费、印花税、房产税、土地使用税、车船税等。企业所支付的税金应综合进行反映。审计人员可以根据“税金及附加”、“所得税费用”、“应交税费”、“库存现金”和“银行存款”等账户的来进行审查。

（7）“支付的与经营活动有关的其他现金”项目。支付的与经营活动有关的其他现金包括捐赠现金支出、罚款支出、支付的差旅费、支付的财产保险费、业务招待费支出、支付离退休人员的费用等。审查人员可以根据“库存现金”、“银行存款”、“管理费用”、“销售费用”、“制造费用”、“营业外支出”、“其他应付款”等账户进行综合审查。

2. 投资活动产生的现金流量各项目数据的来源的审计。

（1）“收回投资所收到的现金”项目。收回投资所收到的现金是指企业出售、转让或到期收回除现金等价物以外的金融资产、长期股权投资而收到的现金，以及收回长期债券投资本金而收到的现金（不包括长期债权投资收回的利息），以及收回的非现金资产。收回的非现金资产中不涉及现金流量变动的部分，不在该项目中反映，而是在“不涉及现金收支的投资与筹资活动”项目中反映。审计人员可以根据“以公允价值计量且其变动计入当期损益的金融资产”、“长期股权投资”、“以摊余成本计量的金融资产”、“以公允价值计量且其变动计入其他综合收益的金融资产”、“库存现金”、“银行存款”等账户进行分析性审查。

（2）“投资收益所收到的现金”项目。分得股利或利润所收到的现金是指企业因股权性投资而收到的现金股利，以及从子公司、联营企业和合营企业分回利润收到的现金。审计人员可以根据“应收股利”、“投资收益”、“库存现金”和“银行存款”等账户的分析来进行查账。

取得债券利息收入所收到的现金是指因债权性投资而收到的利息。审查时可根据“以公允价值计量且其变动计入当期损益的金融资产”、“应收利息”、“以摊余成本计量的金融资产”、“以公允价值计量且其变动计入其他综合收益的金融资产”、“投资收益”、“库存现金”和“银行存款”等账户来进行。

（3）“处置固定资产、无形资产和其他长期资产收回的现金净额”项目。处置固定资产、无形资产和其他长期资产收回的现金净额是指企业处置固定资产、无形资产和其他长期资产收回的现金扣除所发生的现金支出后的余额。审计人员可以根据“固定资产”、“固定资产清理”、“无形资产”、“库存现金”和“银行存款”等账户进行综合审查。

（4）“收回的与投资活动有关的其他现金”项目。收回的与投资活动有关的其他现金是指除了上述项目以外与投资活动有关的其他现金流入。如企业收回购买股票时买价中所包含的已宣告发放但尚未领取的现金股利。审计人员可以根据“库存现金”、“银行存款”和其他有关账户进行综合审查。

（5）“购建固定资产、无形资产和其他长期资产所支付的现金”项目。购建固定资产、无形资产和其他长期资产所支付的现金是指企业购买、建造固定资产，取得无形资产和其他长期资产支付的现金。但不包括购建固定资产而发生的借款利息资本化的部分和融资租入固定资产支付的租赁费，这两项内容在筹资活动产生的现金流量中单独反映。企业以分期付款方式购建的固定资产，其首次付款支付的现金作为筹资活动的现金流出。

审计人员可以根据“固定资产”、“在建工程”、“无形资产”、“库存现金”、“银行存款”和“其他货币资金”等账户进行综合审查。

（6）“投资所支付的现金”项目。权益性投资支付的现金包括企业取得的除现金等价物以外的短期股票投资、长期股权投资、债券投资支付的现金以及支付的佣金、手续费等附加费用。企业以非现金的固定资产、商品等进行的权益性投资，不反映在本项目内，而是在现金流量表附注中单独反映。审计人员可以根据“以公允价值计量且其变动计入当期损益的金融资产”、“长期股权投资”、“以摊余成本计量的金融资产”、“以公允价值计量且其变动计入其他综合收益的金融资产”、“库存现金”、“银行存款”等账户进行综合审查。

（7）“支付的与投资活动有关的其他现金”项目。支付的与投资活动有关的其他现金是指除了上述项目外与投资活动有关的其他现金流出。如企业收回购买股票时买价中所包含的已宣告发放但尚未领取的现金股利。审计人员可以根据“库存现金”、“银行存款”和其他有关账户进行审查。

3. 筹资活动产生的现金流量各项目数据的来源的审计。

（1）“吸收投资收到的现金”项目。吸收投资收到的现金包括权益筹资和债务性筹资。权益性筹资所取得的现金是指企业收到的投资者投入企业的现金，包括以发行股票方式筹集的资金实际收到的股款净额（发行收入减去支付的佣金等发行费用后的净额）。发行债券收到的现金是指企业发行债券实际收到的现金（发行收入减去支付的佣金等发行费用后的净额）。审计人员可以根据“实收资本（或股本）”、“资本公积”、“库存现金”、“银行存款”、“应付债券”、“库存现金”、“银行存款”等账户的综合分析来审查。

（2）“借款收到的现金”项目。借款收到的现金是指企业从银行和其他金融机构等借入的资金。审计人员可以根据“短期借款”、“长期借款”、“银行存款”等账户来进行审查。

（3）“收到的与筹资活动有关的其他现金”项目。收到的与筹资活动有关的其他现金是指除了上述项目以外的与筹资活动有关的其他现金流入。审计人员可以根据“库存现金”、“银行存款”和其他有关账户进行审查。

（4）“偿还债务支付的现金”项目。偿还债务支付的现金是指偿还银行或其他金融机构等的借款本金、偿还债券本金等的现金流出。审计人员可以根据“短期借款”、“长期借款”、“应付债券”、“银行存款”等账户进行审查。

（5）“分配股利、利润或偿付利息所支付的现金”项目。分配股利或利润支付的现金是指企业实际支付的现金股利，以及支付给其他单位的利润。偿付利息所支付的现金是指企业实际支付的借款利息、债券利息等。审计人员可以根据“应付利息”、“长期借款”、“财务费用”、“在建工程”、“应付股利”、“库存现金”、“银行存款”等账户来进行审查。

（6）“支付的与筹资活动有关的其他现金”项目。支付的与筹资活动有关的其他现金是指除了上述项目以外的与筹资活动有关的其他现金流出。审计人员可以根据“库存现金”、“银行存款”和其他有关账户进行审查。

（7）“汇率变动对现金的影响”项目。汇率变动对现金的影响反映企业所持外币现金余额由于汇率变动而发生的对现金的影响。审计人员可根据财务费用及相关资料进行审查分析，以判断其对现金流量的影响。

第五节　所有者权益变动表审计

一、所有者权益变动表的构成

（一）所有者权益变动表的内容

所有者权益变动表是指反映构成所有者权益各组成部分当期增减变动情况的报表。所有者权益变动表应当全面反映一定时期所有者权益变动的情况，不仅包括所有者权益总量及结构的变动的信息，还包括所有者权益增减变动的重要结构性信息，特别是要反映直接计入所有者权益的利得和损失，让报表使用者准确理解所有者权益增减变动的根源。

在所有者权益变动表中，企业至少应当单独列示反映下列信息的项目：

（1）综合收益总额，在合并所有者权益变动表中还应单独列示归属于母公司所有者的综合收益总额和归属于少数股东的综合收益总额。

（2）直接计入所有者权益的利得和损失项目及其总额。

（3）会计政策变更和差错更正的累积影响金额。

（4）所有者投入资本和向所有者分配利润等。

（5）提取的盈余公积。

（6）所有者权益各组成部分的期初和期末余额及其调节情况。。

（二）所有者权益变动表的结构

为了清楚地表明构成所有者权益的各组成部分当期的增减变动情况，所有者权益变动表应当以矩阵的形式列示：一方面，列示导致所有者权益变动的交易或事项，改变了以往仅仅按照所有者权益的各组成部分反映所有者权益变动情况，而是从所有者权益变动的来源对一定时期所有者权益变动情况进行全面反映；另一方面，按照所有者权益各组成部分（包括实收资本、其他权益工具、资本公积、其他综合收益、盈余公积、未分配利润和库存股）及其总额列示交易或事项对所有者权益的影响。此外，企业还需要提供比较所有者权益变动表，所有者权益变动表就各项目再分为“本年金额”和“上年金额”两栏分别填列。所有者权益变动表的具体格式如表 15－5 所示：

表 15－5 所有者权益变动表 会企 04 表

编制单位： 年 度 单位：元

项目	本年金额								上年金额（略）							
	实收资本（或股本）	其他权益工具	资本公积	减：库存股	其他综合收益	盈余公积	未分配利润	所有者权益合计	实收资本（或股本）	其他权益工具	资本公积	减：库存股	其他综合收益	盈余公积	未分配利润	所有者权益合计
一、上年年末余额																
加：会计政策变更																
前期差错更正																
二、本年年初余额																
三、本年增减变动金额（减少以“－”号填列）																
（一）综合收益总额																
（二）所有者投入和减少资本																
1. 所有者投入资本																
2. 股份支付计入所有者权益的金额																
3. 其他																
（三）利润分配																
1. 提取盈余公积																
2. 对所有者（或股东）的分配																
3. 其他																
（四）所有者权益内部结转																
1. 资本公积转增资本（或股本）																
2. 盈余公积转增资本（或股本）																
3. 盈余公积弥补亏损																
4. 其他																
四、本年年末余额																

二、所有者权益变动表审计的内容

所有者权益变动表是指反映构成所有者权益各组成部分当期增减变动情况的报表。

所有者权益变动表审查的主要内容有：

1. 审查本年度股本增减变动的真实性和合规性。
2. 审查本年度资本公积增减变动的正确性和真实性。
3. 审查其他综合收益的增减变动的真实性和正确性。
4. 审查本年度盈余公积增减变动的合规性和合法性。
5. 审查本年度未分配利润的正确性和真实性，该部分内容可结合利润形成和利润分配进行。

三、所有者权益变动表的实质性审查

审计人员对所有者权益变动表的实质性审查主要从以下几个方面进行：

（一）检查所有者权益变动表有关项目计算的正确性

审计人员在检查所有者权益变动表各项目填写是否完整的基础上，采用复算法检查其计算是否正确。

所有者权益变动表有关数据的填列方法：

1. 所有者权益变动表“上年金额”栏内各项数字，应根据上年度所有者权益变动表“本年金额”栏内所列数字填列。如果上年度所有者权益变动表规定的各个项目的名称和内容同本年度不相一致，应对上年度所有者权益变动表各项目的名称和数字按本年度的规定进行调整，填入所有者权益变动表“上年金额”栏内。

2. 所有者权益变动表“本年金额”栏内各项数字一般应根据“实收资本（或股本）”、“资本公积”、“盈余公积”、“利润分配”、“库存股”、“以前年度损益调整”科目的发生额分析填列。

（二）检查所有者权益变动表项目数据来源是否正确、可靠

审计人员应检查企业是否根据现行企业会计准则的规定正确填列了所有者权益变动表各项目的数额，数据来源是否正确、可靠。

（三）审查“所有者权益变动表”与“利润表”、“资产负债表”中相关项目间数字勾稽关系的正确性

所有者权益变动表“本年金额”栏内各项数字一般应根据“实收资本（或股本）”“其他权益工具”、“资本公积”、“其他综合收益”、“盈余公积”、“利润分配”、“库存股”、“以前年度损益调整”科目的发生额分析填列，因此要审查“所有者权益变动表”与“利润表”、“资产负债表”中相关项目间数字勾稽关系的正确性。

第六节　合并财务报表审计

一、合并财务报表的概述

（一）合并财务报表的概念

合并财务报表，是以母公司和子公司组成的企业集团为一会计主体，以母公司和子公司单独编制的个别财务报表为基础，由母公司编制的综合反映企业集团经营成果、财务状况及其变动情况的财务报表。

随着我国企业制度改革的深入，在股份基础上的参与制构造了一种全新的经济实体，社会化大生产的客观要求和获取规模经济效益的动因使企业之间走向了联合，客观上要求提供企业的合并财务报表。一些股份制企业为了满足海内外证券市场对企业会计信息的需要，已对外编报合并财务报表。中国证券监督管理委员会为规范上市企业会计信息的披露，规定上市公司必须披露其合并财务报表。

（二）合并财务报表的特点

合并财务报表是以整个企业集团为一会计主体，以组成企业集团的母公司和子公司的个别财务报表（指企业单独编制的财务报表，为了与合并财务报表相区别，将其称之为个别财务报表）为基础，抵消内部会计事项对个别财务报表的影响，合并财务报表各项目的数额编制。与个别财务报表比较，它具有如下特点：

1. 合并财务报表反映的内容是母公司和子公司所组成的企业集团整体的财务状况和经营成果，反映的对象是由若干个法人组成的会计主体，是经济意义上的会计主体，而不是法律意义上的主体。个别财务报表反映的则是单个的独立企业法人的财务状况和经营成果，反映的对象是企业法人。对于由母公司和若干个子公司组成的企业集团来说，母公司和子公司编制的个别财务报表分别反映母公司本身或子公司本身各自的财务状况和经营成果，而合并财务报表则反映母公司和子公司组成的集团这一主体综合的财务状况和经营成果。

2. 合并财务报表由企业集团中对其他企业有控制权的控股公司或母公司编制，并不是企业集团中所有企业都必须编制合并财务报表，更不是社会上所有企业都需要编制合并财务报表。与此不同，个别财务报表是由独立的法人企业编制，所有企业都有编制个别财务报表反映其财务状况和经营成果的义务。

3. 合并财务报表是以个别财务报表为基础编制的。企业编制个别财务报表，从设置账簿、编制分录、登记账簿到编制报表，都有一套完整的会计核算方法体系。而合并财务报表不同，编制合并财务报表并不需要在现行会计核算方法体系之外单独设置一套账簿，根据每一笔业务编制分录，登记账簿，并以账簿数据填列报表。它是以纳入合并财务报表合并范围的企业个别财务报表为基础，根据其他有关资料，抵消有关会计事项对个别财务报表的影响编制。

4. 合并财务报表编制有其独特的方法。个别财务报表的编制有其自身固有的一套编制方法和程序，如结账、进行调整业务等，然后编制财务报表。合并财务报表则是在对纳入合并范围的个别财务报表的数据进行加总的基础上，通过编制抵消分录将企业集团内部的经济业务对个别财务报表的影响予以抵消，然后合并财务报表各项目的数额编制的。编制合并财务报表时，一般须编制抵消分录，运用合并工作底稿等一些特殊的报表编制方法。

汇总财务报表主要是指由行政管理部门根据所属企业报送的财务报表，对其各项目进行加总编制的财务报表。合并财务报表与其相比，首先就是编制的目的不同。汇总财务报表的目的主要是满足有关行政部门或国家掌握了解整个行业或整个部门所属企业的财务经营情况的需要，而合并财务报表则主要是满足公司的所有者、债权人以及其他有关方面了解企业集团整体财务状况和经营成果的需要。其次，两者确定编报范围的依据不同。汇总财务报表的编报范围，主要是以企业的财务隶属关系作为确定的依据，即以企业是否归其管理，是否是其下属企业作为确定编报范围的依据。凡属于其下属企业，在财务上归其管理，则包括在汇总财务报表的编报范围之内。合并财务报表则是以母公司对另一企业的控制关系作为确定编报范围（即合并范围）的依据，凡是通过投资关系或协议关系能够由其控制的企业则属于合并财务报表的编制范围。最后，两者所采用的编制方法不同。汇总财务报表主要采用简单加总方法编制，合并财务报表则必须抵消内部投资、内部交易、内部债权债务等内部会计事项对个别财务报表的影响后编制，相对来说，其编制方法比较复杂。

（三）合并财务报表的作用

合并财务报表是现代化企业集团传递会计信息的重要方式，其会计信息的作用有别于个别财务报表，主要作用表现在以下几个方面：

1. 有利于真实反映企业集团的财务状况和经济实质。社会经济的发展和资本的集中不仅使企业的规模不断扩大，而且使组织结构日益复杂。处理企业规模扩大带来的组织结构方面的问题，主要有这样一些方式：一是以分支机构为基础，整个企业作为一个法人，包括若干分公司、分厂、分店、或分部，表现为一个大中型企业，甚至是一个特大型企业。二是以公司为基础，控制子公司的母公司或持股公司及其子公司都是独立的法人，它们共同组成一个企业集团。三是上述两者的结合，母公司及其子公司，都注册为独立的法人时，又有自己的若干分支机构。无论采用哪种组织方式，它们都作为一个整体存在于社会之中，构成经济运行相对独立的一个经济实体。然而，各国有关公司财务报告的法规中，往往以法人为报告主体提出有关的报告要求。这样，以分支机构为基础构造的大企业需要提供一套反映企业财务状况和经营成果的财务报告，而以子公司为基础构造的一个集团，则要由集团的各个成员提供反映财务状况和经营成果的多套财务报告，而集团的全貌得不到反映。仅仅由于组织方式的不同就形成反映内容极不相同的报告方式，显然是不合理的。合并财务报表能够很好地解决这一问题，向会计信息的使用者提供有关企业财务状况和经营成果，以便决策者正确地做出判断。

2. 有利于正确反映企业集团的经营成果和经营规模。企业集团是由多个法人组成的经济实体，作为法人，集团内各子公司之间相互提供商品和劳务，与正常的法人之间的商品交易一样，出卖方可以向购买方索取包括利润在内的价格。但是从集团作为一个整体来看，这些交易属于企业内部的业务往来，与一个工厂的各个车间或部门之间相互提供商品并没有实现任何利润一样。集团内各公司只有向集团外部的购买者提供了商品或劳务之后，取得的利润才能算作已实现的利润。因此，集团内各个公司期末存货中属于从集团内其他公司购入的那部分存货，其利润应作为未实现的利润处理，否则会夸大整个集团的经营成果。当然，集团内各公司之间如发生以低于成本的价格提供商品或劳务的业务，也会产生未实现的损失的问题。集团内各公司之间相互提供资本性项目所产生的损益，同样会有未实现的部分。因此，对于集团的经营成果不能采取简单汇总的方法进行反映，必须采用合并财务报表的方式予以揭示。经过适当抵消后编制的合并财务报表才能真实、正确地反映整个集团的经营成果和经营规模。

3. 有利于客观评价和分析企业集团的经济活动和经营业绩。进行企业集团的经济活动分析和经营业绩评价，需要以企业集团作为一个整体的财务信息和其他有关信息为根据。集团的财务信息应以财务报表提供的信息为准，若以简单汇总的数据对企业集团的经济活动与经营业绩进行分析评价，势必会出现分析结果或评价结论与客观事实不符的情况。合并财务报表能够正确地反映企业集团的财务状况和经营成果，以此为基础，将有助于客观公正地反映企业集团的经济业绩，以便正确做出决策。

（四）合并财务报表的种类

合并财务报表主要包括合并资产负债表、合并利润表、合并所有者权益变动表及合并现金流量表和合并财务报表附注，与企业个别财务报表一样，这些合并财务报表分别从不同的方面反映企业集团这一会计主体的经营情况，构成一个完整的合并财务报表体系。

1. 合并资产负债表。合并资产负债表是反映母公司和子公司所形成的企业集团某一特定日期财务状况的财务报表。以母公司和纳入合并范围的子公司的个别资产负债表为基础，抵消企业集团内部经济业务对个别资产负债表的影响后，合并各项目的数额编制的。

2. 合并利润表。合并利润表是反映母公司和子公司所形成的企业集团整体在一定期间内经营成果的财务报表。它以母公司和纳入合并范围的子公司的个别利润表为基础，抵消内部销售业务对个别利润表的影响后，合并各项目的数额编制的。

3. 合并所有者权益变动表。合并所有者权益变动表是反映构成企业集团所有者权益各组成部分当期的增减变动情况的财务报表。它是以母公司和子公司的所有者权益变动表为基础，在抵消母公司与子公司、子公司相互之间发生的内部交易对合并所有者权益变动表的影响后，由母公司合并编制而成的。

4. 合并现金流量表。合并现金流量表是反映母公司和子公司所形成的企业集团在一定期间现金流入、流出量以及现金净增减变动情况的财务报表。反映集团公司现金支付能力和现金偿债能力的，它是在个别财务报表的基础上编制而成的。

5. 合并财务报表附注。合并财务报表附注是对合并资产负债表、合并利润表、合并现金流量表和合并所有者权益变动表等报表中列示项目的文字描述或明细资料，以及未能在这些报表中列示项目的说明。具体内容包括：（1）子公司的清单；（2）母公司拥有被投资单位表决权不足半数但能对被投资单位形成控制的原因；（3）母公司直接或通过其他子公司间接拥有被投资单位半数以上表决权但未能对其形成控制的原因；（4）在子公司与母公司会计政策和会计处理方法不一致时，母公司编制合并财务报表的处理方法及其影响；（5）在子公司与母公司会计期间不一致时，母公司编制合并财务报表的处理方法及其影响；（6）本期不再纳入合并范围的原子公司的相关资料及不再成为子公司的原因；（7）子公司向母公司转移资金的能力受到严格限制的情况；（8）作为子公司纳入合并范围的特殊目的主体的业务性质及业务活动等。

二、合并财务报表的审计

（一）合并财务报表的综合审查

1. 审查合并财务报表的合并理论依据是否合法。合并财务报表是以企业集团为一会计主体编制的财务报表。编制合并财务报表，首先碰到的就是要界定企业集团的范围，确定哪些被投资企业应当纳入合并财务报表的合并范围，确定编制合并财务报表时应采用的合并方法等。企业集团的界定、合并范围的确定以及合并方法的选择，直接关系到合并财务报表提供什么样的信息，为谁提供信息等一系列问题，对于合并财务报表的编制具有重要的意义。这些问题的解决，在很大程度上依据于编制合并财务报表所采用的理论，根据不同的合并理论，其确定的合并范围和选择的合理的方法也各不相同。

目前国际上编制合并财务报表的合并理论主要有母公司理论、实体理论和所有权理论三种。各国在其制定合并财务报表准则和编制合并财务报表时，并不完全是按照某一理论，而是以某一合并理论为主，同时根据自身的实际情况来考虑的。

（1）母公司理论。所谓母公司的理论是指将合并财务报表视为母公司本身的财务报表反映范围的扩大来看待，视为母公司财务报表的扩充，从母公司角度来考虑合并财务报表合并范围和合并方法技术等问题。母公司理论认为，合并财务报表主要是为母公司股东和债权人服务的，为母公司现在和未来的股东编制的，强调的是母公司的股东的利益。在采用母公司理论的情况下，编制合并财务报表时所采用的许多方法都是从母公司本身的股东利益来考虑的，如对于少数股东权益在合并资产负债表中通常将其视为普通负债处理，对于属于少数股东权益的净收益则视为费用处理，对于内部销售收入的抵消处理时也只抵消多数股权的份额，因而这一理论忽视了除母公司股东以外的少数股东的利益。采用母公司理论，在确定合并财务报表合并范围时，通常以法定控制为基础，以持有多数股权或者表决权来决定是否将被投资企业纳入合并范围，或者以通过一家公司处于另一家公司法定支配下的控制协议来确定合并财务报表的合并范围。

（2）实体理论。实体理论认为合并财务报表是企业集团各成员企业构成的经济联合体的财务报表，编制合并财务报表是为整个经济实体服务的，它强调的是企业集团中所有成员企业所构成的经济实体。实体理论对构成企业集团的多数股权的股东和少数股权的股东，一视同仁，同等对待，认为只要是企业集团成员企业的股东，不论是拥有多数股权，还是拥有少数股权，都是共同组成的经济实体的股东。在运用实体理论的情况下，对于少数股东权益通常也视为股东权益的一部分，对于属于少数股东权益的净收益也视为合并的经济实体的净收益，对于内部销售收入则应全部予以抵消处理。采用实体理论编制的合并财务报表能够满足企业集团内部管理人员对财务报表的需要，满足对整个企业集团生产经营活动管理的需要。

（3）所有权理论。所有权理论，是指在编制合并财务报表时既不强调企业集团中存在的法定控制关系，也不强调企业集团的各成员企业所构成的经济实体，而是强调编制合并财务报表的企业对另一企业的经济活动和财务决策具有重大影响的所有权。在采用所有权理论的情况下，对于其拥有所有权的企业的资产负债和当期实现的损益，按照一定的比例合并计入合并财务报表，即采用比例合并法合并企业在其拥有所有权的企业中权益。

母公司理论和实体理论都不能解决隶属于两个或两个以上的企业集团的企业的合并财务报表的编制问题。如某一企业的全部股份是由两个投资企业共同投资形成的，双方各拥有该企业 50% 的股份，在这种情况下，其中任何一个投资企业都不能对该企业实施控制，根据母公司理论和实体理论都很难确定该企业的财务报表由哪一投资企业合并。因为在这种情况下，既没有单一的母公司，也没有少数股权的股东；既不存在着法定支配权，也不存在着单一的经济实体。为了弥补母公司理论和实体理论的不足，有的国家在编制合并财务报表时，就提出了所有权理论。

审查时，审计人员应注意被审的合并财务报表是通过母公司理论和实体理论相结合的方式来编制的。

2. 审查合并财务报表的编制原则是否合理。合并财务报表必须符合财务报表编制的一般原则和基本要求。这些基本要求包括真实可靠、全面完整和编报及时。所谓真实可靠，是指合并财务报表要如实反映企业集团整体的生产经营活动和财务收支的真实情况，要求编制合并财务报表要以真实可靠的个别财务报表为基础。所谓全面完整，是指合并财务报表应当反映企业集团整体经营活动的全貌，全面反映企业集团的财务状况和经营成果。所谓编报及时，是指合并财务报表的编制应讲求时效，应及时编制并及时报送传递给有关方面。

合并财务报表又与个别财务报表不同，它反映母公司和子公司组成的企业集团的整体财务情况及若干个法人共同形成的会计主体的财务情况。因此，合并财务报表的编制除遵循财务报表编制的一般原则和要求外，还应当遵循以下原则和要求：

（1）以个别财务报表为基础编制。合并财务报表并不是直接根据母公司和子公司账簿编制，而是利用母公司和子公司编制的反映各自财务状况和经营成果的财务报表提供的数据，通过合并财务报表的特有方法进行编制。事实上，在子公司很多的情况下，很难直接根据各公司的账簿资料编制。以纳入合并范围的个别财务报表为基础，可以说是客观性原则在合并财务报表编制时的具体体现。

（2）一体性原则。合并财务报表反映的是企业集团的财务状况和经营成果及由多个法人企业组成的一个会计主体的财务情况，在编制合并财务报表时应当将母公司和所有子公司作为整体来看待，视为一个会计主体，母公司和子公司发生的经营活动都应当从企业集团这一整体的角度进行考虑。因此，在编制合并财务报表时，对于母公司与子公司、子公司相互之间发生的经济业务，应视为同一会计主体之下的不同核算单位的内部业务。如母公司与子公司之间的应收应付账款在个别资产负债表中分别作为资产和负债处理，但从企业集团整体来看，则属于内部资金的调拨问题。再如母公司与子公司之间发生购销业务，从企业集团整体来看，在母公司或子公司未最后将商品售出企业集团之外以前，该销售业务并没有真正实现销售。内部销售形成的存货，从企业集团整体来看，只是商品的存放地点发生位移，存货的价值不会发生增值，也不应当发生增值，为此编制合并财务报表时需要将其中包括的未实现内部销售利润予以抵消。

（3）重要性原则。与个别财务报表相比，合并财务报表涉及多个法人主体，涉及经营活动的范围很广，母公司与子公司经营活动往往跨越不同行业界限，有时母公司与子公司经营活动甚至相差很大。因此，合并财务报表要综合反映这样的会计主体的财务情况，必然要涉及到重要性的判断问题。特别是在拥有众多子公司的情况下更是如此。在编制合并财务报表时，必须强调重要性原则的运用。如对一些项目在企业集团中的某一企业具有重要性，但对于整个企业集团则不一定具有重要性，在这种情况下，根据重要性的要求对财务报表项目进行取舍，则具有重要的意义。此外，母公司与子公司、子公司相互之间发生的经济业务，对整个企业集团财务状况和经营成果影响不大时，为简化合并手续也应根据重要性原则进行取舍，可以不编制抵消分录而直接编制合并财务报表。

3. 审查合并财务报表的合并范围是否正确。合并财务报表合并范围是指纳入合并财务报表编报的子公司的范围，主要明确哪些子公司应当包括在合并财务报表编报范围之内，哪些子公司应当排除在合并财务报表编报范围之外。明确合并范围是编制合并财务报表的前提。

我国《企业会计准则第 33 号——合并财务报表》规定，合并财务报表的合并范围应当以控制为基础加以确定。控制是指投资方拥有对被投资方的权力，通过参与被投资方的相关活动而享有可变回报，并且有能力运用对被投资方的权力影响其回报金额。在判断投资方是否能够控制被投资方时，要看投资方是否同时具备以下三个要素：①拥有对被投资方的权力；②通过参与被投资方的相关活动而享有可变回报；③有能力运用对被投资方的权力影响其回报金额。投资方只有同时具备上述三个要素，才能判定投资方能够控制被投资方，被投资方应纳入合并财务报表的合并范围。

（1）投资方拥有对被投资方的权力。投资方享有现时权利使其目前有能力主导被投资方的相关活动，而不论其是否实际行使该权利，视为投资方拥有对被投资方的权力。这里的相关活动是指被投资方的回报产生重大影响的活动。这些活动可能包括但不限于下述活动：①商品或劳务的销售和购买；②金融资产的管理；③资产的购买和处置；④研究与开发活动；⑤确定资本结构和获取融资。相关活动一般由企业章程及协议中约定的权力机构（例如股东会、董事会）来决策，特殊情况下，相关活动的决策也可能有合伙人大会决策，也可能是由普通合伙人或者投资管理公司等机构人员决策。被投资方的相关活动通常有多个，并且可能不是同时进行。当两个或两个以上投资方能够分别单方面主导被投资方的不同相关活动时，能够主导对被投资方回报产生最重大影响活动的一方拥有对被投资方的权力。

权力来源于权利。为拥有对被投资方的权力，投资方必须享有现实权利是其目前有能力主导被投资方的相关活动。投资方对被投资方的权力可能源自各种权利，例如，表决权或潜在表决权、委派或罢免有能力主导被投资方相关活动的该被投资方关键管理人员或其他主体的权利、决定被投资方进行某项交易或否决某项交易的权利、由管理合同授予的决策权利。这些权利单独或者结合在一起，可能赋予对被投资方的权利。在判断投资方对被投资方所拥有的权力时，还应区分该权利是实质性权利还是保护性权利。实质性权利，是指持有人有实际能力行使的可执行的权利。在判断投资方是否拥有对被投资方的权力时，应仅考虑投资方及其他方享有的实质性权利。实质性权利应是在对相关活动进行决策时可执行的权力。对于投资方拥有的实质性权利，即便投资方并未实际行使，也应在判断投资方是否对被投资方拥有权力时予以考虑。保护性权利，是旨在保护持有者这些权利的当事方的权益，而不赋予当事方对这些权利所涉及的主体的权力。投资方仅持有保护性权利不能对被投资方实施控制，也不能阻止其他方对被投资方实施控制。

通常情况下，当被投资方具有一系列对回报产生重要影响的经营及财务活动，且需要就这些活动连续地进行实质性决策时，表决权或类似权利将赋予投资者权力。

在一些情况下，表决权不能对被投资方回报产生重大影响，被投资方的相关活动由一项或多项合同安排决定。这种情况下，投资方应判断相关合同安排，考虑被投资方设立的目的，并综合考虑下列因素：①投资方能否任命或批准被投资方的关键管理人员，该等关键管理人员能够主导被投资方的相关活动；②投资方能否出于自身利益决定或者否决被投资方的重大交易；③投资方能否掌控被投资方董事会等类似权力机构成员的任命程序，或者从其他表决权持有人手中获得代为投票权；④投资方与被投资方的关键管理人员，或董事会等类似权力机构的多数成员是否存在关联关系（例如，被投资方的首席执行官与投资方的首席执行官为同一人）；⑤投资方与被投资方之间存在特殊关系。以确定其是否拥有充足的权利使其获得对被投资方的权力。

有些情况下，确定投资方是否拥有充足的权利，使其获得对被投资方的权力比较困难。这种情况下，投资方应考虑其自身是否拥有实际能力，单独主导被投资方的相关活动。此时，投资方应把下列因素与投资方已有的权利结合，进行综合考虑：①被投资方有能力主导其相关活动的关键管理层人员是投资方的现任或前任职工；②被投资方的经营活动依赖于投资方。③被投资方大部分的活动有投资方参与其中，或者以投资方的名义进行；④投资方自被投资方承担可变回报的风险或享有可变回报的收益的程度远超过其持有的表决权或其他类似权利的比例。

大部分情况下，投资方通过表决权或类似权利获得主导被投资方相关活动的现实权利。持有被投资方过半数表决权的投资方对被投资方拥有权力，但该投资方所拥有的表决权必须是实质性的权利，且使该投资方具有主导该被投资方相关活动的现实能力。投资方通过表决权拥有对被投资方权力的情形具体有以下几种：①通过直接或间接持有被投资方半数以上表决权而拥有权力。当被投资方的相关活动由持有半数以上表决权的投资方表决决定，或者主导相关活动的权力机构的多数成员由持有半数以上表决权的投资方指派，而且权力机构的决策由多数成员主导时，持有半数以上表决权的投资方拥有对被投资方的权力。例如：A 企业和 B 企业分别持有 C 企业 60% 和 40% 的普通股，C 企业的相关活动通过股东会议上多数表决权主导，在股东会议上，每股普通股享有一票投票权，假设不存在其他因素，C 企业的相关活动由持有 C 企业大多数投票权的一方主导。因此，如果不存在其他相关因素，A 企业拥有对 C 企业的权力。因其是 C 企业大多数投票权的持有者。②直接或间接持有被投资方半数或半数以下表决权，仍可以通过表决权判断投资拥有权力。持有半数或半数以下表决权的投资方，综合考虑下列事实和情况，可以判断其持有的表决权与相关事实和情况结合是否可以赋予投资方拥有对于被投资方的权力。第一，投资方持有的表决权相对于其他投资方持有的表决权份额的大小，以及其他投资方持有表决权的分散程度。与其他方持有的表决权相比，投资方持有的表决权比例越高，越有可能有现时能力主导被投资方相关活动。为否决投资方而需要联合一致的行动方越多，投资方越有可能有现时能力主导被投资方相关活动。例如，甲公司持有被投资企业 A 公司 48% 的投票权，剩余投票权由数千位股东持有，但没有股东持有超过 1% 的投票权，没有任何股东与其他股东达成协议或能够做出共同决策。当以其他股东的相对规模为基础判断所获得的投票权的比例时，甲公司确定 48% 的权益将足以使其拥有控制权。在这种情况下，甲公司无须考虑权利的任何其他证据，即可以其持有股权的绝对规模和其他股东持有股权的相对规模为基础，确定其拥有充分决定性的投票权以满足权力的标准。第二，考虑与其他表决权持有人的合同安排。投资方自己拥有的表决权不足，但通过与其他表决权持有人的合同安排使其可以控制足以主导被投资方相关活动的表决权，从而拥有被投资方的权力。例如，A公司拥有4位股东，分别为甲公司、乙公司、丙公司和丁公司，甲公司持有A公司40%的普通股，其他3位股东各持有20%，A公司的相关活动受其董事会主导，董事会由6名董事组成，其中3名董事由甲公司任命，剩余3名分别由乙公司、丙公司和丁公司任命。甲公司和乙公司单独签订合同安排，规定乙公司任命的董事必须与甲公司任命的董事以相同方式进行表决。若不存在其他因素，该合同安排赋予甲公司在董事会议上获得涉及相关活动的大多数投票权这一事实将使甲公司拥有对A公司的权力，即使甲公司并未持有A公司的大多数投票权。第三，其他合同安排产生的权利。投资方可能通过拥有的表决权和其他决策权相结合的方式使其目前有能力主导被投资方的相关活动。例如，合同安排赋予投资方在被投资方的权力机构中指派若干成员的权利，而该等成员足以主导权力机构对相关活动的决策。第四，投资方和其他方持有的潜在表决权。潜在投票权是获得被投资方投票权的权利，如可转换工具或期权（包括远期合同）中的权利。为了确定是否拥有对被投资方的权力，投资方应当考虑其持有的潜在投票权，但是，投资方应当仅考虑具有实质性的投票权，上述有关判断实质性权利的条件同样适用于潜在投票权。在考虑潜在投票权时，投资方应当考虑工具的目的和设计，以及投资方涉入被投资方的其他方式的目的和设计，这包括判断工具的各项条款及投资者的期望、动机和同意此类条款的原因。如果投资方还拥有与被投资方活动相关的投票权或其他决策权，投资方应当判断这些权利连同潜在投票权是否赋予投资方权力。实质性潜在投票权本身或与其他权利结合时，可赋予投资方主导相关活动的现时能力。第五，其他显示投资方在需要决策时拥有现时能力主导被投资方相关活动的事实或情况。③投资方持有被投资方半数以上表决权但并无权力。投资方虽然持有被投资方半数以上表决权，但当这些表决权不是实质性权利时，并不拥有对被投资方的权力，主要有以下几种情况：第一，当其他方拥有现实权利使其可以主导被投资方的相关活动（例如，持半数以下表决权的其他方拥有实质性潜在表决权，并据此取得主导被投资方相关活动的现实权利），且该其他方不是投资方的代理人时，则投资方不拥有对被投资方的权力。第二，当投资方所拥有的表决权并非实质性权利时，即使持多数表决权，投资方也不拥有对被投资方的权利，例如，由于无法获得必要的信息或法律法规方面的障碍，投资方虽持有半数以上表决权，但无法行使，则该投资方不拥有对被投资方的权力。例如，被投资方相关活动被政府、法院、管理人、接管人、清算人或监管人等其他方主导时，投资方无法凭借其拥有的表决权主导被投资方的相关活动，因此，投资方即使持有被投资方过半数的表决权也不拥有对被投资方的权力。第三，有些情况下，根据相关章程、协议或其他法律文件，主导相关活动的决策所要求的表决权比例高于持有半数以上表决权比例，例如，被投资方的公司章程规定，与相关活动有关的决策必须由出席会议的投资方所持三分之二以上的表决权通过。这种情况下，持有半数以上但不足三分之二表决权的投资方，虽然表决权比例超过半数，但该表决权本身不足以赋予投资方权力，应结合其他因素进行进一步的分析与判断。

在某些情况下，某些主体的投资方对其的权力并非源自于表决权，例如证券化产品、资产支持融资工具、部分投资基金等结构化主体。结构化主体，是指其设计导致在确定其控制方时不能将表决权或类似权利作为决定因素的主体，主导该主体相关活动的依据通常是合同安排或其他安排形式。

（2）因参与被投资方的相关活动而享有可变回报。控制的第二项要素是投资方涉入被投资方而承担或有权获得可变回报，在评价投资方是否控制被投资方时，投资方需要确定其是否通过参与被投资方而享有可变回报。可变回报，是不固定的并可能随着被投资方业绩而变化的回报。例如，投资方持有被投资方固定利率的债券投资时，由于债券存在违约风险，投资方需承担被投资方不履约而产生的信用风险，因此投资方享有的固定利息回报是一种变动回报。又如，投资方管理被投资方而获得的固定管理费用也是一种变动回报，投资方是否能够获得足够的收益以支付该固定管理费。投资方的可变会回报通常体现为从被投资方获取股利。

（3）有能力运用对被投资方的权力影响其回报金额控制的第三项也就是最后一项要素，是投资方必须不仅拥有对被投资方的权利和因涉入被投资者而承担或有权获得可变回报，而且要有能力使用权力来影响因涉入被投资方而承担或有权获得可变回报金额。只有当投资方不仅拥有对被投资方的权力、通过参与被投资方的相关活动而享有可变回报，并且有能力运用对被投资方的权利来影响其回报的金额时，投资方才控制被投资方。

（4）对被投资方可分割部分（单独主体）的控制。投资方通常应当对是否控制被投资方整体进行判断，但在少数情况下，如果有确凿证据表明同时满足下列条件并且符合相关法律法规规定的，投资方应将被投资方的一部分视为被投资方可分割的部分（单独主体）。如果被投资方的一部分资产和负债及其他相关权益构成单独主体，则投资方应当基于控制的判断标准确定其是否控制该单独主体，如果投资方控制该单独主体，则应将其进行合并。

（5）控制的持续评估。控制的评估是持续的，当环境或情况发生变化时，投资方需要评估控制的三个基本要素中的一个或多个是否发生了变化。如果有任何事实或情况表明控制的三项基本要素中的一个或多个发生了变化，投资方应重新评估对被投资方是否具有控制。

（6）合并范围的豁免。母公司应当将其全部子公司（包括母公司所控制的被投资单位可分割部分、结构化主体）纳入合并范围。但如果母公司是投资性主体，则只应将那些为投资性主体的投资活动提供相关服务的子公司纳入合并范围，其他子公司不应予以合并，应按照公允价值计量且其变动计入当期损益。

一个投资性主体的母公司如果其本身不是投资性主体，则应当将其控制的全部主体，包括投资性主体以及通过投资性主体间接控制的主体，纳入合并财务报表范围。

投资性主体是指同时满足下列条件的母公司：一是该公司是以向投资者提

供投资管理服务为目的，从一个或多个投资者处获取资金；二是该公司的唯一经营目的，是通过资本增值、投资收益或两者兼有而让投资者获得回报；三是该公司按照公允价值对几乎所有投资的业绩进行考量和评价。

当母公司由非投资性主体转变为投资性主体时，除仅将为其投资活动提供相关服务的子公司纳入合并财务报表范围编制合并财务报表外，企业自转变日起对其他子公司不再予以合并。当母公司由投资性主体转变为非投资性主体时，应将原未纳入合并财务报表范围的子公司于转变日纳入合并财务报表范围，原未纳入合并财务报表范围的子公司在转变日的公允价值视同为购买的交易对价。

（二）合并资产负债表的审查

合并资产负债表以公司和子公司的个别资产负债表为依据，在相互抵消有关项目的基础上，编制合并资产、负债和所有者权益各项目的数额。

个别资产负债表是以单个企业为会计主体进行会计核算的，反映的是母公司或子公司本身的财务状况，而合并资产负债表作为一个整体的会计信息的反映，需要将集团内部发生的经济业务进行抵消，因为从集团外部来看，并未对外发生经济业务。例如：集团内部母公司和子公司之间相互进行投资，对于个别企业来说，一方面表现为长期投资的增加，另一方面表现为实收资本的增加，但对于整个集团并没有增加投资和实收资本，因此，要将个别资产负债表中的相互投资抵消掉。因此主要审查合并工作底稿中相互抵消目的计算及账务处理的合规性和正确性。

合并资产负债表编制时需要抵消处理的项目有：

1. 母公司对子公司权益性资本投资项目与子公司所有者权益项目之间的抵消。母公司对子公司进行权益性资本投资，一方面表现为长期股权投资以外的其他投资的减少，另一方面则表现为长期股权投资的增加，在母公司个别资产负债表中作为资产项目中的长期股权投资列示。子公司接受投资时，一方面增加资产的数额，另一方面增加实收资本的数额。从企业集团整体来看，母公司对子公司的投资，只是企业集团资产存放地点发生变化，并不引起企业集团资产、负债、所有者权益的增减变动。因此，编制合并财务报表时应当在母公司对子公司财务报表数据简单相加的基础上，将母公司对子公司长期股权投资项目与子公司所有者项目予以抵消。子公司之间相互持有的权益性资本，也应当比照母公司对子公司的权益性资本投资的抵消方法进行抵消处理。在编制合并工作底稿时，应编制如下会计分录：

借：实收资本 ***
　　其他权益工具 ***
　　资本公积 ***
　　其他综合收益 ***
　　盈余公积 ***
　　未分配利润——年末 ***
　　商誉

贷：长期股权投资***

少数股东权益

2. 母公司与子公司以及子公司与子公司之间发生的内部债权债务项目的抵消。发生在集团内部的母公司与子公司、子公司与子公司相互之间的应收账款和应付账款、预收账款与预付账款、应付债券与债券投资等项目，在个别企业一方面反映为资产的增加，另一方面反映为负债的增加。但从整个集团角度上讲，内部债权债务的变动，只是反映其资金的运动，既不能增加企业集团的资产，也不能增加负债，因此需要抵消其相互之间的债权债务。具体抵消项目有：

（1）应收账款与应付账款；

（2）应收票据与应付票据；

（3）预付账款与应收账款；

（4）债券投资与应付债券；

（5）其他应收款与其他应付款；

（6）应收股利与应付股利等。

在编制合并工作底稿时，对内部应收账款与应付账款应编制如下会计分录：

借：应付账款式***

贷：应收账款***

同时，与应收账款相应的坏账准备也要抵消，应编制如下会计分录：

借：应收账款——坏账准备***

贷：资产减值损失（抵消本期根据内部应收款项计提的坏账准备）

同时，抵消内部应收账款计提坏账准备所确认的递延所得税资产。其抵消分录如下：

借：所得税费用

贷：递延所得税资产

其他债权债务的抵消会计分录可比照应收账款和应付账款的抵消进行。

3. 存货项目的抵消，即集团内部相互购置存货价值中包含的未实现的内部销售利润的抵消。存货价值中包含的未实现内部销售利润是由于企业集团内部商品购销活动引起的。在企业集团的内部销售活动中，销售方企业将确认收入并计算尚未实现的利润，而购买方企业则是以存货入账，其入账价格包含商品的价格和尚未实现的利润。在购买企业本期未实现对外销售的情况下，企业存货包括两部分价值：一是存货的实际价值，二是存货中包括的尚未实现的利润。对于第二部分的价值，从整个企业集团来讲并未真正实现。合并资产负债表，是将整个集团作为一个整体，因此，集团企业之间的销售只是商品存放地点的转移，是企业集团内部的商品调拨，它既不会引起商品价值的增值，也不会实现企业的利润。从这个意义上讲，集团内部企业的商品买卖的利润应进行抵消。即要将存货价值中包含的这部分利润从存货中扣除，然后才能将不同企业的存货进行相加。在编制合并资产负债表时，抵消存货中的未实现利润，应作如下会计分录：

借：营业收入***

　　贷：营业成本***

　　　　存货***

同时，应在合并资产负债表中确认因抵消期末存货中包含的未实现内部交易损益所形成的暂时性差异的所得税影响，即确认相应的递延所得税资产或递延所得税负债，同时调整合并利润表中的所得税费用。其调整分录如下：

借：递延所得税资产

　　贷：所得税费用（抵消期末存货中包含的未实现内部销售利润的金额×适用所得税税率）

在抵消内部商品交易时，对于未实现内部交易损益的抵消处理应区分顺流交易和逆流交易，其中：顺流交易即母公司向子公司出售资产所发生的未实现内部交易损益，应当全额抵消"归属于母公司所有者的净利润"；逆流交易即子公司向母公司出售资产所发生的未实现内部交易损益，应当按照母公司对该子公司的分配比例在"归属于母公司所有者的净利润"和"少数股东损益"之间分配抵消；即在逆流交易的情况下，还应作如下抵消分录：

借：少数股权权益

　　贷：少数股权损益（金额=存货中包含的未实现内部交易损益×少数股权比例）

借：少数股权损益

　　贷：少数股权权益（金额=抵消因逆流交易发生的递延所得税×少数股权比例）

4. 固定资产项目的抵消（包括固定资产原价和累计折旧项目），即集团内部母公司和子公司之间相互购进固定资产价值中所包含的内部未实现销售利润的抵消。固定资产价值所包含的未实现内部利润，是由于企业集团内部固定资产购销活动所引起的。在集团内部企业固定资产的购销活动中，销售方企业以高于商品或固定资产成本价或账面价值的价格出售给集团内部的其他企业作为固定资产使用，并且确认当期损益。购买方企业则是以实际支付的价款作为固定资产的原值，因此其入账价值中包含销售方企业内部实现的利润。这部分利润，从整个企业集团来说，并没有因为产成品或固定资产实物的转移而实现，它只是集团内部企业之间的财产的调拨，合并资产负债表固定资产项目不能简单地相加，应将购买方企业固定资产中包含的未实现的内部销售利润进行抵消。其抵消的会计分录如下：

借：营业外收入***

　　贷：固定资产——原价

或：

借：固定资产——原价

　　贷：营业外支出***

同时，抵消根据包含未实现的内部销售利润的原价多提（或少提）的折旧，其抵消的会计分录如下：

借：固定资产——累计折旧

贷：管理费用（抵消本期多计提的折旧）

随着内部交易所形成的固定资产价值中包含未实现内部交易损益以及多计提（少计提）折旧的抵消处理，合并财务报表中所反映的固定资产账面价值与内部购入固定资产的计税基础之间就会产生暂时性差异。因此，在合并财务报表中应确认其相应的所得税影响。其调整分录如下：

借：递延所得税资产

贷：所得税费用［（抵消原价中的未实现内部交易损益－抵消多提的折旧）×适用税率）］

5. 无形资产项目的抵消，即集团内部购进无形资产价值包含的未实现的内部销售利润的抵消。集团内部企业之间相互购买无形资产，销售方企业以高出无形资产账面价值或成本价值的价格向购买方企业销售时，一方面，销售方企业将这部分未实现的利润作为当期损益，另一方面，购买方企业则以实际支付的价款作为无形资产入账，列示在其个别资产负债中。从整个企业集团来讲，这只是无形资产在集团内部的转移，并不存在价值的增值。因此，在编制合并资产负债时，不能简单地将不同企业的无形资产进行相加，而应该将其中所包含的内部未实现利润进行抵消。其抵消的会计分录如下：

借：营业外收入***

贷：无形资产

或：

借：无形资产

贷：营业外支出***

同时，抵消根据包含未实现的内部销售利润的原价多提（或少提）的摊销，其抵消的会计分录如下：

借：无形资产——累计摊销

贷：管理费用（抵消本期多计提的摊销）

在合并财务报表中还应确认其相应的所得税影响。其调整分录如下：

借：递延所得税资产

贷：所得税费用［（抵消无形资产成本中的未实现内部交易损益－抵消多计提的摊销）×适用税率）］

（三）合并利润表的审查

合并利润表，是从整个企业集团角度反映经营成果的财务报表，它是以母公司和纳入合并范围的子公司的个别利润表作为编制基础的。

合并利润表是建立在个别利润表的基础上的，以单个企业为会计主体进行会计核算，它是从某一企业的角度反映其本身的经济成果的形成情况的。在以其个别利润表为基础计算的收益和费用等项目的加总数额中，常常会将这些内部未实现利润相加，因此必然包含有重复计算的因素。例如，在纳入合并范围的子公司为全资子公司的情况下，该公司当期实现的净利润就是母公司对其权益性资本投资的收益，子公司实现的净利润同时又计算进母公司当期净利润，成为母公司净利润的一部分，因此，在编制合并利润表时，需要将这些重复的因素予以扣除。这些需要扣除的项目，就是合并利润表编制时需要抵消的项目。

与合并资产负债表审查相似，由于合并利润表以母公司和子公司个别利润表为基础，在抵消有关项目的基础上合并各项目的数额而编制的，因此审查重心仍是对合并工作底稿中抵消项目及其账务处理的正确性、合规性进行审查。抵消项目简述如下：

审查合并利润表时需要进行抵消处理的项目，主要有如下几个方面：

1. 内部营业收入和营业成本项目的抵消。内部营业收入与营业成本项目的抵消，即对内部销售收入和内部销售成本的数额进行相互抵消。内部销售收入是指企业集团内部母公司与子公司、子公司相互之间（以下称成员企业）发生的购销活动所产生的销售收入，在企业集团成员企业之间发生内部购销业务的情况下，各成员企业都有从自身角度，以自身独立的会计主体进行核算反映损益的情况。从购买企业来说，其购进的商品可能用于对外销售，也可能是作为固定资产使用。在购进商品用于对外销售的情况下，当期购进的商品可能出现以下情况：第一种情况是内部购进商品全部销售，第二种情况是内部购进的商品部分实现对外销售、部分形成存货，或者全部未实现销售而形成期末存货。在对内部销售收入进行抵消时，应分不同的情况进行处理。

（1）购买企业内部购入的商品全部实现销售时的抵消处理。对于内部销售业务，从销售方来说，销售给其他成员企业的商品与销售给集团外部企业的情况相同，在本期确认销售收入，结转销售成本，计算损益，并在其个别财务报表中反映。对于购买方来说，在内部购入的商品全部实现销售的情况下，一方面要确认销售收入，另一方面要结转销售内部购进商品的成本，在其个别利润表中则分别作为销售收入和销售成本反映并确认损益，也就是说，对于同一购销业务，在销售企业和购买企业的个别利润表都作了反映。但从企业集团整体来看，这一购销业务只是实现了一次销售，其销售成本只是销售方企业销售该产品的成本，销售收入只是购买方企业销售该产品的销售收入。因此，在编制合并财务报表时，就必须将重复反映的内部销售收入与内部销售成本予以抵消。其会计分录如下：

借：营业收入 ***

　　贷：营业成本 ***

（2）购买企业内部购进的商品未实现对外销售时的抵消处理。在内部购进的商品未实现对外销售的情况下，对于购买方企业来说，则以支付的购货价款（包括销售企业商品销售成本和销售毛利）作为存货成本入账，并在其个别资产负债表的存货项目中列示。这样，购买企业的个别资产负债表中存货的价值中就包含有销售企业的销售毛利。这一业务从整个企业集团来看，实际上是产品的内部调拨，只是发生存放地点的变化。因此，销售企业的内部销售收入和内部销售成本应当予以抵消。同时，对于销售企业内部销售收入与内部销售成本之间的差额，即销售方企业销售毛利，则属于未实现内部销售利润。这部分未实现内部销售利润在购买方企业是作为存货成本的一个组成部分计入存货的成本。因此，编制合并财务报表时，也应将存货价值中包含的未实现内部销售利润予以抵消。其会计分录如下：

借：营业收入（内部未实现收入）

贷：营业成本（内部未实现销售成本）

存货（内部销售收入与成本的差额）

同时，调整所得税费用，其调整分录如下：

借：递延所得税资产

贷：所得税费用（抵消期末存货中包含的未实现内部销售利润的金额×适用所得税税率）

（在合并工作底稿资产负债表部分抵消）

（3）购买企业内部购进的商品作为固定资产使用时的抵消处理。在集团内成员企业将自身的产品销售给其他成员企业作为固定资产使用的情况下，对于销售方企业来说是作为普通商品销售并进行会计处理的，即在实现销售时确认销售收入，并结转成本和计算本期损益，反映在其个别利润表中。对于购买方企业来说，则以购买价格（在此不考虑安装及运输费用）作为固定资产原值记账，该固定资产入账价值中既包括销售方企业生产该产品的成本，也包括销售方企业由于该产品销售所实现的销售利润。购买方企业虽然以支付给销售方企业的购买价格作为固定资产原价入账，但从整个企业集团来说只能以销售企业生产该资产的成本作为固定资产原价在合并资产负债表中反映。因此，编制合并利润表时应将销售企业用于该固定资产交易所实现的销售收入、结转的销售成本予以抵消，并将内部交易形成的固定资产原价中包含的未实现内部销售利润予以抵消。其抵消分录为：

借：营业收入（内部未实现的收入）

贷：营业成本（内部未实现销售的成本）

固定资产——原价（内部未实现销售收入与成本之差）

同时，抵消根据包含未实现的内部销售利润的原价多提（或少提）的折旧，其抵消的会计分录如下：

借：固定资产——累计折旧

贷：管理费用（抵消本期多计提的折旧）

未分配利润——年初（抵消以前年度多计提的折旧）

同时，调整所得税费用，其调整分录如下：

借：递延所得税资产

贷：所得税费用［（抵消原价中的未实现内部交易损益－抵消多提的折旧）×适用税率）］

（在合并工作底稿资产负债表部分抵消）

（4）连续编制合并报表时销售利润的抵消。在企业集团连续编制合并财务报表时，上期抵消的未实现内部销售利润，在本期合并财务报表中的抵消不同于当期存货购进及内部未实现利润的抵消处理。上期内部购进存货中包含的未实现内部销售利润抵消，直接影响合并报表的合并净利润数额的减少，最终影响合并利润分配表中期末未分配利润的数额减少。由于前后会计期间是前后连续的关系，在连续编制合并财务报表的情况下，上期期末未分配利润的数额就是本期期初未分配利润的数额。但是，本期编制合并财务报表时，是以母公司和子公司本期的个别财务报表为基础编制的，而母公司和子公司个别财务报表中，未实现内部销售利润是作为其实现利润的部分包括在其期初未分配利润之中，以母子公司个别财务报表中期初未分配利润为基础计算得出的合并期初未分配利润的数额就可能与上期合并财务报表中的期末分配利润的数额不一致。因此，上期编制合并财务报表时抵消的内部购进存货中包含的未实现内部销售利润，也对本期的期初未分配利润产生影响，本期编制合并财务报表时必须在合并母子公司期初未分配利润的基础上，将上期抵消的未实现内部销售利润对本期期初未分配利润的影响予以抵消，调整本期期初未分配利润的数额。企业集团连续编制合并财务报表时，首先应将上期编制合并财务报表时抵消的内部购进存货包含的未实现内部销售利润对期初未分配利润的影响抵消，调整本期期初未分配利润，抵消时其抵消分录为：

借：未分配利润——年初（上期内部购进货物中的未实现利润）

　　贷：营业成本（上期内部购进货物中的未实现利润）

上述抵消分录，实际上可以理解为上期内部购进的存货中包含的未实现内部销售利润在本期视同为实现利润，将内部未实现利润转为实现利润，冲减本期的合并销售成本。

同样，对内部商品交易形成固定资产所做的抵消分录只在合并工作底稿中登记，并不影响个别财务报表，销售企业因该内部固定资产交易确认的销售利润（未实现内部销售损益）会作为年末未分配利润的一部分逐期结转至以后会计期间，并作为以后会计期间年初未分配利润的一部分。也就是说，在以后会计期间，销售企业个别财务报表中的年初未分配利润中仍然包含未实现内部销售损益。同时，购买企业内部交易形成的固定资产仍然是以包含未实现内部销售损益的原价在其个别财务报表中列示。因此，在内部交易固定资产取得后至处置前的各个会计期间，编制合并财务报表时，仍然应将内部交易固定资产原价中包含的未实现内部销售损益的金额予以抵消，以调整年初未分配利润的金额。即在工作底稿中，按内部交易固定资产原价中包含的未实现内部销售损益的金额，编制如下抵消分录：

借：未分配利润——年初（固定资产原价中包含的未实现内部销售损益的金额）

　　贷：固定资产——原价

同时，抵消本期和以前期间根据包含未实现内部销售损益的固定资产原价多计提的折旧，其抵消分录如下：

借：固定资产——累计折旧

　　贷：管理费用（本期内部交易固定资产多计提的累计折旧额）

未分配利润——年初（以前期间内部交易固定资产多计提的累计折旧额）

调整因抵消未实现内部销售损益及多提折旧所产生的可抵扣暂时性差异的所得税影响，应编制如下调整分录：

借：递延所得税资产（抵消原价中包含的未实现内部销售毛利－抵消至本期累计多提折旧）×适用税率

所得税费用（抵消的本期多计提的折旧×适用税率）

贷：未分配利润——年初（抵消原价中包含的未实现内部销售毛利－抵消至上期累计多提的折旧）×税率

2. 内部应收账款计提的坏账准备的抵消。

（1）个别企业计提坏账准备进行账务处理时，一方面增加当期的资产减值损失，借记“资产减值损失”科目；另一方面增加坏账准备，贷记“坏账准备”。而在编制合并利润表时，是从整个企业集团角度来确认成本与费用的，不存在坏账损失的问题；同时在编制合并资产负债表时，已将集团内部企业之间的债权债务进行抵消，因此，计提坏账准备的基数也就不存在了。所以，编制合并利润表时应对已计提的坏账准备进行抵消处理，减少当期管理费用，减少坏账准备余额。其会计分录为：

借：应收账款——坏账准备（内部债权债务已计提的坏账准备）

贷：资产减值损失（当期计提的应抵消的坏账准备）

同时，抵消内部应收账款计提坏账准备所确认的递延所得税资产。其抵消分录如下：

借：未分配利润——年初（抵消以前期间计提坏账准备的金额×适用所得税税率）

所得税费用（抵消本期补提坏账准备的金额×适用所得税税率）

贷：递延所得税资产（抵消计提坏账准备的金额×适用所得税税率）

（在合并工作底稿资产负债表部分抵消）

（2）连续编制合并财务报表时坏账准备的抵消处理。由于内部应收账款计提的坏账准备的抵消是与抵消当期资产减值损失相对应，上期抵消的坏账准备的数额即是上期资产减值损失抵减的数额，也就是上期合并净利润增加的数额。合并净利润因坏账准备抵消而增加的数额，最终将影响下一会计期间合并所有权益变动表中的期初未分配利润的数额的增加。在连续编制合并财务报表的情况下，上期合并所有权益变动表中的未分配利润的数额就是本期合并所有权益变动表期初未分配利润。而本期编制合并财务报表是以本期母公司和子公司当期的个别财务报表为基础编制的，以此为基础合并得出的期初未分配利润与前一会计期间合并所有权益变动表的未分配利润数额之间就可能存在着差额。为了使合并利润分配表中本期期初未分配利润的数额与上期合并所有权益变动表期末未分配利润的数额一致，则必须将上期抵消的内部应收账款计提的坏账准备对本期期初未分配利润的影响予以抵消，调整本期期初未分配利润的数额。因此，在连续编制合并财务报表时，首先应将上期抵消的内部应收账款计提的坏账准备对本期期初未分配利润的影响予以抵消，其抵消分录为：

借：应收账款——坏账准备（上期抵消的内部应收账款计提的坏账准备）

贷：未分配利润——年初（上期应抵消的内部应收账款计提的坏账准备）

其次，对于本期内部应收账款在个别财务报表中补提或者冲销的坏账准备的数额（即本期内部应收账款增减数额计提的坏账准备），也应予以抵消。在本期编制合并财务报表时，其抵消分录为：

借：应收账款——坏账准备

贷：资产减值损失

当本期期末内部应收账款余额比上一会计期间减少，相应冲销坏账准备的情况下，其抵消分录则为：

借：资产减值损失

贷：应收账款——坏账准备

在实际工作中，企业集团内部应收账款的增减变动可分为三种情况：

第一，内部应收账款本期余额与上期余额相等。

假设某公司只拥有一个子公司，上期母公司应收账款全部为对子公司内部应收账款，其数额为 5 000 元，按 5% 的比例计提坏账准备 250 元，在其个别资产负债表中坏账准备项目的数额为 250 元。在本期期末对于公司内部应收账款余额仍为 5 000 元，母公司个别资产负债表中坏账准备余额为 250 元，本期未计提坏账准备。在这种情况下，只需将上期内部应收账款计提的坏账准备予以抵消，同时调整本期期初未分配利润的数额（假定不考虑相关税费）。

将上期内部应收账款计提的坏账准备抵消，其抵消分录如下：

借：应收账款——坏账准备　　250

贷：未分配利润——年初　　250

由于本期内部应收账款余额没有发生增减变动，在本期母公司对于内部应收账款也不补提坏账准备，上述抵消分录，已将内部应收账款计提的坏账准备全部抵消。

第二，内部应收账款本期余额大于上期余额。

若母公司前期内部应收账款为 8 000 元，按 5% 的比例计提坏账准备，内部应收账款计提的坏账准备则为 400 元。母公司本期对子公司内部应收账款为 10 000 元，其个别资产负债表中坏账准备的数额为 500 元，本期对于公司内部应收账款净增加 2 000 元，本期内部应收账款补提坏账准备为 100 元。此时，在合并工作底稿中则应进行如下抵消。

首先，将上期内部应收账款计提的坏账准备予以抵消，调整期初未分配利润的数额，其抵消分录如下：

借：应收账款——坏账准备　　400

贷：未分配利润——年初　　400

然后，再将本期对子公司内部应收账款净增加 2 000 元计提的坏账准备予以抵消，其抵消分录如下：

借：应收账款——坏账准备　　100

贷：资产减值损失　　　　　　　　　　　　　　　　　　　100

通过上述抵消分录，已将内部应收账款坏账准备全部抵消。

第三，内部应收账款本期余额小于上期余额。

若母公司前期内部应收账款 6 000 元，按 5% 的比例计提坏账准备，应提取 300 元的坏账准备。母公司本期对子公司内部应收账款为 4 000 元，比上期净减少 2 000 元，本期冲销内部应收账款计提坏账准备 100 元（减少管理费用 100 元），其个别资产负债表中坏账准备余额为 200 元。此时，在合并工作底稿中应当进行如下抵消：

首先，将上期内部应收账款计提的坏账准备予以抵消，调整期初未分配利润的数额，其抵消分录如下：

借：应收账款——坏账准备　　　　　　　　　　　　300

　　贷：未分配利润——年初　　　　　　　　　　　　　300

其次，再将因内部应收账款减少而冲减坏账准备（即因本期内部应收账款减少而冲减的管理费用）予以抵消，其抵消分录如下：

借：资产减值损失　　　　　　　　　　　　　　　　100

　　贷：应收账款——坏账准备　　　　　　　　　　　　100

通过上述抵消分录，已将内部应收账款坏账准备全部抵消。

若企业集团在连续第三期编制合并财务报表，则必须将第二期内部应收账款期末余额相应的坏账准备予以抵消，然后将本期内部应收账款期末余额与第二期内部应收账款余额进行比较，计算确定本期内部应收账款补提或冲销的坏账准备数额并将其抵消。在编制抵消分录时，与第二期编制的抵消分录基本相同。

首先，作如下会计分录：

借：应收账款——坏账准备

　　贷：未分配利润——年初

将第二期编制合并财务报表时抵消的坏账准备予以抵消，调整期初未分配利润的数额。

其次，如果本期内部应收账款期末余额大于第二期内部应收账款期末余额，本期对内部应收账款补提坏账准备进行抵消时，应作如下会计分录：

借：应收账款——坏账准备

　　贷：资产减值损失

如果本期内部应收账款期末余额小于第二期内部应收账款期末余额，本期冲销内部应收账款坏账准备时，作如下会计分录：

借：资产减值损失

　　贷：应收账款——坏账准备

3. 内部利息收入和利息支出的抵消。企业集团内部发生成员企业之间提供内部借贷，以及成员企业之间相互持有对方债券的内部融资行为，都可能发生利息支出或利息收入。在内部企业之间提供借贷的情况下，提供资金方的企业确认利息收入作为财务费用的贷方发生额在其利润表反映；而接受资金方的企业则必须支付利息，作为财务费用的借方发生额反映在利润表中。在企业持有内部成员发行的债券的情况下，发行债券的成员企业计付利息支出时，将其作为财务费用的借方发生额处理并在其个别利润表中反映；而对于购买债券方的企业，购买债券作为以摊余成本计量的金融资产列示，当期获得的或应计的利息收入则作为投资收益处理，并在其个别利润表中反映。合并利润表是从企业集团整体来看确认收益和费用的，集团内部企业之间提供借贷以及成员企业发行和购买债券，实际上相当于同一主体内部资金调拨，是企业成员之间的融资行为，不构成整个集团资金和资金成本发生变化。因此，应当在抵消内部债权债务及应付债券和长期投资的同时，将内部利息费用与利息收入以及内部债券投资收益与内部发行债券的利息支出相抵消。在进行抵消处理时，应作如下会计分录：

借：投资收益***

　　贷：财务费用***

4. 内部投资收益等项目与子公司利润分配有关项目的抵消。内部投资收益是指母公司对于公司权益性资本投资的收益，它实际上就是子公司收入减去费用（包括所得税费用）后的余额，与其持股比例相乘的结果。在全资子公司的情况下，母公司投资收益就是子公司本期净利润。在非全资子公司的情况下，子公司的本期净利润包括母公司的投资收益和少数股东本期收益两部分。在编制个别财务报表时，母公司和子公司分别以净利润和投资收益的形式反映在利润中。在编制合并利润表时，实际上是将子公司的销售收入、成本和费用视为母公司本身的销售收入、成本和费用，与母公司相应的项目进行合并，是将子公司的本期净利润还原为收入、成本和费用，也就是将投资收益还原为收入、成本和费用处理。因此，编制合并利润表和合并利润分配表时，必须将公司投资收益予以抵消。

合并所有者权益变动表是站在整个企业集团角度反映对母公司股东的利润分配情况的，因此，子公司的利润分配各项目的数额，包括提取盈余公积、向所有者分配和期末未分配利润的数额在编制合并利润表及合并所有者权益变动表时都必须予以抵消。

在子公司个别所有者权益变动表中，本期净利润（在全资子公司的情况下就是内部投资收益）和期初未分配利润被作为本期利润分配的来源。利润分配实际上就是对本期净利润和期初未分配利润进行的分配，子公司未分配利润也可以看作本期利润的结果。上述需要抵消内部投资收益和期初未分配利润的数额，与本期利润分配各项目的数额和期末未分配利润的数额是相等的，也是相对应的，正好将其相互抵消。

全资子公司在合并工作底稿编制抵消分录时，应作如下会计分录：

借：投资收益（子公司调整后的净利润）

　　未分配利润——年初（子公司未分配利润年初数）

　　贷：提取盈余公积（子公司本期提取数）

　　　　对所有者分配（子公司本期分派的现金股利和股票股利数）

　　　　未分配利润——年末（子公司调整后的账面数）

非全资子公司在编制抵消分录时，应作如下会计分录：

借：投资损益（子公司调整后的净利润 × 母公司持股比例）

少数股东损益（子公司调整后的净利润 × 少数股权比例）

未分配利润——年初（子公司未分配利润年初数）

贷：提取盈余公积（子公司本期提取数）

对所有者分配（子公司本期分派的现金股利和股票股利数）

未分配利润——年末（子公司调整后的账面数）

（四）合并现金流量表的审计

1. 合并现金流量表数额正确性的审查。现金流量表要求按照收付实现制反映企业经济业务所引起的现金流入和流出，其编制方法有直接法和间接法两种。按照《企业会计准则第 31 号——现金流量表》的规定，明确企业对外报送的现金流量表采用直接法编制。所谓直接法，是将按照权责发生制确认的营业收入调整为与营业活动有关的流动资产和流动负债的增减变动，列示营业收入和其他收入的收现数，将按照配比原则确认的营业成本和销售费用调整为付现数。在采用直接法的情况下，以合并利润表有关项目的数据为基础，调整得出本期的现金流入和现金流出数量。分别经营活动产生的现金流量、投资活动产生的现金流量、筹资活动产生的现金流量等三大类，反映企业一定会计期间的现金流量情况。

合并现金流量表数额正确与否是建立在合并资产负债表和合并利润表真实正确的基础上的，或者以个别现金流量表为基础来进行审查。

合并现金流量表的审查方法从理论上讲，有两种方法：一种方法是以合并资产负债表和合并利润表为基础，采用与个别现金流量表相同的方法审查合并现金流量表。另一种方法则是以母公司和纳入合并范围的子公司的个别现金流量表为基础，通过编制抵消分录，将母公司与纳入合并范围的子公司以及子公司相关之间发生的经济业务对个别现金流量表中的现金流量的影响予以抵消，从而审查合并现金流量表。采用这一方法审查合并现金流量表与合并资产负债表、合并利润表以及合并利润表的审查程序相同，即根据当期母公司与子公司以及子公司相互之间发生的影响其现金流量增减变动的经济业务，编制相应的抵消分录，通过抵消分录将个别现金流量表中重复反映的现金流入数量和现金流出数量予以抵消，以此为基础审查合并现金流量表的各项目的正确性。

2. 审查合并现金流量表中有关少数股东权益项目揭示的正确性。合并现金流量表编制与个别现金流量相比，一个特殊的问题就是在纳入合并范围的子公司为非全资子公司的情况下，涉及到子公司与其少数股东之间的现金流入和流出的处理问题。对于子公司与少数股东之间发生的现金流入和现金流出，从整个企业集团来说，也影响到其整体的现金流入和流出数时的增减变动，必须在合并现金流量表中予以反映。子公司与少数股东之间发生的影响现金流入和现金流出的经济业务包括：少数股东对于公司增加权益性投资，少数股东依法从子公司中抽回权益性投资，或子公司向其少数股东支付现金股利等。为了便于母公司的股东、债权人等投资者了解掌握其现金流量的情况，有必要将子公司与少数股东之间的现金流入和现金流出的情况单独予以反映。

对于子公司少数股东增加在子公司中的权益性投资，在合并现金流量表中应当在“筹资活动产生的现金流量”之下的“吸收投资收到的现金”项目之后单列项目反映。

对于子公司的少数股东依法抽回在子公司中的权益性投资，在合并现金流量表中应当在“筹资活动产生的现金流量”之下的“分配股利、利润或偿付利息所支付的现金”项目之后单列项目反映。

对于公司向少数股东支付现金股利，在合并现金流量表中应当在“筹资活动产生的现金流量”之下的“分配股利、利润或偿付利息所支付的现金”项目之后单列项目反映。

思考与练习

1. 财务报表审计主要包括哪些报表的审计，其主要内容有哪些？
2. 财务报表审计的内部控制制度包括哪些内容？如何对其实施符合性测试？
3. 资产负债表审计的内容有哪些？如何对其进行审计？
4. 利润表审计的内容有哪些？如何对其进行审计？
5. 现金流量表审计的内容有哪些？如何对其进行审计？
6. 合并资产负债表审计的内容有哪些？如何对其进行审计？
7. 合并利润表审计的内容有哪些？如何对其进行审计？
8. 合并现金流量表审计的内容有哪些？如何对其进行审计？
9. 如何对合并报表合并范围进行审计？
10. 合并财务报表审查的理论基础是什么？

第十六章　财务审计报告

内容提要

财务审计报告是审计人员根据审计准则的要求，在完成预定的审计程序出具的对被审计单位及被审计事项表示意见的书面文件。什么是财务审计报告？财务审计报告有何作用？如何进行财务审计报告分类？财务审计报告应包括哪些基本内容？怎样编写财务审计报告？怎样审定财务审计报告？这是本章所要阐述的主要内容。

第一节　财务审计报告的意义

一、财务审计报告的涵义及意义

《审计机关审计报告编审准则》第二条规定，审计报告“是指审计组对审计事项实施审计后，就审计工作情况和审计结果向派出的审计机关提出的书面文书”。第三条进一步指出：“凡发出审计通知书的审计事项，审计组实施审计后，都应当提出审计报告。”《中国注册会计师审计准则第 1501 号——审计报告》第二条规定，审计报告“是指注册会计师根据中国注册会计师审计准则的规定，在实施审计工作的基础上对被审计单位财务报表发表审计意见的书面文件”。

总之，财务审计报告是审计人员在对审计事项实施审计后，向审计授权人或委托人提出的，反映审计结果，阐明审计意见和建议的书面文件。审计报告作为审计工作的成果，是审计活动的结晶和客观描述，是审计工作质量的主要标志。审计报告不仅是审计人员对审计经过和审计结果的全面总结，也是审计机关对审计事项做出评价，出具审计意见书，以及对违反国家规定的行为在法定职权范围内做出审计决定或者为主管机关提出处理、处罚意见的主要依据。国家审计机关的审计报告只是审计机关内部工作报告，即审计组向审计机关提出的审计事项的工作报告。这种报告只反映审计事实和审计组的初步意见，不是审计的最后结论，因此对被审计单位不产生法律上的约束力。审计报告的作用具体表现在以下几个方面：

1. 审计报告全面地总结了审计过程和结果。审计人员接受审计授权人、委托人的授权或委托，按照法定的审计程序，运用专门的审计方法，对被审计单位的会计资料及其有关经济资料所反映的经济活动进行审计，在查清被审计经济活动事实真相之后，有责任将审计任务的完成情况以及查明的结果向他们报告并做出交待。

2. 审计报告表明了审计人员的审计意见和建议。审计人员在实施审计结束后，要对被审计单位存在的问题提出审计处理意见和改进建议，帮助被审计单位改善经营管理，提高经济效益。因此，审计报告既客观公正地评价和揭示了被审计单位经济活动的情况，又使审计人员可以明确表示对被审计单位存在问题的意见和建议。

3. 审计报告是审计机关据以出具审计意见书，做出审计决定的主要依据。在审计小组报送审计报告后，审计机关要审定审计报告，对审计事项做出评价，出具审计意见书；同时，对违反国家规定的财政收支、财务收支行为，需要依法给予处理、处罚，要在法定职权范围内做出审计决定或者向有关主管机关提出处理、处罚意见。

4. 审计报告是具有法律效力的证明性文件，可以起到公证或鉴证的作用，是审计单位的利害关系人即审计报告的使用者做出决策的主要依据。审计组织或人员接受委托人的委托进行审计，由于其处于独立第三者的地位，因而其所编写的审计报告对社会具有经济公证性质和法律证明效力。这不仅是对委托人负责，而且也是对社会上审计报告的使用者，即与被审计单位有利害关系的各方面负责。通过审计鉴证报告，审计报告的使用者可以充分了解被审计单位的财务状况和经营成果，便于做出正确的判断和决策，避免或减少由于决策的失误造成的损失。

5. 审计报告对被审计单位是一份指导性文件，便于被审计单位纠错防弊，改善经营管理，提高经济效益。根据审计报告中指出的内控制度的薄弱环节，经济活动中存在的错弊、损失浪费和违法违纪行为，经营管理和经济效益方面存在的差距以及审计人员提出的改进建议和措施，被审计单位可以发现和了解本单位存在的问题和差距，采取各种有效措施，改善管理，促进经营管理水平和经济效益的不断提高。

6. 审计报告是评价审计人员工作业绩、控制审计质量的重要依据，也是重要的审计档案，是今后查考审计工作的依据。审计报告是反映审计人员项目审计成效的综合性文件，可以借此评价考核审计人员的工作水平和实绩，便于有关方面控制审计质量，同时，将审计报告及有关的文件资料立卷归档保管，也便于今后的查考以及用于科研培训服务等工作。

二、财务审计报告的种类

审计报告可以按不同的标准进行分类。熟悉各类审计报告的特点，有助于我们根据审计报告的不同要求，写好用好审计报告，使其发挥更大的作用。

（一）按审计报告行文形式的分类

按审计报告行文形式的不同来划分，财务审计报告可分为简式审计报告和详式审计报告两种。

1. 简式审计报告，又称短式审计报告，在西方称之为“标准报告”。简式审计报告通常采用较为简洁的语言来说明审计范围和表达审计意见，文体比较短小，内容比较概括，一般不罗列发现的问题，只就全面的或最重要的问题加以说明或归类解释，如遇有例外情况，则需要另增加一部分保留事项。简式审计报告往往是公证式鉴证式的，如查账报告、鉴定报告、验资报告和资产评估报告等，同时，简式审计报告根据审计人员所发表审计意见的不同，又可分为无保留意见报告、保留意见报告、否定意见报告和拒绝表示意见报告。

2. 详式审计报告，又称长式审计报告，是一种比较详尽而带有评论性的审计报告。它与简式审计报告的不同在于对审计结果部分要进行详细评述、分析、解释，并按问题的性质分类，提出审计意见和改进建议，使审计报告使用者能够详细地了解被审计单位的财务状况、经营成果及其变动原因，以及今后如何改进其经营管理。我国国家审计机关、内部审计机构所进行的财政财务审计、经济效益审计及经济责任审计等，一般都编写详式审计报告。

（二）按财务审计报告撰写主体的分类

按审计报告撰写主体的不同来划分，可分为内部审计报告和外部审计报告。

内部审计报告是由内部审计机构或人员撰写的审计报告。内部审计的性质决定了其权威性不如外部审计，内部审计人员的地位也决定了内部审计报告具有一定的局限性，一般只供部门、单位领导人了解情况、改进经营决策之用，对外不起公证作用。但内部审计报告内容庞杂，深度广度一般都超过外部审计报告，表达意见也比较直率。

外部审计报告按其撰写主体不同，又可分为国家审计机关的审计报告和社会审计组织的审计报告。国家审计机关的审计报告权威性较高。社会审计报告多数是为了鉴定、证明，因此对审计人员独立性要求很高，而且要求审计人员提出的审计意见必须客观公正。此外，社会审计报告还可以提供咨询意见，但要求报告语气要委婉，措词要平和，态度要诚恳，建议要切实可行，切忌居高临下，泛泛而谈。

第二节　财务审计报告的内容和格式

一、财务审计报告的基本结构和内容

由于审计的类型多种多样，各种审计的目标和任务也不尽相同，因而审计报告所反映的内容及表现的形式也有所区别，但其基本结构应该是一致的。财务审计报告的基本结构一般应包括五方面的内容：

（一）审计报告的标题

审计报告的标题即审计报告属于何种类型或为什么目的而编写。它应放在显要的位置并能准确地反映出审计活动的主题，让读者对审计的时间、审计的内容范围一目了然。报告的标题一般为“审计报告”。

（二）报告的接受者

报告接受者因审计授权人、委托人不同而有所不同。如果是授权审计，则审计报告主要由授权机关提出；如果是委托审计，则审计报告应向委托审计的单位、部门提出。同时，审计报告因审计目的不同，其具体接受者也应有所不同。如果审计目的在于向交办或委托单位汇报有关情况，则报告的接受者就是交办单位或委托单位；如果审计的目的在于根据发现的问题提出改进建议以帮助被审计单位改进工作，则应向被审计单位报告；如果审计目的在于对被审计单位做出经济处理，则应向其他监督部门报告；如果审计目的在于让被审计单位的主管部门掌握情况，则应向主管部门报告。

（三）审计报告的具体内容

根据审计报告的类型不同，其具体内容、形式应有所区别，但审计报告一般应具有被审计单位的基本情况、审计概况、审计结果、审计意见和审计建议五个部分内容。如审计组在对审计事项实施审计后，向审计机关提出的审计报告应包括下列内容：

1. 审计的范围、内容、方式、时间。

2. 被审计单位的基本情况，财政财务隶属关系，财政财务收支状况等。

3. 实施审计的有关情况，例如，与审计事项有关的事实，对遵守国家规定的财政收支、财务收支情况的揭示，采取的审计方法和有关情况的说明等。

4. 审计评价意见，如对已审计的财政收支、财务收支及相关资料的概括表述，结合审计方案确定的重点，围绕财政收支、财务收支的真实情况，做出对被审计单位应负的经济责任的评价。

5. 对违反国家规定的财政收支、财务收支行为的定性、处理、处罚建议及其依据。

（四）审计附件

即必须附于审计报告后面的证据资料，如报表、账证以及有关的证明材料。

（五）审计报告人及报告日期

即在审计报告中，应明确由谁对审计报告承担责任，同时应该写明于什么时间提出报告。

二、简式审计报告的内容和格式

简式审计报告一般分为两个部分，即文字说明部分（正文）和附件部分。文字说明部分是审计报告的主要部分，记载审计报告需要说明的全部事项。它包括审计概况、审查发现问题的说明、审计意见、有关审计人员的鉴章及审计报告日期，文字部分必须做到有理有据。其具体又划分为范围段、说明段和意见段等三个部分。各段的表达方式、内容和运用的专业术语都必须遵守审计准则的要求。附件部分主要包括主要财务报表或调整后的财务报表有关的说明或解释资料。根据《中国注册会计师审计准则第1501号——审计报告》的规定，简式审计报告应当包括下列基本内容：标题、收件人、引言段、管理层对财务报表的责任段、注册会计师的责任段、审计意见段、强调事项段、说明段、注册会计师的签名和盖章、会计师事务所的名称、地址及盖章、报告日期等。

（一）标题

审计报告的标题统一规范为“审计报告”。

（二）收件人

审计报告的收件人是指注册会计师按照业务约定书的要求致送审计报告的对象，一般是指审计业务的委托人。审计报告应当载明收件人的全称。

（三）引言段

审计报告的引言段应当说明被审计单位的名称和财务报表已经过审计并包括下列内容：

1. 指出构成整套财务报表的每张财务报表的名称。

2. 提及财务报表附注。

3. 指明财务报表的日期和涵盖的期间。

（四）管理层对财务报表的责任段

管理层对财务报表的责任段应当说明，按照适用的会计准则和相关会计制度的规定编制财务报表是管理层的责任，这种责任包括：

1. 设计、实施和维护与财务报表编制相关的内部控制，以使财务报表不存在由于舞弊或错误而导致的重大错报。

2. 选择和运用恰当的会计政策。

3. 做出合理的会计估计。

（五）注册会计师的责任段

注册会计师的责任段应当说明下列内容：

1. 注册会计师的责任是在实施审计工作的基础上对财务报表发表审计意见。注册会计师按照中国注册会计师审计准则的规定执行了审计工作。中国注册会计师审计准则要求注册会计师遵守职业道德规范，计划和实施审计工作以对财务报表是否不存在重大错报获取合理保证。

2. 审计工作涉及实施审计程序，以获取有关财务报表金额和披露的审计证据。选择的审计程序取决于注册会计师的判断，包括对由于舞弊或错误导致的财务报表重大错报风险的评估。在进行风险评估时，注册会计师考虑与财务报表编制相关的内部控制，以设计恰当的审计程序，但目的并非对内部控制的有效性发表意见。审计工作还包括评价管理层选用会计政策的恰当性和做出会计估计的合理性，以及评价财务报表的总体列报。

3. 注册会计师相信已获取的审计证据是充分适当的，为其发表审计意见提供了基础。

如果接受委托，结合财务报表审计对内部控制有效性发表意见，注册会计师应当省略本条第2项中“但目的并非对内部控制的有效性发表意见”的术语。

（六）审计意见段

审计意见段应当说明财务报表是否按照适用的会计准则和相关会计制度的规定编制，是否在所有重大方面公允反映了被审计单位的财务状况、经营成果和现金流量。

如果认为财务报表符合下列所有条件，注册会计师应当出具无保留意见的审计报告：

（1）财务报表已经按照适用的会计准则和相关会计制度的规定编制，在所有重大方面公允反映了被审计单位的财务状况、经营成果和现金流量；

（2）注册会计师已经按照中国注册会计师审计准则的规定计划和实施审计工作，在审计过程中未受到限制。

当出具无保留意见的审计报告时，注册会计师应当以“我们认为”作为意见段的开头，并使用“在所有重大方面”、“公允反映”等术语。

当注册会计师出具的无保留意见的审计报告不附加说明段、强调事项段或任何修饰性用语时，该报告称为标准审计报告。

标准审计报告的参考格式

审计报告

ABC股份有限公司全体股东：

我们审计了后附的ABC股份有限公司（以下简称ABC公司）财务报表，包括20×8年12月31日的资产负债表，20×8年度的利润表、股东权益变动表和现金流量表以及财务报表附注。

一、管理层对财务报表的责任

按照企业会计准则的规定编制财务报表是ABC公司管理层的责任。

这种责任包括：（1）设计、实施和维护与财务报表编制相关的内部控制，以使财务报表不存在由于舞弊或错误而导致的重大错报；（2）选择和运用恰当的会计政策；（3）做出合理的会计估计。

二、注册会计师的责任

我们的责任是在实施审计工作的基础上对财务报表发表审计意见。我们按照中国注册会计师审计准则的规定执行了审计工作。中国注册会计师审计准则要求我们遵守职业道德规范，计划和实施审计工作以对财务报表是否不存在重大错报获取合理保证。

审计工作涉及实施审计程序，以获取有关财务报表金额和披露的审计证据。选择的审计程序取决于注册会计师的判断，包括对由于舞弊或错误导致的财务报表重大错报风险的评估。在进行风险评估时，我们考虑与财务报表编制相关的内部控制，以设计恰当的审计程序，但目的并非对内部控制的有效性发表意见。审计工作还包括评价管理层选用会计政策的恰当性和做出会计估计的合理性，以及评价财务报表的总体列报。

我们相信，我们获取的审计证据是充分、适当的，为发表审计意见提供了基础。

三、审计意见

我们认为，ABC公司财务报表已经按照企业会计准则的规定编制，在所有重大方面公允反映了ABC公司20×8年12月31日的财务状况以及20×8年度的经营成果和现金流量。

××会计师事务所中国注册会计师：×××
（盖章）（签名并盖章）

中国注册会计师：×××
（签名并盖章）
中国××市
二〇×九年×月×日

（七）强调事项段

根据《中国注册会计师审计准则第1502号——非标准审计报告》的规定，审计报告的强调事项段是指注册会计师在审计意见段之后增加的对重大事项予以强调的段落。

1. 强调事项应当同时符合下列条件：

（1）可能对财务报表产生重大影响，但被审计单位进行了恰当的会计处理，且在财务报表中做出充分披露；

（2）不影响注册会计师发表的审计意见。

2. 当存在可能导致对持续经营能力产生重大疑虑的事项或情况，但不影响已发表的审计意见时，注册会计师应当在审计意见段之后增加强调事项段对此予以强调。

3. 当存在可能对财务报表产生重大影响的不确定事项（持续经营问题除外），但不影响已发表的审计意见时，注册会计师应当考虑在审计意见段之后增加强调事项段对此予以强调。

不确定事项是指其结果依赖于未来行动或事项，不受被审计单位的直接控制，但可能影响财务报表的事项。

4. 除“2.”和“3.”两种情形以及其他审计准则规定的增加强调事项段的情形外，注册会计师不应在审计报告的审计意见段之后增加强调事项段或任何解释性段落，以免财务报表使用者产生误解。

5. 注册会计师应当在强调事项段中指明，该段内容仅用于提醒财务报表使用者关注，并不影响已发表的审计意见。

带强调事项段的无保留意见的审计报告

审计报告

ABC 股份有限公司全体股东：

我们审计了后附的 ABC 股份有限公司（以下简称 ABC 公司）财务报表，包括 20×8 年 12 月 31 日的资产负债表，20×8 年度的利润表、股东权益变动表和现金流量表以及财务报表附注。

一、管理层对财务报表的责任

按照企业会计准则的规定编制财务报表是 ABC 公司管理层的责任。这种责任包括：（1）设计、实施和维护与财务报表编制相关的内部控制，以使财务报表不存在由于舞弊或错误而导致的重大错报；（2）选择和运用恰当的会计政策；（3）做出合理的会计估计。

二、注册会计师的责任

我们的责任是在实施审计工作的基础上对财务报表发表审计意见。我们按照中国注册会计师审计准则的规定执行了审计工作。中国注册会计师审计准则要求我们遵守职业道德规范，计划和实施审计工作以对财务报表是否不存在重大错报获取合理保证。

审计工作涉及实施审计程序，以获取有关财务报表金额和披露的审计证据。选择的审计程序取决于注册会计师的判断，包括对由于舞弊或错误导致的财务报表重大错报风险的评估。在进行风险评估时，我们考虑与财务报表编制相关的内部控制，以设计恰当的审计程序，但目的并非对内部控制的有效性发表意见。审计工作还包括评价管理层选用会计政策的恰当性和做出会计估计的合理性，以及评价财务报表的总体列报。

我们相信，我们获取的审计证据是充分、适当的，为发表审计意见提供了基础。

三、审计意见

我们认为，ABC 公司财务报表已经按照企业会计准则的规定编制，在所有重大方面公允反映了 ABC 公司 20×8 年 12 月 31 日的财务状况以及 20×8 年度的经营成果和现金流量。

四、强调事项

我们提醒财务报表使用者关注，如财务报表附注×所述，ABC 公司在 20×8年发生亏损×万元，在 20×8 年 12 月 31 日，流动负债高于资产总额×万元。ABC 公司已在财务报表附注×充分披露了拟采取的改善措施，但其持续经营能力仍然存在重大不确定性。本段内容不影响已发表的审计意见。

××会计师事务所（盖章）　　　　中国注册会计师：×××（签名并盖章）

中国注册会计师：×××（签名并盖章）

中国××市

二〇×九年×月×日

（八）说明段

根据《中国注册会计师审计准则第 1502 号——非标准审计报告》的规定，当存在下列情形之一时，如果认为对财务报表的影响是重大的或可能是重大的，注册会计师应当出具非无保留意见的审计报告：注册会计师与管理层在被审计单位会计政策的选用、会计估计的做出或财务报表的披露方面存在分歧，审计范围受到限制。

当出具非无保留意见的审计报告时，注册会计师应当在注册会计师的责任段之后、审计意见段之前增加说明段，清楚地说明导致所发表意见或无法发表意见的所有原因，并在可能情况下，指出其对财务报表的影响程度。

审计报告的说明段是指审计报告中位于审计意见段之前用于描述注册会计师对财务报表发表保留意见、否定意见或无法表示意见理由的段落。

1. 保留意见。如果认为财务报表整体是公允的，但还存在下列情形之一，注册会计师应当出具保留意见的审计报告：

（1）会计政策的选用、会计估计的做出或财务报表的披露不符合适用的会计准则和相关会计制度的规定，虽影响重大，但不至于出具否定意见的审计报告；

（2）因审计范围受到限制，不能获取充分、适当的审计证据，虽影响重大，但不至于出具无法表示意见的审计报告。

当出具保留意见的审计报告时，注册会计师应当在审计意见段中使用“除……的影响外”等术语。如果因审计范围受到限制，注册会计师还应当在注册会计师的责任段中提及这一情况。

保留意见的审计报告（审计范围受到限制）

审计报告

ABC 股份有限公司全体股东：

我们审计了后附的 ABC 股份有限公司（以下简称 ABC 公司）财务报表，包括 20×8 年 12 月 31 日的资产负债表，20×8 年度的利润表、股东权益变动表和现金流量表以及财务报表附注。

一、管理层对财务报表的责任

按照企业会计准则的规定编制财务报表是 ABC 公司管理层的责任。这种责任包括：（1）设计、实施和维护与财务报表编制相关的内部控制，以使财务报表不存在由于舞弊或错误而导致的重大错报；（2）选择和运用恰当的会计政策；（3）做出合理的会计估计。

二、注册会计师的责任

我们的责任是在实施审计工作的基础上对财务报表发表审计意见。除本报告“三、导致保留意见的事项”所述事项外，我们按照中国注册会计师审计准则的规定执行了审计工作。中国注册会计师审计准则要求我们遵守职业道德规范，计划和实施审计工作以对财务报表是否不存在重大错报获取合理保证。

审计工作涉及实施审计程序，以获取有关财务报表金额和披露的审计证据。选择的审计程序取决于注册会计师的判断，包括对由于舞弊或错误导致的财务报表重大错报风险的评估。在进行风险评估时，我们考虑与财务报表编制相关的内部控制，以设计恰当的审计程序，但目的并非对内部控制的有效性发表意见。审计工作还包括评价管理层选用会计政策的恰当性和做出会计估计的合理性，以及评价财务报表的总体列报。

我们相信，我们获取的审计证据是充分、适当的，为发表审计意见提供了基础。

三、导致保留意见的事项

ABC 公司 20×8 年 12 月 31 日的应收账款余额×万元，占资产总额的×%。由于 ABC 公司未能提供债务人地址，我们无法实施函证以及其他审计程序，以获取充分、适当的审计证据。

四、审计意见

我们认为，除了前段所述未能实施函证可能产生的影响外，ABC 公司财务报表已经按照企业会计准则的规定编制，在所有重大方面公允反映了 ABC 公司 20×8 年 12 月 31 日的财务状况以及 20×8 年度的经营成果和现金流量。

××会计师事务所（盖章） 中国注册会计师：×××（签名并盖章）

中国注册会计师：×××（签名并盖章）

中国××市

二〇×九年×月×日

2. 否定意见。如果认为财务报表没有按照适用的会计准则和相关会计制度的规定编制，未能在所有重大方面公允反映被审计单位的财务状况、经营成果和现金流量，注册会计师应当出具否定意见的审计报告。

当出具否定意见的审计报告时，注册会计师应当在审计意见段中使用“由于上述问题造成的重大影响”、“由于受到前段所述事项的重大影响”等术语。

否定意见的审计报告

审计报告

ABC 股份有限公司全体股东：

我们审计了后附的 ABC 股份有限公司（以下简称 ABC 公司）财务报表，包括 20×8 年 12 月 31 日的资产负债表，20×8 年度的利润表、股东权益变动表和现金流量表以及财务报表附注。

一、管理层对财务报表的责任

按照企业会计准则的规定编制财务报表是 ABC 公司管理层的责任。这种责任包括：（1）设计、实施和维护与财务报表编制相关的内部控制，以使财务报表不存在由于舞弊或错误而导致的重大错报；（2）选择和运用恰当的会计政策；（3）做出合理的会计估计。

二、注册会计师的责任

我们的责任是在实施审计工作的基础上对财务报表发表审计意见。我们按照中国注册会计师审计准则的规定执行了审计工作。中国注册会计师审计准则要求我们遵守职业道德规范，计划和实施审计工作以对财务报表是否不存在重大错报获取合理保证。

审计工作涉及实施审计程序，以获取有关财务报表金额和披露的审计证据。选择的审计程序取决于注册会计师的判断，包括对由于舞弊或错误导致的财务报表重大错报风险的评估。在进行风险评估时，我们考虑与财务报表编制相关的内部控制，以设计恰当的审计程序，但目的并非对内部控制的有效性发表意见。审计工作还包括评价管理层选用会计政策的恰当性和做出会计估计的合理性，以及评价财务报表的总体列报。

我们相信，我们获取的审计证据是充分、适当的，为发表审计意见提供了基础。

三、导致否定意见的事项

如财务报表附注×所述，ABC 公司的长期股权投资未按企业会计准则的规定采用权益法核算。如果按权益法核算，ABC 公司的长期投资账面价值将减少×万元，净利润将减少×万元，从而导致 ABC 公司由盈利×万元变为亏损×万元。

四、审计意见

我们认为，由于受到前段所述事项的重大影响，ABC 公司财务报表没有按照企业会计准则的规定编制，未能在所有重大方面公允反映 ABC 公司 20×8 年 12 月 31 日的财务状况以及 20×8 年度的经营成果和现金流量。

××会计师事务所（盖章）　　中国注册会计师：×××（签名并盖章）

中国注册会计师：×××（签名并盖章）

中国××市

二〇×九年×月×日

3. 无法表示意见。如果审计范围受到限制可能产生的影响非常重大和广泛，不能获取充分、适当的审计证据，以至于无法对财务报表发表审计意见，注册会计师应当出具无法表示意见的审计报告。

当出具无法表示意见的审计报告时，注册会计师应当删除注册会计师的责任段，并在审计意见段中使用“由于审计范围受到限制可能产生的影响非常重大和广泛”、“我们无法对上述财务报表发表意见”等术语。

无法表示意见的审计报告

审计报告

ABC 股份有限公司全体股东：

我们接受委托，审计后附的 ABC 股份有限公司（以下简称 ABC 公司）财务报表，包括 20×8 年 12 月 31 日的资产负债表，20×8 年度的利润表、股东权益变动表和现金流量表以及财务报表附注。

一、管理层对财务报表的责任

按照企业会计准则的规定编制财务报表是ABC公司管理层的责任。这种责任包括：(1)设计、实施和维护与财务报表编制相关的内部控制，以使财务报表不存在由于舞弊或错误而导致的重大错报；(2)选择和运用恰当的会计政策；(3)做出合理的会计估计。

二、导致无法表示意见的事项

ABC公司未对20×8年12月31日的存货进行盘点，金额为×万元，占期末资产总额的40%。我们无法实施存货监盘，也无法实施替代审计程序，以对期末存货的数量和状况获取充分、适当的审计证据。

三、审计意见

由于上述审计范围受到限制可能产生的影响非常重大和广泛，我们无法对ABC公司财务报表发表意见。

××会计师事务所（盖章）　　　　中国注册会计师：×××（签名并盖章）

中国注册会计师：×××（签名并盖章）

中国××市

二○×九年×月×日

（九）注册会计师的签名和盖章

审计报告应当由注册会计师签名并盖章。

（十）会计师事务所的名称、地址及盖章

审计报告应当载明会计师事务所的名称和地址，并加盖会计师事务所公章。

（十一）报告日期

审计报告应当注明报告日期。审计报告的日期不应早于注册会计师获取充分、适当的审计证据（包括管理层认可对财务报表的责任且已批准财务报表的证据），并在此基础上对财务报表形成审计意见的日期。

三、详式审计报告的内容和格式

详式审计报告的内容主要包括：

（一）被审计单位基本的情况

一般包括被审计单位的名称、性质、法人代表、隶属关系、组织机构设置、资产情况和经营状况、财务情况（包括主要经济指标）以及其他情况等。审计报告中的基本情况是必不可少的，其作用是使审计人员了解被审计单位情况，全面分析研究审计问题，提供审计报告，出具审计意见书和做出处理、处罚决定时参考。

（二）审计概况

主要说明审计的任务及依据，审计的种类及目的，审计的对象、范围，审计组的组成及分工，审计的起讫日期以及审计的程序、方法和简要经过等。

（三）审计结果

即审计结束后对被审计单位做出的全面评价。一方面要对被审计单位取得的成绩给予充分的肯定，另一方面，要指出被审计单位存在的问题，反映审计人员在审计过程中查明的问题，并按问题的性质进行归类，按问题的重要程度编排，说明问题产生的原因，明确责任部门和责任人。

（四）审计意见

审计意见主要是指在对被审计单位做出全面评价的基础上，对存在的问题提出的处理意见。审计处理意见的提出，必须以事实为依据，以法律为准绳，严格区分不同界限，做到有理有据、宽严适度、合法合理，既要有原则性，又要有灵活性，认真做好定性处理工作。

（五）审计建议

审计建议是审计人员针对被审计单位存在的各种问题，联系其实际情况提出的改善经营管理，克服弱点、缺点，提高经济效益的措施。审计建议要有针对性和可行性。提出审计建议，必须紧密联系被审计的实际情况，切忌空头理论。

（六）审计附件

即将审计报告所必需的证据资料，如账表证和其他有关证明材料附于审计报告之后，以增强审计报告的说服力。由于在审计过程中取得的资料内容繁多，在选用资料时应注意其有无针对性、有无代表性、性质是否重要。一般性的证据资料就不必选用。

以上各项内容，是指完备的详式审计报告而言的，并非所有的审计报告都必须如此，应根据审计的任务和具体情况而定。

审计署法制司印发《审计报告》的参考格式如下：

中华人民共和国审计署

审计报告

××××年第××号

（编号由署办公厅统一填写）

被审计单位：××××××

审计项目：××××××××××××××××××

根据《中华人民共和国审计法》第××条（与审计通知书中引用的法规名称及条款号一致）的规定和《审计署关于审计××××××的通知》（审×通〔××××〕××号），审计署派出审计组，自××××年××月××日至××××年××月××日，对×××××××（被审计单位名称，与封面上“被审计单位”表述一致）×××××××××（一般表述为“××××年度××××××情况”，与封面上“审计项目”表述基本一致）进行了审计，×××××××××（根据需要可简要列明审计重点和审计范围），对重要事项在时间上作了必要的延伸和追溯，并抽审了下属的××××××、××××××等单位。×××××××××（简要列明被审计单位配合审计情况）。×××××

×（被审计单位名称）对其提供的与审计相关的会计资料、其他证明材料的真实性和完整性负责。审计署的责任是对此进行审计并出具审计报告。

一、被审计单位基本情况

××。

（要求：

1. 内容要素应符合《审计机关审计项目质量控制办法（试行）》第58条第2项的规定，即包括被审计单位的经济性质、管理体制、财政、财务隶属关系或者国有资产监督管理关系，以及财政收支、财务收支状况等。

2. 反映的内容一般应与审计实施方案确定的审计事项密切相关，其他无关内容尽可能少写或不写。

3. 部门预算执行审计基本情况中有关数据应列表反映。）

二、审计评价意见

××。

（总体上应执行《审计机关审计事项评价准则》和《审计机关审计项目质量控制办法（试行）》第58条第5项的规定。具体要求包括：

1. 发表审计评价意见应运用审计人员的专业判断，并考虑重要性水平、可接受的审计风险、审计发现问题的数额大小、性质和情节等因素。

2. 只对所审计的事项发表审计评价意见。对审计过程中未涉及、审计证据不充分、评价依据或者标准不明确以及超越审计职责范围的事项，不发表审计评价意见。

3. 审计评价意见不能与审计发现的问题相矛盾。

4. 审计评价用语要平实、适度，以写实为主。）

三、审计发现的主要问题及处理处罚意见

（一）××××××××

××。

（二）××××××××

××。

……

要求：

1. 只反映审计发现的被审计单位违法违规问题，审计发现的其他需要研究、关注的问题，应在审计报告“审计建议”部分反映。

2. 审计发现的问题按性质归类，按重要性程度排序。如发现以前年度审计决定未执行的问题，应列在当年查出的问题之后。如果审计工作方案已明确审计内容和重点的归类和排序的，此处对问题的归类、排序应符合审计工作方案的要求。

3. 每类问题一般应列有标题。标题一般应包含对问题的定性用语、金额和处理处罚意见。

4. 每类问题包括三部分内容，即：违法违规事实、定性及依据、处理处罚决定或移送处理决定及依据。三部分内容应根据文字多少注意适当分段。事实表述一般应包括违法违规主体、时间、主要情节、金额、截止审计时的状况等，文字要简洁，避免过多的过程或细节描述。定性表述用语必须规范、准确，不得模棱两可、含糊其辞。定性和处理处罚决定应列出明确法规依据，法规依据包括法律、法规、规章和规范性文件，引用法规应准确、规范。归于同一类的若干具体问题应尽可能合并表述，适当简化，其法规依据相同的，一般只引用一次。反映以前年度审计决定未执行的问题也可适当简略。处理处罚决定均应列明金额。特殊情况无法列明的，应做出说明。移送处理决定的表述中应包括"对该问题审计署已（将）移送××××××（有关单位）处理"。

5. 在引用法律和法规时，一般应列明文件名称、具体条款号及条款内容；在引用规章和规范性文件时，一般应列明发文单位、文件名称、发文号、具体条款号及条款内容。

四、审计建议

×××。

要求：

1. "审计建议"部分不是审计报告必备内容，只在必要时可以对被审计单位或有关部门提出改进财政收支、财务收支管理，完善有关规章制度的意见和建议。

2. 所提意见和建议应针对审计发现的问题或者需要研究、关注的问题，应具有可操作性，便于被审计单位和其他有关单位整改。

3. 建议的对象一般为被审计单位，如果涉及被审计单位以外的其他有关单位，应建议被审计单位商有关单位或者注明该问题审计署已（将）移送有关单位。

（审计署印章）

××××年××月××日

审计报告其他方面的要求：

1. 审计报告中称呼被审计单位一律采用第三人称形式，一般使用被审计单位名称，或称"该单位"。审计报告中单位的名称（包括被审计单位名称）应使用全称或标准简称，没有标准简称的，第一次称呼应使用全称，其后如需使用简称，应在第一次使用全称后标注"（以下简称'××××'）"。

2. 审计报告中的数值（包括百分数）除整数值外，小数点后一律保留两位，数值之间存在勾稽关系的，应保持勾稽关系正确。金额单位应根据具体情况和需要确定，一般以"元"为单位，数额较大的可以使用"万元"或"亿元"。

3. 审计报告应当语言简洁通顺，逻辑性强，避免产生歧义，用词准确规范、通俗易懂，要充分考虑报告使用者的阅读和理解。

第三节　财务审计报告的撰写与审定

一、编写财务审计报告的要求

不同的审计种类，由于审计的目标、对象范围不同，审计报告的写法也有所不同。就其基本要求，有以下几个方面：

1. 逻辑结构方面的要求。作为一份好的审计报告，必须结构严谨，逻辑关系清楚。就一般审计报告而言，应有如下要求：

（1）审计报告标题必须反映被审计单位的名称、审计类型和主要目标；

（2）基本情况和审计概况要写明审计的授权人或委托人、审计具体目标和任务、审计内容和范围、审计的具体程序和方法，以及被审计单位基本情况的概述；

（3）审计报告的具体内容要对审计结果进行全面的陈述，并提出审计人员对被审计单位的处理意见、审计建议和其他需要说明的问题。并且应该按重要性排列反映审计的结果、审计意见、审计建议和其他问题。

2. 内容方面的要求。审计报告内容主要是指审计报告所反映的情况和提出的审计意见和建议等。审计报告反映内容的基本要求主要有：

（1）事实清楚，证据确凿。审计报告中的一切事实材料，必须经过反复查证，有清楚的来龙去脉，证明被审计事项的证据必须做到充分有力。未证实的材料不能写入审计报告，以免引起审计纠纷，影响审计的声誉和权威。

（2）内容完整，反映全面。审计查实的问题，除了相关性不强的细小问题外，审计人员有责任作全面的反映，但要注意分清主次，突出重点问题，即做到全面性、重点性相结合。

（3）评价公正，定性准确。审计做出的评价，一要正确、公正，二要经过审计查证。审计报告的评价不能将“据闻”、“据说”的情况不经审计核实就做出审计评价，也不能将别的部门的评价不经分析查证就转引。审计评价要实事求是、客观公正，要一分为二地评价被审计单位，既肯定成绩，又指出存在的问题和不足。

审计人员要对评价的准确性、公正性负责。准确性是指需要用正确的标尺来衡量事实，即指以法律、法规、政策规定为依据，以及会计准则、财务通则和其他理论为依据进行定性。在定性比较困难的情况下，可将其危害性、造成的后果用写实的方法进行表达，使助于他人正确理解其性质。

（4）处理恰当，建议可行。审计处理要谨慎恰当，要从实际出发，实事求是，并对照审计标准提出恰如其分的审计意见。审计建议应明确、具体，具有针对性、可行性，便于被审计单位认真执行。

3. 行文方面的要求。审计报告的行文要力求做到规范化。根据审计报告的特点，行文方面主要有以下几个方面的规范要求：

（1）文题相符，概念清楚。审计报告中审计组织名称、被审计单位的名称、审计内容、审计文书名称等要素俱全。同时审计报告不应是简单的概念罗列，更不能偷换混淆概念，在列举同一对象概念时，在审计报告中保持一致。

（2）措词恰当，有理有据。对事实表达方面的措词及对问题定性时用的措词要适当、确切。措词要符合法规上的统一提法，以及一些约定俗成的习惯用法，要从实际出发，区分具体情况。对审查出来问题，不能先入为主，不能无限上纲乱扣帽子。要忌言无分寸，措词恍惚，盲目推论。

（3）层次清楚，行文简炼。审计报告要注意撰写技巧，要做到简洁明了，层次清楚，表达准确，行文简炼要做到“有话则长无话则短”。

编写审计报告应力求内容规范完整，观点和材料统一，标题、名称恰当，文字精炼、准确，层次结构清晰等。

二、财务审计报告的编写步骤和方法

（一）汇总整理审计证据

审计报告是依靠审计证据支持的，而审计证据由审计人员在实施过程中，按照法定程序、运用科学的审计方法取得并记录在审计工作底稿中。因此，审计实施阶段结束后，审计人员首先应汇总整理审计工作底稿，同时，应对审计工作底稿中记录的审计证据进行审查核对。要审查审计工作的平时记录和各项经济业务的工作底稿是否完备齐全，所查出的问题是否都已列出，有无遗漏之处，审计证据是否充分、有效，以及审计评价、意见和建议是否适当。审查核对的过程，实质上是对审计工作的复核过程，也是审计证据继续收集的过程。

（二）分析提炼审计证据

在汇总整理审计证据的基础上，审计人员对审计工作底稿中审计证据要按其反映的内容进行分类。既可以按相同的性质进行分类，也可以按审计工作进行的顺序进行分类。在分类的基础上要对审计证据进行分析，去粗取精、去伪存真，由此及彼、由表及内，分清问题的主次和重要程序，确定要写入审计报告的事项。经过提炼后的审计证据，要做到事实清楚、数字真实、分析有据、定性准确、表达严谨。

（三）拟定审计报告提纲

拟定报告提纲就是要确定审计报告的框架结构。事实上审计报告提纲的主要部分是根据整理分析后的审计证据拟定的。有哪一方面的证据，才能拟定哪一方面的提纲。拟定提纲一般由主审提出初步意见，而后经集体讨论决定。主要内容是：分几个部分、阐述什么问题、依靠哪些证据、怎样撰写等。拟定审计报告提纲时，在每个大小标题后面应详细列出所需证据以及证据的来源。提纲的内容必须针对审计的目的和范围，以及审计授权人、委托人的要求，根据已掌握的证据分清主次，适当排列次序。

（四）撰写审计报告初稿

审计报告提纲拟定以后，审计人员就可以撰写审计报告初稿。审计报告初稿形成后，审计组应充分讨论，反复推敲，认真研究，修改定稿。

（五）征求被审单位意见

按照审计法及实施案例的规定，审计组向审计机关提出审计报告前应征求被审计单位意见。被审计单位应当自接到审计报告之日起十日内，提出书面意见。自接到审计报告10日内未提出书面意见的，视同无异议。征求意见主要是为了进一步核对事实，同时交换双方对审计结果的意见和建议和看法。审计报告征求被审计单位意见，不仅体现了审计机关的务实精神，而且也进一步增加了审计报告的真实性，从而提高了审计报告的质量。审计人员对被审计单位的意见应认真分析研究，认为事实不清或有出入的，应进一步核实。对审计结果和审计意见有异议的，对正确合理的意见应采纳并修改补充审计报告，甚至重新进行审核检查再提出审计结果和审计意见。如果被审计单位对报告中提出的对其处以较大数额的罚款的建议有异议，并依法提出举行听证的要求时，审计组应当及时报告审计机关，由审计机关的法制机构或审计机关内比较超脱的其他机构主持听证。审计组对被审计单位提出的意见或听证裁定的意见，要认真分析研究，对其正确合理的部分应采纳并适当地修改审计报告。被审计单位对审计报告不得拒绝签署意见。同时应注意，审计报告在没有最后定稿以前，不应将审计报告内容向其他任何人泄露。

（六）修改定稿报出报告

审计报告征求被审计单位意见后，作适当修改后即可定稿打印，并上报给审计授权人或委托人。审计报告实行主审或组长负责制，未经主审或组长签章的审计报告无效。对审计组定稿的审计报告，如审计组成员有不同意见，组长或主审应以书面形式连同审计报告一同报出。审计报告中不便写明的情况和问题，可另写报告和材料报送有关部门，审计报告、书面意见、听证裁定书面材料、审计组书面证明等，可一同上报。

三、财务审计报告的审定

根据《中华人民共和国审计法》第四十条的规定，审计机关的结束工作主要包三个方面：审定审计报告、做出审计结论和处理决定、下达审计决定。

《中华人民共和国审计法实施条例》第四十一条进一步规定：审计组提出的审计报告，经审计机关专门机构或者人员复核后，由审计机关审定并按照以下办理：①对没有违反国家规定的财政收支、财务收支行为的，应当对审计事项做出评价，出具审计意见书；对有违反国家规定的财政收支、财务收支行为，情节轻微的，应当予以指明并责令自行纠正，对审计事项做出评价，出具审计意见书。②对有违反国家规定的财政收支、财务收支行为，需要依法给予处理、处罚的，除应当对审计事项做出评价，出具审计意见书外，还应当对违反国家规定的财政收支、财务收支行为在法定职权范围内做出处理、处罚的审计决定。③对违反国家规定的财政收支、财务收支行为，审计机关认为应当由有关主管机关处理、处罚的，应当做出审计建议书，向有关主管机关提出处理、处罚意见。

（一）审定审计报告

审定审计报告是审计机关对审计组提出的审计报告所列的审计事项以及提出的建议进行复核、审定，做出最终裁定和评价的活动。为了做好审计报告的审定工作，审计机关普遍实行了审计报告复核制度，由专门机构或人员对审计组提出的重要审计事项的审计报告进行复核。复核机构或复核人员主要对审计报告中所列与审计事项有关的事实是否清楚，收集的证明材料是否具有客观性、相关性、充分性和合法性，适用的法律、法规、规章和具有普遍约束力的决定、命令等是否正确，审计评价意见是否恰当，定性、处理、处罚建议是否适当，审计程序是否符合规定等进行审核，并提出复核意见。

审计报告经复核后，由审计机关审定。一般审计事项的审计报告，可以由审计机关主管领导审定，重大审计事项的审计报告，应当由审计机关业务会议审定。审定的内容是：

1. 与审计事项有关的事实是否清楚。

2. 被审计单位对审计报告的意见和复核机构或者复核人员提出的复核意见是否正确。

3. 审计评价意见是否恰当。

审计机关审定审计报告必须以各种事实和审计标准为依据，详细审阅审计工作底稿及有关文件资料，同时充分考虑被审计单位意见。对不合格的审计报告，审计机关应退回审计组重新编写或修改。

（二）出具审计意见和做出审计决定

根据《中华人民共和国审计法》第四十条规定，审计机关审定审计报告，对审计事项做出评价并出具审计意见书，对被审计单位违反国家规定的财政收支、财务收支行为，需要依法给予处理、处罚的，在法定职权范围内，做出审计决定。

审计意见书和审计决定是两种不同的审计文书，适用于不同的情况，具有不同的特点和内容。

1. 审计意见书。审计意见书是审计机关向被审计单位和有关单位出具的对审计事项进行评价、表达审计意见和提出建议的法律文书，是对没有违反国家规定的财政收支、财务收支行为，不需要进行处理、处罚的被审计单位的评价和建议，不具有强制性。审计意见书主要包括下列内容：

（1）范围、内容、方式和时间；

（2）审计机关认定的事实，评价意见和评价依据；

（3）责令被审计单位自行纠正的事项；

（4）改进财政收支、财务收支管理，提高经济效益的意见和建议。

2. 审计决定。审计决定是审计机关做出的对被审计单位违反国家规定的财政收支、财务收支行为依法进行处理、处罚的法律文书。审计决定是审计机关对违反国家规定的财政收支、财务收支行为，需要进行处理、处罚的被审计单位做出的处理、处罚决定，具有强制性，被审计单位和有关单位必须执行。审计决定主要包括下列内容：

（1）审计的范围、内容、方式和时间；

（2）依据审计意见书中所列审计机关认定的被审计单位违反国家规定的财政收支、财务收支行为的事实；

（3）引证有关的法律、规章和具有普遍约束力的决定、命令的条文及据以做出的审计处理、处罚决定；

（4）审计处理、处罚决定执行的期限和要求；

（5）被审计单位不服审计决定，依法申请复议的期限和复议机关。

根据有关规定，审计处理的种类主要有责令限期缴纳、上缴应当缴纳、上缴的财政收入，责令限期返还违法所得，责令限期退还被侵占的国有资产，责令冲转或者调整有关会计科目，依法采取的其他处理措施。审计处罚的种类主要有警告、通报批评，没收违法所得，罚款，依法采取其他处罚措施。

审计机关应当在收到审计报告之日起三十日内，将审计意见书和审计决定送达被审计单位，同时抄送被审单位的上级主管部门和其他有关部门，以便监督执行。重大问题，还应抄报上级审计机关和本级人民政府。

审计决定是有法律效力的体现国家强制力的法律文件，自送达之日起生效。也就是说，接到审计决定的被审计单位和有关单位必须按照审计决定的要求在一定期限内执行审计决定。审计机关应当自审计意见书和审计决定送达之日起三个月内，了解审计意见采纳情况，监督审计决定的执行情况。被审计单位和有关单位在法定的行政复议和行政诉讼期间内，既不对审计决定申请复议或不向人民法院提起诉讼，又不执行审计决定的，审计机关可根据我国行政诉讼法第三十六条的规定，申请人民法院强制执行。

思考与练习

1. 什么是财务审计报告？财务审计报告有何作用？

2. 财务审计报告有哪几种分类？什么是简式审计报告和详式审计报告？

3. 内部审计报告和外部审计报告有何不同？

4. 财务审计报告基本格式应包括哪些内容？

5. 简式审计报告一般包括哪些内容？根据不同的审计结果可以出具哪几种不同的审计报告？

6. 简述无保留意见、保留意见、否定意见和拒绝表示意见几种不同意见的条件要求及其写法。

7. 详式审计报告一般包括哪些内容？

8. 编写财务审计报告有哪些基本要求？

9. 怎样编写财务审计报告？

10. 如何审定财务审计报告？财务审计报告复核与审定有何区别？

附录一

中华人民共和国会计法

（2017 年修订）

（1985 年 1 月 21 日第六届全国人民代表大会常务委员会第九次会议通过，1993 年 12 月 29 日第八届全国人民代表大会常务委员会第五次会议修正，1999 年 10 月 31 日第九届全国人民代表大会常务委员会第十二次会议修订，2017 年 11 月 4 日第十二届全国人民代表大会常务委员会第三十次会议修正，自 2017 年 11 月 5 日起施行。）

第一章 总 则

第一条 为了规范会计行为，保证会计资料真实、完整，加强经济管理和财务管理，提高经济效益，维护社会主义市场经济秩序，制定本法。

第二条 国家机关、社会团体、公司、企业、事业单位和其他组织（以下统称单位）必须依照本法办理会计事务。

第三条 各单位必须依法设置会计账簿，并保证其真实、完整。

第四条 单位负责人对本单位的会计工作和会计资料的真实性、完整性负责。

第五条 会计机构、会计人员依照本法规定进行会计核算，实行会计监督。

任何单位或者个人不得以任何方式授意、指使、强令会计机构、会计人员伪造、变造会计凭证、会计账簿和其他会计资料，提供虚假财务会计报告。

任何单位或者个人不得对依法履行职责、抵制违反本法规定行为的会计人员实行打击报复。

第六条 对认真执行本法，忠于职守，坚持原则，做出显著成绩的会计人员，给予精神的或者物质的奖励。

第七条 国务院财政部门主管全国的会计工作。

县级以上地方各级人民政府财政部门管理本行政区域内的会计工作。

第八条 国家实行统一的会计制度。国家统一的会计制度由国务院财政部门根据本法制定并公布。

国务院有关部门可以依照本法和国家统一的会计制度制定对会计核算和会

计监督有特殊要求的行业实施国家统一的会计制度的具体办法或者补充规定，报国务院财政部门审核批准。

中国人民解放军总后勤部可以依照本法和国家统一的会计制度制定军队实施国家统一的会计制度的具体办法，报国务院财政部门备案。

第二章　会计核算

第九条　各单位必须根据实际发生的经济业务事项进行会计核算，填制会计凭证，登记会计账簿，编制财务会计报告。

任何单位不得以虚假的经济业务事项或者资料进行会计核算。

第十条　下列经济业务事项，应当办理会计手续，进行会计核算：

（一）款项和有价证券的收付；

（二）财物的收发、增减和使用；

（三）债权债务的发生和结算；

（四）资本、基金的增减；

（五）收入、支出、费用、成本的计算；

（六）财务成果的计算和处理；

（七）需要办理会计手续、进行会计核算的其他事项。

第十一条　会计年度自公历1月1日起至12月31日止。

第十二条　会计核算以人民币为记账本位币。

业务收支以人民币以外的货币为主的单位，可以选定其中一种货币作为记账本位币，但是编报的财务会计报告应当折算为人民币。

第十三条　会计凭证、会计账簿、财务会计报告和其他会计资料，必须符合国家统一的会计制度的规定。

使用电子计算机进行会计核算的，其软件及其生成的会计凭证、会计账簿、财务会计报告和其他会计资料，也必须符合国家统一的会计制度的规定。

任何单位和个人不得伪造、变造会计凭证、会计账簿及其他会计资料，不得提供虚假的财务会计报告。

第十四条　会计凭证包括原始凭证和记账凭证。

办理本法第十条所列的经济业务事项，必须填制或者取得原始凭证并及时送交会计机构。

会计机构、会计人员必须按照国家统一的会计制度的规定对原始凭证进行审核，对不真实、不合法的原始凭证有权不予接受，并向单位负责人报告；对记载不准确、不完整的原始凭证予以退回，并要求按照国家统一的会计制度的规定更正、补充。

原始凭证记载的各项内容均不得涂改；原始凭证有错误的，应当由出具单位重开或者更正，更正处应当加盖出具单位印章。原始凭证金额有错误的，应当由出具单位重开，不得在原始凭证上更正。

记账凭证应当根据经过审核的原始凭证及有关资料编制。

第十五条　会计账簿登记，必须以经过审核的会计凭证为依据，并符合有关法律、行政法规和国家统一的会计制度的规定。会计账簿包括总账、明细账、日记账和其他辅助性账簿。

会计账簿应当按照连续编号的页码顺序登记。会计账簿记录发生错误或者隔页、缺号、跳行的，应当按照国家统一的会计制度规定的方法更正，并由会计人员和会计机构负责人（会计主管人员）在更正处盖章。

使用电子计算机进行会计核算的，其会计账簿的登记、更正，应当符合国家统一的会计制度的规定。

第十六条 各单位发生的各项经济业务事项应当在依法设置的会计账簿上统一登记、核算，不得违反本法和国家统一的会计制度的规定私设会计账簿登记、核算。

第十七条 各单位应当定期将会计账簿记录与实物、款项及有关资料相互核对，保证会计账簿记录与实物及款项的实有数额相符、会计账簿记录与会计凭证的有关内容相符、会计账簿之间相对应的记录相符、会计账簿记录与会计报表的有关内容相符。

第十八条 各单位采用的会计处理方法，前后各期应当一致，不得随意变更；确有必要变更的，应当按照国家统一的会计制度的规定变更，并将变更的原因、情况及影响在财务会计报告中说明。

第十九条 单位提供的担保、未决诉讼等或有事项，应当按照国家统一的会计制度的规定，在财务会计报告中予以说明。

第二十条 财务会计报告应当根据经过审核的会计账簿记录和有关资料编制，并符合本法和国家统一的会计制度关于财务会计报告的编制要求、提供对象和提供期限的规定；其他法律、行政法规另有规定的，从其规定。

财务会计报告由会计报表、会计报表附注和财务情况说明书组成。向不同的会计资料使用者提供的财务会计报告，其编制依据应当一致。有关法律、行政法规规定会计报表、会计报表附注和财务情况说明书须经注册会计师审计的，注册会计师及其所在的会计师事务所出具的审计报告应当随同财务会计报告一并提供。

第二十一条 财务会计报告应当由单位负责人和主管会计工作的负责人、会计机构负责人（会计主管人员）签名并盖章；设置总会计师的单位，还须由总计师签名并盖章。

单位负责人应当保证财务会计报告真实、完整。

第二十二条 会计记录的文字应当使用中文。在民族自治地方，会计记录可以同时使用当地通用的一种民族文字。在中华人民共和国境内的外商投资企业、外国企业和其他外国组织的会计记录可以同时使用一种外国文字。

第二十三条 各单位对会计凭证、会计账簿、财务会计报告和其他会计资料应当建立档案，妥善保管。会计档案的保管期限和销毁办法，由国务院财政部会同有关部门制定。

第三章　公司、企业会计核算的特别规定

第二十四条 公司、企业进行会计核算，除应当遵守本法第二章的规定

外，还应当遵守本章规定。

第二十五条　公司、企业必须根据实际发生的经济业务事项，按照国家统一的会计制度的规定确认、计量和记录资产、负债、所有者权益、收入、费用、成本和利润。

第二十六条　公司、企业进行会计核算不得有下列行为：

（一）随意改变资产、负债、所有者权益的确认标准或者计量方法，虚列、多列、不列或者少列资产、负债、所有者权益；

（二）虚列或者隐瞒收入，推迟或者提前确认收入；

（三）随意改变费用、成本的确认标准或者计量方法，虚列、多列、不列或者少列费用、成本；

（四）随意调整利润的计算、分配方法，编造虚假利润或者隐瞒利润；

（五）违反国家统一的会计制度规定的其他行为。

第四章　会计监督

第二十七条　各单位应当建立、健全本单位内部会计监督制度。单位内部会计监督制度应当符合下列要求：

（一）记账人员与经济业务事项和会计事项的审批人员、经办人员、财物保管人员的职责权限应当明确，并相互分离、相互制约；

（二）重大对外投资、资产处置、资金调度和其他重要经济业务事项的决策和执行的相互监督、相互制约程序应当明确；

（三）财产清查的范围、期限和组织程序应当明确；

（四）对会计资料定期进行内部审计的办法和程序应当明确。

第二十八条　单位负责人应当保证会计机构、会计人员依法履行职责，不得授意、指使、强令会计机构、会计人员违法办理会计事项。

会计机构、会计人员对违反本法和国家统一的会计制度规定的会计事项，有权拒绝办理或者按照职权予以纠正。

第二十九条　会计机构、会计人员发现会计账簿记录与实物、款项及有关资料不相符的，按照国家统一的会计制度的规定有权自行处理的，应当及时处理；无权处理的，应当立即向单位负责人报告，请求查明原因，作出处理。

第三十条　任何单位和个人对违反本法和国家统一的会计制度规定的行为，有权检举。收到检举的部门有权处理的，应当依法按照职责分工及时处理；无权处理的，应当及时移送有权处理的部门处理。收到检举的部门、负责处理的部门应当为检举人保密，不得将检举人姓名和检举材料转给被检举单位和被检举人个人。

第三十一条　有关法律、行政法规规定，须经注册会计师进行审计的单位，应当向受委托的会计师事务所如实提供会计凭证、会计账簿、财务会计报告和其他会计资料以及有关情况。

任何单位或者个人不得以任何方式要求或者示意注册会计师及其所在的会计师事务所出具不实或者不当的审计报告。

财政部门有权对会计师事务所出具审计报告的程序和内容进行监督。

第三十二条 财政部门对各单位的下列情况实施监督：

（一）是否依法设置会计账簿；

（二）会计凭证、会计账簿、财务会计报告和其他会计资料是否真实、完整；

（三）会计核算是否符合本法和国家统一的会计制度的规定；

（四）从事会计工作的人员是否具备专业能力、遵守职业道德。

在对前款第（二）项所列事项实施监督，发现重大违法嫌疑时，国务院财政部门及其派出机构可以向与被监督单位有经济业务往来的单位和被监督单位开立账户的金融机构查询有关情况，有关单位和金融机构应当给予支持。

第三十三条 财政、审计、税务、人民银行、证券监管、保险监管等部门应当依照有关法律、行政法规规定的职责，对有关单位的会计资料实施监督检查。

前款所列监督检查部门对有关单位的会计资料依法实施监督检查后，应当出具检查结论。有关监督检查部门已经作出的检查结论能够满足其他监督检查部门履行本部门职责需要的，其他监督检查部门应当加以利用，避免重复查账。

第三十四条 依法对有关单位的会计资料实施监督检查的部门及其工作人员对在监督检查中知悉的国家秘密和商业秘密负有保密义务。

第三十五条 各单位必须依照有关法律、行政法规的规定，接受有关监督检查部门依法实施的监督检查，如实提供会计凭证、会计账簿、财务会计报告和其他会计资料以及有关情况，不得拒绝、隐匿、谎报。

第五章 会计机构和会计人员

第三十六条 各单位应当根据会计业务的需要，设置会计机构，或者在有关机构中设置会计人员并指定会计主管人员；不具备设置条件的，应当委托经批准设立从事会计代理记账业务的中介机构代理记账。

国有的和国有资产占控股地位或者主导地位的大、中型企业必须设置总会计师。总会计师的任职资格、任免程序、职责权限由国务院规定。

第三十七条 会计机构内部应当建立稽核制度。

出纳人员不得兼任稽核、会计档案保管和收入、支出、费用、债权债务账目的登记工作。

第三十八条 会计人员应当具备从事会计工作所需要的专业能力。

担任单位会计机构负责人（会计主管人员）的，应当具备会计师以上专业技术职务资格或者从事会计工作三年以上经历。

本法所称会计人员的范围由国务院财政部门规定。

第三十九条 会计人员应当遵守职业道德，提高业务素质。对会计人员的教育和培训工作应当加强。

第四十条 因有提供虚假财务会计报告，做假账，隐匿或者故意销毁会计凭证、会计账簿、财务会计报告，贪污，挪用公款，职务侵占等与会计职务的有关违法行为被依法追究刑事责任的人员，不得再从事会计工作。

第四十一条 会计人员调动工作或者离职，必须与接管人员办清交接手续。

一般会计人员办理交接手续，由会计机构负责人（会计主管人员）监交；会计机构负责人（会计主管人员）办理交接手续，由单位负责人监交，必要时主管单位可以派人会同监交。

第六章 法律责任

第四十二条 违反本法规定，有下列行为之一的，由县级以上人民政府财政部门责令限期改正，可以对单位并处三千元以上五万元以下的罚款；对其直接负责的主管人员和其他直接责任人员，可以处二千元以上二万元以下的罚款；属于国家工作人员的，还应当由其所在单位或者有关单位依法给予行政处分：

（一）不依法设置会计账簿的；

（二）私设会计账簿的；

（三）未按照规定填制、取得原始凭证或者填制、取得的原始凭证不符合规定的；

（四）以未经审核的会计凭证为依据登记会计账簿或者登记会计账簿不符合规定的；

（五）随意变更会计处理方法的；

（六）向不同的会计资料使用者提供的财务会计报告编制依据不一致的；

（七）未按照规定使用会计记录文字或者记账本位币的；

（八）未按照规定保管会计资料，致使会计资料毁损、灭失的；

（九）未按照规定建立并实施单位内部会计监督制度或者拒绝依法实施的监督或者不如实提供有关会计资料及有关情况的；

（十）任用会计人员不符合本法规定的。

有前款所列行为之一，构成犯罪的，依法追究刑事责任。

会计人员有第一款所列行为之一，情节严重的，五年内不得从事会计工作。

有关法律对第一款所列行为的处罚另有规定的，依照有关法律的规定办理。

第四十三条 伪造、变造会计凭证、会计账簿，编制虚假财务会计报告，构成犯罪的，依法追究刑事责任。

有前款行为，尚不构成犯罪的，由县级以上人民政府财政部门予以通报，可以对单位并处五千元以上十万元以下的罚款；对其直接负责的主管人员和其他直接责任人员，可以处三千元以上五万元以下的罚款；属于国家工作人员的，还应当由其所在单位或者有关单位依法给予撤职直至开除的行政处分；其中的会计人员，五年内不得从事会计工作。

第四十四条 隐匿或者故意销毁依法应当保存的会计凭证、会计账簿、财务会计报告，构成犯罪的，依法追究刑事责任。

有前款行为，尚不构成犯罪的，由县级以上人民政府财政部门予以通报，可以对单位并处五千元以上十万元以下的罚款；对其直接负责的主管人员和其他直接责任人员，可以处三千元以上五万元以下的罚款；属于国家工作人员的，还应当由其所在单位或者有关单位依法给予撤职直至开除的行政处分；其中的会计人员，五年内不得从事会计工作。

第四十五条 授意、指使、强令会计机构、会计人员及其他人员伪造、变造会计凭证、会计账簿，编制虚假财务会计报告或者隐匿、故意销毁依法应当保存的会计凭证、会计账簿、财务会计报告，构成犯罪的，依法追究刑事责任；尚不构成犯罪的，可以处五千元以上五万元以下的罚款；属于国家工作人员的，还应当由其所在单位或者有关单位依法给予降级、撤职、开除的行政处分。

第四十六条 单位负责人对依法履行职责、抵制违反本法规定行为的会计人员以降级、撤职、调离工作岗位、解聘或者开除等方式实行打击报复，构成犯罪的，依法追究刑事责任；尚不构成犯罪的，由其所在单位或者有关单位依法给予行政处分。对受打击报复的会计人员，应当恢复其名誉和原有职务、级别。

第四十七条 财政部门及有关行政部门的工作人员在实施监督管理中滥用职权、玩忽职守、徇私舞弊或者泄露国家秘密、商业秘密，构成犯罪的，依法追刑事责任；尚不构成犯罪的，依法给予行政处分。

第四十八条 违反本法第三十条规定，将检举人姓名和检举材料转给被检举单位和被检举人个人的，由所在单位或者有关单位依法给予行政处分。

第四十九条 违反本法规定，同时违反其他法律规定的，由有关部门在各自职权范围内依法进行处罚。

第七章 附 则

第五十条 本法下列用语的含义：

单位负责人，是指单位法定代表人或者法律、行政法规规定代表单位行使职权的主要负责人。

国家统一的会计制度，是指国务院财政部门根据本法制定的关于会计核算、会计监督、会计机构和会计人员以及会计工作管理的制度。

第五十一条 个体工商户会计管理的具体办法，由国务院财政部门根据本法的原则另行规定。

第五十二条 本法自 2000 年 7 月 1 日起施行。

附录二

企业财务会计报告条例

2000 年 6 月 21 日中华人民共和国国务院令（第 287 号）

第一章　总　　则

第一条　为了规范企业财务会计报告，保证财务会计报告的真实、完整，根据《中华人民共和国会计法》，制定本条例。

第二条　企业（包括公司，下同）编制和对外提供财务会计报告，应当遵守本条例。

本条例所称财务会计报告，是指企业对外提供的反映企业某一特定日期财务状况和某一会计期间经营成果、现金流量的文件。

第三条　企业不得编制和对外提供虚假的或者隐瞒重要事实的财务会计报告。

企业负责人对本企业财务会计报告的真实性、完整性负责。

第四条　任何组织或者个人不得授意、指使、强令企业编制和对外提供虚假的或者隐瞒重要事实的财务会计报告。

第五条　注册会计师、会计师事务所审计企业财务会计报告，应当依照有关法律、行政法规以及注册会计师执业规则的规定进行，并对所出具的审计报告负责。

第二章　财务会计报告的构成

第六条　财务会计报告分为年度、半年度、季度和月度财务会计报告。

第七条　年度、半年度财务会计报告应当包括：

（一）会计报表；

（二）会计报表附注；

（三）财务情况说明书。

会计报表应当包括资产负债表、利润表、现金流量表及相关附表。

第八条　季度、月度财务会计报告通常仅指会计报表，会计报表至少应当包括资产负债表和利润表。国家统一的会计制度规定季度、月度财务会计报告需要编制会计报表附注的，从其规定。

第九条　资产负债表是反映企业在某一特定日期财务状况的报表。资产负债表应当按照资产、负债和所有者权益（或者股东权益，下同）分类分项列示。其中，资产、负债和所有者权益的定义及列示应遵循下列规定：

（一）资产，是指过去的交易、事项形成并由企业拥有或者控制的资源，该资源预期会给企业带来经济利益。在资产负债表上，资产应当按照其流动性分类分项列示，包括流动资产、长期投资、固定资产、无形资产及其他资产。银行、保险公司和非银行金融机构的各项资产有特殊性的，按照其性质分类分项列示。

（二）负债，是指过去的交易、事项形成的现时义务，履行该义务预期会导致经济利益流出企业。在资产负债表上，负债应当按照其流动性分类分项列示，包括流动负债、非流动负债等。银行、保险公司和非银行金融机构的各项负债有特殊性的，按照其性质分类分项列示。

（三）所有者权益，是指所有者在企业资产中享有的经济利益，其金额为资产减去负债后的余额。在资产负债表上，所有者权益应当按照实际资本（或者股本）、资本公积、盈余公积、未分配利润等项目分项列示。

第十条 利润表是反映企业在一定会计期间经营成果的报表。利润表应当按照各项收入、费用以及构成利润的各个项目分类分项列示。其中，收入、费用和利润的定义及列示应当遵循下列规定：

（一）收入，是指企业在销售商品、提供劳务及让渡资产使用权等日常活动中所形成的经济利益的总流入。收入不包括为第三方或者客户代收的款项。在利润表上，收入应当按照其重要性分项列示。

（二）费用，是指企业为销售商品、提供劳务等日常活动所发生的经济利益的流出。在利润表上，费用应当按照其性质分项列示。

（三）利润，是指企业在一定会计期间的经营成果。在利润表上，利润应当按照营业利润、利润总额和净利润等利润的构成分类分项列示。

第十一条 现金流量表是反映企业一定会计期间现金和现金等价物（以下简称现金）流入和流出的报表。现金流量表应当按照经营活动、投资活动和筹资活动的现金流量分类分项列示。其中，经营活动、投资活动和筹资活动的定义及列示应当遵循下列规定：

（一）经营活动，是指企业投资活动和筹资活动以外的所有交易和事项。在现金流量表上，经营活动的现金流量应当按照其经营活动的现金流入和流出的性质分项列示；银行、保险公司和非银行金融机构的经营活动按照其经营活动特点分项列示。

（二）投资活动，是指企业长期资产的购建和不包括在现金等价物范围内的投资及其处置活动。在现金流量表上，投资活动的现金流量应当按照其投资活动的现金流入和流出的性质分项列示。

（三）筹资活动，是指导致企业资本及债务规模和构成发生变化的活动。在现金流量表上，筹资活动的现金流量应当按照其筹资活动的现金流入和流出的性质分项列示。

第十二条 相关附表是反映企业财务状况、经营成果和现金流量的补充报表，主要包括利润分配表以及国家统一的会计制度规定的其他附表。

利润分配表是反映企业一定会计期间对实现净利润以及以前年度未分配利润的分配或者亏损弥补的报表。利润分配表应当按照利润分配各个项目分类分项列示。

第十三条　年度、半年度会计报表至少应当反映两个年度或者相关两个期间的比较数据。

第十四条　会计报表附注是为便于会计报表使用者理解会计报表的内容而对会计报表的编制基础、编制依据、编制原则和方法及主要项目等所作的解释。会计报表附注至少应当包括下列内容：

（一）不符合基本会计假设的说明；

（二）重要会计政策和会计估计及其变更情况、变更原因及其对财务状况和经营成果的影响；

（三）或有事项和资产负债表日后事项的说明；

（四）关联方关系及其交易的说明；

（五）重要资产转让及其出售情况；

（六）企业合并、分立；

（七）重大投资、融资活动；

（八）会计报表中重要项目的明细资料；

（九）有助于理解和分析会计报表需要说明的其他事项。

第十五条　财务情况说明书至少应当对下列情况做出说明：

（一）企业生产经营的基本情况；

（二）利润实现和分配情况；

（三）资金增减和周转情况；

（四）对企业财务状况、经营成果和现金量有重大影响的其他事项。

第三章　财务会计报告的编制

第十六条　企业应当于年度终了编报年度财务会计报告。国家统一的会计制度规定企业应当编报半年度、季度和月度财务会计报告的，从其规定。

第十七条　企业编制财务会计报告，应当根据真实的交易、事项以及完整、准确的账簿记录等资料，并按照国家统一的会计制度规定的编制基础、编制依据、编制原则和方法。

企业不得违反本条例和国家统一的会计制度规定，随意改变财务会计报告的编制基础、编制依据、编制原则和方法。

任何组织或者个人不得授意、指使、强令企业违反本条例和国家统一的会计制度规定，改变财务会计报告的编制基础、编制依据、编制原则和方法。

第十八条　企业应当依照本条例和国家统一的会计制度规定，对会计报表中各项会计要素进行合理的确认和计量，不得随意改变会计要素的确认和计量标准。

第十九条　企业应当依照有关法律、行政法规和本条例规定的结账日进行结账，不得提前或者延迟。年度结账日为公历年度每年的 12 月 31 日；半年度、季度、月度结账日分别为公历年度每半年、每季、每月的最后一天。

第二十条 企业在编制年度财务会计报告前，应当按照下列规定，全面清查资产、核实债务：

（一）结算款项，包括应收款项、应付款项、应交税费等是否存在，与债务、债权单位的相应债务、债权金额是否一致；

（二）原材料、在产品、自制半成品、库存商品等各项存货的实存数量与账面数量是否一致，是否有报废损失和积压物资等；

（三）各项投资是否存在，投资收益是否按照国家统一的会计制度规定进行确认和计量；

（四）房屋建筑物、机器设备、运输工具等各项固定资产的实存数量与账面数量是否一致；

（五）在建工程的实际发生额与账面记录是否一致；

（六）需要清查、核实的其他内容。

企业通过前款规定的清查、核实，查明财产物资的实存数量与账面数量是否一致、各项结算款项的拖欠情况及其原因、材料物资的实际储备情况、各项投资是否达到预期目的、固定资产的使用情况及其完好程度等。企业清查、核实后，应当将清查、核实的结果及其处理办法向企业的董事会或者相应机构报告，并根据国家统一的会计制度的规定进行相应的会计处理。

企业应当在年度中间根据具体情况，对各项财产物资和结算款项进行重点抽查、轮流清查或者定期清查。

第二十一条 企业在编制财务会计报告前，除应当全面清查资产、核实债务外，还应当完成下列工作：

（一）核对各会计账簿记录与会计凭证的内容、金额等是否一致，记账方向是否相符；

（二）依照本条例规定的结账日进行结账，结出有关会计账簿的余额和发生额，并核对各会计账簿之间的余额；

（三）检查相关的会计核算是否按照国家统一的会计制度的规定进行；

（四）对于国家统一的会计制度没有规定统一核算方法的交易、事项，检查其是否按照会计核算的一般原则进行确认和计量以及相关账务处理是否合理；

（五）检查是否存在因会计差错、会计政策变更等原因需要调整胶期或者本期相关项目。

在前款规定工作中发现问题的，应当按照国家统一的会计制度的规定进行处理。

第二十二条 企业编制年度和半年度财务会计报告时，对经查实后的资产、负债有变动的，应当按照资产、负债的确认和计量标准进行确认和计量，并按照国家统一的会计制度的规定进行相应的会计处理。

第二十三条 企业应当按照国家统一的会计制度规定的会计报表格式和内容，根据登记完整、核对无误的会计账簿记录和其他有关资料编制会计报表，做到内容完整、数字真实、计算准确，不得漏报或者任意取舍。

第二十四条 会计报表之间、会计报表各项目之间，凡有对应关系的数字，应当相互一致；会计报表中本期和上期的有关数字应当相互衔接。

第二十五条 会计报表附注和财务情况说明书应当按照本条例和国家统一的会计制度的规定，对会计报表中需要说明的事项做出真实、完整、清楚的说明。

第二十六条 企业发生合并、分立情形的，应当按照国家统一的会计制度的规定编制相应的财务会计报告。

第二十七条 企业终止营业的，应当在终止营业时按照编制年度财务会计报告的要求全面清查资产、核实债务、进行结账，并编制财务会计报告；在清算期间，应当按照国家统一的会计制度的规定编制清算期间的财务会计报告。

第二十八条 按照国家统一的会计制度的规定，需要编制合并会计报表的企业集团，母公司除编制其个别会计报表外，还应当编制企业集团的合并会计报表。

企业集团合并会计报表，是指反映企业集团整体财务状况、经营成果和现金流量的会计报表。

第四章 财务会计报告的对外提供

第二十九条 对外提供的财务会计报告反映的会计信息应当真实、完整。

第三十条 企业应当依照法律、行政法规和国家统一的会计制度有关财务会计报告提供期限的限定，及时对外提供财务会计报告。

第三十一条 企业对外提供的财务会计报告应当依次编定页数，加具封面，装订成册，加盖公章。封面上应当注明：企业名称、企业统一代码、组织形式、地址、报表所属年度或者月份、报出日期，并由企业负责人和主管会计工作的负责人、会计机构负责人（会计主管人员）签名并盖章；设置总会计师的企业，还应当由总会计师签名并盖章。

第三十二条 企业应当依照企业章程的规定，向投资者提供财务会计报告。

国务院派出监事会的国有重点大型企业、国有重点金融机构和省、自治区、直辖市人民政府派出监事会的国有企业，应当依法定期向监事会提供财务会计报告。

第三十三条 有关部门或者机构依照法律、行政法规或者国务院的规定，要求企业提供部分或者全部财务会计报告及其有关数据的，应当向企业出示依据，并不得要求企业改变财务会计报告有关数据的会计口径。

第三十四条 非依照法律、行政法规或者国务院的规定，任何组织或者个人不得要求企业提供部分或者全部财务会计报告及其有关数据。

违反本条例规定，要求企业提供部分或者全部财务会计报告及其有关数据的，企业有权拒绝。

第三十五条 国有企业、国有控股的或者占主导地位的企业，应当至少每年一次向本企业的职工代表大会公布财务会计报告，并重点说明下列事项：

（一）反映与职工利益密切相关的信息，包括：管理费用的构成情况，企业管理人员工资、福利和职工工资、福利费用的发放、使用和结余情况，公益金的提取及使用情况，利润分配的情况以及其他与职工利益相关的信息；

（二）内部审计发现的问题及纠正情况；

（三）注册会计师审计的情况；

（四）国家审计机关发现的问题及纠正情况；

（五）重大的投资、融资和资产处置决策及其原因的说明；

（六）需要说明的其他重要事项。

第三十六条 企业依照本条例规定向有关各方提供的财务会计报告，其编制基础、编制依据、编制原则和方法应当一致，不得提供编制基础、编制依据、编制原则和方法不同的财务会计报告。

第三十七条 财务会计报告须经注册会计师审计的，企业应当将注册会计师及其会计师事务所出具的审计报告随同财务会计报告一并对外提供。

第三十八条 接受企业财务会计报告的组织或者个人，在企业财务会计报告未正式对外披露前，应当对其内容保密。

第五章 法律责任

第三十九条 违反本例规定，有下列行为之一的，由县级以上人民政府财政部门责令限期改正，对企业可以3 000元以上5万元以下的罚款；对直接负责的主管人员和其他直接责任人员，可以处2 000元以上2万元以下的罚款；属于国家工作人员的，并依法给予行政处分或者纪律处分；

（一）随意改变会计要素的确认和计量标准的；

（二）随意改变财务会计报告的编制基础、编制依据、编制原则和方法的；

（三）提前或者延迟结账日结账的；

（四）在编制年度财务会计报告前，未按照本条例规定全面清查资产、核实债务的；

（五）拒绝财政部门和其他有关部门对财务会计报告依法进行的监督检查，或者不如实提供有关情况的。

会计人员有款所列行为之一，情节严重的，由县级以上人民政府财政部门吊销会计从业资格证书。

第四十条 企业编制、对外提供虚假的或者隐瞒重要事实的财务会计报告，构成犯罪的，依法追究刑事责任。

有前款行为，尚不构成犯罪的，由县级以上人民政府财政部门予以通报，对企业可以处5 000元以上10万元以下的罚款；对直接负责的主管人员和其他直接责任人员，可以处3 000元以上5万元以下的罚款；属于国家工作人员的，并依法给予撤职直至开除的行政处分或纪律处分；对其中的会计人员，情节严重的，并由县级以上人民政府财政部门吊销会计从业资格证书。

第四十一条　授意、指使、强令会计机构、会计人员及其他人员编制、对外提供虚假的或者隐瞒重要事实的财务会计报告，或者隐匿、故意销毁依法应当保存的财务会计报告，构成犯罪的，依法追究刑事责任；尚不构成犯罪的，可以处 5 000 元以上 5 万元以下的罚款；属于国家工作人员的，并依法给予降级、撤职、开除的行政处分或者纪律处分。

第四十二条　违反本条例的规定，要求企业向其提供部分或者全部财务会计报告及其有关数据的，由县级以上人民政府责令改正。

第四十三条　违反本条例规定，同时违反其他法律、行政法规规定的，由有关部门在各自的职权范围内依法给予处罚。

第六章　附　　则

第四十四条　国务院财政部门可以根据本条例的规定，制定财务会计报告的具体编报办法。

第四十五条　不对外筹集资金、经营规模较小的企业编制和对外提供财务会计报告的办法，由国务院财政部门根据本条例的原则另行规定。

第四十六条　本条例自 2001 年 1 月 1 日起施行。

附录三

财政违法行为处罚处分条例

中华人民共和国国务院令（第427号）

第一条 为了纠正财政违法行为，维护国家财政经济秩序，制定本条例。

第二条 县级以上人民政府财政部门及审计机关在各自职权范围内，依法对财政违法行为做出处理、处罚决定。

省级以上人民政府财政部门的派出机构，应当在规定职权范围内，依法对财政违法行为做出处理、处罚决定；审计机关的派出机构，应当根据审计机关的授权，依法对财政违法行为做出处理、处罚决定。

根据需要，国务院可以依法调整财政部门及其派出机构（以下统称财政部门）、审计机关及其派出机构（以下统称审计机关）的职权范围。

有财政违法行为的单位，其直接负责的主管人员和其他直接责任人员，以及有财政违法行为的个人，属于国家公务员的，由监察机关及其派出机构（以下统称监察机关）或者任免机关依照人事管理权限，依法给予行政处分。

第三条 财政收入执收单位及其工作人员有下列违反国家财政收入管理规定的行为之一的，责令改正，补收应当收取的财政收入，限期退还违法所得。对单位给予警告或者通报批评。对直接负责的主管人员和其他直接责任人员给予警告、记过或者记大过处分；情节严重的，给予降级或者撤职处分：

（一）违反规定设立财政收入项目；

（二）违反规定擅自改变财政收入项目的范围、标准、对象和期限；

（三）对已明令取消、暂停执行或者降低标准的财政收入项目，仍然依照原定项目、标准征收或者变换名称征收；

（四）缓收、不收财政收入；

（五）擅自将预算收入转为预算外收入；

（六）其他违反国家财政收入管理规定的行为。

《中华人民共和国税收征收管理法》等法律、行政法规另有规定的，依照其规定给予行政处分。

第四条 财政收入执收单位及其工作人员有下列违反国家财政收入上缴规定的行为之一的，责令改正，调整有关会计账目，收缴应当上缴的财政收入，限期退还违法所得。对单位给予警告或者通报批评。对直接负责的主管人员和其他直接责任人员给予记大过处分；情节较重的，给予降级或者撤职处分；情节严重的，给予开除处分：

（一）隐瞒应当上缴的财政收入；

（二）滞留、截留、挪用应当上缴的财政收入；

（三）坐支应当上缴的财政收入；

（四）不依照规定的财政收入预算级次、预算科目入库；

（五）违反规定退付国库库款或者财政专户资金；

（六）其他违反国家财政收入上缴规定的行为。

《中华人民共和国税收征收管理法》、《中华人民共和国预算法》等法律、行政法规另有规定的，依照其规定给予行政处分。

第五条　财政部门、国库机构及其工作人员有下列违反国家有关上解、下拨财政资金规定的行为之一的，责令改正，限期退还违法所得。对单位给予警告或者通报批评。对直接负责的主管人员和其他直接责任人员给予记过或者记大过处分；情节较重的，给予降级或者撤职处分；情节严重的，给予开除处分：

（一）延解、占压应当上解的财政收入；

（二）不依照预算或者用款计划核拨财政资金；

（三）违反规定收纳、划分、留解、退付国库库款或者财政专户资金；

（四）将应当纳入国库核算的财政收入放在财政专户核算；

（五）擅自动用国库库款或者财政专户资金；

（六）其他违反国家有关上解、下拨财政资金规定的行为。

第六条　国家机关及其工作人员有下列违反规定使用、骗取财政资金的行为之一的，责令改正，调整有关会计账目，追回有关财政资金，限期退还违法所得。对单位给予警告或者通报批评。对直接负责的主管人员和其他直接责任人员给予记大过处分；情节较重的，给予降级或者撤职处分；情节严重的，给予开除处分。

（一）以虚报、冒领等手段骗取财政资金；

（二）截留、挪用财政资金；

（三）滞留应当下拨的财政资金；

（四）违反规定扩大开支范围，提高开支标准；

（五）其他违反规定使用、骗取财政资金的行为。

第七条　财政预决算的编制部门和预算执行部门及其工作人员有下列违反国家有关预算管理规定的行为之一的，责令改正，追回有关款项，限期调整有关预算科目和预算级次。对单位给予警告或者通报批评。对直接负责的主管人员和其他直接责任人员给予警告、记过或者记大过处分；情节较重的，给予降级处分；情节严重的，给予撤职处分：

（一）虚增、虚减财政收入或者财政支出；

（二）违反规定编制、批复预算或者决算；

（三）违反规定调整预算；

（四）违反规定调整预算级次或者预算收支种类；

（五）违反规定动用预算预备费或者挪用预算周转金；

（六）违反国家关于转移支付管理规定的行为；

（七）其他违反国家有关预算管理规定的行为。

第八条 国家机关及其工作人员违反国有资产管理的规定，擅自占有、使用、处置国有资产的，责令改正，调整有关会计账目，限期退还违法所得和被侵占的国有资产。对单位给予警告或者通报批评。对直接负责的主管人员和其他直接责任人员给予记大过处分；情节较重的，给予降级或者撤职处分；情节严重的，给予开除处分。

第九条 单位和个人有下列违反国家有关投资建设项目规定的行为之一的，责令改正，调整有关会计账目，追回被截留、挪用、骗取的国家建设资金，没收违法所得，核减或者停止拨付工程投资。对单位给予警告或者通报批评，其直接负责的主管人员和其他直接责任人员属于国家公务员的，给予记大过处分；情节较重的，给予降级或者撤职处分；情节严重的，给予开除处分：

（一）截留、挪用国家建设资金；

（二）以虚报、冒领、关联交易等手段骗取国家建设资金；

（三）违反规定超概算投资；

（四）虚列投资完成额；

（五）其他违反国家投资建设项目有关规定的行为。

《中华人民共和国政府采购法》、《中华人民共和国招标投标法》、《国家重点建设项目管理办法》等法律、行政法规另有规定的，依照其规定处理、处罚。

第十条 国家机关及其工作人员违反《中华人民共和国担保法》及国家有关规定，擅自提供担保的，责令改正，没收违法所得。对单位给予警告或者通报批评。对直接负责的主管人员和其他直接责任人员给予警告、记过或者记大过处分；造成损失的，给予降级或者撤职处分；造成重大损失的，给予开除处分。

第十一条 国家机关及其工作人员违反国家有关账户管理规定，擅自在金融机构开立、使用账户的，责令改正，调整有关会计账目，追回有关财政资金，没收违法所得，依法撤销擅自开立的账户。对单位给予警告或者通报批评。对直接负责的主管人员和其他直接责任人员给予降级处分；情节严重的，给予撤职或者开除处分。

第十二条 国家机关及其工作人员有下列行为之一的，责令改正，调整有关会计账目，追回被挪用、骗取的有关资金，没收违法所得。对单位给予警告或者通报批评。对直接负责的主管人员和其他直接责任人员给予降级处分；情节较重的，给予撤职处分；情节严重的，给予开除处分：

（一）以虚报、冒领等手段骗取政府承贷或者担保的外国政府贷款、国际金融组织贷款；

（二）滞留政府承贷或者担保的外国政府贷款、国际金融组织贷款；

（三）截留、挪用政府承贷或者担保的外国政府贷款、国际金融组织贷款；

（四）其他违反规定使用、骗取政府承贷或者担保的外国政府贷款、国际金融组织贷款的行为。

第十三条 企业和个人有下列不缴或者少缴财政收入行为之一的，责令改正，调整有关会计账目，收缴应当上缴的财政收入，给予警告，没收违法所得，并处不缴或者少缴财政收入10%以上30%以下的罚款；对直接负责的主管人员和其他直接责任人员处3 000元以上5万元以下的罚款：

（一）隐瞒应当上缴的财政收入；

（二）截留代收的财政收入；

（三）其他不缴或者少缴财政收入的行为。

属于税收方面的违法行为，依照有关税收法律、行政法规的规定处理、处罚。

第十四条 企业和个人有下列行为之一的，责令改正，调整有关会计账目，追回违反规定使用、骗取的有关资金，给予警告，没收违法所得，并处被骗取有关资金10%以上50%以下的罚款或者被违规使用有关资金10%以上30%以下的罚款；对直接负责的主管人员和其他直接责任人员处3 000元以上5万元以下的罚款：

（一）以虚报、冒领等手段骗取财政资金以及政府承贷或者担保的外国政府贷款、国际金融组织贷款；

（二）挪用财政资金以及政府承贷或者担保的外国政府贷款、国际金融组织贷款；

（三）从无偿使用的财政资金以及政府承贷或者担保的外国政府贷款、国际金融组织贷款中非法获益；

（四）其他违反规定使用、骗取财政资金以及政府承贷或者担保的外国政府贷款、国际金融组织贷款的行为。

属于政府采购方面的违法行为，依照《中华人民共和国政府采购法》及有关法律、行政法规的规定处理、处罚。

第十五条 事业单位、社会团体、其他社会组织及其工作人员有财政违法行为的，依照本条例有关国家机关的规定执行；但其在经营活动中的财政违法行为，依照本条例第十三条、第十四条的规定执行。

第十六条 单位和个人有下列违反财政收入票据管理规定的行为之一的，销毁非法印制的票据，没收违法所得和作案工具。对单位处5 000元以上10万元以下的罚款；对直接负责的主管人员和其他直接责任人员处3 000元以上5万元以下的罚款。属于国家公务员的，还应当给予降级或者撤职处分；情节严重的，给予开除处分：

（一）违反规定印制财政收入票据；

（二）转借、串用、代开财政收入票据；

（三）伪造、变造、买卖、擅自销毁财政收入票据；

（四）伪造、使用伪造的财政收入票据监（印）制章；

（五）其他违反财政收入票据管理规定的行为。

属于税收收入票据管理方面的违法行为，依照有关税收法律、行政法规的规定处理、处罚。

第十七条 单位和个人违反财务管理的规定，私存私放财政资金或者其他公款的，责令改正，调整有关会计账目，追回私存私放的资金，没收违法所得。对单位处3 000元以上5万元以下的罚款；对直接负责的主管人员和其他直接责任人员处2 000元以上2万元以下的罚款。属于国家公务员的，还应当给予记大过处分；情节严重的，给予降级或者撤职处分。

第十八条 属于会计方面的违法行为，依照会计方面的法律、行政法规的规定处理、处罚。对其直接负责的主管人员和其他直接责任人员，属于国家公务员的，还应当给予警告、记过或者记大过处分；情节较重的，给予降级或者撤职处分；情节严重的，给予开除处分。

第十九条 属于行政性收费方面的违法行为，《中华人民共和国行政许可法》、《违反行政事业性收费和罚没收入收支两条线管理规定行政处分暂行规定》等法律、行政法规及国务院另有规定的，有关部门依照其规定处理、处罚、处分。

第二十条 单位和个人有本条例规定的财政违法行为，构成犯罪的，依法追究刑事责任。

第二十一条 财政部门、审计机关、监察机关依法进行调查或者检查时，被调查、检查的单位和个人应当予以配合，如实反映情况，不得拒绝、阻挠、拖延。

违反前款规定的，责令限期改正。逾期不改正的，对属于国家公务员的直接负责的主管人员和其他直接责任人员，给予警告、记过或者记大过处分；情节严重的，给予降级或者撤职处分。

第二十二条 财政部门、审计机关、监察机关依法进行调查或者检查时，经县级以上人民政府财政部门、审计机关、监察机关的负责人批准，可以向与被调查、检查单位有经济业务往来的单位查询有关情况，可以向金融机构查询被调查、检查单位的存款，有关单位和金融机构应当配合。

财政部门、审计机关、监察机关在依法进行调查或者检查时，执法人员不得少于2人，并应当向当事人或者有关人员出示证件；查询存款时，还应当持有县级以上人民政府财政部门、审计机关、监察机关签发的查询存款通知书，并负有保密义务。

第二十三条 财政部门、审计机关、监察机关依法进行调查或者检查时，在有关证据可能灭失或者以后难以取得的情况下，经县级以上人民政府财政部门、审计机关、监察机关的负责人批准，可以先行登记保存，并应当在7日内及时做出处理决定。在此期间，当事人或者有关人员不得销毁或者转移证据。

第二十四条 对被调查、检查单位或者个人正在进行的财政违法行为，财政部门、审计机关应当责令停止。拒不执行的，财政部门可以暂停财政拨款或者停止拨付与财政违法行为直接有关的款项，已经拨付的，责令其暂停使用；

审计机关可以通知财政部门或者其他有关主管部门暂停财政拨款或者停止拨付与财政违法行为直接有关的款项，已经拨付的，责令其暂停使用，财政部门和其他有关主管部门应当将结果书面告知审计机关。

第二十五条　依照本条例规定限期退还的违法所得，到期无法退还的，应当收缴国库。

第二十六条　单位和个人有本条例所列财政违法行为，财政部门、审计机关、监察机关可以公告其财政违法行为及处理、处罚、处分决定。

第二十七条　单位和个人有本条例所列财政违法行为，弄虚作假骗取荣誉称号及其他有关奖励的，应当撤销其荣誉称号并收回有关奖励。

第二十八条　财政部门、审计机关、监察机关的工作人员滥用职权、玩忽职守、徇私舞弊的，给予警告、记过或者记大过处分；情节较重的，给予降级或者撤职处分；情节严重的，给予开除处分。构成犯罪的，依法追究刑事责任。

第二十九条　财政部门、审计机关、监察机关及其他有关监督检查机关对有关单位或者个人依法进行调查、检查后，应当出具调查、检查结论。有关监督检查机关已经做出的调查、检查结论能够满足其他监督检查机关履行本机关职责需要的，其他监督检查机关应当加以利用。

第三十条　财政部门、审计机关、监察机关及其他有关机关应当加强配合，对不属于其职权范围的事项，应当依法移送。受移送机关应当及时处理，并将结果书面告知移送机关。

第三十一条　对财政违法行为做出处理、处罚和处分决定的程序，依照本条例和《中华人民共和国行政处罚法》、《中华人民共和国行政监察法》等有关法律、行政法规的规定执行。

第三十二条　单位和个人对处理、处罚不服的，依照《中华人民共和国行政复议法》、《中华人民共和国行政诉讼法》的规定申请复议或者提起诉讼。

国家公务员对行政处分不服的，依照《中华人民共和国行政监察法》、《国家公务员暂行条例》等法律、行政法规的规定提出申诉。

第三十三条　本条例所称“财政收入执收单位”，是指负责收取税收收入和各种非税收入的单位。

第三十四条　对法律、法规授权的具有管理公共事务职能的组织以及国家行政机关依法委托的组织及其工勤人员以外的工作人员，企业、事业单位、社会团体中由国家行政机关以委任、派遣等形式任命的人员以及其他人员有本条例规定的财政违法行为，需要给予处分的，参照本条例有关规定执行。

第三十五条　本条例自2005年2月1日起施行。1987年6月16日国务院发布的《国务院关于违反财政法规处罚的暂行规定》同时废止。

附录四

中华人民共和国国家审计准则

中华人民共和国审计署令（第8号）

第一章 总 则

第一条 为了规范和指导审计机关和审计人员执行审计业务的行为，保证审计质量，防范审计风险，发挥审计保障国家经济和社会健康运行的“免疫系统”功能，根据《中华人民共和国审计法》、《中华人民共和国审计法实施条例》和其他有关法律法规，制定本准则。

第二条 本准则是审计机关和审计人员履行法定审计职责的行为规范，是执行审计业务的职业标准，是评价审计质量的基本尺度。

第三条 本准则中使用“应当”、“不得”词汇的条款为约束性条款，是审计机关和审计人员执行审计业务必须遵守的职业要求。

本准则中使用“可以”词汇的条款为指导性条款，是对良好审计实务的推介。

第四条 审计机关和审计人员执行审计业务，应当适用本准则。其他组织或者人员接受审计机关的委托、聘用，承办或者参加审计业务，也应当适用本准则。

第五条 审计机关和审计人员执行审计业务，应当区分被审计单位的责任和审计机关的责任。

在财政收支、财务收支以及有关经济活动中，履行法定职责、遵守相关法律法规、建立并实施内部控制、按照有关会计准则和会计制度编报财务会计报告、保持财务会计资料的真实性和完整性，是被审计单位的责任。

依据法律法规和本准则的规定，对被审计单位财政收支、财务收支以及有关经济活动独立实施审计并作出审计结论，是审计机关的责任。

第六条 审计机关的主要工作目标是通过监督被审计单位财政收支、财务收支以及有关经济活动的真实性、合法性、效益性，维护国家经济安全，推进民主法治，促进廉政建设，保障国家经济和社会健康发展。

真实性是指反映财政收支、财务收支以及有关经济活动的信息与实际情况相符合的程度。

合法性是指财政收支、财务收支以及有关经济活动遵守法律、法规或者规章的情况。

效益性是指财政收支、财务收支以及有关经济活动实现的经济效益、社会效益和环境效益。

第七条 审计机关对依法属于审计机关审计监督对象的单位、项目、资金进行审计。

审计机关按照国家有关规定，对依法属于审计机关审计监督对象的单位的主要负责人经济责任进行审计。

第八条 审计机关依法对预算管理或者国有资产管理使用等与国家财政收支有关的特定事项向有关地方、部门、单位进行专项审计调查。

审计机关进行专项审计调查时，也应当适用本准则。

第九条 审计机关和审计人员执行审计业务，应当依据年度审计项目计划，编制审计实施方案，获取审计证据，作出审计结论。

审计机关应当委派具备相应资格和能力的审计人员承办审计业务，并建立和执行审计质量控制制度。

第十条 审计机关依据法律法规规定，公开履行职责的情况及其结果，接受社会公众的监督。

第十一条 审计机关和审计人员未遵守本准则约束性条款的，应当说明原因。

第二章 审计机关和审计人员

第十二条 审计机关和审计人员执行审计业务，应当具备本准则规定的资格条件和职业要求。

第十三条 审计机关执行审计业务，应当具备下列资格条件：

（一）符合法定的审计职责和权限；

（二）有职业胜任能力的审计人员；

（三）建立适当的审计质量控制制度；

（四）必需的经费和其他工作条件。

第十四条 审计人员执行审计业务，应当具备下列职业要求：

（一）遵守法律法规和本准则；

（二）恪守审计职业道德；

（三）保持应有的审计独立性；

（四）具备必需的职业胜任能力；

（五）其他职业要求。

第十五条 审计人员应当恪守严格依法、正直坦诚、客观公正、勤勉尽责、保守秘密的基本审计职业道德。

严格依法就是审计人员应当严格依照法定的审计职责、权限和程序进行审计监督，规范审计行为。

正直坦诚就是审计人员应当坚持原则，不屈从于外部压力；不歪曲事实，不隐瞒审计发现的问题；廉洁自律，不利用职权谋取私利；维护国家利益和公共利益。

客观公正就是审计人员应当保持客观公正的立场和态度，以适当、充分的审计证据支持审计结论，实事求是地作出审计评价和处理审计发现的问题。

勤勉尽责就是审计人员应当爱岗敬业，勤勉高效，严谨细致，认真履行审计职责，保证审计工作质量。

保守秘密就是审计人员应当保守其在执行审计业务中知悉的国家秘密、商业秘密；对于执行审计业务取得的资料、形成的审计记录和掌握的相关情况，未经批准不得对外提供和披露，不得用于与审计工作无关的目的。

第十六条 审计人员执行审计业务时，应当保持应有的审计独立性，遇有下列可能损害审计独立性情形的，应当向审计机关报告：

（一）与被审计单位负责人或者有关主管人员有夫妻关系、直系血亲关系、三代以内旁系血亲以及近姻亲关系；

（二）与被审计单位或者审计事项有直接经济利益关系；

（三）对曾经管理或者直接办理过的相关业务进行审计；

（四）可能损害审计独立性的其他情形。

第十七条 审计人员不得参加影响审计独立性的活动，不得参与被审计单位的管理活动。

第十八条 审计机关组成审计组时，应当了解审计组成员可能损害审计独立性的情形，并根据具体情况采取下列措施，避免损害审计独立性：

（一）依法要求相关审计人员回避；

（二）对相关审计人员执行具体审计业务的范围作出限制；

（三）对相关审计人员的工作追加必要的复核程序；

（四）其他措施。

第十九条 审计机关应当建立审计人员交流等制度，避免审计人员因执行审计业务长期与同一被审计单位接触可能对审计独立性造成的损害。

第二十条 审计机关可以聘请外部人员参加审计业务或者提供技术支持、专业咨询、专业鉴定。

审计机关聘请的外部人员应当具备本准则第十四条规定的职业要求。

第二十一条 有下列情形之一的外部人员，审计机关不得聘请：

（一）被刑事处罚的；

（二）被劳动教养的；

（三）被行政拘留的；

（四）审计独立性可能受到损害的；

（五）法律规定不得从事公务的其他情形。

第二十二条 审计人员应当具备与其从事审计业务相适应的专业知识、职业能力和工作经验。

审计机关应当建立和实施审计人员录用、继续教育、培训、业绩评价考核和奖惩激励制度，确保审计人员具有与其从事业务相适应的职业胜任能力。

第二十三条 审计机关应当合理配备审计人员，组成审计组，确保其在整体上具备与审计项目相适应的职业胜任能力。

被审计单位的信息技术对实现审计目标有重大影响的，审计组的整体胜任能力应当包括信息技术方面的胜任能力。

第二十四条　审计人员执行审计业务时，应当合理运用职业判断，保持职业谨慎，对被审计单位可能存在的重要问题保持警觉，并审慎评价所获取审计证据的适当性和充分性，得出恰当的审计结论。

第二十五条　审计人员执行审计业务时，应当从下列方面保持与被审计单位的工作关系：

（一）与被审计单位沟通并听取其意见；

（二）客观公正地作出审计结论，尊重并维护被审计单位的合法权益；

（三）严格执行审计纪律；

（四）坚持文明审计，保持良好的职业形象。

第三章　审计计划

第二十六条　审计机关应当根据法定的审计职责和审计管辖范围，编制年度审计项目计划。

编制年度审计项目计划应当服务大局，围绕政府工作中心，突出审计工作重点，合理安排审计资源，防止不必要的重复审计。

第二十七条　审计机关按照下列步骤编制年度审计项目计划：

（一）调查审计需求，初步选择审计项目；

（二）对初选审计项目进行可行性研究，确定备选审计项目及其优先顺序；

（三）评估审计机关可用审计资源，确定审计项目，编制年度审计项目计划。

第二十八条　审计机关从下列方面调查审计需求，初步选择审计项目：

（一）国家和地区财政收支、财务收支以及有关经济活动情况；

（二）政府工作中心；

（三）本级政府行政首长和相关领导机关对审计工作的要求；

（四）上级审计机关安排或者授权审计的事项；

（五）有关部门委托或者提请审计机关审计的事项；

（六）群众举报、公众关注的事项；

（七）经分析相关数据认为应当列入审计的事项；

（八）其他方面的需求。

第二十九条　审计机关对初选审计项目进行可行性研究，确定初选审计项目的审计目标、审计范围、审计重点和其他重要事项。

进行可行性研究重点调查研究下列内容：

（一）与确定和实施审计项目相关的法律法规和政策；

（二）管理体制、组织结构、主要业务及其开展情况；

（三）财政收支、财务收支状况及结果；

（四）相关的信息系统及其电子数据情况；

（五）管理和监督机构的监督检查情况及结果；

（六）以前年度审计情况；

（七）其他相关内容。

第三十条 审计机关在调查审计需求和可行性研究过程中，从下列方面对初选审计项目进行评估，以确定备选审计项目及其优先顺序：

（一）项目重要程度，评估在国家经济和社会发展中的重要性、政府行政首长和相关领导机关及公众关注程度、资金和资产规模等；

（二）项目风险水平，评估项目规模、管理和控制状况等；

（三）审计预期效果；

（四）审计频率和覆盖面；

（五）项目对审计资源的要求。

第三十一条 年度审计项目计划应当按照审计机关规定的程序审定。

审计机关在审定年度审计项目计划前，根据需要，可以组织专家进行论证。

第三十二条 下列审计项目应当作为必选审计项目：

（一）法律法规规定每年应当审计的项目；

（二）本级政府行政首长和相关领导机关要求审计的项目；

（三）上级审计机关安排或者授权的审计项目。

审计机关对必选审计项目，可以不进行可行性研究。

第三十三条 上级审计机关直接审计下级审计机关审计管辖范围内的重大审计事项，应当列入上级审计机关年度审计项目计划，并及时通知下级审计机关。

第三十四条 上级审计机关可以依法将其审计管辖范围内的审计事项，授权下级审计机关进行审计。对于上级审计机关审计管辖范围内的审计事项，下级审计机关也可以提出授权申请，报有管辖权的上级审计机关审批。

获得授权的审计机关应当将授权的审计事项列入年度审计项目计划。

第三十五条 根据中国政府及其机构与国际组织、外国政府及其机构签订的协议和上级审计机关的要求，审计机关确定对国际组织、外国政府及其机构援助、贷款项目进行审计的，应当纳入年度审计项目计划。

第三十六条 对于预算管理或者国有资产管理使用等与国家财政收支有关的特定事项，符合下列情形的，可以进行专项审计调查：

（一）涉及宏观性、普遍性、政策性或者体制、机制问题的；

（二）事项跨行业、跨地区、跨单位的；

（三）事项涉及大量非财务数据的；

（四）其他适宜进行专项审计调查的。

第三十七条 审计机关年度审计项目计划的内容主要包括：

（一）审计项目名称；

（二）审计目标，即实施审计项目预期要完成的任务和结果；

（三）审计范围，即审计项目涉及的具体单位、事项和所属期间；

（四）审计重点；

（五）审计项目组织和实施单位；

（六）审计资源。

采取跟踪审计方式实施的审计项目，年度审计项目计划应当列明跟踪的具体方式和要求。

专项审计调查项目的年度审计项目计划应当列明专项审计调查的要求。

第三十八条　审计机关编制年度审计项目计划可以采取文字、表格或者两者相结合的形式。

第三十九条　审计机关计划管理部门与业务部门或者派出机构，应当建立经常性的沟通和协调机制。

调查审计需求、进行可行性研究和确定备选审计项目，以业务部门或者派出机构为主实施；备选审计项目排序、配置审计资源和编制年度审计项目计划草案，以计划管理部门为主实施。

第四十条　审计机关根据项目评估结果，确定年度审计项目计划。

第四十一条　审计机关应当将年度审计项目计划报经本级政府行政首长批准并向上一级审计机关报告。

第四十二条　审计机关应当对确定的审计项目配置必要的审计人力资源、审计时间、审计技术装备、审计经费等审计资源。

第四十三条　审计机关同一年度内对同一被审计单位实施不同的审计项目，应当在人员和时间安排上进行协调，尽量避免给被审计单位工作带来不必要的影响。

第四十四条　审计机关应当将年度审计项目计划下达审计项目组织和实施单位执行。

年度审计项目计划一经下达，审计项目组织和实施单位应当确保完成，不得擅自变更。

第四十五条　年度审计项目计划执行过程中，遇有下列情形之一的，应当按照原审批程序调整：

（一）本级政府行政首长和相关领导机关临时交办审计项目的；

（二）上级审计机关临时安排或者授权审计项目的；

（三）突发重大公共事件需要进行审计的；

（四）原定审计项目的被审计单位发生重大变化，导致原计划无法实施的；

（五）需要更换审计项目实施单位的；

（六）审计目标、审计范围等发生重大变化需要调整的；

（七）需要调整的其他情形。

第四十六条　上级审计机关应当指导下级审计机关编制年度审计项目计划，提出下级审计机关重点审计领域或者审计项目安排的指导意见。

第四十七条　年度审计项目计划确定审计机关统一组织多个审计组共同实

施一个审计项目或者分别实施同一类审计项目的，审计机关业务部门应当编制审计工作方案。

第四十八条 审计机关业务部门编制审计工作方案，应当根据年度审计项目计划形成过程中调查审计需求、进行可行性研究的情况，开展进一步调查，对审计目标、范围、重点和项目组织实施等进行确定。

第四十九条 审计工作方案的内容主要包括：

（一）审计目标；

（二）审计范围；

（三）审计内容和重点；

（四）审计工作组织安排；

（五）审计工作要求。

第五十条 审计机关业务部门编制的审计工作方案应当按照审计机关规定的程序审批。在年度审计项目计划确定的实施审计起始时间之前，下达到审计项目实施单位。

审计机关批准审计工作方案前，根据需要，可以组织专家进行论证。

第五十一条 审计机关业务部门根据审计实施过程中情况的变化，可以申请对审计工作方案的内容进行调整，并按审计机关规定的程序报批。

第五十二条 审计机关应当定期检查年度审计项目计划执行情况，评估执行效果。

审计项目实施单位应当向下达审计项目计划的审计机关报告计划执行情况。

第五十三条 审计机关应当按照国家有关规定，建立和实施审计项目计划执行情况及其结果的统计制度。

第四章 审计实施

第一节 审计实施方案

第五十四条 审计机关应当在实施项目审计前组成审计组。

审计组由审计组组长和其他成员组成。审计组实行审计组组长负责制。审计组组长由审计机关确定，审计组组长可以根据需要在审计组成员中确定主审，主审应当履行其规定职责和审计组组长委托履行的其他职责。

第五十五条 审计机关应当依照法律法规的规定，向被审计单位送达审计通知书。

第五十六条 审计通知书的内容主要包括被审计单位名称、审计依据、审计范围、审计起始时间、审计组组长及其他成员名单和被审计单位配合审计工作的要求。同时，还应当向被审计单位告知审计组的审计纪律要求。

采取跟踪审计方式实施审计的，审计通知书应当列明跟踪审计的具体方式和要求。

专项审计调查项目的审计通知书应当列明专项审计调查的要求。

第五十七条　审计组应当调查了解被审计单位及其相关情况，评估被审计单位存在重要问题的可能性，确定审计应对措施，编制审计实施方案。

对于审计机关已经下达审计工作方案的，审计组应当按照审计工作方案的要求编制审计实施方案。

第五十八条　审计实施方案的内容主要包括：

（一）审计目标；

（二）审计范围；

（三）审计内容、重点及审计措施，包括审计事项和根据本准则第七十三条确定的审计应对措施；

（四）审计工作要求，包括项目审计进度安排、审计组内部重要管理事项及职责分工等。

采取跟踪审计方式实施审计的，审计实施方案应当对整个跟踪审计工作作出统筹安排。

专项审计调查项目的审计实施方案应当列明专项审计调查的要求。

第五十九条　审计组调查了解被审计单位及其相关情况，为作出下列职业判断提供基础：

（一）确定职业判断适用的标准；

（二）判断可能存在的问题；

（三）判断问题的重要性；

（四）确定审计应对措施。

第六十条　审计人员可以从下列方面调查了解被审计单位及其相关情况：

（一）单位性质、组织结构；

（二）职责范围或者经营范围、业务活动及其目标；

（三）相关法律法规、政策及其执行情况；

（四）财政财务管理体制和业务管理体制；

（五）适用的业绩指标体系以及业绩评价情况；

（六）相关内部控制及其执行情况；

（七）相关信息系统及其电子数据情况；

（八）经济环境、行业状况及其他外部因素；

（九）以往接受审计和监管及其整改情况；

（十）需要了解的其他情况。

第六十一条　审计人员可以从下列方面调查了解被审计单位相关内部控制及其执行情况：

（一）控制环境，即管理模式、组织结构、责权配置、人力资源制度等；

（二）风险评估，即被审计单位确定、分析与实现内部控制目标相关的风险，以及采取的应对措施；

（三）控制活动，即根据风险评估结果采取的控制措施，包括不相容职务分离控制、授权审批控制、资产保护控制、预算控制、业绩分析和绩效考评控制等；

（四）信息与沟通，即收集、处理、传递与内部控制相关的信息，并能有效沟通的情况；

（五）对控制的监督，即对各项内部控制设计、职责及其履行情况的监督检查。

第六十二条 审计人员可以从下列方面调查了解被审计单位信息系统控制情况：

（一）一般控制，即保障信息系统正常运行的稳定性、有效性、安全性等方面的控制；

（二）应用控制，即保障信息系统产生的数据的真实性、完整性、可靠性等方面的控制。

第六十三条 审计人员可以采取下列方法调查了解被审计单位及其相关情况：

（一）书面或者口头询问被审计单位内部和外部相关人员；

（二）检查有关文件、报告、内部管理手册、信息系统的技术文档和操作手册；

（三）观察有关业务活动及其场所、设施和有关内部控制的执行情况；

（四）追踪有关业务的处理过程；

（五）分析相关数据。

第六十四条 审计人员根据审计目标和被审计单位的实际情况，运用职业判断确定调查了解的范围和程度。

对于定期审计项目，审计人员可以利用以往审计中获得的信息，重点调查了解已经发生变化的情况。

第六十五条 审计人员在调查了解被审计单位及其相关情况的过程中，可以选择下列标准作为职业判断的依据：

（一）法律、法规、规章和其他规范性文件；

（二）国家有关方针和政策；

（三）会计准则和会计制度；

（四）国家和行业的技术标准；

（五）预算、计划和合同；

（六）被审计单位的管理制度和绩效目标；

（七）被审计单位的历史数据和历史业绩；

（八）公认的业务惯例或者良好实务；

（九）专业机构或者专家的意见；

（十）其他标准。

审计人员在审计实施过程中需要持续关注标准的适用性。

第六十六条 职业判断所选择的标准应当具有客观性、适用性、相关性、公认性。

标准不一致时，审计人员应当采用权威的和公认程度高的标准。

第六十七条 审计人员应当结合适用的标准，分析调查了解的被审计单位及其相关情况，判断被审计单位可能存在的问题。

第六十八条　审计人员应当运用职业判断，根据可能存在问题的性质、数额及其发生的具体环境，判断其重要性。

第六十九条　审计人员判断重要性时，可以关注下列因素：

（一）是否属于涉嫌犯罪的问题；

（二）是否属于法律法规和政策禁止的问题；

（三）是否属于故意行为所产生的问题；

（四）可能存在问题涉及的数量或者金额；

（五）是否涉及政策、体制或者机制的严重缺陷；

（六）是否属于信息系统设计缺陷；

（七）政府行政首长和相关领导机关及公众的关注程度；

（八）需要关注的其他因素。

第七十条　审计人员实施审计时，应当根据重要性判断的结果，重点关注被审计单位可能存在的重要问题。

第七十一条　需要对财务报表发表审计意见的，审计人员可以参照中国注册会计师执业准则的有关规定确定和运用重要性。

第七十二条　审计组应当评估被审计单位存在重要问题的可能性，以确定审计事项和审计应对措施。

第七十三条　审计组针对审计事项确定的审计应对措施包括：

（一）评估对内部控制的依赖程度，确定是否及如何测试相关内部控制的有效性；

（二）评估对信息系统的依赖程度，确定是否及如何检查相关信息系统的有效性、安全性；

（三）确定主要审计步骤和方法；

（四）确定审计时间；

（五）确定执行的审计人员；

（六）其他必要措施。

第七十四条　审计组在分配审计资源时，应当为重要审计事项分派有经验的审计人员和安排充足的审计时间，并评估特定审计事项是否需要利用外部专家的工作。

第七十五条　审计人员认为存在下列情形之一的，应当测试相关内部控制的有效性：

（一）某项内部控制设计合理且预期运行有效，能够防止重要问题的发生；

（二）仅实施实质性审查不足以为发现重要问题提供适当、充分的审计证据。

审计人员决定不依赖某项内部控制的，可以对审计事项直接进行实质性审查。

被审计单位规模较小、业务比较简单的，审计人员可以对审计事项直接进行实质性审查。

第七十六条 审计人员认为存在下列情形之一的，应当检查相关信息系统的有效性、安全性：

（一）仅审计电子数据不足以为发现重要问题提供适当、充分的审计证据；

（二）电子数据中频繁出现某类差异。

审计人员在检查被审计单位相关信息系统时，可以利用被审计单位信息系统的现有功能或者采用其他计算机技术和工具，检查中应当避免对被审计单位相关信息系统及其电子数据造成不良影响。

第七十七条 审计人员实施审计时，应当持续关注已作出的重要性判断和对存在重要问题可能性的评估是否恰当，及时作出修正，并调整审计应对措施。

第七十八条 遇有下列情形之一的，审计组应当及时调整审计实施方案：

（一）年度审计项目计划、审计工作方案发生变化的；

（二）审计目标发生重大变化的；

（三）重要审计事项发生变化的；

（四）被审计单位及其相关情况发生重大变化的；

（五）审计组人员及其分工发生重大变化的；

（六）需要调整的其他情形。

第七十九条 一般审计项目的审计实施方案应当经审计组组长审定，并及时报审计机关业务部门备案。

重要审计项目的审计实施方案应当报经审计机关负责人审定。

第八十条 审计组调整审计实施方案中的下列事项，应当报经审计机关主要负责人批准：

（一）审计目标；

（二）审计组组长；

（三）审计重点；

（四）现场审计结束时间。

第八十一条 编制和调整审计实施方案可以采取文字、表格或者两者相结合的形式。

第二节　审计证据

第八十二条 审计证据是指审计人员获取的能够为审计结论提供合理基础的全部事实，包括审计人员调查了解被审计单位及其相关情况和对确定的审计事项进行审查所获取的证据。

第八十三条 审计人员应当依照法定权限和程序获取审计证据。

第八十四条 审计人员获取的审计证据，应当具有适当性和充分性。

适当性是对审计证据质量的衡量，即审计证据在支持审计结论方面具有的相关性和可靠性。相关性是指审计证据与审计事项及其具体审计目标之间具有实质性联系。可靠性是指审计证据真实、可信。

充分性是对审计证据数量的衡量。审计人员在评估存在重要问题的可能性和审计证据质量的基础上，决定应当获取审计证据的数量。

第八十五条 审计人员对审计证据的相关性分析时，应当关注下列方面：

（一）一种取证方法获取的审计证据可能只与某些具体审计目标相关，而与其他具体审计目标无关；

（二）针对一项具体审计目标可以从不同来源获取审计证据或者获取不同形式的审计证据。

第八十六条 审计人员可以从下列方面分析审计证据的可靠性：

（一）从被审计单位外部获取的审计证据比从内部获取的审计证据更可靠；

（二）内部控制健全有效情况下形成的审计证据比内部控制缺失或者无效情况下形成的审计证据更可靠；

（三）直接获取的审计证据比间接获取的审计证据更可靠；

（四）从被审计单位财务会计资料中直接采集的审计证据比经被审计单位加工处理后提交的审计证据更可靠；

（五）原件形式的审计证据比复制件形式的审计证据更可靠。

不同来源和不同形式的审计证据存在不一致或者不能相互印证时，审计人员应当追加必要的审计措施，确定审计证据的可靠性。

第八十七条 审计人员获取的电子审计证据包括与信息系统控制相关的配置参数、反映交易记录的电子数据等。

采集被审计单位电子数据作为审计证据的，审计人员应当记录电子数据的采集和处理过程。

第八十八条 审计人员根据实际情况，可以在审计事项中选取全部项目或者部分特定项目进行审查，也可以进行审计抽样，以获取审计证据。

第八十九条 存在下列情形之一的，审计人员可以对审计事项中的全部项目进行审查：

（一）审计事项由少量大额项目构成的；

（二）审计事项可能存在重要问题，而选取其中部分项目进行审查无法提供适当、充分的审计证据的；

（三）对审计事项中的全部项目进行审查符合成本效益原则的。

第九十条 审计人员可以在审计事项中选取下列特定项目进行审查：

（一）大额或者重要项目；

（二）数量或者金额符合设定标准的项目；

（三）其他特定项目。

选取部分特定项目进行审查的结果，不能用于推断整个审计事项。

第九十一条 在审计事项包含的项目数量较多，需要对审计事项某一方面的总体特征作出结论时，审计人员可以进行审计抽样。

审计人员进行审计抽样时，可以参照中国注册会计师执业准则的有关规定。

第九十二条 审计人员可以采取下列方法向有关单位和个人获取审计证据：

（一）检查，是指对纸质、电子或者其他介质形式存在的文件、资料进行审查，或者对有形资产进行审查；

（二）观察，是指察看相关人员正在从事的活动或者执行的程序；

（三）询问，是指以书面或者口头方式向有关人员了解关于审计事项的信息；

（四）外部调查，是指向与审计事项有关的第三方进行调查；

（五）重新计算，是指以手工方式或者使用信息技术对有关数据计算的正确性进行核对；

（六）重新操作，是指对有关业务程序或者控制活动独立进行重新操作验证；

（七）分析，是指研究财务数据之间、财务数据与非财务数据之间可能存在的合理关系，对相关信息作出评价，并关注异常波动和差异。

审计人员进行专项审计调查，可以使用上述方法及其以外的其他方法。

第九十三条 审计人员应当依照法律法规规定，取得被审计单位负责人对本单位提供资料真实性和完整性的书面承诺。

第九十四条 审计人员取得证明被审计单位存在违反国家规定的财政收支、财务收支行为以及其他重要审计事项的审计证据材料，应当由提供证据的有关人员、单位签名或者盖章；不能取得签名或者盖章不影响事实存在的，该审计证据仍然有效，但审计人员应当注明原因。

审计事项比较复杂或者取得的审计证据数量较大的，可以对审计证据进行汇总分析，编制审计取证单，由证据提供者签名或者盖章。

第九十五条 被审计单位的相关资料、资产可能被转移、隐匿、篡改、毁弃并影响获取审计证据的，审计机关应当依照法律法规的规定采取相应的证据保全措施。

第九十六条 审计机关执行审计业务过程中，因行使职权受到限制而无法获取适当、充分的审计证据，或者无法制止违法行为对国家利益的侵害时，根据需要，可以按照有关规定提请有权处理的机关或者相关单位予以协助和配合。

第九十七条 审计人员需要利用所聘请外部人员的专业咨询和专业鉴定作为审计证据的，应当对下列方面作出判断：

（一）依据的样本是否符合审计项目的具体情况；

（二）使用的方法是否适当和合理；

（三）专业咨询、专业鉴定是否与其他审计证据相符。

第九十八条 审计人员需要使用有关监管机构、中介机构、内部审计机构等已经形成的工作结果作为审计证据的，应当对该工作结果的下列方面作出判断：

（一）是否与审计目标相关；

（二）是否可靠；

（三）是否与其他审计证据相符。

第九十九条　审计人员对于重要问题，可以围绕下列方面获取审计证据：

（一）标准，即判断被审计单位是否存在问题的依据；

（二）事实，即客观存在和发生的情况。事实与标准之间的差异构成审计发现的问题；

（三）影响，即问题产生的后果；

（四）原因，即问题产生的条件。

第一百条　审计人员在审计实施过程中，应当持续评价审计证据的适当性和充分性。

已采取的审计措施难以获取适当、充分审计证据的，审计人员应当采取替代审计措施；仍无法获取审计证据的，由审计组报请审计机关采取其他必要的措施或者不作出审计结论。

第三节　审计记录

第一百零一条　审计人员应当真实、完整地记录实施审计的过程、得出的结论和与审计项目有关的重要管理事项，以实现下列目标：

（一）支持审计人员编制审计实施方案和审计报告；

（二）证明审计人员遵循相关法律法规和本准则；

（三）便于对审计人员的工作实施指导、监督和检查。

第一百零二条　审计人员作出的记录，应当使未参与该项业务的有经验的其他审计人员能够理解其执行的审计措施、获取的审计证据、作出的职业判断和得出的审计结论。

第一百零三条　审计记录包括调查了解记录、审计工作底稿和重要管理事项记录。

第一百零四条　审计组在编制审计实施方案前，应当对调查了解被审计单位及其相关情况作出记录。调查了解记录的内容主要包括：

（一）对被审计单位及其相关情况的调查了解情况；

（二）对被审计单位存在重要问题可能性的评估情况；

（三）确定的审计事项及其审计应对措施。

第一百零五条　审计工作底稿主要记录审计人员依据审计实施方案执行审计措施的活动。

审计人员对审计实施方案确定的每一审计事项，均应当编制审计工作底稿。一个审计事项可以根据需要编制多份审计工作底稿。

第一百零六条　审计工作底稿的内容主要包括：

（一）审计项目名称；

（二）审计事项名称；

（三）审计过程和结论；

（四）审计人员姓名及审计工作底稿编制日期并签名；
（五）审核人员姓名、审核意见及审核日期并签名；
（六）索引号及页码；
（七）附件数量。

第一百零七条 审计工作底稿记录的审计过程和结论主要包括：
（一）实施审计的主要步骤和方法；
（二）取得的审计证据的名称和来源；
（三）审计认定的事实摘要；
（四）得出的审计结论及其相关标准。

第一百零八条 审计证据材料应当作为调查了解记录和审计工作底稿的附件。一份审计证据材料对应多个审计记录时，审计人员可以将审计证据材料附在与其关系最密切的审计记录后面，并在其他审计记录中予以注明。

第一百零九条 审计组起草审计报告前，审计组组长应当对审计工作底稿的下列事项进行审核：
（一）具体审计目标是否实现；
（二）审计措施是否有效执行；
（三）事实是否清楚；
（四）审计证据是否适当、充分；
（五）得出的审计结论及其相关标准是否适当；
（六）其他有关重要事项。

第一百一十条 审计组组长审核审计工作底稿，应当根据不同情况分别提出下列意见：
（一）予以认可；
（二）责成采取进一步审计措施，获取适当、充分的审计证据；
（三）纠正或者责成纠正不恰当的审计结论。

第一百一十一条 重要管理事项记录应当记载与审计项目相关并对审计结论有重要影响的下列管理事项：
（一）可能损害审计独立性的情形及采取的措施；
（二）所聘请外部人员的相关情况；
（三）被审计单位承诺情况；
（四）征求被审计对象或者相关单位及人员意见的情况、被审计对象或者相关单位及人员反馈的意见及审计组的采纳情况；
（五）审计组对审计发现的重大问题和审计报告讨论的过程及结论；
（六）审计机关业务部门对审计报告、审计决定书等审计项目材料的复核情况和意见；
（七）审理机构对审计项目的审理情况和意见；
（八）审计机关对审计报告的审定过程和结论；
（九）审计人员未能遵守本准则规定的约束性条款及其原因；
（十）因外部因素使审计任务无法完成的原因及影响；

（十一）其他重要管理事项。

重要管理事项记录可以使用被审计单位承诺书、审计机关内部审批文稿、会议记录、会议纪要、审理意见书或者其他书面形式。

第四节　重大违法行为检查

第一百一十二条　审计人员执行审计业务时，应当保持职业谨慎，充分关注可能存在的重大违法行为。

第一百一十三条　本准则所称重大违法行为是指被审计单位和相关人员违反法律法规、涉及金额比较大、造成国家重大经济损失或者对社会造成重大不良影响的行为。

第一百一十四条　审计人员检查重大违法行为，应当评估被审计单位和相关人员实施重大违法行为的动机、性质、后果和违法构成。

第一百一十五条　审计人员调查了解被审计单位及其相关情况时，可以重点了解可能与重大违法行为有关的下列事项：

（一）被审计单位所在行业发生重大违法行为的状况；

（二）有关的法律法规及其执行情况；

（三）监管部门已经发现和了解的与被审计单位有关的重大违法行为的事实或者线索；

（四）可能形成重大违法行为的动机和原因；

（五）相关的内部控制及其执行情况；

（六）其他情况。

第一百一十六条　审计人员可以通过关注下列情况，判断可能存在的重大违法行为：

（一）具体经济活动中存在的异常事项；

（二）财务和非财务数据中反映出的异常变化；

（三）有关部门提供的线索和群众举报；

（四）公众、媒体的反映和报道；

（五）其他情况。

第一百一十七条　审计人员根据被审计单位实际情况、工作经验和审计发现的异常现象，判断可能存在重大违法行为的性质，并确定检查重点。

审计人员在检查重大违法行为时，应当关注重大违法行为的高发领域和环节。

第一百一十八条　发现重大违法行为的线索，审计组或者审计机关可以采取下列应对措施：

（一）增派具有相关经验和能力的人员；

（二）避免让有关单位和人员事先知晓检查的时间、事项、范围和方式；

（三）扩大检查范围，使其能够覆盖重大违法行为可能涉及的领域；

（四）获取必要的外部证据；

（五）依法采取保全措施；

（六）提请有关机关予以协助和配合；

（七）向政府和有关部门报告；

（八）其他必要的应对措施。

第五章　审计报告

第一节　审计报告的形式和内容

第一百一十九条　审计报告包括审计机关进行审计后出具的审计报告以及专项审计调查后出具的专项审计调查报告。

第一百二十条　审计组实施审计或者专项审计调查后，应当向派出审计组的审计机关提交审计报告。审计机关审定审计组的审计报告后，应当出具审计机关的审计报告。遇有特殊情况，审计机关可以不向被调查单位出具专项审计调查报告。

第一百二十一条　审计报告应当内容完整、事实清楚、结论正确、用词恰当、格式规范。

第一百二十二条　审计机关的审计报告（审计组的审计报告）包括下列基本要素：

（一）标题；

（二）文号（审计组的审计报告不含此项）；

（三）被审计单位名称；

（四）审计项目名称；

（五）内容；

（六）审计机关名称（审计组名称及审计组组长签名）；

（七）签发日期（审计组向审计机关提交报告的日期）。

经济责任审计报告还包括被审计人员姓名及所担任职务。

第一百二十三条　审计报告的内容主要包括：

（一）审计依据，即实施审计所依据的法律法规规定；

（二）实施审计的基本情况，一般包括审计范围、内容、方式和实施的起止时间；

（三）被审计单位基本情况；

（四）审计评价意见，即根据不同的审计目标，以适当、充分的审计证据为基础发表的评价意见；

（五）以往审计决定执行情况和审计建议采纳情况；

（六）审计发现的被审计单位违反国家规定的财政收支、财务收支行为和其他重要问题的事实、定性、处理处罚意见以及依据的法律法规和标准；

（七）审计发现的移送处理事项的事实和移送处理意见，但是涉嫌犯罪等不宜让被审计单位知悉的事项除外；

（八）针对审计发现的问题，根据需要提出的改进建议。

审计期间被审计单位对审计发现的问题已经整改的，审计报告还应当包括有关整改情况。

经济责任审计报告还应当包括被审计人员履行经济责任的基本情况，以及被审计人员对审计发现问题承担的责任。

核查社会审计机构相关审计报告发现的问题，应当在审计报告中一并反映。

第一百二十四条　采取跟踪审计方式实施审计的，审计组在跟踪审计过程中发现的问题，应当以审计机关的名义及时向被审计单位通报，并要求其整改。

跟踪审计实施工作全部结束后，应当以审计机关的名义出具审计报告。审计报告应当反映审计发现但尚未整改的问题，以及已经整改的重要问题及其整改情况。

第一百二十五条　专项审计调查报告除符合审计报告的要素和内容要求外，还应当根据专项审计调查目标重点分析宏观性、普遍性、政策性或者体制、机制问题并提出改进建议。

第一百二十六条　对审计或者专项审计调查中发现被审计单位违反国家规定的财政收支、财务收支行为，依法应当由审计机关在法定职权范围内作出处理处罚决定的，审计机关应当出具审计决定书。

第一百二十七条　审计决定书的内容主要包括：

（一）审计的依据、内容和时间；

（二）违反国家规定的财政收支、财务收支行为的事实、定性、处理处罚决定以及法律法规依据；

（三）处理处罚决定执行的期限和被审计单位书面报告审计决定执行结果等要求；

（四）依法提请政府裁决或者申请行政复议、提起行政诉讼的途径和期限。

第一百二十八条　审计或者专项审计调查发现的依法需要移送其他有关主管机关或者单位纠正、处理处罚或者追究有关人员责任的事项，审计机关应当出具审计移送处理书。

第一百二十九条　审计移送处理书的内容主要包括：

（一）审计的时间和内容；

（二）依法需要移送有关主管机关或者单位纠正、处理处罚或者追究有关人员责任事项的事实、定性及其依据和审计机关的意见；

（三）移送的依据和移送处理说明，包括将处理结果书面告知审计机关的说明；

（四）所附的审计证据材料。

第一百三十条　出具对国际组织、外国政府及其机构援助、贷款项目的审计报告，按照审计机关的相关规定执行。

第二节　审计报告的编审

第一百三十一条　审计组在起草审计报告前，应当讨论确定下列事项：

（一）评价审计目标的实现情况；

（二）审计实施方案确定的审计事项完成情况；

（三）评价审计证据的适当性和充分性；

（四）提出审计评价意见；

（五）评估审计发现问题的重要性；

（六）提出对审计发现问题的处理处罚意见；

（七）其他有关事项。

审计组应当对讨论前款事项的情况及其结果作出记录。

第一百三十二条　审计组组长应当确认审计工作底稿和审计证据已经审核，并从总体上评价审计证据的适当性和充分性。

第一百三十三条　审计组根据不同的审计目标，以审计认定的事实为基础，在防范审计风险的情况下，按照重要性原则，从真实性、合法性、效益性方面提出审计评价意见。

审计组应当只对所审计的事项发表审计评价意见。对审计过程中未涉及、审计证据不适当或者不充分、评价依据或者标准不明确以及超越审计职责范围的事项，不得发表审计评价意见。

第一百三十四条　审计组应当根据审计发现问题的性质、数额及其发生的原因和审计报告的使用对象，评估审计发现问题的重要性，如实在审计报告中予以反映。

第一百三十五条　审计组对审计发现的问题提出处理处罚意见时，应当关注下列因素：

（一）法律法规的规定；

（二）审计职权范围：属于审计职权范围的，直接提出处理处罚意见，不属于审计职权范围的，提出移送处理意见；

（三）问题的性质、金额、情节、原因和后果；

（四）对同类问题处理处罚的一致性；

（五）需要关注的其他因素。

审计发现被审计单位信息系统存在重大漏洞或者不符合国家规定的，应当责成被审计单位在规定期限内整改。

第一百三十六条　审计组应当针对经济责任审计发现的问题，根据被审计人员履行职责情况，界定其应当承担的责任。

第一百三十七条　审计组实施审计或者专项审计调查后，应当提出审计报告，按照审计机关规定的程序审批后，以审计机关的名义征求被审计单位、被调查单位和拟处罚的有关责任人员的意见。

经济责任审计报告还应当征求被审计人员的意见；必要时，征求有关干部监督管理部门的意见。

审计报告中涉及的重大经济案件调查等特殊事项，经审计机关主要负责人批准，可以不征求被审计单位或者被审计人员的意见。

第一百三十八条　被审计单位、被调查单位、被审计人员或者有关责任人员对征求意见的审计报告有异议的，审计组应当进一步核实，并根据核实情况对审计报告作出必要的修改。

审计组应当对采纳被审计单位、被调查单位、被审计人员、有关责任人员意见的情况和原因，或者上述单位或人员未在法定时间内提出书面意见的情况作出书面说明。

第一百三十九条　对被审计单位或者被调查单位违反国家规定的财政收支、财务收支行为，依法应当由审计机关进行处理处罚的，审计组应当起草审计决定书。

对依法应当由其他有关部门纠正、处理处罚或者追究有关责任人员责任的事项，审计组应当起草审计移送处理书。

第一百四十条　审计组应当将下列材料报送审计机关业务部门复核：

（一）审计报告；

（二）审计决定书；

（三）被审计单位、被调查单位、被审计人员或者有关责任人员对审计报告的书面意见及审计组采纳情况的书面说明；

（四）审计实施方案；

（五）调查了解记录、审计工作底稿、重要管理事项记录、审计证据材料；

（六）其他有关材料。

第一百四十一条　审计机关业务部门应当对下列事项进行复核，并提出书面复核意见：

（一）审计目标是否实现；

（二）审计实施方案确定的审计事项是否完成；

（三）审计发现的重要问题是否在审计报告中反映；

（四）事实是否清楚、数据是否正确；

（五）审计证据是否适当、充分；

（六）审计评价、定性、处理处罚和移送处理意见是否恰当，适用法律法规和标准是否适当；

（七）被审计单位、被调查单位、被审计人员或者有关责任人员提出的合理意见是否采纳；

（八）需要复核的其他事项。

第一百四十二条　审计机关业务部门应当将复核修改后的审计报告、审计决定书等审计项目材料连同书面复核意见，报送审理机构审理。

第一百四十三条　审理机构以审计实施方案为基础，重点关注审计实施的过程及结果，主要审理下列内容：

（一）审计实施方案确定的审计事项是否完成；

（二）审计发现的重要问题是否在审计报告中反映；

（三）主要事实是否清楚、相关证据是否适当、充分；

（四）适用法律法规和标准是否适当；

（五）评价、定性、处理处罚意见是否恰当；

（六）审计程序是否符合规定。

第一百四十四条 审理机构审理时，应当就有关事项与审计组及相关业务部门进行沟通。

必要时，审理机构可以参加审计组与被审计单位交换意见的会议，或者向被审计单位和有关人员了解相关情况。

第一百四十五条 审理机构审理后，可以根据情况采取下列措施：

（一）要求审计组补充重要审计证据；

（二）对审计报告、审计决定书进行修改。

审理过程中遇有复杂问题的，经审计机关负责人同意后，审理机构可以组织专家进行论证。

审理机构审理后，应当出具审理意见书。

第一百四十六条 审理机构将审理后的审计报告、审计决定书连同审理意见书报送审计机关负责人。

第一百四十七条 审计报告、审计决定书原则上应当由审计机关审计业务会议审定；特殊情况下，经审计机关主要负责人授权，可以由审计机关其他负责人审定。

第一百四十八条 审计决定书经审定，处罚的事实、理由、依据、决定与审计组征求意见的审计报告不一致并且加重处罚的，审计机关应当依照有关法律法规的规定及时告知被审计单位、被调查单位和有关责任人员，并听取其陈述和申辩。

第一百四十九条 对于拟作出罚款的处罚决定，符合法律法规规定的听证条件的，审计机关应当依照有关法律法规的规定履行听证程序。

第一百五十条 审计报告、审计决定书经审计机关负责人签发后，按照下列要求办理：

（一）审计报告送达被审计单位、被调查单位；

（二）经济责任审计报告送达被审计单位和被审计人员；

（三）审计决定书送达被审计单位、被调查单位、被处罚的有关责任人员。

第三节 专题报告与综合报告

第一百五十一条 审计机关在审计中发现的下列事项，可以采用专题报告、审计信息等方式向本级政府、上一级审计机关报告：

（一）涉嫌重大违法犯罪的问题；

（二）与国家财政收支、财务收支有关政策及其执行中存在的重大问题；

（三）关系国家经济安全的重大问题；

（四）关系国家信息安全的重大问题；

（五）影响人民群众经济利益的重大问题；

（六）其他重大事项。

第一百五十二条　专题报告应当主题突出、事实清楚、定性准确、建议适当。

审计信息应当事实清楚、定性准确、内容精炼、格式规范、反映及时。

第一百五十三条　审计机关统一组织审计项目的，可以根据需要汇总审计情况和结果，编制审计综合报告。必要时，审计综合报告应当征求有关主管机关的意见。

审计综合报告按照审计机关规定的程序审定后，向本级政府和上一级审计机关报送，或者向有关部门通报。

第一百五十四条　审计机关实施经济责任审计项目后，应当按照相关规定，向本级政府行政首长和有关干部监督管理部门报告经济责任审计结果。

第一百五十五条　审计机关依照法律法规的规定，每年汇总对本级预算执行情况和其他财政收支情况的审计报告，形成审计结果报告，报送本级政府和上一级审计机关。

第一百五十六条　审计机关依照法律法规的规定，代本级政府起草本级预算执行情况和其他财政收支情况的审计工作报告（稿），经本级政府行政首长审定后，受本级政府委托向本级人民代表大会常务委员会报告。

第四节　审计结果公布

第一百五十七条　审计机关依法实行公告制度。审计机关的审计结果、审计调查结果依法向社会公布。

第一百五十八条　审计机关公布的审计和审计调查结果主要包括下列信息：

（一）被审计（调查）单位基本情况；

（二）审计（调查）评价意见；

（三）审计（调查）发现的主要问题；

（四）处理处罚决定及审计（调查）建议；

（五）被审计（调查）单位的整改情况。

第一百五十九条　在公布审计和审计调查结果时，审计机关不得公布下列信息：

（一）涉及国家秘密、商业秘密的信息；

（二）正在调查、处理过程中的事项；

（三）依照法律法规的规定不予公开的其他信息。

涉及商业秘密的信息，经权利人同意或者审计机关认为不公布可能对公共利益造成重大影响的，可以予以公布。

审计机关公布审计和审计调查结果应当客观公正。

第一百六十条　审计机关公布审计和审计调查结果，应当指定专门机构统一办理，履行规定的保密审查和审核手续，报经审计机关主要负责人批准。

审计机关内设机构、派出机构和个人，未经授权不得向社会公布审计和审计调查结果。

第一百六十一条 审计机关统一组织不同级次审计机关参加的审计项目，其审计和审计调查结果原则上由负责该项目组织工作的审计机关统一对外公布。

第一百六十二条 审计机关公布审计和审计调查结果按照国家有关规定需要报批的，未经批准不得公布。

第五节 审计整改检查

第一百六十三条 审计机关应当建立审计整改检查机制，督促被审计单位和其他有关单位根据审计结果进行整改。

第一百六十四条 审计机关主要检查或者了解下列事项：

（一）执行审计机关作出的处理处罚决定情况；

（二）对审计机关要求自行纠正事项采取措施的情况；

（三）根据审计机关的审计建议采取措施的情况；

（四）对审计机关移送处理事项采取措施的情况。

第一百六十五条 审计组在审计实施过程中，应当及时督促被审计单位整改审计发现的问题。

审计机关在出具审计报告、作出审计决定后，应当在规定的时间内检查或者了解被审计单位和其他有关单位的整改情况。

第一百六十六条 审计机关可以采取下列方式检查或者了解被审计单位和其他有关单位的整改情况：

（一）实地检查或者了解；

（二）取得并审阅相关书面材料；

（三）其他方式。

对于定期审计项目，审计机关可以结合下一次审计，检查或者了解被审计单位的整改情况。

检查或者了解被审计单位和其他有关单位的整改情况应当取得相关证明材料。

第一百六十七条 审计机关指定的部门负责检查或者了解被审计单位和其他有关单位整改情况，并向审计机关提出检查报告。

第一百六十八条 检查报告的内容主要包括：

（一）检查工作开展情况，主要包括检查时间、范围、对象和方式等；

（二）被审计单位和其他有关单位的整改情况；

（三）没有整改或者没有完全整改事项的原因和建议。

第一百六十九条 审计机关对被审计单位没有整改或者没有完全整改的事项，依法采取必要措施。

第一百七十条 审计机关对审计决定书中存在的重要错误事项，应当予以纠正。

第一百七十一条　审计机关汇总审计整改情况，向本级政府报送关于审计工作报告中指出问题的整改情况的报告。

第六章　审计质量控制和责任

第一百七十二条　审计机关应当建立审计质量控制制度，以保证实现下列目标：

（一）遵守法律法规和本准则；

（二）作出恰当的审计结论；

（三）依法进行处理处罚。

第一百七十三条　审计机关应当针对下列要素建立审计质量控制制度：

（一）审计质量责任；

（二）审计职业道德；

（三）审计人力资源；

（四）审计业务执行；

（五）审计质量监控。

对前款第二、三、四项应当按照本准则第二至五章的有关要求建立审计质量控制制度。

第一百七十四条　审计机关实行审计组成员、审计组主审、审计组组长、审计机关业务部门、审理机构、总审计师和审计机关负责人对审计业务的分级质量控制。

第一百七十五条　审计组成员的工作职责包括：

（一）遵守本准则，保持审计独立性；

（二）按照分工完成审计任务，获取审计证据；

（三）如实记录实施的审计工作并报告工作结果；

（四）完成分配的其他工作。

第一百七十六条　审计组成员应当对下列事项承担责任：

（一）未按审计实施方案实施审计导致重大问题未被发现的；

（二）未按照本准则的要求获取审计证据导致审计证据不适当、不充分的；

（三）审计记录不真实、不完整的；

（四）对发现的重要问题隐瞒不报或者不如实报告的。

第一百七十七条　审计组组长的工作职责包括：

（一）编制或者审定审计实施方案；

（二）组织实施审计工作；

（三）督导审计组成员的工作；

（四）审核审计工作底稿和审计证据；

（五）组织编制并审核审计组起草的审计报告、审计决定书、审计移送处理书、专题报告、审计信息；

（六）配置和管理审计组的资源；

（七）审计机关规定的其他职责。

第一百七十八条 审计组组长应当从下列方面督导审计组成员的工作：

（一）将具体审计事项和审计措施等信息告知审计组成员，并与其讨论；

（二）检查审计组成员的工作进展，评估审计组成员的工作质量，并解决工作中存在的问题；

（三）给予审计组成员必要的培训和指导。

第一百七十九条 审计组组长应当对审计项目的总体质量负责，并对下列事项承担责任：

（一）审计实施方案编制或者组织实施不当，造成审计目标未实现或者重要问题未被发现的；

（二）审核未发现或者未纠正审计证据不适当、不充分问题的；

（三）审核未发现或者未纠正审计工作底稿不真实、不完整问题的；

（四）得出的审计结论不正确的；

（五）审计组起草的审计文书和审计信息反映的问题严重失实的；

（六）提出的审计处理处罚意见或者移送处理意见不正确的；

（七）对审计组发现的重要问题隐瞒不报或者不如实报告的；

（八）违反法定审计程序的。

第一百八十条 根据工作需要，审计组可以设立主审。主审根据审计分工和审计组组长的委托，主要履行下列职责：

（一）起草审计实施方案、审计文书和审计信息；

（二）对主要审计事项进行审计查证；

（三）协助组织实施审计；

（四）督导审计组成员的工作；

（五）审核审计工作底稿和审计证据；

（六）组织审计项目归档工作；

（七）完成审计组组长委托的其他工作。

第一百八十一条 审计组组长将其工作职责委托给主审或者审计组其他成员的，仍应当对委托事项承担责任。受委托的成员在受托范围内承担相应责任。

第一百八十二条 审计机关业务部门的工作职责包括：

（一）提出审计组组长人选；

（二）确定聘请外部人员事宜；

（三）指导、监督审计组的审计工作；

（四）复核审计报告、审计决定书等审计项目材料；

（五）审计机关规定的其他职责。

业务部门统一组织审计项目的，应当承担编制审计工作方案，组织、协调审计实施和汇总审计结果的职责。

第一百八十三条 审计机关业务部门应当及时发现和纠正审计组工作中存

在的重要问题，并对下列事项承担责任：

（一）对审计组请示的问题未及时采取适当措施导致严重后果的；

（二）复核未发现审计报告、审计决定书等审计项目材料中存在的重要问题的；

（三）复核意见不正确的；

（四）要求审计组不在审计文书和审计信息中反映重要问题的。

业务部门对统一组织审计项目的汇总审计结果出现重大错误、造成严重不良影响的事项承担责任。

第一百八十四条　审计机关审理机构的工作职责包括：

（一）审查修改审计报告、审计决定书；

（二）提出审理意见；

（三）审计机关规定的其他职责。

第一百八十五条　审计机关审理机构对下列事项承担责任：

（一）审理意见不正确的；

（二）对审计报告、审计决定书作出的修改不正确的；

（三）审理时应当发现而未发现重要问题的。

第一百八十六条　审计机关负责人的工作职责包括：

（一）审定审计项目目标、范围和审计资源的配置；

（二）指导和监督检查审计工作；

（三）审定审计文书和审计信息；

（四）审计管理中的其他重要事项。

审计机关负责人对审计项目实施结果承担最终责任。

第一百八十七条　审计机关对审计人员违反法律法规和本准则的行为，应当按照相关规定追究其责任。

第一百八十八条　审计机关应当按照国家有关规定，建立健全审计项目档案管理制度，明确审计项目归档要求、保存期限、保存措施、档案利用审批程序等。

第一百八十九条　审计项目归档工作实行审计组组长负责制，审计组组长应当确定立卷责任人。

立卷责任人应当收集审计项目的文件材料，并在审计项目终结后及时立卷归档，由审计组组长审查验收。

第一百九十条　审计机关实行审计业务质量检查制度，对其业务部门、派出机构和下级审计机关的审计业务质量进行检查。

第一百九十一条　审计机关可以通过查阅有关文件和审计档案、询问相关人员等方式、方法，检查下列事项：

（一）建立和执行审计质量控制制度的情况；

（二）审计工作中遵守法律法规和本准则的情况；

（三）与审计业务质量有关的其他事项。

审计业务质量检查应当重点关注审计结论的恰当性、审计处理处罚意见的合法性和适当性。

第一百九十二条 审计机关开展审计业务质量检查，应当向被检查单位通报检查结果。

第一百九十三条 审计机关在审计业务质量检查中，发现被检查的派出机构或者下级审计机关应当作出审计决定而未作出的，可以依法直接或者责成其在规定期限内作出审计决定；发现其作出的审计决定违反国家有关规定的，可以依法直接或者责成其在规定期限内变更、撤销审计决定。

第一百九十四条 审计机关应当对其业务部门、派出机构实行审计业务年度考核制度，考核审计质量控制目标的实现情况。

第一百九十五条 审计机关可以定期组织优秀审计项目评选，对被评为优秀审计项目的予以表彰。

第一百九十六条 审计机关应当对审计质量控制制度及其执行情况进行持续评估，及时发现审计质量控制制度及其执行中存在的问题，并采取措施加以纠正或者改进。

审计机关可以结合日常管理工作或者通过开展审计业务质量检查、考核和优秀审计项目评选等方式，对审计质量控制制度及其执行情况进行持续评估。

第七章　附　　则

第一百九十七条 审计机关和审计人员开展下列工作，不适用本准则的规定：

（一）配合有关部门查处案件；

（二）与有关部门共同办理检查事项；

（三）接受交办或者接受委托办理不属于法定审计职责范围的事项。

第一百九十八条 地方审计机关可以根据本地实际情况，在遵循本准则规定的基础上制定实施细则。

第一百九十九条 本准则由审计署负责解释。

第二百条 本准则自 2011 年 1 月 1 日起施行。附件所列的审计署以前发布的审计准则和规定同时废止。

附件：废止的审计准则和规定目录

附件

废止的审计准则和规定目录

1. 中华人民共和国国家审计基本准则（2000 年审计署第 1 号令）
2. 审计机关审计处理处罚的规定（2000 年审计署第 1 号令）

3. 审计机关审计方案准则（2000 年审计署第 2 号令）
4. 审计机关审计证据准则（2000 年审计署第 2 号令）
5. 审计机关审计工作底稿准则（试行）（2000 年审计署第 2 号令）
6. 审计机关审计报告编审准则（2000 年审计署第 2 号令）
7. 审计机关审计复核准则（2000 年审计署第 2 号令）
8. 审计机关专项审计调查准则（2001 年审计署第 3 号令）
9. 审计机关公布审计结果准则（2001 年审计署第 3 号令）
10. 审计机关审计人员职业道德准则（2001 年审计署第 3 号令）
11. 审计机关国家建设项目审计准则（2001 年审计署第 3 号令）
12. 审计机关审计重要性与审计风险评价准则（2003 年审计署第 5 号令）
13. 审计机关分析性复核准则（2003 年审计署第 5 号令）
14. 审计机关内部控制测评准则（2003 年审计署第 5 号令）
15. 审计机关审计抽样准则（2003 年审计署第 5 号令）
16. 审计机关审计事项评价准则（2003 年审计署第 5 号令）
17. 国有企业财务审计准则（试行）（审法发〔1999〕10 号）
18. 审计机关审计项目质量控制办法（试行）（2004 年审计署第 6 号令）
19. 审计署关于国有金融机构财务审计实施办法（审金发〔1996〕331 号）
20. 审计署关于中央银行财务审计实施办法（审金发〔1996〕332 号）
21. 审计机关对社会保障基金审计实施办法（审行发〔1996〕350 号）
22. 审计机关对社会捐赠资金审计实施办法（审行发〔1996〕351 号）
23. 审计机关对国外贷援款项目审计实施办法（审外资发〔1996〕353 号）
24. 审计机关审计行政强制性措施的规定（审法发〔1996〕359 号）
25. 审计机关指导监督内部审计业务的规定（审管发〔1996〕367 号）
26. 审计署关于派出审计局开展审计工作的暂行办法（审发〔1998〕314 号）
27. 中央预算执行审计工作程序实施细则（审财发〔1999〕32 号）
28. 审计机关审计项目计划管理办法（审办发〔2002〕104 号）

附录五

企业财务通则

中华人民共和国财政部令（第41号）

第一章　总　　则

第一条　为了加强企业财务管理，规范企业财务行为，保护企业及其相关方的合法权益，推进现代企业制度建设，根据有关法律、行政法规的规定，制定本通则。

第二条　在中华人民共和国境内依法设立的具备法人资格的国有及国有控股企业适用本通则。金融企业除外。

其他企业参照执行。

第三条　国有及国有控股企业（以下简称企业）应当确定内部财务管理体制，建立健全财务管理制度，控制财务风险。

企业财务管理应当按照制定的财务战略，合理筹集资金，有效营运资产，控制成本费用，规范收益分配及重组清算财务行为，加强财务监督和财务信息管理。

第四条　财政部负责制定财务规章制度。

各级财政部门（以下通称主管财政机关）应当加强对企业财务的指导、管理、监督，其主要职责包括：

（一）监督执行企业财务规章制度，按照财务关系指导企业建立健全内部财务制度。

（二）制定促进企业改革发展的财政财务政策，建立健全支持企业发展的财政资金管理制度。

（三）建立健全企业年度财务会计报告审计制度，检查企业财务会计报告质量。

（四）实施企业财务评价，监测企业财务运行状况。

（五）研究、拟订企业国有资本收益分配和国有资本经营预算的制度。

（六）参与审核属于本级人民政府及其有关部门、机构出资的企业重要改革、改制方案。

（七）根据企业财务管理的需要提供必要的帮助、服务。

第五条　各级人民政府及其部门、机构，企业法人、其他组织或者自然人等企业投资者（以下通称投资者），企业经理、厂长或者实际负责经营管理的其他领导成员（以下通称经营者），依照法律、法规、本通则和企业章程的规定，履行企业内部财务管理职责。

第六条　企业应当依法纳税。企业财务处理与税收法律、行政法规规定不一致的，纳税时应当依法进行调整。

第七条　各级人民政府及其部门、机构出资的企业，其财务关系隶属同级财政机关。

第二章　企业财务管理体制

第八条　企业实行资本权属清晰、财务关系明确、符合法人治理结构要求的财务管理体制。

企业应当按照国家有关规定建立有效的内部财务管理级次。企业集团公司自行决定集团内部财务管理体制。

第九条　企业应当建立财务决策制度，明确决策规则、程序、权限和责任等。法律、行政法规规定应当通过职工（代表）大会审议或者听取职工、相关组织意见的财务事项，依照其规定执行。

企业应当建立财务决策回避制度。对投资者、经营者个人与企业利益有冲突的财务决策事项，相关投资者、经营者应当回避。

第十条　企业应当建立财务风险管理制度，明确经营者、投资者及其他相关人员的管理权限和责任，按照风险与收益均衡、不相容职务分离等原则，控制财务风险。

第十一条　企业应当建立财务预算管理制度，以现金流为核心，按照实现企业价值最大化等财务目标的要求，对资金筹集、资产营运、成本控制、收益分配、重组清算等财务活动，实施全面预算管理。

第十二条　投资者的财务管理职责主要包括：

（一）审议批准企业内部财务管理制度、企业财务战略、财务规划和财务预算。

（二）决定企业的筹资、投资、担保、捐赠、重组、经营者报酬、利润分配等重大财务事项。

（三）决定企业聘请或者解聘会计师事务所、资产评估机构等中介机构事项。

（四）对经营者实施财务监督和财务考核。

（五）按照规定向全资或者控股企业委派或者推荐财务总监。

投资者应当通过股东（大）会、董事会或者其他形式的内部机构履行财务管理职责，可以通过企业章程、内部制度、合同约定等方式将部分财务管理职责授予经营者。

第十三条　经营者的财务管理职责主要包括：

（一）拟订企业内部财务管理制度、财务战略、财务规划，编制财务预算。

（二）组织实施企业筹资、投资、担保、捐赠、重组和利润分配等财务方案，诚信履行企业偿债义务。

（三）执行国家有关职工劳动报酬和劳动保护的规定，依法缴纳社会保险费、住房公积金等，保障职工合法权益。

（四）组织财务预测和财务分析，实施财务控制。

（五）编制并提供企业财务会计报告，如实反映财务信息和有关情况。

（六）配合有关机构依法进行审计、评估、财务监督等工作。

第三章　资金筹集

第十四条　企业可以接受投资者以货币资金、实物、无形资产、股权、特定债权等形式的出资。其中，特定债权是指企业依法发行的可转换债券、符合有关规定转作股权的债权等。

企业接受投资者非货币资产出资时，法律、行政法规对出资形式、程序和评估作价等有规定的，依照其规定执行。

企业接受投资者商标权、著作权、专利权及其他专有技术等无形资产出资的，应当符合法律、行政法规规定的比例。

第十五条　企业依法以吸收直接投资、发行股份等方式筹集权益资金的，应当拟订筹资方案，确定筹资规模，履行内部决策程序和必要的报批手续，控制筹资成本。

企业筹集的实收资本，应当依法委托法定验资机构验资并出具验资报告。

第十六条　企业应当执行国家有关资本管理制度，在获准工商登记后30日内，依据验资报告等向投资者出具出资证明书，确定投资者的合法权益。

企业筹集的实收资本，在持续经营期间可以由投资者依照法律、行政法规以及企业章程的规定转让或者减少，投资者不得抽逃或者变相抽回出资。

除《公司法》等有关法律、行政法规另有规定外，企业不得回购本企业发行的股份。企业依法回购股份，应当符合有关条件和财务处理办法，并经投资者决议。

第十七条　对投资者实际缴付的出资超出注册资本的差额（包括股票溢价），企业应当作为资本公积管理。

经投资者审议决定后，资本公积用于转增资本。国家另有规定的，从其规定。

第十八条　企业从税后利润中提取的盈余公积包括法定公积金和任意公积金，可以用于弥补企业亏损或者转增资本。法定公积金转增资本后留存企业的部分，以不少于转增前注册资本的25%为限。

第十九条　企业增加实收资本或者以资本公积、盈余公积转增实收资本，由投资者履行财务决策程序后，办理相关财务事项和工商变更登记。

第二十条　企业取得的各类财政资金，区分以下情况处理：

（一）属于国家直接投资、资本注入的，按照国家有关规定增加国家资本或者国有资本公积。

（二）属于投资补助的，增加资本公积或者实收资本。国家拨款时对权属有规定的，按规定执行；没有规定的，由全体投资者共同享有。

（三）属于贷款贴息、专项经费补助的，作为企业收益处理。

（四）属于政府转贷、偿还性资助的，作为企业负债管理。

（五）属于弥补亏损、救助损失或者其他用途的，作为企业收益处理。

第二十一条　企业依法以借款、发行债券、融资租赁等方式筹集债务资金的，应当明确筹资目的，根据资金成本、债务风险和合理的资金需求，进行必要的资本结构决策，并签订书面合同。

企业筹集资金用于固定资产投资项目的，应当遵守国家产业政策、行业规划、自有资本比例及其他规定。

企业筹集资金，应当按规定核算和使用，并诚信履行合同，依法接受监督。

第四章　资产营运

第二十二条　企业应当根据风险与收益均衡等原则和经营需要，确定合理的资产结构，并实施资产结构动态管理。

第二十三条　企业应当建立内部资金调度控制制度，明确资金调度的条件、权限和程序，统一筹集、使用和管理资金。企业支付、调度资金，应当按照内部财务管理制度的规定，依据有效合同、合法凭证，办理相关手续。

企业向境外支付、调度资金应当符合国家有关外汇管理的规定。

企业集团可以实行内部资金集中统一管理，但应当符合国家有关金融管理等法律、行政法规规定，并不得损害成员企业的利益。

第二十四条　企业应当建立合同的财务审核制度，明确业务流程和审批权限，实行财务监控。

企业应当加强应收款项的管理，评估客户信用风险，跟踪客户履约情况，落实收账责任，减少坏账损失。

第二十五条　企业应当建立健全存货管理制度，规范存货采购审批、执行程序，根据合同的约定以及内部审批制度支付货款。

企业选择供货商以及实施大宗采购，可以采取招标等方式进行。

第二十六条　企业应当建立固定资产购建、使用、处置制度。

企业自行选择、确定固定资产折旧办法，可以征询中介机构、有关专家的意见，并由投资者审议批准。固定资产折旧办法一经选用，不得随意变更。确需变更的，应当说明理由，经投资者审议批准。

企业购建重要的固定资产、进行重大技术改造，应当经过可行性研究，按照内部审批制度履行财务决策程序，落实决策和执行责任。

企业在建工程项目交付使用后，应当在一个年度内办理竣工决算。

第二十七条　企业对外投资应当遵守法律、行政法规和国家有关政策的规定，符合企业发展战略的要求，进行可行性研究，按照内部审批制度履行批准程序，落实决策和执行的责任。

企业对外投资应当签订书面合同，明确企业投资权益，实施财务监管。依据合同支付投资款项，应当按照企业内部审批制度执行。

企业向境外投资的，还应当经投资者审议批准，并遵守国家境外投资项目核准和外汇管理等相关规定。

第二十八条 企业通过自创、购买、接受投资等方式取得的无形资产，应当依法明确权属，落实有关经营、管理的财务责任。

无形资产出现转让、租赁、质押、授权经营、连锁经营、对外投资等情形时，企业应当签订书面合同，明确双方的权利义务，合理确定交易价格。

第二十九条 企业对外担保应当符合法律、行政法规及有关规定，根据被担保单位的资信及偿债能力，按照内部审批制度采取相应的风险控制措施，并设立备查账簿登记，实行跟踪监督。

企业对外捐赠应当符合法律、行政法规及有关财务规定，制定实施方案，明确捐赠的范围和条件，落实执行责任，严格办理捐赠资产的交接手续。

第三十条 企业从事期货、期权、证券、外汇交易等业务或者委托其他机构理财，不得影响主营业务的正常开展，并应当签订书面合同，建立交易报告制度，定期对账，控制风险。

第三十一条 企业从事代理业务，应当严格履行合同，实行代理业务与自营业务分账管理，不得挪用客户资金、互相转嫁经营风险。

第三十二条 企业应当建立各项资产损失或者减值准备管理制度。各项资产损失或者减值准备的计提标准，一经选用，不得随意变更。企业在制订计提标准时可以征询中介机构、有关专家的意见。

对计提损失或者减值准备后的资产，企业应当落实监管责任。能够收回或者继续使用以及没有证据证明实际损失的资产，不得核销。

第三十三条 企业发生的资产损失，应当及时予以核实、查清责任，追偿损失，按照规定程序处理。

企业重组中清查出的资产损失，经批准后依次冲减未分配利润、盈余公积、资本公积和实收资本。

第三十四条 企业以出售、抵押、置换、报废等方式处理资产时，应当按照国家有关规定和企业内部财务管理制度规定的权限和程序进行。其中，处理主要固定资产涉及企业经营业务调整或者资产重组的，应当根据投资者审议通过的业务调整或者资产重组方案实施。

第三十五条 企业发生关联交易的，应当遵守国家有关规定，按照独立企业之间的交易计价结算。投资者或者经营者不得利用关联交易非法转移企业经济利益或者操纵关联企业的利润。

第五章 成本控制

第三十六条 企业应当建立成本控制系统，强化成本预算约束，推行质量成本控制办法，实行成本定额管理、全员管理和全过程控制。

第三十七条 企业实行费用归口、分级管理和预算控制，应当建立必要的费用开支范围、标准和报销审批制度。

第三十八条　企业技术研发和科技成果转化项目所需经费，可以通过建立研发准备金筹措，据实列入相关资产成本或者当期费用。

符合国家规定条件的企业集团，可以集中使用研发费用，用于企业主导产品和核心技术的自主研发。

第三十九条　企业依法实施安全生产、清洁生产、污染治理、地质灾害防治、生态恢复和环境保护等所需经费，按照国家有关标准列入相关资产成本或者当期费用。

第四十条　企业发生销售折扣、折让以及支付必要的佣金、回扣、手续费、劳务费、提成、返利、进场费、业务奖励等支出的，应当签订相关合同，履行内部审批手续。

企业开展进出口业务收取或者支付的佣金、保险费、运费，按照合同规定的价格条件处理。

企业向个人以及非经营单位支付费用的，应当严格履行内部审批及支付的手续。

第四十一条　企业可以根据法律、法规和国家有关规定，对经营者和核心技术人员实行与其他职工不同的薪酬办法，属于本级人民政府及其部门、机构出资的企业，应当将薪酬办法报主管财政机关备案。

第四十二条　企业应当按照劳动合同及国家有关规定支付职工报酬，并为从事高危作业的职工缴纳团体人身意外伤害保险费，所需费用直接作为成本（费用）列支。

经营者可以在工资计划中安排一定数额，对企业技术研发、降低能源消耗、治理“三废”、促进安全生产、开拓市场等做出突出贡献的职工给予奖励。

第四十三条　企业应当依法为职工支付基本医疗、基本养老、失业、工伤等社会保险费，所需费用直接作为成本（费用）列支。

已参加基本医疗、基本养老保险的企业，具有持续盈利能力和支付能力的，可以为职工建立补充医疗保险和补充养老保险，所需费用按照省级以上人民政府规定的比例从成本（费用）中提取。超出规定比例的部分，由职工个人负担。

第四十四条　企业为职工缴纳住房公积金以及职工住房货币化分配的财务处理，按照国家有关规定执行。

职工教育经费按照国家规定的比例提取，专项用于企业职工后续职业教育和职业培训。

工会经费按照国家规定比例提取并拨缴工会。

第四十五条　企业应当依法缴纳行政事业性收费、政府性基金以及使用或者占用国有资源的费用等。

企业对没有法律法规依据或者超过法律法规规定范围和标准的各种摊派、收费、集资，有权拒绝。

第四十六条　企业不得承担属于个人的下列支出：

（一）娱乐、健身、旅游、招待、购物、馈赠等支出。

（二）购买商业保险、证券、股权、收藏品等支出。

（三）个人行为导致的罚款、赔偿等支出。

（四）购买住房、支付物业管理费等支出。

（五）应由个人承担的其他支出。

第六章　收益分配

第四十七条　投资者、经营者及其他职工履行本企业职务或者以企业名义开展业务所得的收入，包括销售收入以及对方给予的销售折扣、折让、佣金、回扣、手续费、劳务费、提成、返利、进场费、业务奖励等收入，全部属于企业。

企业应当建立销售价格管理制度，明确产品或者劳务的定价和销售价格调整的权限、程序与方法，根据预期收益、资金周转、市场竞争、法律规范约束等要求，采取相应的价格策略，防范销售风险。

第四十八条　企业出售股权投资，应当按照规定的程序和方式进行。股权投资出售底价，参照资产评估结果确定，并按照合同约定收取所得价款。在履行交割时，对尚未收款部分的股权投资，应当按照合同的约定结算，取得受让方提供的有效担保。

上市公司国有股减持所得收益，按照国务院的规定处理。

第四十九条　企业发生的年度经营亏损，依照税法的规定弥补。税法规定年限内的税前利润不足弥补的，用以后年度的税后利润弥补，或者经投资者审议后用盈余公积弥补。

第五十条　企业年度净利润，除法律、行政法规另有规定外，按照以下顺序分配：

（一）弥补以前年度亏损。

（二）提取10%法定公积金。法定公积金累计额达到注册资本50%以后，可以不再提取。

（三）提取任意公积金。任意公积金提取比例由投资者决议。

（四）向投资者分配利润。企业以前年度未分配的利润，并入本年度利润，在充分考虑现金流量状况后，向投资者分配。属于各级人民政府及其部门、机构出资的企业，应当将应付国有利润上缴财政。

国有企业可以将任意公积金与法定公积金合并提取。股份有限公司依法回购后暂未转让或者注销的股份，不得参与利润分配；以回购股份对经营者及其他职工实施股权激励的，在拟订利润分配方案时，应当预留回购股份所需利润。

第五十一条　企业弥补以前年度亏损和提取盈余公积后，当年没有可供分配的利润时，不得向投资者分配利润，但法律、行政法规另有规定的除外。

第五十二条　企业经营者和其他职工以管理、技术等要素参与企业收益分配的，应当按照国家有关规定在企业章程或者有关合同中对分配办法做出规定，并区别以下情况处理：

（一）取得企业股权的，与其他投资者一同进行企业利润分配。

（二）没有取得企业股权的，在相关业务实现的利润限额和分配标准内，从当期费用中列支。

第七章　重组清算

第五十三条　企业通过改制、产权转让、合并、分立、托管等方式实施重组，对涉及资本权益的事项，应当由投资者或者授权机构进行可行性研究，履行内部财务决策程序，并组织开展以下工作：

（一）清查财产，核实债务，委托会计师事务所审计。

（二）制订职工安置方案，听取重组企业的职工、职工代表大会的意见或者提交职工代表大会审议。

（三）与债权人协商，制订债务处置或者承继方案。

（四）委托评估机构进行资产评估，并以评估价值作为净资产作价或者折股的参考依据。

（五）拟订股权设置方案和资本重组实施方案，经过审议后履行报批手续。

第五十四条　企业采取分立方式进行重组，应当明晰分立后的企业产权关系。

企业划分各项资产、债务以及经营业务，应当按照业务相关性或者资产相关性原则制订分割方案。对不能分割的整体资产，在评估机构评估价值的基础上，经分立各方协商，由拥有整体资产的一方给予他方适当经济补偿。

第五十五条　企业可以采取新设或者吸收方式进行合并重组。企业合并前的各项资产、债务以及经营业务，由合并后的企业承继，并应当明确合并后企业的产权关系以及各投资者的出资比例。

企业合并的资产税收处理应当符合国家有关税法的规定，合并后净资产超出注册资本的部分，作为资本公积；少于注册资本的部分，应当变更注册资本或者由投资者补足出资。

对资不抵债的企业以承担债务方式合并的，合并方应当制定企业重整措施，按照合并方案履行偿还债务责任，整合财务资源。

第五十六条　企业实行托管经营，应当由投资者决定，并签订托管协议，明确托管经营的资产负债状况、托管经营目标、托管资产处置权限以及收益分配办法等，并落实财务监管措施。

受托企业应当根据托管协议制订相关方案，重组托管企业的资产与债务。未经托管企业投资者同意，不得改组、改制托管企业，不得转让托管企业及转移托管资产、经营业务，不得以托管企业名义或者以托管资产对外担保。

第五十七条　企业进行重组时，对已占用的国有划拨土地应当按照有关规定进行评估，履行相关手续，并区别以下情况处理：

（一）继续采取划拨方式的，可以不纳入企业资产管理，但企业应当明确划拨土地使用权权益，并按规定用途使用，设立备查账簿登记。国家另有规定的除外。

（二）采取作价入股方式的，将应缴纳的土地出让金转作国家资本，形成的国有股权由企业重组前的国有资本持有单位或者主管财政机关确认的单位持有。

（三）采取出让方式的，由企业购买土地使用权，支付出让费用。

（四）采取租赁方式的，由企业租赁使用，租金水平参照银行同期贷款利率确定，并在租赁合同中约定。

企业进行重组时，对已占用的水域、探矿权、采矿权、特许经营权等国有资源，依法可以转让的，比照前款处理。

第五十八条 企业重组过程中，对拖欠职工的工资和医疗、伤残补助、抚恤费用以及欠缴的基本社会保险费、住房公积金，应当以企业现有资产优先清偿。

第五十九条 企业被责令关闭、依法破产、经营期限届满而终止经营的，或者经投资者决议解散的，应当按照法律、法规和企业章程的规定实施清算。清算财产变卖底价，参照资产评估结果确定。国家另有规定的，从其规定。

企业清算结束，应当编制清算报告，委托会计师事务所审计，报投资者或者人民法院确认后，向相关部门、债权人以及其他的利益相关人通告。其中，属于各级人民政府及其部门、机构出资的企业，其清算报告应当报送主管财政机关。

第六十条 企业解除职工劳动关系，按照国家有关规定支付的经济补偿金或者安置费，除正常经营期间发生的列入当期费用以外，应当区别以下情况处理：

（一）企业重组中发生的，依次从未分配利润、盈余公积、资本公积、实收资本中支付。

（二）企业清算时发生的，以企业扣除清算费用后的清算财产优先清偿。

第八章　信息管理

第六十一条 企业可以结合经营特点，优化业务流程，建立财务和业务一体化的信息处理系统，逐步实现财务、业务相关信息一次性处理和实时共享。

第六十二条 企业应当逐步创造条件，实行统筹企业资源计划，全面整合和规范财务、业务流程，对企业物流、资金流、信息流进行一体化管理和集成运作。

第六十三条 企业应当建立财务预警机制，自行确定财务危机警戒标准，重点监测经营性净现金流量与到期债务、企业资产与负债的适配性，及时沟通企业有关财务危机预警的信息，提出解决财务危机的措施和方案。

第六十四条 企业应当按照有关法律、行政法规和国家统一的会计制度的规定，按时编制财务会计报告，经营者或者投资者不得拖延、阻挠。

第六十五条 企业应当按照规定向主管财政机关报送月份、季度、年度财务会计报告等材料，不得在报送的财务会计报告等材料上作虚假记载或者隐瞒重要事实。主管财政机关应当根据企业的需要提供必要的培训和技术支持。

企业对外提供的年度财务会计报告，应当依法经过会计师事务所审计。国家另有规定的，从其规定。

第六十六条　企业应当在年度内定期向职工公开以下信息：

（一）职工劳动报酬、养老、医疗、工伤、住房、培训、休假等信息。

（二）经营者报酬实施方案。

（三）年度财务会计报告审计情况。

（四）企业重组涉及的资产评估及处置情况。

（五）其他依法应当公开的信息。

第六十七条　主管财政机关应当建立健全企业财务评价体系，主要评估企业内部财务控制的有效性，评价企业的偿债能力、盈利能力、资产营运能力、发展能力和社会贡献。评估和评价的结果可以通过适当方式向社会发布。

第六十八条　主管财政机关及其工作人员应当恰当使用所掌握的企业财务信息，并依法履行保密义务，不得利用企业的财务信息谋取私利或者损害企业利益。

第九章　财务监督

第六十九条　企业应当依法接受主管财政机关的财务监督和国家审计机关的财务审计。

第七十条　经营者在经营过程中违反本通则有关规定的，投资者可以依法追究经营者的责任。

第七十一条　企业应当建立、健全内部财务监督制度。

企业设立监事会或者监事人员的，监事会或者监事人员依照法律、行政法规、本通则和企业章程的规定，履行企业内部财务监督职责。

经营者应当实施内部财务控制，配合投资者或者企业监事会以及中介机构的检查、审计工作。

第七十二条　企业和企业负有直接责任的主管人员和其他人员有以下行为之一的，县级以上主管财政机关可以责令限期改正、予以警告，有违法所得的，没收违法所得，并可以处以不超过违法所得 3 倍、但最高不超过 3 万元的罚款；没有违法所得的，可以处以 1 万元以下的罚款。

（一）违反本通则第三十九条、第四十条、第四十二条第一款、第四十三条、第四十六条规定列支成本费用的。

（二）违反本通则第四十七条第一款规定截留、隐瞒、侵占企业收入的。

（三）违反本通则第五十条、第五十一条、第五十二条规定进行利润分配的。但依照《公司法》设立的企业不按本通则第五十条第一款第二项规定提取法定公积金的，依照《公司法》的规定予以处罚。

（四）违反本通则第五十七条规定处理国有资源的。

（五）不按本通则第五十八条规定清偿职工债务的。

第七十三条 企业和企业负有直接责任的主管人员和其他人员有以下行为之一的，县级以上主管财政机关可以责令限期改正、予以警告。

（一）未按本通则规定建立健全各项内部财务管理制度的。

（二）内部财务管理制度明显与法律、行政法规和通用的企业财务规章制度相抵触，且不按主管财政机关要求修正的。

第七十四条 企业和企业负有直接责任的主管人员和其他人员不按本通则第六十四条、第六十五条规定编制、报送财务会计报告等材料的，县级以上主管财政机关可以依照《公司法》、《企业财务会计报告条例》的规定予以处罚。

第七十五条 企业在财务活动中违反财政、税收等法律、行政法规的，依照《财政违法行为处罚处分条例》（国务院令第 427 号）及有关税收法律、行政法规的规定予以处理、处罚。

第七十六条 主管财政机关以及政府其他部门、机构有关工作人员，在企业财务管理中滥用职权、玩忽职守、徇私舞弊或者泄露国家机密、企业商业秘密的，依法进行处理。

第十章 附 则

第七十七条 实行企业化管理的事业单位比照适用本通则。

第七十八条 本通则自 2007 年 1 月 1 日起施行。

主要参考文献

1. 中华人民共和国财政部．企业会计准则2018. 北京：经济科学出版社，2017

2. 中华人民共和国财政部．企业会计准则——应用指南2018. 上海：立信会计出版社，2018

3. 企业会计准则编审委员会．企业会计准则详解与实务．北京：人民邮电出版社，2018

4. 企业会计准则编审委员会．企业会计准则案例讲解（2017年版）．上海：立信会计出版社，2017

5. 中华人民共和国财政部．企业财务通则．北京：中国财政经济出版社，2006

6. 财政部企业司．《企业财务通则》解读．北京：中国财政经济出版社，2007

7. 人大法工委．中华人民共和国审计法．北京：法律出版社，2015

8. 中华人民共和国审计法规编委会．中华人民共和国现行审计法规与审计准则及政策解读（2017年权威解读版）．上海：立信会计出版社，2017

9. 审计署法制司．审计法修订释义读本．北京：中国时代经济出版社，2006

10. 中国注册会计师协会制定，中华人民共和国财政部发布．中国注册会计师执业准则2017. 北京：中国财政经济出版社，2017

11. 中国注册会计师协会制定．中国注册会计师执业准则应用指南2017. 中国财政经济出版社，2017

12. 中华人民共和国会计法（2017最新修订版）．北京：法律出版社，2017

13. 李金华．领导干部审计知识读本．北京：中国财政经济出版社，1999

14. 中国注册会计师协会．2017年度注册会计师考试教材：审计．中国财政经济出版社，2017

15. 尹平．财务造假防范与经济凭证鉴别．北京：中国审计出版社，2000

16. 王会金．新编企业财务审计．北京：中国审计出版社，2002

17. 王会金．企业财务审计．北京：中国财政经济出版社，2006

18. 审计署科研所．企业财务审计操作指南．北京：中国审计出版社，1996

19. 王会金．社会审计．北京：中国时代经济出版社，2002

20. 尹平，王会金．图表式审计技巧示范．北京：中国财政经济出版社，2001

21. 王会金．风险导向审计．北京：中国审计出版社，2000

22. 李凤鸣，王会金等．审计学原理（第六版）．上海：复旦大学出版社，2016

23. 董淑兰，杨连刚．审计理论与实务（现代经济与管理类规划教材）．北京：清华大学出版社．2009

24. 李凤鸣，王会金．审计技术方法．北京：北京大学出版社，2001
25. 王会金，陈丹萍．高级审计技术方法．北京：中国时代经济出版社，2013
26. 王会金，许莉．审计学基础．北京：中国时代经济出版社，2014
27. 王会金．审计学．北京：中国时代经济出版社，2014
28. 王会金，戚振东．政府审计协同治理研究．上海：三联书店，2013
29. 审计署，人力资源和社会保障部，审计专业技术资格考试办公室．审计理论与实务审计专业相关知识．北京：中国时代经济出版社，2017
30. 《会计研究》《审计研究》《审计与经济研究》《中国审计报》《中国内部审计》等会计、审计专业类的报纸和杂志。